Superar la dislexia

Prácticos
Familia

Biografía

Luz Rello es licenciada en Lingüística y doctora en Informática por la Universitat Pompeu Fabra, Ashoka Fellow e investigadora asociada en la Carnegie Mellon University. En 2016 fundó la empresa social Change Dyslexia, desde la que trabaja junto a un equipo interdisciplinar en la detección precoz de la dislexia y ofrece recursos para superar las dificultades de aprendizaje que genera. Ha recibido varios premios y reconocimientos, entre los que se encuentran el European Young Researcher Award de la fundación EuroScience en 2013, Innovador Social del Año por MIT Technology Review en 2014, el Premio Princesa de Girona en 2016 y fue incluida en la lista Forbes 30 under 30 de 2017.

Luz Rello

Superar la dislexia

Una experiencia personal a través de la investigación

PAIDÓS®

Obra editada en colaboración con Editorial Planeta – España

Fotocomposición: gama, sl

Bajo el sello editorial PAIDÓS M.R.
Avenida Presidente Masarik núm. 111,
Piso 2, Polanco V Sección, Miguel Hidalgo
C.P. 11560, Ciudad de México
www.planetadelibros.com.mx
www.paidos.com.mx

Primera edición impresa en España: octubre de 2018
ISBN: 978-84-493-3496-2

Primera edición impresa en México en Booket: noviembre de 2025
ISBN: 978-607-639-096-2

Impreso en los talleres de Impregráfica Digital, S.A. de C.V.
Avenida 11 463, Interior Bodega 2 Colonia San Nicolas Tolentino
C.P 098550 Iztapalapa, CDMX
Impreso en México – *Printed in Mexico*

A los padres luchadores que
no se dan por vencidos.
A los maestros, profesores y terapeutas
que se convierten en nuestros héroes y,
sobre todo, a los niños con dislexia,
valientes y optimistas, fuentes inagotables
de perseverancia.

A mis padres, Alfonso y Pilar,
que a través de su ejemplo de trabajo diario
lograron que nunca me rindiera; a mi amiga Clara,
por apoyarme durante los interminables años
de colegio; y mi director de tesis de doctorado,
Ricardo, por descubrir mis fortalezas.

SUMARIO

PRÓLOGO

La reparación de una injusticia

Siempre que intentamos recordar cuándo y dónde conocimos a alguien, aparece inevitablemente una fecha y un lugar. Sin embargo, yo conocí a Luz Rello en dos ocasiones y en ambos casos fue por primera vez.

Si nos atenemos a la cronología, fijaría la fecha del primer contacto en el año 2016, durante la ceremonia de concesión de los premios Princesa de Girona, cuando el rey Felipe VI le entregó una merecidísima estatua de bronce. Luego, dos años después, la he vuelto a conocer al leer el libro que tienen ustedes entre las manos.

Mírenlo bien antes de leerlo. Tiene tapas, páginas numeradas y miles de letras oscuras sobre un fondo blanco. Aparentemente es un libro normal, como tantos otros que ustedes han visto y tocado antes, pero yo les aseguro que es mucho más que eso. Algunos podrían definirlo como un manual para ayudar a personas con dislexia, y estarían en lo cierto. Otros tal vez lo catalogarían como una obra que narra la vivencia de una investigadora empeñada en cumplir un sueño, y también acertarían. Pero créanme si les digo que este libro, en realidad, nos cuenta una bella historia de amor.

Puede parecerles chocante mi definición. ¿Una historia de amor? ¿A quién? A nadie en concreto. Es una historia de amor a la ciencia narrada por una persona enamorada de su luminoso método. Luz Rello quedó fascinada durante su niñez por la figura de Marie Curie. Quería parecerse a ella sin saber que ese mismo deseo infantil ya generaba que se parecieran sin que fuera necesario hacer nada.

Luz estudió, se esforzó por ser como ella ignorando que esa partida la tenía ganada desde niña. Le fascinó la figura de la famosa científica porque estaba viendo en ella su propio reflejo. Ahora, años después, tras mucho trabajo, todos la consideran la Marie Curie de su especialidad, pero en realidad ya lo era desde niña, cuando su dislexia hacía creer a algunos de sus profesores, absurdamente, que ella jamás llegaría a nada.

Luz está reparando con su esfuerzo esa injusticia. Es consciente del número de niños y niñas en todo el mundo que padecen dislexia y se niega a que esa torpeza con la que fue tratada vuelva a repetirse. «Que no te pase a ti lo que me pasó a mí» podría ser el lema que la ha impulsado durante toda su vida a ser lo que ahora es.

Tendrían que ver ustedes la ilusión con la que Luz Rello trabaja en su nueva oficina de Change Dyslexia. Es un despacho luminoso, con un mapa del mundo lleno de colores y unas ventanas limpísimas por las que entra el sol más bonito del mundo. Desde allí lleva a cabo una labor que podría definirse como útil, necesaria y fundamental, pero que yo prefiero llamar, simplemente, *verdadera*. Y lo es porque se sustenta en el trabajo científico y en el rigor absoluto. Para ayudar a los demás, como hacen Luz y su equipo, para evitar que a otros les ocurra lo que le pasó a ella durante su infancia, se necesita algo más que buenas intenciones. Es preciso el amor al razonamiento impecable, sin concesiones, y de este tipo de amor Luz Rello está tan llena que a veces parece que le salga por los ojos.

Ahora, cuando usted empiece a leer, irá entrando en el mundo especial y claro de Luz Rello. Percibirá que estas páginas están llenas de sol y que la autora posee una inteligencia tan caudalosa como su bondad. Aprenderá qué debe hacer para ayudar a las personas con dislexia que tenga a su alrededor y acabará siendo mejor persona. Porque este libro, créame, le va a contagiar lo que Luz es.

JUAN CARLOS ORTEGA

PREFACIO

> No puedes esperar construir un mundo mejor sin mejorar a las personas. Con ese fin cada uno de nosotros debe trabajar para su propio mejoramiento y, al mismo tiempo, compartir una responsabilidad general con toda la humanidad, nuestro deber particular es ayudar a aquellos a quienes creemos que podemos ser más útiles.
>
> MARIE CURIE

Cuando era pequeña soñaba con llegar a ser investigadora. Pero tenía dislexia. No importaba lo duro que trabajara, yo suspendía, aunque trabajaba muchísimo. Tenía malas notas porque cometía demasiados fallos, odiaba mis errores de ortografía y durante años hice todo lo posible para librarme de ellos. Lo intenté todo. Llegué a copiar libros enteros a mano y me los aprendía de memoria. Hasta llegué a aprender, también de memoria, todas las reglas y las excepciones de la ortografía española. Hice todo lo que tenía en mi mano para superar los fallos. Al final, con mucho esfuerzo, llegué a ser investigadora y la dislexia se convirtió en mi tema de investigación. Lo más paradójico de todo es que los tres descubrimientos más importantes de los últimos ocho años tienen que ver precisamente con los errores de ortografía.

El primer descubrimiento fue que los fallos de las personas con dislexia no son arbitrarios. Tras analizar miles de errores descubrimos que existían patrones en las faltas y esto nos daba mucha información que no sabíamos antes. Esto convertía los errores en algo útil y muy valioso. El segundo descubrimiento fue ver que si combinamos estos patrones con inteligencia artificial, podíamos detectar el riesgo de dislexia, llegando a patentar el primer modelo que usaba juegos informáticos e inteligencia artificial para detectarla. Finalmente, el tercer descubrimiento fue que estos patrones encontrados en los errores también eran útiles para superar la dislexia si se integraban en juegos informáticos que se personalizan en función de los patrones generales y únicos de cada persona. De hecho, un estudio longitudinal nos demostró que los niños que usaron este método mejoraron significativamente. Con estos resultados comenzamos a pensar que quizá se podría conseguir que ningún niño volviera a sufrir a causa de la dislexia y que todos pudieran cumplir sus sueños sin que la dislexia fuera una barrera. De modo que salimos del laboratorio y fundamos Change Dyslexia (@changedyslexia) para cambiar el *statu quo* de la dislexia en todo el mundo. Con mucho esfuerzo, integramos estos resultados en una plataforma disponible en la web que, en la actualidad, han usado más de doscientos mil niños en cincuenta y siete países, en todos los continentes habitados.

De pequeña detestaba mis fallos, pero ahora les digo a todos los niños que deben valorarlos, porque en sus fallos está la clave para superar sus dificultades. Me parece increíble que al final encontráramos en nuestros propios errores el remedio para corregirlos. Y lo que me parece maravillosamente insólito es que, tras toda mi vida buscando, al final, la solución para la dislexia estaba dentro de las personas con dislexia.

INTRODUCCIÓN

¿POR QUÉ ESTE LIBRO?

Durante los últimos ocho años he estado atendiendo dudas de madres, terapeutas y docentes que quieren lo mejor para sus hijos, pacientes y alumnos. Este libro recopila de forma estructurada vuestras inquietudes presentadas de una manera práctica y sin perder la rigurosidad científica.

Aquí encontraréis las claves para superar la dislexia, basadas en los últimos avances en investigación multidisciplinar. Para ello, se tratan los principales aspectos relacionados con esta: detección, lectura, escritura, estimulación de diferentes capacidades cognitivas, uso de tecnologías, técnicas de estudio y productividad para mejorar el rendimiento académico, aprendizaje de lenguas extranjeras, desarrollo de la autoestima y, finalmente, desarrollo de las fortalezas de cada persona que pueden ser potenciadas por la dislexia (Figura 0.1).

A pesar de que el libro mantiene la rigurosidad científica, al presentar únicamente resultados basados en evidencias empíricas, el contenido está enfocado para que pueda ser útil en la práctica diaria de docentes, terapeutas y familias.

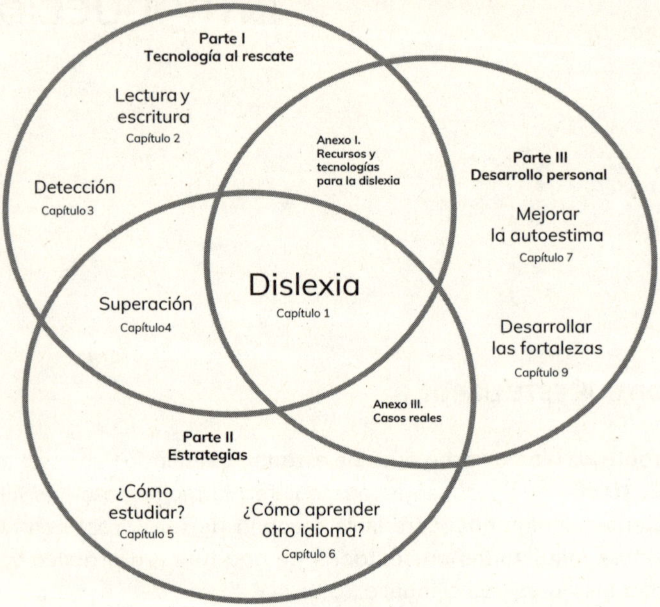

Figura 0.1. Temas por capítulos tratados en este libro.

¿A QUIÉN VA DIRIGIDO?

Este libro ofrece herramientas para las **familias, terapeutas** y **docentes** que quieran **mejorar el rendimiento** y **empoderar** a las personas con dislexia que las rodean, ya sean niños, adolescentes o adultos. A lo largo de la escritura he ido consultando a personas de estos perfiles para diseñar tanto el contenido como el formato del libro; confío en que será útil. Por ejemplo, los materiales que se encuentran al final de cada capítulo (Figura 0.2) responden a peticiones expresas de familias, terapeutas, maestros y profesores a lo largo de los últimos años. Por otro lado, la investigación recopilada entrega soluciones que se pueden poner en práctica en el día a día para mejorar el rendimiento de las personas con dislexia. Finalmente, de mi historia personal he seleccionado las partes que representan situaciones parecidas a las que viven las personas con dislexia.

ORGANIZACIÓN

Este libro se divide en tres partes, tras responder las preguntas más frecuentes sobre la dislexia (Capítulo 1). En la primera parte, «Tecnología al rescate», se desarrollan los resultados y la tecnología que pueden ayudar a las personas con dislexia en la lectura, la escritura, la detección y en su superación (Capítulos 2, 3 y 4). En la segunda parte, «Estrategias», se trata el desarrollo de habilidades relacionadas con la mejora del rendimiento escolar y el futuro éxito laboral, como son las técnicas de estudio, organización, productividad y aprendizaje de idiomas (Capítulos 5 y 6). Finalmente, la tercera parte, «Desarrollo personal», muy relacionada con la dislexia, pero muy a menudo olvidada, ofrece al lector las últimas investigaciones sobre autoestima, ejercicios físicos y fortalezas relacionadas con la dislexia, como la creatividad o el pensamiento visual (Capítulos 7, 8 y 9), complementadas con entrevistas de casos reales (Capítulo 9). Finalmente, se ofrece un «Apéndice de recursos y tecnologías» para la dislexia que incluye una serie de enlaces que la autora y Change Dyslexia van actualizando periódicamente y que apuntan a los diferentes sitios web con enlaces a recursos informáticos (<https://changedyslexia.org/#recursos>).

Cada capítulo comienza con una historia personal relacionada con el contenido que da un enfoque subjetivo complementario al contenido científico. El contenido científico resume los resultados de los últimos ocho años tanto de nuestra investigación como también los resultados pertenecientes a otros equipos. Nuestra investigación fue llevada a cabo con más de cincuenta colaboradores multidisciplinares (informática, psicología, medicina, lingüística y logopedia) y trescientos voluntarios del mundo hispánico.

Al final de cada capítulo, he incluido una serie de materiales prácticos que tratan de responder a las necesidades de familias, te-

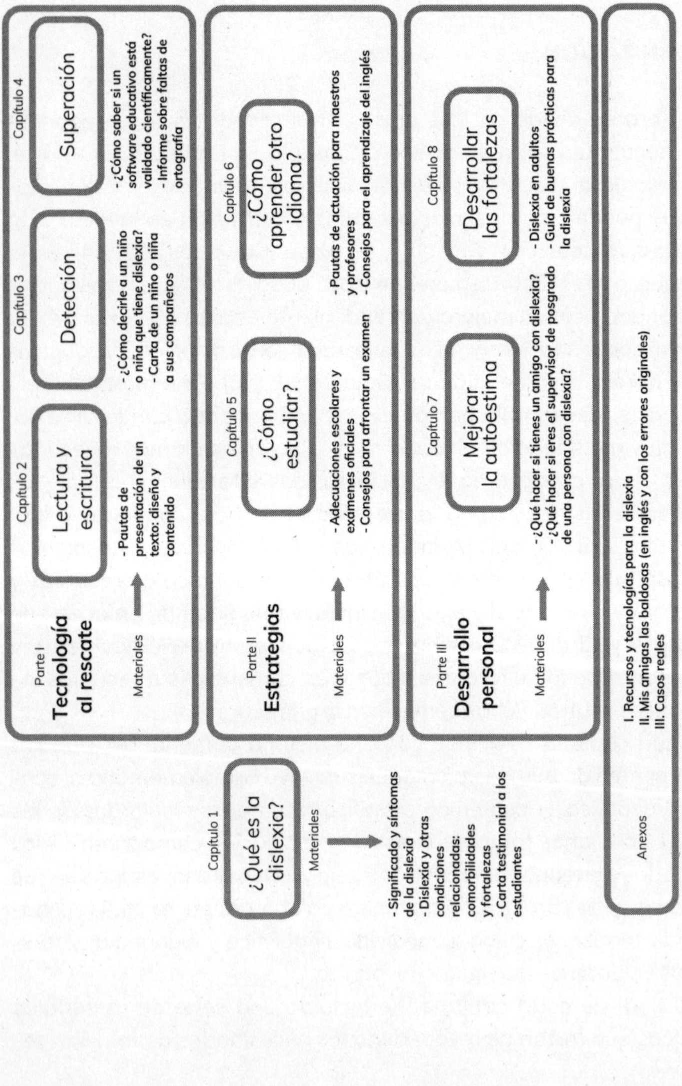

Figura 0.2. Esquema del contenido del libro: capítulos y materiales prácticos.

rapeutas y docentes que se han acercado a nosotros a lo largo de estos años. Por ejemplo, cómo decirle a un niño o a una niña que tiene dislexia o cuáles son las pautas para presentar un texto destinado a personas con dislexia de uso general en clase, en terapia o en casa. En algunos casos, como «Informe sobre faltas de ortografía» o «Pautas de actuación en clase», están orientados a maestros, profesores y para que las familias las compartan en el colegio, y «Carta para mis compañeros» es para que un niño tenga los recursos para poder explicar a sus compañeros que tiene dislexia. Asimismo, el libro hace recomendaciones prácticas sobre el uso de la tecnología y la dislexia y ofrece una serie de recursos informáticos que vamos actualizando periódicamente en la web <https://superarladislexia.org/>, de modo que los lectores puedan acceder a los recursos más actuales para empoderar a las personas con dislexia a través de la tecnología.

CAPÍTULO 1

¿Qué es la dislexia?

> Tener dislexia puede ser algo muy bueno si se sabe lo que es. Te hace tomar distancia, te permite ver la sociedad con distancia, una sociedad que se cree las palabras, pero tú puedes ver más allá.
>
> JAVIER MARISCAL

LOS SUEÑOS NO SE LEEN, SE HACEN REALIDAD

Nunca habría imaginado que iba a poder matricularme en un doctorado, ni siquiera me hubiera atrevido a soñar que podría llegar a la universidad. En realidad, cuando era pequeña, pensaba que nunca iba a terminar el colegio.

No sé cómo de familiarizado estás con el bajo rendimiento escolar, pero es algo complicado. Es un círculo vicioso y es muy difícil salir de él. A pesar de que lo intentes con todas tus fuerzas, las personas que te rodean, tus profesores y tus compañeros, ya piensan desde hace tiempo que tú eres un inepto. Y lo peor de todo, hasta tú mismo acabas pensando que lo eres.

Hoy, veinte años después, las personas que me rodean, mis colegas, mis amigos y mis coautores, piensan que trabajo demasiado. Pero no. No tienen ni idea. Yo trabajaba demasiado cuando era niña. Trabajaba por la mañana, por la tarde e incluso por la noche, después de cenar. Y aunque trabajaba muy duro, los resultados seguían siendo los mismos: suspenso o «necesita mejorar» en Lengua y en asignaturas relacionadas.

A veces, soñaba despierta sin darme cuenta. Recuerdo con mucha nitidez la primera vez que deseé ser investigadora. Era el primer día del colegio con siete u ocho años. Los primeros días de colegio son especiales, porque todo parece posible, porque empiezas de cero y abres los libros por primera vez y huelen a nuevo. Me acuerdo de cómo abrí por primera vez ese libro de ciencias y en la primera hoja estaba la imagen de Marie Curie. Me quedé fascinada al instante. No podía parar de mirarla. En ese momento sentí una fuerza muy grande en mi pecho y un deseo profundo de ser científica, descubridora o inventora..., no sabía cuál era la palabra de lo que quería ser, pero sabía lo que quería ser. Y de repente ese deseo en mi pecho se convirtió en calor, y de repente se convirtió en algo malo, y de repente me puse muy, muy roja. Me avergonzaba de mi propio deseo. Porque en el fondo ya sabía que nunca llegaría a ser lo que deseaba. Porque en el fondo ya sabía que yo no era suficientemente inteligente como para llegar a serlo. Me daba miedo dejar volar mi imaginación porque cuando me daba cuenta de que no iba a ser verdad, la caída a la realidad era mucho más dura. Producto del agobio, me puse a llorar silenciosamente, pero alguien se rio y no sé cómo creo que acabaron echándome de clase.

Miedo a tener sueños felices

Sí, a veces soñaba dormida sin darme cuenta. Por aquella época tenía un sueño que se repetía a menudo. Bueno, en realidad era una pesadilla. Bueno, no, en realidad era un sueño feliz. Pero por aquella época tenía miedo a tener sueños felices. Era siempre igual. Veía mis manos y en mis manos tenía un sobre blanco. Era un sobre que conocía muy bien. Era el sobre oficial de mi colegio. Un sobre blanco con su sello azul. Era el sobre de las notas. Y mientras sostenía el sobre en las manos, en mi pecho se mezclaban dos emociones muy claras: miedo y esperanza. Es curioso cómo de pequeña, a pesar de todo, uno siempre sigue teniendo esperanza. Y con el aliento contenido, abrí el sobre.

Entonces ahí estaba, el papel azul con las notas. Y eran todas sobresalientes. ¡Había tantos sobresalientes que no podía ni contarlos! Estaba tan feliz y tan aliviada que comencé a correr para contárselo a mis padres. Y cada vez corría más rápido. Y cada vez más feliz. Y justo en ese momento estaba tan, tan, tan feliz que... que me despertaba. Y entonces me daba cuenta que en la realidad yo era un fracaso. Y entonces me superaba el agobio y me ponía a llorar silenciosamente en la cama. Por aquella época tenía miedo a tener sueños felices porque significaba que cuando terminaran, me despertaría en una pesadilla que era la realidad. Sabía que todos los niños tenían miedo a las pesadillas y no lo entendía, porque lo que a mí me aterraba era tener un sueño feliz.

Pero seguí intentándolo. Y aunque a medida que pasaba el tiempo la esperanza de que algo cambiara cada vez era más pequeña, yo seguía intentándolo. La verdad es que no sé de dónde sacaba la energía. Los años siguieron pasando y yo seguía trabajando duro, muy duro. De pequeña copiaba los libros a mano. La tarea más tediosa que recuerdo. Cada día copiaba una hoja o dos. Entonces mis padres no sabían lo que me pasaba y me sugerían que practicara la lectura y la escritura haciendo copias porque pensaban que podría ayudar. Copiar significaba tal esfuerzo mental que solo puedo decir que no he hecho nada después que me haya costado más, ni siquiera escribir mi tesis doctoral.

Un día, cuando tenía diez u once años, una profesora nueva que también era psicóloga, Luisa María Bellot, decidió llevarme a grupos de apoyo. Me pasaba los recreos en una habitación especial donde otros chicos y yo hacíamos ejercicios. Los ejercicios de apoyo eran un aburrimiento. Eran muy sencillos y sentía que eran para niños más pequeños, pero no me importaba, porque de paso me perdía algunos recreos. Me gustaba perderme los recreos porque tenía pocos amigos y era un estrés hasta que encontraba a gente que quisiera jugar conmigo. Yo no noté ninguna mejoría. Y es que cuando tienes dislexia nunca estás completamente seguro de si lo que lees o lo que has escrito está bien o mal. Tú puedes leer algo correctamente la primera vez y hacerlo mal la segunda vez. Y, sin embargo, tu percepción sobre tu lectura sigue siendo la misma. En ningún momento me di cuenta de que eso iba a ser un punto de inflexión. No recuerdo que nadie le diera importancia a la dislexia, ni mis padres. Entonces había mucho desconocimiento sobre el tema. Mi padre decía que su hija era una persona perfectamente normal e inteligente y que no tenía ningún problema. Yo, por mi parte, lo único que quería era tener amigos, sacar buenas notas y ser aceptada, así que solo me concentré en trabajar duro.

No sé exactamente cuánto tiempo pasó. Como siempre, llegó el fin del trimestre y recibí el famoso sobre blanco y, como siempre, tenía esa sensación mixta de miedo y esperanza. Y cuando lo abrí y tomé la hoja azul de las notas, ahí estaba: la lista infinita de sobresalientes, exactamente igual que en mi sueño. No podía respirar. Yo comencé a llorar y la clase comenzó a reír. No podía creérmelo. El colegio había cometido un error con mis notas, justo coincidiendo con mi sueño. La vida estaba jugando conmigo a un juego cruel. La profesora recuperó mis notas —me las habían quitado y estaban circulando por las mesas— y me sacó al pasillo.

La profesora, Ana María, me preguntó:

—¿Por qué estás llorando?

—Porque os habéis equivocado con mis notas.

—¿En qué nos hemos equivocado?

—Porque yo suspendo, estas no son mis notas.

—No, no nos hemos equivocado. ¿Te puedo dar un abrazo?

—Sí.

Y nos abrazamos.

Pero no me lo creí. Seguí trabajando igual de duro que siempre, porque esos resultados no podían ser verdad. En realidad, creo que nunca llegué a creerlo. Ahora tampoco me lo creo. Hace pocos años recibí un correo del Ministerio de Educación informándome de que había ganado el Premio Nacional de Licenciatura por el mejor expediente académico de Lingüística de España y pensé que era *spam*. Lo mismo me ha vuelto a suceder con otros premios que he recibido, espero a que pasen días hasta que los comparto con mi círculo cercano por prudencia a que no sean verdad, como cuando años atrás recibí ese sobre blanco con buenas notas y no sabía si era un sueño feliz, una pesadilla o una realidad.

Cuando por fin conseguí que nadie de mi círculo cercano notara que tenía dislexia, decidí que nunca jamás nadie lo sabría, que se convertiría en mi mayor secreto. Y he pasado la mayoría de mi vida guardando férreamente ese secreto. Me sentía avergonzada, como si hubiera nacido con una tara. Tanto era así, que incluso pocas semanas antes de mi boda soñé que no me podía casar porque en mi pesadilla existía una especie de ley que no permitía a las personas con dislexia casarse con personas sin dislexia. Sin embargo, cuando comencé a investigar, comenzaron a venir al laboratorio personas que tenían dislexia y que me parecían increíbles y brillantes.

Una de las primeras chicas con dislexia que conocí fue Gris. Llegó al laboratorio para participar en mi primer experimento. Justo ese día había sido muy duro para ella en el colegio y rompió a llorar al compartirlo conmigo. Entonces, de repente, reviví mi infancia y me di cuenta de que mi historia no era única en absoluto. Más bien al contrario, lamentablemente era normal, la historia se seguía repitiendo en los colegios y había muchos niños que pensaban injustamente que eran tontos, vagos o despistados. Le confesé a Gris que yo también tenía dislexia y la animé como pude. No podía soportar ver que una niña con dislexia que trabajaba a tope se quedara atrás, porque la dislexia no afecta a la inteligencia, no tiene por qué ser así. No podía mirar para otro lado.

Desde el momento que me atreví a compartir mi secreto, comencé a conocer a personas generosas y brillantes con las que he ido trabajado en diferentes proyectos de investigación para entender cómo leemos y escribimos (Capítulo 2) y desarrollando aplicaciones informáticas que sirven para detectar (Capítulo 3) y compensar las dificultades, centrándonos no solo en estimular las debilidades de las personas con dislexia (Capítulos 4, 5, 6 y 7), sino también en sus fortalezas (Capítulos 8 y 9).

Después de todos estos años compartidos con personas increíbles, más de cincuenta investigadores coautores y trescientos voluntarios de diferentes países, ahora mi sueño se ha convertido en un sueño colectivo. Hemos creado Change Dyslexia para poner la ciencia al servicio de las personas con el fin de romper las tres barreras de la dislexia: 1) el desconocimiento, que ningún niño se quede sin detectar; 2) las dificultades derivadas de la dislexia —de lectura y escritura—; y 3) las barreras socioeconómicas. El objetivo de Change Dyslexia es que todo el mundo, independientemente de su condición social, tenga acceso a una detección gratuita y a un apoyo científicamente validado sin obstáculos. Para conseguir esta meta hemos desarrollado un test de dislexia *(Dytective)*, una herramienta de estimulación (DytectiveU), que también desarrolla las fortalezas, y un programa de becas de DytectiveU para combatir las barreras socioeconómicas. Nos hemos esforzado en mantener el test gratuito, y este ya ha sido usado por más de doscientas mil personas en más de cincuenta países, lo que lo ha convertido en el test de dislexia en línea más usado del mundo.

Antes me daba miedo compartir los sueños porque temía que no se hicieran realidad. Ahora los comparto porque me he dado cuenta de que hay personas que te ayudan a hacerlos realidad.

Los sueños no se leen, se hacen realidad.

CUADRO RESUMEN DEL CAPÍTULO 1

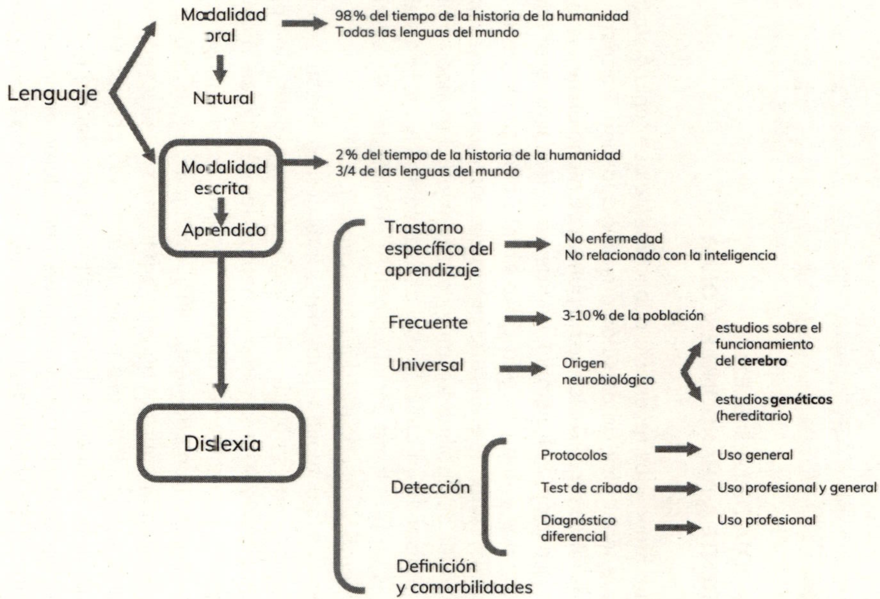

Materiales

- **Significado y síntomas de la dislexia**
- **Dislexia y otras condiciones relacionadas: comorbilidades y fortalezas**
- **Carta testimonial a los estudiantes**

Para los padres, terapeutas y docentes, este capítulo trata de responder a las preguntas más frecuentes sobre la dislexia, su origen, su prevalencia, su base neurológica y las formas de identificarla.

LA PARADOJA DE LA DISLEXIA: ÉXITO FRENTE A ABANDONO ESCOLAR

Desde que Steve Jobs reconoció públicamente que tenía dislexia,[1] parece que tener dislexia es sinónimo de genialidad. Por esto, en los últimos años, ser disléxico se ha puesto de moda al menos en el mundo anglosajón. Por ejemplo, uno de cada tres empresarios en Estados Unidos y uno de cada cinco en el Reino Unido declaran tener dislexia.[2] Aunque es verdad que la dislexia puede verse como un catalizador de habilidades muy cotizadas en el mundo empresarial, como son la creatividad o el pensamiento visual, la dislexia todavía es un problema social global. Si un niño no lee y escribe correctamente, se puede quedar por el camino.

Todavía en la actualidad, hay niños inteligentes que suspenden en la escuela, y no es porque sean vagos o despistados, sino porque tienen dislexia y no lo saben. Además, la mayoría de la gente de su entorno normalmente tampoco lo sabe. Para una persona con dislexia, es extremadamente difícil averiguar que tiene una dificultad de lenguaje porque no puede percibir si está leyendo correctamente o no, y tampoco puede percibir sus propios errores. Todavía en la actualidad, el bajo rendimiento escolar sigue siendo uno de los indicadores más frecuentes para detectar dislexia. En 2017, el abandono temprano de la educación se sitúa en el 18,3 %.[3] Se desconoce una estimación en la población de habla hispana que especifique el porcentaje de niños con dislexia que no terminan la Educación Secundaria Obligatoria (ESO). No obstante, se sabe que la dislexia y el bajo rendimiento escolar están relacionados. Es más, la dislexia también está relacionada con la población en riesgo de exclusión pues, por ejemplo, un estudio realizado en los centros penitenciarios de Suecia demostró que el porcentaje de dislexia era mayor entre los presos que en la población general.[4]

LENGUAJE INNATO FRENTE A LECTURA Y ESCRITURA

El lenguaje es una capacidad exclusiva del *Homo sapiens*. Es cierto que los animales se comunican entre sí, pero existen muchas diferencias entre la comunicación de otros animales y la comunicación humana. Entre otras, una de las características que define el lenguaje humano es su «productividad lingüística». Se pueden crear mensajes nuevos con un número finito de elementos —otros sistemas de comunicación animal solo poseen un número fijo y reducido de mensajes—. Se trata de una de las facultades más fascinantes del ser humano, pues mediante el lenguaje somos capaces hasta de transmitir ideas nuevas de unos a otros.

La corriente lingüística que recibe más consenso por parte de la comunidad en los últimos años —generativismo— argumenta que el lenguaje (oral) es una facultad innata de la mente. Pinker define el lenguaje como una facultad psicológica, como un «instinto» o una adaptación biológica modelada por la selección natural.[5] El lenguaje no es un artefacto cultural que se aprende de la misma forma que se aprende a leer, o las distintas lenguas hacen que sus hablantes tengan conceptos distintos de la realidad. El lenguaje es una habilidad compleja y especializada de nuestro cerebro que se desarrolla de forma espontánea en el niño, es decir, se despliega sin que tengamos conciencia de la lógica de la estructura del lenguaje.

En las sociedades altamente alfabetizadas como la nuestra, la lectura y la escritura se relacionan rápidamente con el lenguaje, sin embargo, existen diferencias fundamentales entre la modalidad oral y la modalidad escrita del lenguaje. Cuando en lingüística se habla de lenguaje, suele referirse a su vertiente innata y, por tanto, oral. Nosotros, los seres humanos, tenemos que aprender a leer y a escribir. Se trata de un aprendizaje adquirido muy diferente al aprendizaje innato, por ejemplo, cuando aprendemos a hablar de bebés. A los pocos meses de su nacimiento, los bebés humanos pueden discriminar diferentes lenguas y también discriminar ritmos y fonemas, y en muy poco tiempo, un bebé comienza a adquirir estructuras lingüísticas para comenzar a comunicarse en la lengua oral que los rodea. Mientras que nuestra biología permite el desarrollo del lenguaje oral de manera innata, con la lectura y la escritura sucede de manera diferente.

Para comenzar, ¿cuántas lenguas tienen alfabetos? Según la última clasificación del *Ethnologue*[6] existen en la actualidad 7.099 lenguas vivas en el mundo. Por lenguas vivas, entendemos lenguas que conservan hablantes nativos. Lamentablemente, hay muchas lenguas fascinantes en el mundo con muy pocos hablantes y que van muriendo. Se estima que al final del siglo XXI casi la mitad de las lenguas se habrán extinguido, ya que aproximadamente se extingue una lengua cada catorce días.

Entre las más de siete mil lenguas naturales (orales) que existen en el mundo, solo una minoría de ellas cuenta con sistemas de escritura. Aproximadamente, tan solo un tercio de las que se hablan en el mundo poseen un sistema de escritura. Las lenguas se hablan desde el Paleolítico, desde la aparición del *Homo sapiens*, es decir, desde hace aproximadamente unos trescientos mil años.[7]

Las pruebas fósiles sugieren que tanto los humanos como los neandertales experimentaron una disminución constante en la posición de sus huesos hioides. El hecho de que los huesos hioides se presenten bajos en la garganta de los neandertales —como lo es en los humanos modernos— sugiere que efectivamente no tuvieron una limitación física para hablar. Un reciente análisis de ADN fósil de dos hombres de Neandertal procedentes de la cueva El Sidrón (Asturias) ha revelado que los neandertales poseían las mutaciones del gen FOXP2. Este gen está implicado en el desarrollo y uso del lenguaje: tal hallazgo está provocando una revisión de las capacidades simbólicas y comunicativas a la especie neandertal. Según Balari y sus colegas,[8] este hallazgo no puede usarse para defender que los neandertales tenían una facultad lingüística de tipo moderno. Además, los autores defienden la asimetría de comportamiento entre el *Homo neanderthalensis* y el hombre moderno u *Homo sapiens*. Ahora bien, nadie puede decir con certeza si efectivamente hablaban. Por otro lado, según Yuval Harari,[9] un lenguaje más evolucionado y abstracto dio la ventaja definitiva al *Homo sapiens*.

¿Desde cuándo escribimos? El ser humano solo escribe desde hace un poco más de siete mil años. Los primeros textos escritos reconocidos hasta hoy son las tablillas de Tartaria encontradas en excavaciones neolíticas en Rumanía, que datan aproximadamente del año 5300 a. C. En resumen, el ser humano durante más del 98 % de su cronología ha utilizado únicamente la modalidad oral del lenguaje.

En las sociedades altamente alfabetizadas, leer y escribir parece algo trivial; sin embargo, no lo es. La capacidad de aprender a leer depende de la adquisición de una variedad de diferentes tipos de conocimientos y habilidades, que, a su vez, dependen del desarrollo normal de las habilidades cognitivas lingüísticas y no lingüísticas relacionadas con la lectura, por ejemplo, memoria permanente de elementos del mundo, procesos y conocimiento de codificación visual, conocimientos subléxicos (como la conciencia fonológica) y procesos de codificación lingüística. Dentro de un cerebro humano se producen muchos procesos que deben funcionar con la precisión de un reloj para que se lleven a cabo una lectura y una escritura correcta. De hecho, incluso en países desarrollados, la tasa de personas funcionalmente analfabetas es alta. Por ejemplo, en Estados Unidos, entre un 21 % y un 23 % de la población son funcionalmente analfabetos,[10] mientras que en China es de un 33 %, aproximadamente.[11]

La dislexia afecta a la manifestación escrita del lenguaje. La lectura es principalmente una habilidad lingüística y, debido a las propiedades estructurales de los sistemas alfabéticos, las diferentes habilidades lingüísticas presentan distintos pesos en el desarrollo de la lectura. Así pues, las habilidades fonológicas tienen más peso como determinantes de la capacidad de lectura inicial que las sintácticas y las semánticas, mientras que las sintácticas y las semánticas tienen más peso que las fonológicas en lectores más avanzados. En una revisión bibliográfica de los trabajos sobre dislexia, Vellutino y sus colegas[12] realizaron una extensa revisión bibliográfica sobre los estudios sobre dislexia y concluyeron que los problemas de identificación de palabras están relacionados causalmente con deficiencias en la conciencia fonológica, mapeo alfabético y decodificación fonológica. Asimismo, estas deficiencias se destacan más cuando las personas con dislexia tienen que leer en ortografías opacas —como el inglés—, mientras que en las ortografías más transparentes —como el español— los problemas de identificación de palabras se asocian también con otros procesos fonológicos implícitos, como son la memoria verbal y el acceso al léxico. Precisamente, las diferentes manifestaciones de la dislexia entre lenguas hacen que su estudio sea particularmente difícil, ya que los sistemas de escritura de cada lengua varían, aunque las diferentes investigaciones concuerdan en que la dislexia tiene un origen neurológico universal.

ORIGEN DE LA PALABRA *DISLEXIA*

Es probable que la dislexia se remonte al origen de nuestra especie. Pero no sería tan relevante como en la actualidad porque, tal y como decíamos en las páginas anteriores, la escritura como forma normalizada de comunicación es un invento reciente. En el mundo occidental, solo a partir de la invención de la imprenta metálica en 1453, se empezó a popularizar la lectura. De hecho, los orígenes de la lectura en masa son muy recientes, ligados a la educación general institucionalizada, que comenzó a finales del siglo XIX. A partir de entonces, los educadores pudieron empezar a detectar niños con problemas de lectura y fue cuando por primera vez se utilizó la palabra *dislexia*. Pero la palabra no la utilizaban para designar el concepto de *dislexia* al que estamos acostumbrados ahora, sino para designar diferentes traumas cerebrales adquiridos y que, de alguna manera, afectan al lenguaje.

A lo largo de la historia han existido teorías muy diferentes para explicar la dislexia, y todavía no tenemos una teoría definitiva. Parte del obstáculo ha sido la falta de una definición concisa de la dislexia, lo que ha intentado corregirse en las últimas dos décadas. En líneas generales, podemos reconocer cuatro etapas en la historia de la dislexia:[13]

1. Hasta finales del siglo XIX. Comenzó la identificación de personas con problemas de lenguaje y de lectura, que en general eran pacientes con afasia adquirida, debido a traumas cerebrales que afectaban al lenguaje.
2. Entre 1895 y 1950. Se descubrió la condición de dislexia de desarrollo y se comenzaron a analizar sus causas y características. Es entonces cuando comienza el concepto de *dislexia* que tenemos en la actualidad.
3. Etapa de evolución (1950-1970). El campo de la dislexia se abrió a un mayor número de profesionales de la medicina y la educación. El concepto fue evolucionando en función de cómo iba avanzando la ciencia.
4. Finalmente, las teorías modernas (desde 1970 hasta la actualidad) han sentado la base de nuestro conocimiento actual sobre la dislexia.

La primera vez que hubo un interés social por los problemas de lectura fue gracias al neurólogo alemán Adolf Kussmaul, quien utilizó el concepto *ceguera de palabras* para describir dificultades para usar vocablos en el orden correcto, encontradas en personas con daño neurológico.[14] Fue en 1887 cuando un oftalmólogo alemán, Rudolf Berlin, usó por primera vez el término *dislexia* en vez de *ceguera de palabras*, un concepto que viene del griego δυσ-, «dificultad, anomalía», y λέξις, «habla o dicción».[15] Y no fue hasta 1896 que se describió el primer caso de dislexia del desarrollo, la noción actual que manejamos, qué fue publicado en el *British Medical Journal* por Pringle-Morgan.[16] Pringle-Morgan, un médico generalista, y Hinshelwood, un oftalmólogo, creían que las dificultades de lectura y escritura de los disléxicos se debían a una «ceguera de palabras congénita», y durante muchos años la hipótesis dominante fue que la dislexia estaba causada por deficiencias en el procesamiento visual.

En 1925, un neurólogo estadounidense, el doctor Samuel T. Orton, se convirtió en una de las figuras más importantes en la historia de la dislexia.[17] Su teoría puso un énfasis especial en la dominancia de un lado del cerebro. Algunas de sus técnicas de enseñanza están todavía en uso. La Orton Society es actualmente la Asociación Internacional de Dislexia. Durante ese período se estudiaron muchas dificultades específicas del aprendizaje, pero no fueron ampliamente reconocidas hasta las décadas de 1930 y 1940, cuando el doctor Alfred Strauss y R. Heinz Werner publicaron sus hallazgos sobre los niños con una amplia variedad de dificultades de aprendizaje.[18] Su trabajo enfatizó la diversidad de estos problemas y la importancia de realizar una evaluación individualizada de las necesidades educativas de cada niño.

Mientras tanto, en Europa, la investigación sobre dislexia seguía su propio curso. Edith Norrie, una paciente disléxica, fundó en 1938 el Word Blind Institute en Copenhague para diagnosticar y enseñar a los disléxicos. A su vez, Hallgren realizó varios estudios en los que estableció la heredabilidad de la dislexia.[19] El neurólogo Knud Hermann analizó con gran detalle las dificultades de pacientes disléxicos entre las décadas de 1940 y 1960, y proporcionó una definición clásica de este trastorno: «Un defecto en la adquisición, a la edad apropiada, de la capacidad de leer y escribir a un nivel adecuado; el defecto se debe a factores constitucionales (hereditarios), se acompaña a menudo de dificultades con otros símbolos (numéricos, musicales, etcétera), existe en la ausencia de defectos intelectuales o sensoriales, y en la ausencia de influencias inhibidoras, pasadas o presentes, en el ambiente interno o externo».[20]

No fue hasta mediados del siglo XX que los niños con dificultades específicas de aprendizaje dejaron de ser estudiados únicamente bajo la jurisdicción de la medicina. La investigación educativa y psicológica se comenzó a acumular, ampliando la comprensión y refinando los conceptos del desarrollo del niño. A partir de la década de 1970, las teorías sobre la dislexia provenientes de disciplinas tales como la psicología cognitiva y las neurociencias acapararon la atención de los expertos y aportaron los resultados más prometedores. Liberman, ya en 1971, hizo hincapié en la determinación lingüística de los errores de lectura y lenguaje cometidos por los niños. Las teorías actuales parecen ponerse de acuerdo en que las dificultades son derivadas de un procesamiento fonológico inadecuado.

DEFINICIÓN ACTUAL DE *DISLEXIA*

En la actualidad hay tres definiciones de *dislexia* ampliamente aceptadas. Entre los psicólogos y los terapeutas profesionales, la que se toma como referencia es la de la última edición del *Diagnostic and Statistical Manual of Mental Disorders (Manual diagnóstico y estadístico de los trastornos mentales)* o DSM-5, de 2013, en el que deja de usarse la palabra *dislexia* y se utiliza un término alternativo para referirse a un patrón de dificultades del aprendizaje que se caracteriza por problemas con el reconocimiento de palabras en forma precisa o fluida, deletrear mal y poca capacidad ortográfica.[21] Lo llaman *trastorno específico del aprendizaje* y una vez diagnosticado debe especificarse si dicho el trastorno se da: 1) con dificultades en la lectura (afecta a la precisión en la lectura de palabras; a la velocidad o la fluidez de la lectura y a la comprensión lectora); 2) con dificultades en la expresión escrita (influye en la corrección ortográfica, gramatical y de la puntuación, y a la claridad u organización de la expresión escrita); o bien, 3) con una dificultad matemática (sentido de los números, memorización de operaciones aritméticas, cálculo correcto o fluido y razonamiento matemático). Cada una de estas manifestaciones se corresponde con los términos tradicionales de *dislexia*, *disgrafía* y *discalculia*, respectivamente.

En paralelo, en 2002, la Asociación Internacional de Dislexia consensuó la definición que también es utilizada por el National Institute of Child Health and Human Development (NICHD) de Estados Unidos: «La dislexia es una dificultad específica del aprendizaje de origen neurobiológico. Se caracteriza por dificultades en el reconocimiento preciso y fluente de las palabras (escritas) y déficit en la decodificación (lectora) y en la escritura. Estas dificultades resultan de un déficit en el componente fonológico del lenguaje. Son inesperadas (discrepantes) en relación con otras habilidades cognitivas (que se desarrollan con normalidad) y una adecuada instrucción escolar. Como consecuencias secundarias, pueden presentarse problemas en la comprensión de la lectura y una experiencia lectora reducida que puede afectar al incremento del vocabulario y de la base de conocimientos».[22]

Finalmente, incluimos la definición de la Federación Mundial de Neurología, que si bien es más antigua (1968), se sigue utilizando ampliamente: «Un trastorno en niños que, a pesar de [recibir] instrucción educativa convencional, no logran las habilidades lingüísticas de lectura, escritura y ortografía esperadas, en consonancia con sus habilidades intelectuales».[23]

Solo hay un tipo oficial de dislexia. Sin embargo, se puede encontrar que la literatura científica habla de diferentes tipos aún debatidos (fonológica o superficial, entre otras). En lo que coinciden las tres definiciones oficiales de dislexia es: 1) que se trata de un problema del lenguaje escrito, no del oral; 2) que no está relacionado con otras habilidades cognitivas o, lo que es lo mismo, no está relacionado con la inteligencia general, como detallamos a continuación.

LA DISLEXIA NO ESTÁ RELACIONADA CON LA INTELIGENCIA GENERAL

Como las propias definiciones especifican, la dislexia no está relacionada con la inteligencia general. Existen personas con dislexia con diferentes cocientes intelectuales (CI). De hecho, los profesionales suelen aplicar para sus diagnósticos de dislexia un test de inteligencia para descartar otras posibles causas. Si el niño presenta inteligencia normal o superior, pero no logra las habilidades lingüísticas de lectura, escritura y ortografía en consonancia con su edad y sus habilidades intelectuales, tiene posibilidades de tener dislexia y entonces se le aplican test específicos de lenguaje.

En un estudio publicado en *Psychological Science*,[24] se tomaron imágenes cerebrales utilizando resonancia magnética funcional, con el objetivo de comparar a niños con dificultades de lectura en dos grupos: con alto CI y con bajo CI. Ambos grupos mostraron los mismos patrones cerebrales observados en otros estudios cerebrales sobre la dislexia: una menor actividad en el hemisferio izquierdo. Los resultados de este estudio refuerzan la idea de que las dificultades de lectura no pueden explicarse por el CI, sino por un patrón de actividad cerebral diferente. Estos resultados nos sugieren que debemos ser precavidos con el diagnóstico de dislexia basado en la discrepancia entre habilidad lectora y CI. Para estos investigadores, los niños con bajo CI que muestran dificultades en la lectura deberían también beneficiarse de las intervenciones educativas para la dislexia.

LA DISLEXIA A NIVEL GLOBAL

No existe un diagnóstico universal para todas las lenguas y la mayoría de las personas con dislexia están sin diagnosticar. Incluso en el Reino Unido, un país en el que la dislexia es tratada de forma ejemplar en comparación con otros países, el Dyslexia Research Institute estima que solo un 5 % de los casos están diagnosticados y reciben la ayuda apropiada, y que el 85 % de los analfabetos adultos padecen dislexia.[25] De hecho, la dislexia se llama *dificultad oculta* debido a su baja detección (ver más detalles sobre detección y diagnóstico diferencial de dislexia en la sección «¿Quién puede diagnosticar la dislexia?», página 49).

La National Academy of Sciences estadounidense estima que entre el 10 % y el 17,5 % de la población de Estados Unidos tiene dislexia.[26] Para la población de habla hispana, el grado de prevalencia de las estimaciones es menor.

En España, conocemos tres estudios de prevalencia de dislexia. En la Región de Murcia, uno realizado en 2011 con una muestra de más de dos mil niños de Enseñanza Primaria (segundo, cuarto y sexto de Primaria) estima que la prevalencia de la dislexia es del 11,8 %.[27] En las islas Canarias, la estimación de alumnos con dificultades específicas de aprendizaje es de un 8,6 % con una muestra de mil cincuenta alumnos de Educación Primaria (de segundo a sexto curso), cuyo rango de edad oscila entre los siete y los doce años de edad, mientras que la estimación de dislexia fue de un 3,2 %, dentro de la misma muestra.[28] Finalmente, en la Comunidad Autónoma de Madrid, usando una muestra de más de mil ochocientos niños de entre siete y once años provenientes de diecisiete centros públicos, los resultados muestran una prevalencia de dislexia en el rango del 5 % al 8,4 %, situando esta estimación en una posición intermedia de los estudios anteriores realizados en población de habla hispana.[29] Este último estudio utiliza nuestro test *Dytective*.

De Latinoamérica sabemos muy poco, con la excepción de Colombia, donde la prevalencia, a partir de un estudio realizado en 2015 en Bogotá, es del 3,6 %, con una muestra de doscientos veinte niños con una media de casi nueve años de edad.[30] Esta prevalencia es similar a la encontrada en niños colombianos de Barranquilla, donde se obtuvo 3,3 % con una muestra de ciento doce niños de siete años.[31]

Es importante tener en cuenta que las prevalencias pueden variar según la edad en la que se evalúe a los niños; por ejemplo, en los niños más pequeños puede aparecer una prevalencia superior que podría disminuir con la edad debido a la intervención específica.[32] También estas prevalencias pueden depender de otros factores sociales y económicos.

Nótese lo diferentes que son estas estimaciones, incluso para el mismo idioma y país; pues dependen del criterio o de los modelos que definen la dislexia. Aunque existe un acuerdo compartido en la definición de dislexia y en su universalidad neurológica, su definición es imprecisa cuando se aplica a diferentes lenguas. De hecho, sus manifestaciones son particulares en las distintas lenguas, en función de la transparencia o regularidad de su sistema ortográfico. Por ejemplo, en lenguas cuyo sistema ortográfico es más opaco (como el inglés), la correspondencia entre grafema (letra) y fonema (sonido) es menos regular. En esos idiomas, las manifestaciones de la dislexia están más relacionadas con errores en la lectura y la escritura. Por el contrario, en lenguas con ortografías más transparentes, como el español, los errores pueden ser menos frecuentes y otros factores han de tenerse en cuenta, como la velocidad, la fluidez y la automatización de la lectura.[33] De hecho, la dislexia puede no ser detectada y permanecer como una «dificultad oculta» o «trastorno oculto» con mayor frecuencia en las lenguas con ortografías transparentes como el español.[34]

DISLEXIA Y OTRAS CONDICIONES

Por otro lado, la dislexia raramente se presenta sola. La dislexia tiene un amplio abanico de comorbilidades, es decir, condiciones que existen simultáneamente, pero son diferentes de la dislexia. Las más comunes son la disgrafía, la discalculia, el trastorno por déficit de atención (TDA), el trastorno por déficit de atención con hiperactividad (TDAH) y las dificultades de procesamiento visual, como el síndrome de estrés visual.

El 40 % de los niños con discalculia —entre un 2 % y un 6 % de la población—[35] tienen dislexia.[36] Asimismo, los niños con TDAH presentan problemas específicos del lenguaje, especialmente en comprensión y pragmática,[37] además de ser comórbidos con dislexia entre el 18 y el 42 % de los casos.[38] El síndrome de estrés visual (Meares-Irlen) es un trastorno del procesamiento perceptivo, que se caracteriza por distorsiones de la percepción visual, relacionándose específicamente con la forma en que el cerebro procesa la información visual que recibe. A diferencia de la dislexia, no es un trastorno del lenguaje, pero aproximadamente el 26 % de los niños con dislexia padecen este síndrome de estrés visual.[39]

La disgrafía, la dislexia y la discalculia están íntimamente relacionadas. De hecho, en la última revisión del *Manual diagnóstico y estadístico de los trastornos mentales (DSM-5)*, las tradicionales *dislexia, disgrafía y discalculia* pasan las tres a englobarse en el llamado *trastorno específico del aprendizaje*, que, en función de la persona, se puede manifestar: 1) con dificultades en la lectura (tradicionalmente, *dislexia*); 2) con dificultades en la expresión escrita (tradicionalmente, *disgrafía*); o 3) con dificultades en matemáticas (tradicionalmente, *discalculia*).[40] Véase «Dislexia y otras condiciones relacionadas: comorbilidades y fortalezas» (página 59).

FUNDAMENTOS BIOLÓGICOS DE LA DISLEXIA

Diferentes estudios exploran los fundamentos biológicos de la dislexia, tanto desde el punto de vista de la neurología, estudiando el funcionamiento del cerebro, hasta los estudios genéticos identificando un número de genes involucrados en la dislexia.

ESTRUCTURA Y FUNCIONAMIENTO DEL CEREBRO

En el plano neurológico, se han realizado investigaciones a partir de dos técnicas neurobiológicas: el electroencefalograma (EEG) y la resonancia magnética funcional (fMRI), gracias a las cuales se han determinado cambios cerebrales estructurales y funcionales que pueden predecir las dificultades en la lectura. Mediante estas técnicas se ha podido comprobar, por ejemplo, cuáles son las áreas del cerebro que se activan durante la ejecución de tareas de lectura en lectores con y sin dislexia. Asimismo, se han utilizado para registrar potenciales evocados corticales (a través del EEG), que proporcionan medidas a tiempo real sobre el procesamiento del lenguaje.

El procesamiento del lenguaje escrito se encuentra mayoritariamente en el hemisferio izquierdo del cerebro en lectores sin dislexia: en el área de Broca (relacionada con la articulación y el análisis de las palabras) y en el área parieto-temporo-occipital, involucrado en el análisis y la forma de la palabra.[41] En la población con dislexia, se ha observado poca actividad en este hemisferio, concretamente en el área parieto-temporo-occipital,[42] y sobreactivación en el hemisferio derecho. Esta sobreactivación se debe a que los lectores con dificultades en la lectura podrían recurrir a la región frontal del hemisferio derecho, que es responsable de articular las palabras habladas, para compensar los sistemas en el hemisferio izquierdo del cerebro.[43]

Las neuroimágenes de niños con dislexia revelan una conectividad alterada de la sustancia blanca y una reducción de la corteza temporal parietal izquierda que se usa en el procesamiento fonológico de la escritura. Asimismo, se ha observado un desarrollo reducido de la materia gris y blanca en las regiones del hemisferio izquierdo para lectores con dificultades.[44] Visto que los rasgos de dislexia son observables a través de la neuroimagen, Gabrieli sugiere que ciertas medidas de neurociencia cognitiva podrían prevenir la dislexia en la mayoría de los niños que de otra manera la desarrollarían.[45] Por ejemplo, Molfese midió en bebés la actividad eléctrica cerebral en respuesta a estímulos medidos con electrodos del cuero cabelludo usando *event-related potential* (ERP) o potenciales evocados.[46] Este estudio demostró relaciones entre las respuestas cerebrales en la infancia y el lenguaje posterior, y el éxito o fracaso en la lectura. Las respuestas de los sujetos a los sonidos del habla dentro de las treinta y seis horas posteriores al nacimiento, discriminaron con más del 81 % de precisión a los bebés que se convertirían en lectores con dislexia a los ocho años.

Sin embargo, es relevante notar que la plasticidad cerebral desempeña un papel fundamental cuando se realiza una intervención efectiva para la dislexia.[47] Por ejemplo, los estudios basados en las técnicas de neuroimagen muestran que los programas de intervención provocan cambios en los patrones atípicos de actividad cerebral de los disléxicos, de forma que los hacen más similares a los patrones de actividad de los niños sin dislexia.[48]

Diferentes hipótesis intentan dar una explicación a estas diferencias cerebrales. Carreiras,[49] en una revisión bibliográfica, explica que una de las hipótesis más apoyadas es la que defiende que estas diferencias pueden deberse a una ectopia en la corteza cerebral, un amasijo de células gliales y de neuronas que no migraron correctamente en el curso del desarrollo embrionario. Estas estructuras podrían ser responsables de que ciertas zonas del cerebro sean afectadas por la dislexia, aunque no se sabe a qué se debería esta migración neuronal.

La dislexia ¿se hereda? Estudios genéticos

Existe una gran cantidad de información previa sobre el componente familiar y estudios de gemelos que sugieren un componente heredado sustancial. Por ejemplo, la proporción de varianza en las habilidades de lectura que se explica por genética es alta, con estimaciones de heredabilidad que varían de 0,4 a 0,8.[50]

En este campo, cabe destacar la investigación de DeFries, quien, estudiando a gemelos idénticos, comprobó que cuando uno de los hermanos es disléxico, existe el 70 % de posibilidades de que también lo sea el otro.[51] En el caso de los gemelos no idénticos (equivalente a hermanos no gemelos), la posibilidad es solo del 45 %. Este tipo de estudios defienden la existencia de una base genética de la dislexia, en la que el componente genético influiría un 60 %, aproximadamente, mientras el 40 % restante se debería a factores ambientales.

Diversos estudios defienden el importante papel de la genética en el desarrollo de la dislexia, aunque existen diferencias sobre los genes implicados.[52] No obstante, la arquitectura genética subyacente a la dislexia debe ser compleja y multifactorial, esto implica una combinación poligénica —dos o más genes contribuyen al fenotipo— y heterogénea —el mismo trastorno puede ser causado por múltiples orígenes en diferentes individuos—. En esta línea, un extenso número de estudios han señalado los siguientes genes en relación con la dislexia:[53] DYXICI, DCDC2, KIAA0319, previamente asociado con déficit fonológico en personas con dislexia, DYX3, DYX4, DYX5, DYX6, DYX7, DYX8, DYX9 y ROBO, entre otros.

Sin embargo, la relación entre la información genética y las habilidades de lectura no es sencilla, especialmente porque las bases de la genética son altamente complejas y heterogéneas. Aún deben acumularse e integrarse gran cantidad de datos para alcanzar una comprensión coherente que nos permitirá desentrañar los factores ambientales y los efectos genéticos en la dislexia.

En resumen, para obtener mejor comprensión sobre la biología de la dislexia es necesario que las mediciones de neuroimagen que permiten una evaluación cuantitativa del fenotipo disléxico puedan ser relacionadas con las variantes genéticas, por ejemplo, a través de una mayor comprensión de las rutas moleculares que afectan a la migración neuronal y que a su vez afectan el procesamiento fonológico.

¿TIENE «CURA» LA DISLEXIA?

Popularmente se pregunta si la dislexia tiene «cura». Como se deduce de todo lo presentado en este capítulo, la dislexia no es una enfermedad, de modo que aplicar la palabra *cura* no es apropiado.

Ahora bien, la pregunta correcta sería: ¿tiene solución la dislexia? En este caso, podemos decir que, aunque la dislexia sea para toda la vida, sí tiene solución. Con el trabajo y con el apoyo adecuado, la dislexia puede superarse, y las personas con dislexia podemos llegar a desarrollarnos profesionalmente sin que la dislexia lo impida (véanse los Capítulos del 2 al 8).

En las últimas décadas, diversos estudios se han dedicado a investigar, usando diferentes técnicas de imagen como la resonancia magnética funcional (fMRI), las diferencias que se dan en la actividad cerebral entre las personas con y sin dislexia.[54] Por otra parte, tras recibir intervención con metodologías adecuadas, se han observado aumentos de volumen en la materia gris del cerebro de los niños con dislexia, entre otros hallazgos, que sustentan la necesidad de una detección temprana y una intervención oportuna validada científicamente.[55] En la actualidad, los investigadores han comenzado a utilizar imágenes cerebrales o exploraciones fMRI para estudiar las fortalezas de las personas con dislexia (veánse los Capítulos 8 y 9).

LA DETECCIÓN DE LA DISLEXIA

La detección de la dislexia es crucial. Cuanto antes se detecte, antes se podrán evitar los problemas derivados, como el fracaso escolar o problemas conductuales. Sin embargo, como se ha visto con el ejemplo de la clase al comienzo del capítulo, la detección de la dislexia es una tarea intrincada. Los niños con dislexia, desde que son pequeños, se van adaptando a todas las circunstancias y sin querer van compensando o «tapando» la dislexia. Y esa compensación hace que su detección sea más compleja, sobre todo en lenguas con ortografías transparentes, como el español, en las que se ha llegado a llamar a la dislexia *dificultad oculta* o *trastorno oculto*.[56]

Por ejemplo, el rasgo más distintivo para diagnosticar dislexia en castellano es, precisamente, la baja velocidad de lectura. Medir una velocidad de lectura significativamente más lenta que el resto no es trivial; además, existen diferentes velocidades de aprendizaje que hacen que una adquisición más lenta de la lectoescritura implica necesariamente una dislexia, sobre todo en las edades más tempranas. No hay consenso sobre la edad de iniciación a la lectura; por ejemplo, en los países de habla inglesa se comienza a los seis o siete años, mientras que en los países de habla hispana suelen ser más precoces en enseñar a leer y a escribir.

Entre las diferentes formas para detectar la dislexia hay que diferenciar: 1) protocolos de detección de riesgo de dislexia para docentes; 2) herramientas de cribado (también detección de riesgo) para profesionales y en algunos casos para docentes y familias; y 3) diagnóstico diferencial definitivo de dislexia, que solo puede efectuar un profesional especializado. Véase resumen en «Significado y síntomas de la dislexia» (página 58).

PROTOCOLOS GENERALES DE DETECCIÓN DE LA DISLEXIA

Los protocolos de detección de riesgo de dislexia están más orientados a docentes. Es más factible que un maestro o profesor detecte cualquier trastorno porque tiene una visión global del alumnado de la clase, donde puede observar los ritmos diferentes de los alumnos, mientras que para los padres es más difícil comparar. En la actualidad, existen también diferentes protocolos de detección, como *Prodislex*,[57] *Prodiscat*,[58] la *Guía de Madrid con la Dislexia*[59] o los protocolos de la Agencia de Educación de Texas (2001) o de la Consejería de Educación de Andalucía (2012).

Cada niño tiene un ritmo diferente de aprendizaje. Sin embargo, problemas recurrentes en la lectura y en la escritura nos proporcionan posibles indicios de dislexia, que se manifestarán de un modo diferente según el momento del desarrollo. Las manifestaciones de la dislexia son diferentes según la edad y no todas las personas muestran todos los síntomas.

Se resumen a continuación los síntomas relacionados con manifestaciones mayoritariamente lingüísticas.

Antes de los 6 años (Educación Infantil)

Son síntomas que afectan a una variedad de habilidades que serán los cimientos de la lectura.

- *Lenguaje oral*. Desarrollo tardío del lenguaje oral. No habla mucho y pronuncia mal algunas palabras, por ejemplo, *ferai* en vez de *feria*.
- *Competencia léxica*. Dificultad para aprender los nombres de los números, colores y letras; dificultad para llamar a las cosas por su nombre, confunde objetos. Confusión en el vocabulario de la orientación espacial.
- *Competencia fonológica*. Dificultad para rimar, por ejemplo, para encontrar la rima correcta en canciones infantiles.
- *Habilidades no lingüísticas*. Puede presentar gran habilidad manual (pintura, juegos de bloques) en comparación con la lingüística.
- *Problemas conductuales*. Debido a la frustración, puede presentar falta de atención y aumento de la actividad e impulsividad.

De 6 a 12 años (Educación Primaria)

En esta etapa, los signos de dislexia son más evidentes, pues se espera que los niños vayan leyendo y escribiendo más en cada curso escolar.

- *Competencia fonológica y léxica*. Dificultad para conectar letras (grafemas) con sonidos (fonemas), por ejemplo, en el caso de las palabras aprendidas no está seguro de qué sonido tienen las letras. En el caso de palabras nuevas, existen problemas de vocalización.
- *Competencia sintáctica y ortográfica*. Errores gramaticales y ortografía deficitaria.
- *Comprensión lectora*. Problemas al recordar los detalles leídos. Debe concentrarse tanto para leer que a menudo relaciona el contenido con algo que ya conoce, dificultando su comprensión y memorización. Problemas en la comprensión de oraciones largas.

- *Errores en lectura y escritura.* Adición, omisión, sustitución y trasposición de letras, números y palabras. Por ejemplo, *aries* en vez de *aires*.
- *Habilidades no lingüísticas.* Puede presentar dificultades en las matemáticas y para mantener la atención (comorbilidad con la dislexia). Paralelamente, puede presentar una elevada intuición y creatividad.
- *Problemas conductuales.* Problemas de conducta debido a la desmotivación, por ejemplo, déficit de atención, ansiedad o depresión, entre otros.

De 12 a 16 años (Educación Secundaria)

Debido al creciente aumento de las demandas escolares, las manifestaciones en esta etapa son más obvias.

- *Competencia léxica.* Dificultad para encontrar la palabra correcta (por ejemplo, dice una que se parece, *perfección* por *percepción*), balbucea o utiliza muletillas.
- *Competencia sintáctica y ortográfica.* Comete errores gramaticales y errores ortográficos.
- *Lectura.* Lee muy lentamente y evita hacerlo en voz alta. Presenta problemas de concentración.
- *Escritura.* Dificultades para escribir ideas de manera organizada.
- *Aprendizaje de segunda lengua.* Aprender lenguas extranjeras es un reto enorme.
- *Problemas de concentración en lectura y escritura.*
- *Habilidades no lingüísticas.* Puede presentar dificultades en matemáticas y mantener la atención (comorbilidad con la dislexia). Puede exhibir una elevada intuición, curiosidad y creatividad.
- *Problemas conductuales.* Autoestima baja, problemas para socializar y sentirse integrado.

De 16 a 20 años (Bachillerato)

En este período, la dislexia puede afectar a un diverso número de destrezas:

- *Competencia semántica y pragmática.* Dificultad para comprender chistes, juegos de palabras, refranes o dobles sentidos.
- *Competencia ortográfica.* Número de faltas de ortografía mayor a lo esperado. Presenta errores parecidos a los de las etapas anteriores, aunque más compensados.
- *Lectura.* Dificultades de las etapas anteriores más compensadas.
- *Expresión oral.* Titubeo, dificultades para encontrar las palabras adecuadas o para expresar lo que sabe.
- *Aprendizaje de segunda lengua.* Transferencia de las dificultades de la lengua materna al idioma extranjero.

Edad adulta

Entre los posibles indicios de dislexia en las personas adultas, están los problemas para la memorización, así como dificultades para hallar la palabra que quieren expresar. Tienen más faltas de ortografía y a menudo evitan las tareas de lectoescritura por miedo a hacerlas mal. Asimismo, pueden presentan problemas de autoestima.

¿CÓMO DETECTAMOS LA DISLEXIA?

Los test y las herramientas de cribado no ofrecen un diagnóstico diferencial, aunque asisten en el cribado de las posibles dificultades de lectura y escritura.

Etapa Infantil: el test de Cuetos y otros

A los cuatro años de edad se puede aplicar el *Test para la detección temprana de las dificultades en el aprendizaje de la lectura y escritura*, de Cuetos y otros. Se trata de una prueba de cribado diseñada con 298 niñas y niños de 4 años. Todos los participantes fueron evaluados de forma individual, 122 en consulta pediátrica y 176 en colegios de Educación Infantil.[60]

La prueba consta de seis subtareas con cinco apartados cada una, que duran entre seis y diez minutos. Las seis subtareas evalúan los principales componentes del procesamiento fonológico: discriminación de fonemas, segmentación de sílabas, identificación de fonemas, repetición de pseudopalabras, memoria verbal a corto plazo y fluidez verbal. Cada subtarea se puntúa de 0 a 5, por lo que la puntuación total va de 0 a 30.

La puntuación promedio fue de 22,80 sobre un máximo de 30. Con el fin de proporcionar categorías cualitativas a partir de los datos cuantitativos, se consideran puntuaciones normales los valores comprendidos entre una desviación por encima y por debajo de la media. Si restamos una desviación y media, la puntuación de corte está en 16,17, estableciendo 16 como el punto de corte para los casos graves. Entre todos los participantes, treinta y un niños obtuvieron una puntuación de 16 o menos, el 10,4 % del total. Las categorías quedaron así: 1) entre 27 y 30 puntos, buen rendimiento; 2) entre 18 y 27 puntos, normal; 3) entre 16 y 18 puntos, dificultades leves; y 4) menos de 16 puntos, dificultades severas.

El alfa (α) de Cronbach se calculó con el número de aciertos en todas las pruebas, obteniendo un coeficiente muy alto, 0,73, lo que confiere una alta fiabilidad a la prueba.

Para medir la validez del test se calcularon las correlaciones entre las seis subpruebas, las cuales fueron todas altas, y todas estadísticamente significativas, excepto entre fluidez y segmentación. Las correlaciones con el total de la prueba fueron todas muy altas, la más alta de las cuales fue la identificación de fonemas, y la más baja, la fluidez verbal. Estas puntuaciones significan que la prueba es útil para detectar problemas en el procesamiento fonológico y, en consecuencia, para predecir las dificultades en el aprendizaje de la lectoescritura.

En conclusión, los niños con una puntuación baja en esta prueba tendrán probablemente dificultades para leer y escribir, y el objetivo de esta prueba es, precisamente, evitar que se produzcan estas dificultades a través de una intervención temprana. Estudios realizados sobre intervención temprana han encontrado que a los cuatro años, dada la plasticidad cerebral, las intervenciones logopédicas son mucho más exitosas.

De 7 a 17 años en soporte papel: DST-J

En soporte en papel se encuentra la batería de detección del *Dyslexia Screening Test-Junior (DST-J)* o *Test para la detección de la dislexia en niños*. Está orientado a niños de seis años y medio a once años y medio. Su aplicación debe realizarla un profesional y requiere únicamente entre veinticinco y cuarenta y cinco minutos. Está dirigido a profesionales tanto especializados como no especializados.

El *DST-J* es la segunda versión dirigida a niños del *Test para la detección de la dislexia* publicado en el Reino Unido en 1996. Esta primera versión se ha utilizado ampliamente en más de tres mil colegios del Reino Unido y también en el plano internacional.

La creación del *DST-J* es el resultado de examinar los puntos fuertes y débiles del *Dyslexia Screening Test (DST)* original. Se planteó la hipótesis de que las habilidades fonológicas pudieran haberse incrementado en el Reino Unido como consecuencia de la estrategia nacional de escolarización y se aprovechó esta oportunidad para volver a crear baremos de las pruebas de «segmentación fonémica» a partir de las respuestas de 774 niños de 6 a 11 años.

El test está formado por doce pruebas, divididas entre las de evaluación directa y las de evaluación indirecta.

Las de evaluación directa son tres: lectura, copia y dictado. Estas pruebas se corresponden directamente con las principales dificultades de los niños con dislexia: lectura, escritura y ortografía. Además de ello, también miden la fluidez y la precisión de ejecución.

Las pruebas indirectas nos proporcionan información para interpretar las causas de las dificultades en las pruebas directas y cuáles son las áreas sobre las que se necesita intervenir. Las nueve pruebas indirectas son: nombres (se evalúa el tiempo que se emplea en nombrar los dibujos de una página), coordinación (se mide contando las veces que un niño puede enhebrar un cordón durante treinta segundos), estabilidad postural, segmentación fonética (capacidad de fragmentación de la palabra en los sonidos que la componen), dígitos inversos (recordar en orden inverso la secuencia de números, evalúa la memoria de trabajo) y lectura sin sentido (a través de pseudopalabras: indica dificultades en la ruta fonológica lectora), fluidez verbal, fluidez semántica y vocabulario.

Por cada tarea, el niño recibe unas puntuaciones, que, a su vez, se combinan dando lugar a un índice que señala la presencia de riesgo de dislexia en el niño y la magnitud de este: leve, moderado o alto. Además, el *DST-J* proporciona información sobre los puntos fuertes y débiles en la ejecución del niño.

De 7 a 70 años a través de la web: test *Dytective*

En soporte digital, a través de la web, se encuentra el test *Dytective*, que combina ítems lingüísticos con aprendizaje automático (inteligencia artificial). Considera edades desde los 7 hasta 70 años, casi con un 90 % de fiabilidad, evaluado con más de 4.300 personas,[61] y está disponible gratuitamente en <www.dytectivetest.org>. La herramienta tiene en consideración 197 variables por persona que se recogen a través de un test en línea de quince minutos de duración. Siguiendo las instrucciones, su aplicación puede ser realizada por parte de docentes, profesionales y padres.

El test consta de diferentes sets de pruebas en función de la edad. La aplicación informática selecciona un conjunto u otro de ítems o ejercicios: diecinueve sets para 7 y 8 años, veintisiete sets de 9 a 11 años, y treinta y un sets a partir de los 12 años. Para el diseño de los ítems se tuvieron en cuenta los patrones lingüísticos encontrados tras un análisis detallado de una gran cantidad de errores creados por personas con dislexia.[62] Los ejercicios presentan tareas lingüísticas que contemplan uno o varios de los siguientes diecisiete indicadores: competencias lingüísticas (competencia alfabética, fónica —conciencia fonológica—, silábica, léxica, morfológica, sintáctica, semántica y ortográfica), así como procesos perceptivos de discriminación y categorización visual, discriminación y categorización auditiva, memoria de trabajo visual, secuencial visual, auditiva y secuencial auditiva, y finalmente las funciones ejecutivas centradas en la atención sostenida, selectiva y dividida. Recientemente, en 2018, el método que usa el test *Dytective* ha sido evaluado con éxito para el inglés.[63] En el Capítulo 3 detallamos la investigación realizada para llegar al test *Dytective*.

¿QUIÉN PUEDE DIAGNOSTICAR LA DISLEXIA?

En la actualidad, solo un profesional especializado puede emitir un diagnóstico de dislexia. Los profesionales que lo realizan son logopedas (o fonoaudiólogos), psicopedagogos, psicólogos, pedagogos, neuropsicólogos, neuropediatras o psiquiatras infantiles. No hay consenso sobre qué profesional es el más adecuado para ejecutar el diagnóstico. En lo que sí hay consenso es en que el profesional que lo haga debe estar especializado en dislexia —por ejemplo, si se trata de un psicólogo, debe estar especializado en trastornos del aprendizaje—. La situación ideal es que la evaluación y el diagnóstico se aborden de forma multidisciplinar. Esto garantiza que el diagnóstico sea diferencial, es decir, que contemple la discriminación entre otros trastornos específicos. Por ejemplo, mientras que un neuropsicólogo atenderá los aspectos cognitivos del sujeto, midiendo, por ejemplo, el cociente intelectual, un logopeda especializado podrá discriminar entre dislexia y un trastorno específico del lenguaje (TEL), y aportar pruebas específicas del lenguaje en el proceso diagnóstico.

En general, los diagnósticos profesionales no se suelen emitir antes de los 7 años, cuando el niño o la niña comienza a adquirir la lectoescritura. Sin embargo, hay profesionales que detectan precozmente el riesgo de dislexia antes de los 7 años usando protocolos y pruebas de cribado como el test de Cuetos y otros (véase la página 45).[64]

Hay al menos tres razones por las que solo los profesionales pueden emitir diagnósticos. En primer lugar, es crucial que sea diferencial, y para ello hay que discriminar la dislexia de posibles comorbilidades, como son el trastorno de déficit de atención (TDA) o el trastorno específico del aprendizaje con dificultad matemática. En segundo lugar, existen diferentes grados de dislexia —a pesar de que el diagnóstico generalmente tiene un valor binario: se es o no se es disléxico—. Finalmente, el conjunto de profesionales tiene en cuenta las circunstancias y el historial personal del niño que pueden influir en la adquisición del lenguaje.

Para llegar a un diagnóstico diferencial, las pruebas que se le suelen suministrar al niño son de diferente índole. En primer lugar, para descartar, se suele aplicar un test que mide las capacidades cognitivas. Entre todos los test de inteligencia, el más usado y el que cuenta con más consenso por parte de la comunidad es la batería *WISC*.[65] Se basa en un enfoque de inteligencia global que mide diferentes habilidades intelectuales (comprensión verbal y razonamiento perceptivo, memoria de trabajo y velocidad del procesamiento) y da como resultado un cociente intelectual global. Para descartar posibles comorbilidades —por ejemplo, con el TDA—, se aplican otros test que miden las funciones ejecutivas como son los test *Enfen*,[66] *Nepsy*[67] o *Banfe*,[68] más usado en América Latina. Asimismo, para descartar que se trata únicamente de dificultades con el lenguaje escrito (dislexia) y no del lenguaje oral, como podría ser el caso de un trastorno específico del lenguaje, se suele aplicar el *Illinois Test of Psycholinguistic Abilities (ITPA* o *Test Illinois de aptitudes psicolingüísticas)*.[69]

Entre los test de lectura y escritura que se aplican, los más usados son *Prolec*,[70] *Prolec-R*[71] y *Proesc* (este último para la evaluación de procesos de escritura),[72] y *TALE*[73] para las pruebas psicopedagógicas de aprendizajes instrumentales.[74] El test referente más usado entre los profesionales para la valoración de la lectura es el test *Prolec-R: una batería de evaluación de los procesos lectores revisada*,[75] cuyos baremos se han creado con una muestra de más de novecientos niños de entre 6 y 12 años. El test se centra en los procesos de la identificación de letras, el reconocimiento de palabras, y los procesos sintácticos y semánticos. La batería toma diecinueve puntuaciones que se agrupan en nueve tareas: identificación del nombre o sonido de las letras, discriminación de pseudopalabras (igual/diferente), lectura de palabras, lectura de pseudopalabras, estructuras gramaticales, signos de puntuación, comprensión de oraciones, comprensión de textos y comprensión oral. Para llegar al baremo final, el profesional va recogiendo medidas de rendimiento relacionadas con la lectura, como la velocidad de lectura (palabras por minuto), errores de lectura, lectura de palabras, fluidez de lectura y comprensión de texto.

Muy probablemente, en el diagnóstico final no aparezca la palabra *dislexia*, ya que como se ha comentado en la última edición de la obra de referencia, el *Manual diagnóstico y estadístico de los trastornos mentales (DSM-5)*, este término ya no se emplea y se sustituye por *trastorno específico del aprendizaje*, que en función de la persona se puede manifestar de manera dispar: 1) a través de dificultades en la lectura, 2) a través de dificultades en la expresión escrita; o 3) a través de dificultades matemáticas.[76]

DISLEXIA Y ALTAS CAPACIDADES

La investigación indica que entre el 2 y el 5 % de los estudiantes con dificultades de aprendizaje tienen altas capacidades.[77] El término doblemente excepcional, o 2E, es utilizado para describir a los estudiantes con altas capacidades que conviven con dificultades de aprendizaje, incluyendo a los estudiantes con dislexia.[78]

A diferencia de la dislexia y muchas otras dificultades neurocognitivas o emocionales que afectan al aprendizaje, la doble excepcionalidad no tiene una definición de diagnóstico formal, por ejemplo, no aparece en *Manual diagnóstico y estadístico de los trastornos mentales (DSM-5)* ni en el *National Institute of Child Health and Human Development (NICHD)*. Además, existe un amplio rango de variabilidad en las características cognitivas de estos estudiantes,[79] siendo complicado identificar un patrón común.

Muchos estudiantes 2E están mal evaluados o reciben una intervención inadecuada. Resulta difícil que el estudiante reciba apoyo para su doble excepcionalidad: a menudo reciben apoyo para sus altas capacidades o para su dificultad de aprendizaje, pero no para ambas (Ruban, 2005) (Gilman y otros, 2013). Para los estudiantes con altas capacidades que también tienen dislexia, es importante emplear la misma energía tanto para la dificultad como para la capacidad.

Algunas investigaciones han mostrado que la dislexia es más común entre las personas especialmente dotadas en ocupaciones de orientación espacial, como el arte, las matemáticas, la arquitectura y la física (véase Capítulo 8: «Desarrollar las fortalezas»). Sin embargo, la evidencia todavía no es concluyente.

ENMASCARAMIENTO

Las fortalezas intelectuales de los niños con altas capacidades a menudo ocultan áreas específicas de desafío o debilidad.[80] De hecho, su desempeño académico inconsistente puede llevar a los educadores a creer que estos estudiantes no están haciendo el esfuerzo adecuado.[81] Debido al enmascaramiento, los padres y los maestros a menudo no perciben ni las altas capacidades ni la dislexia. La dislexia puede enmascarar las altas capacidades, y las altas capacidades pueden enmascarar la dislexia.

Karnes y Shaunessy (2004) realizaron un estudio en el que concluyeron que los estudiantes con doble excepcionalidad de Misisipi apenas habían sido identificados. Para abordar esta situación, el autor sugiere capacitar a los profesionales de la educación sobre las características de los estudiantes con altas capacidades y dificultades de aprendizaje, una sugerencia que también se encuentra en la literatura precedente.[82] Algunas características comunes de los niños doblemente excepcionales son las siguientes:[83]

- Vocabulario oral superior.
- Ideas y opiniones muy articuladas.
- Altos niveles de creatividad y capacidad para resolver problemas.
- Curiosidad e imaginación externas.
- Discrepancia entre habilidades verbales y rendimiento escolar.
- Claros picos y valles en los test de rendimiento cognitivo.
- Amplia gama de intereses no relacionados con la escuela.
- Talento específico o área específica de interés.
- Sentido del humor sofisticado.

EVALUACIÓN Y TRATAMIENTO DE LA DOBLE EXCEPCIONALIDAD

Generalmente, la evaluación estandarizada para las altas capacidades es una prueba de cociente intelectual común, general, verbal o no verbal, o una medida especializada de capacidad cognitiva en uno o más dominios específicos.[84] Sin embargo, la identificación de la doble excepcionalidad, así como de las altas capacidades, varía mucho.

Las necesidades de un estudiante con altas capacidades y además con dislexia son muy diferentes a las del individuo con dislexia o con altas capacidades solamente. Un alto cociente intelectual puede complicar el diagnóstico de la dislexia, de tal manera que una persona no sea elegible para programas de refuerzo. Por otra parte, una dificultad en la lectura puede obstaculizar el desarrollo de un don académico por focalizarse demasiado en la dificultad y descuidar el crecimiento en las áreas de altas capacidades.

Las investigaciones sobre el tratamiento para los alumnos doblemente excepcionales son aún escasas y las prácticas actuales varían ampliamente.[85] A rasgos generales, la instrucción para estudiantes 2E debe incluir el refuerzo de sus fortalezas[86] así como de sus habilidades básicas (por ejemplo, escritura a mano, lectura, ortografía, expresión escrita y cálculo matemático). De lo contrario, estos estudiantes pueden ser etiquetados como estudiantes promedio o de bajo rendimiento que simplemente necesitan «*esforzarse más*».[87]

Un enfoque prometedor para los estudiantes 2E es el enfoque multisensorial utilizado para el tratamiento de la dislexia. Al igual que otros estudiantes con dislexia, los estudiantes doblemente excepcionales pueden beneficiarse de la instrucción que incluye una variedad de estímulos, tecnología y múltiples modos sensoriales.[88] Además, el refuerzo en el hogar también es muy importante. Si bien las adaptaciones y las mejoras del problema de lectura pueden ocurrir en la escuela, es posible que los alumnos no reciban la atención adecuada para sus dones. En este caso los padres tienen un papel clave en estimular, inspirar y nutrir el desarrollo de las fortalezas del niño.[89] Reis, McGuire y Neu (2000) recogieron en un informe los resultados de cómo doce estudiantes con altas capacidades y dificultades de aprendizaje tuvieron éxito en ambientes académicos posteriores a la secundaria. Las extensas entrevistas con estos adultos proporcionaron ejemplos de los problemas que enfrentaron debido a su doble excepcionalidad. Las estrategias de compensación exitosas que utilizaron fueron las siguientes: técnicas de estudio, estrategias de aprendizaje cognitivo, apoyos compensatorios, mejoras en el entorno de estudio, asesoramiento psicológico, herramientas de defensa propia, y el desarrollo de un plan individual que incorpore un enfoque en metacognición y funciones ejecutivas.

Finalmente, la doble excepcionalidad puede ser una condición complicada de identificar y tratar. Tal vez debido a la neurología y las experiencias de vida únicas de estos individuos, también tienen un mayor riesgo de trastornos de personalidad y depresión. La evidencia sugiere que ser doblemente excepcional puede ser especialmente estresante, por lo que los maestros y los padres deben considerar las necesidades tanto emocionales como académicas de estos individuos.[90]

RESUMEN

Conceptos básicos

- **El lenguaje oral es diferente al lenguaje escrito.** La dislexia afecta únicamente a su manifestación escrita —lectura y escritura—. Solo una minoría de las lenguas en el mundo presentan manifestaciones escritas.
- La humanidad durante el 98 % de su cronología ha utilizado únicamente la **modalidad oral** del lenguaje.
- **La dislexia no es una enfermedad**, es una **dificultad específica del aprendizaje** que afecta a la lectura y a la escritura y que tiene **solución**.
- La dislexia **es universal**, aunque tiene manifestaciones diferentes en las distintas lenguas, en función de cuán transparente y regular sea su ortografía, y también en función de otros factores como el tipo de alfabeto que use.

- La dislexia es **frecuente**, afecta aproximadamente a un 10 % de la población, aunque las estimaciones entre una lengua y otra varían.
- La dislexia **no afecta a la inteligencia general**.
- Tanto estudios sobre el funcionamiento cerebral como estudios genéticos demuestran el **fundamento neurobiológico** de la dislexia.
- **Leer y escribir no es un aprendizaje trivial.** Aún hay altos porcentajes de población funcionalmente analfabeta, incluso en los países desarrollados.
- La detección de la dislexia no es fácil. La razón por la que se llama **trastorno oculto** en las lenguas con ortografías transparentes, como el español, es precisamente porque su detección es difícil.
- Existen tres tipos de materiales para detectar dislexia: **protocolos, test de detección o cribado** y **diagnósticos profesionales.**
- Los **protocolos están orientados sobre todo a docentes** para detectar riesgo de dislexia en las aulas.
- Los **test de cribado** tienen una fiabilidad alta, aunque nunca pueden sustituir a un diagnóstico diferencial profesional. Algunos test de cribado pueden ser realizados no solo por profesionales, sino también por profesionales no especializados, docentes y familias.
- Solo puede emitir un **diagnóstico diferencial de dislexia** un profesional especializado o, idealmente, un equipo multidisciplinar para poder discriminar la dislexia de otras condiciones cognitivas.
- Existen **diferentes velocidades de aprendizaje**, lo que hace que una adquisición más lenta de la lectoescritura no implique necesariamente una dislexia, sobre todo en las edades más tempranas. De hecho, se ha discutido la edad de iniciación a la lectura, siendo los países de habla hispana de los más precoces en enseñar a leer y a escribir.

MATERIALES

1. Carta testimonial a los estudiantes

Querido/a tú:

Qué pena que no te conozca, porque me gustaría decirte esto mirándote a los ojos.

Me llamo Luz. Si cuando tenía tu edad me hubieran dicho que acabaría siendo investigadora, me lo habría tomado como una broma. Me habría dolido, porque hubiera pensado que estaban jugando con mis esperanzas y con cosas que parecen imposibles. Me habría enfadado, no se me daban bien los estudios y, además, lo último que me apetecía por las mañanas era enfrentarme al colegio otra vez.

Quizá no creas lo que voy a decir, y no hace falta que lo hagas, yo tampoco lo habría creído, pero al menos recuérdalo.

Si alguien te dice que tú no puedes, se equivoca. A mí también me lo dijeron. En serio. No está escrito quién puede y quién no puede. Por muy importante que parezca la persona que te lo dice, no lo sabe. Nadie puede saber eso.

Si alguien te da un consejo, antes de seguirlo piensa si esa persona es como tú quieres ser o no. Piensa si ese consejo es válido para lo que tú quieres ser. Un día decidí escuchar los consejos de personas felices porque yo quiero ser feliz. Decide lo que tú quieres ser y toma lo que es bueno para ti.

Si te gusta algo, sigue con ello adelante. Nadie tiene la clave y nadie sabe lo que va a pasar. Que no te importe lo que la gente pueda pensar de ti; en realidad, las personas pasan más tiempo pensando en sí mismas y en lo que puede pensar el resto del mundo de ellas, que pensando en lo que hacen los demás. O sea, muy probablemente nadie en tu clase piense en lo que tú haces, solo en lo que hacen ellos y en lo que piensa el resto de ellos. Así que tú sigue adelante. A un compañero mío del colegio lo castigaban por cantar en clase y ahora está componiendo música de bandas sonoras; a otro también lo castigaban por mal comportamiento y ahora es guionista de cine; a mí me suspendían por faltas de ortografía y he desarrollado un videojuego que hace que los niños mejoren su escritura, para que no os suspendan, como a mí.

Si ves un problema y quieres solucionarlo, no tengas miedo a pensar que no puedes ser investigadora o investigador en el futuro. La ciencia no es solo para personas especiales, muy inteligentes y privilegiadas. Todo el mundo puede llegar a ser científico. En serio. La ciencia no solo trata de teorías grandes para dar explicación a las cosas grandes que pasan en el mundo. La ciencia también trata de ayudar a personas e impactar en el día a día. La manera de descubrir las cosas no está marcada por nadie: tú puedes descubrir lo que tú quieras. La manera de darse cuenta de lo que hace falta tampoco la sabe nadie: tú puedes darte cuenta de algo que es necesario y que nadie más sabe. Y lo mismo que para mí la investigación parecía un imposible y al final lo conseguí, es probable que para ti otras cosas parezcan imposibles..., así que tú sigue adelante.

Pero no pienses que superar la dislexia es fácil. Mis compañeros piensan ahora que trabajo demasiado. Sin embargo, cuando trabajé demasiado era cuando tenía tu edad, a veces hasta después de cenar. Copié varios libros a mano. Recuerdo cómo me dolía la cabeza al copiar. Me aprendía los libros de memoria. Me hacía esquemas de cada párrafo que tenía que aprender. Ahora me doy cuenta de que estudiar con esquemas me ha ayudado a desvincular los conceptos de las palabras con las que se expresan para pensar de manera creativa. Aunque no lo creas ahora, estás desarrollando unas capacidades que van a ayudarte en el futuro.

Si estás en el colegio o en el instituto, este es el peor momento de todos. Aguanta, porque estás en lo peor. Ahora parece imposible que todo vaya a terminar. Lo sé. Los días son larguísimos y los años son eternos. Los días que recibes las notas son lo peor. Y las vísperas también. Pero te prometo que se termina, aunque parezca eterno. Cuando yo era pequeña, al final de algún cuaderno de clase que no fuera a usar mucho, ponía cuadraditos. Cada cuadradito representaba un día de clase de todo el año. Me lo tomaba muy en serio. Tenía en cuenta hasta los días de las vacaciones. Y cuando terminaba un día, tachaba un cuadradito. Me producía alivio y me ayudaba a relativizar las cosas, porque al final uno se da cuenta de que un año de colegio son tres hojas de cuaderno.

Lo mejor es que cuando se termina, de repente, en la vida cotidiana a casi nadie le importa cómo lees o cómo escribes. Nadie te juzga por eso. Es más, te sorprenderá ver lo mal que escriben algunas personas *sin* dislexia —que ya se lo podían currar más, la verdad—. Y tú podrás usar toda la tecnología del mundo para que nadie sepa nunca más que tienes dificultades con eso.

Y hay una cosa mejor aún en el mundo real. Te darás cuenta de que muchas de las capacidades que estás desarrollando ahora, sin querer te ayudarán, porque serás más fuerte que el resto. En el mundo real ya no hay profesor ni clase, solo personas como tú y todos fracasan en alguna ocasión. Pero tú serás de los que se vuelve a levantar una y otra vez cuando se cae, porque ya has aprendido a hacerlo muchas veces. Tú tendrás una determinación, una capacidad de trabajo y una tolerancia a los errores que te harán llegar adonde quieras.

No hace falta que tengas claro tu sueño. No te agobies si ahora mismo no sabes cuál es tu sueño. Solo haz y trabaja por lo que te haga feliz, por lo que consideres justo, y eso te llevará a tu pasión. Busca lo que realmente te gusta y piensa que si quieres, puedes ser muy bueno en ello. Porque puedes llegar a ser lo que quieras ser cuando lo sepas.

Con determinación y esperanza,

LUZ RELLO

2. Significado y síntomas de la dislexia

La dislexia es un trastorno específico del aprendizaje, independiente de la inteligencia general, que, sin embargo, afecta al aprendizaje y al rendimiento en la lectoescritura. Es frecuente y universal debido a su base neurobiológica.

Síntomas de dislexia (ver síntomas completos por edades en el Capítulo 1):

- Leer supone un gran esfuerzo. Comprensión lectora baja.
- Errores en la lectura y en la escritura: adición, omisión, sustitución y transposición de números, letras y palabras.
- Errores gramaticales en la escritura y ortografía deficitaria.
- Dificultad en conectar letras (grafemas) con sonidos (fonemas). Inseguridad en la pronunciación de las letras.
- Dificultad para rimar.
- Dificultad para acceder al léxico; por ejemplo, dificultad en nombrar números o letras.
- Desarrollo asimétrico: puede presentar gran habilidad manual o gran creatividad en comparación con la habilidad lingüística.
- Problemas conductuales; por ejemplo, falta de atención o impulsividad.
- Puede mostrar problemas de autoestima o dificultades para sentirse integrado.
- Las dificultades en su lengua materna pueden trasladarse al aprendizaje de otras lenguas.
- Puede presentar problemas con las matemáticas (véase Dislexia y otras condiciones relacionadas: comorbilidades y fortalezas, a continuación).

Para detectar el riesgo de dislexia en casa o en el colegio se pueden usar herramientas de cribado (Capítulo 3). Un diagnóstico diferencial de dislexia solo puede ser realizado por un profesional calificado (Capítulo 1).

3. Dislexia y otras condiciones relacionadas: comorbilidades y fortalezas

Pocas veces la dislexia aparece sola; frecuentemente viene acompañada por:

- **TDA o TDAH** (del 18 al 42 % de los casos): trastorno neurobiológico que implica dificultades en el mantenimiento de la atención voluntaria ante actividades académicas o cotidianas. Puede acompañarse de una falta de control de impulsos.
- **Discalculia** (del 2 al 6 % de los casos): dificultad específica de aprendizaje para entender y trabajar con números.
- **Disgrafía** (más del 50 % de los casos): dificultad para coordinar los músculos de la mano y el brazo, causando dificultades en la escritura.
- **Síndrome de estrés visual** (aproximadamente el 26 % de los casos): es un trastorno del procesamiento perceptivo, que se caracteriza por distorsiones de la percepción visual. A diferencia de la dislexia, no es un trastorno del lenguaje.
- **Lateralidad cruzada** (aproximadamente el 50 % de los casos): se produce cuando la lateralidad no está bien definida en uno de los lados (derecho o izquierdo) y se relaciona con dificultades en la coordinación y en la orientación espacial. La lateralidad es la preferencia espontánea en el uso de los órganos situados al lado derecho o izquierdo del cuerpo, como los brazos o las piernas.
- **Altas capacidades** (del 2 al 5 % de los casos entre las dificultades de aprendizaje, no necesariamente dislexia): personas con una capacidad de aprendizaje muy superior a los demás, pudiendo establecerse diferentes medidas, entre ellas el cociente intelectual.
- **Fortalezas**: capacidades que las personas con dislexia desarrollan en mayor medida que las personas sin dislexia, bien sea producto de una compensación de sus dificultades o como resultado de un diferente funcionamiento cerebral. Entre las fortalezas más nombradas está el procesamiento visual, el emprendimiento y la creatividad.

PARTE I

Tecnología al rescate

CAPÍTULO 2

Lectura y escritura

> El sistema educativo está hecho para las ovejas y ellos son cabras. Las ovejas corren más, pero las cabras suben más alto. Pertenecen al mismo grupo de animales, son muy parecidos, pero la manera de ver el mundo es muy diferente.
>
> DOLORES REDONDO

NI VAGO, NI TONTO NI DESPISTADO

Recuerdo perfectamente el primer día que me di cuenta de que todo iba a ser muy complicado. El primer día que pensé que era tonta y el primer día que me dijeron que era despistada.

El primer recuerdo de mi vida tiene que ver con la dislexia. Aunque por supuesto en aquel momento no tenía ni idea de qué se trataba. Ese fue el día en el que me di cuenta de que a partir de entonces todo iba a cambiar. No sé si fue el primer día que pensé que era tonta, pero al menos me quedó claro que era menos que el resto.

Recuerdo que estábamos todos los niños sentados en el suelo, haciendo un círculo. Estaba en Educación Infantil, probablemente el año antes de entrar al colegio en primero de Primaria. Cada uno de nosotros tenía en la mano un librito fino, creo que lo llamaban cuartilla. Uno de esos libros de texto para niños pequeños.

Recuerdo perfectamente cómo era el libro, las hojas, los colores.

Y entonces la maestra nos dijo que cada uno de nosotros tenía que leer una palabra. Y entonces en bajito quise practicar las palabras antes de que me tocara para hacerlo bien delante de la clase. Recuerdo perfectamente que en el libro había cuatro dibujos, y con cada dibujo había una palabra: *casa, bote, rata, pato*. Recuerdo que lo veía todo perfectamente. Veía las ilustraciones dibujadas en negro y coloreadas en tonalidades planas. Recuerdo perfectamente la tipografía con la que estaban escritas las palabras, una tipografía ligada. No tenía ningún problema de visión. No es que me bailaran las letras, lo que no podía hacer era unir lo que había en mi cabeza con la letra que veía. Había algo ahí que no era capaz de mapear, de ligar, de cuadrar. Es curioso que incluso hoy en día, después de haber investigado esto intensamente durante años, todavía me cuesta poner palabras a lo que pasaba en mi cabeza.

Me empezaba a quedar sin tiempo. Los primeros alumnos ya habían comenzado a leer sus palabras. Yo estaba casi al final del círculo. Pero me iba a tocar. Intentaba leer las palabras en bajito, pero no podía. Lo veía, casi lo sabía, pero no podía. Imposible. Me quedaba sin tiempo. Comencé a sentir el calor. Probablemente estaba poniéndome roja. Entonces intenté salir del paso como pude. Rápidamente pensé que la serie de dibujos se iba repitiendo también en el círculo de alumnos y que las palabras que estaban diciendo mis compañeros ya las habían dichos otros antes. Conté los dibujos. Uno, dos, tres, cuatro, uno. Y conté a los compañeros que iban antes de mí. Uno, dos, tres, cuatro, uno. Volví a hacerlo, uno (yo), dos, tres, cuatro, uno (Paula García). Mi compañera Paula también era el «uno». «Creo que me va a tocar misma palabra que va a decir Paula.» Dudando mucho de mí misma, me la jugué todo a esa carta. Y presté mucha atención a lo que Paula iba a decir. Y cuando le tocó a Paula, ella dijo «pato». Y yo para mis adentros repetía «pato, pato, pato, pato». No se me podía olvidar. Y entonces me tocó a mí y dije —no muy convencida, pero creo que estaba haciendo como que leía— «pato». Y me dijo la maestra «muy bien». ¡Ufff! ¡Qué alivio! Ese día me salvé.

Pero algo me quedó muy claro. Que yo era diferente y que a mí me costaba más. A partir de ese día lo que significaba ir a clase cambió para siempre.

Fingir que leía aprendiendo los libros de memoria

Por razones como esta se considera la dislexia un trastorno oculto, por su dificultad en la detección. Ese día, nadie, absolutamente nadie, se dio cuenta de que yo tenía un problema. Ni siquiera yo misma. Yo solo asumí que era más tonta que el resto y que tenía que hacer todo lo posible para avanzar, aunque fuera de otra manera. La maestra tampoco se dio cuenta, no se dio cuenta de que tenía un problema porque el resultado era el esperado, aunque en realidad yo no sabía leer. Y además, la responsable de que no lo supiera era yo. Mis compañeros tampoco se dieron cuenta. Y mis padres..., mis padres en aquellos momentos eran los últimos que yo quería que pensaran que era tonta, así que con mis padres hacía el doble de esfuerzo. Entonces fue cuando comencé a fingir que leía aprendiendo los libros de memoria. Comencé memorizando pequeños párrafos de unos libros pequeños que teníamos en casa (la colección Peluchín: en la portada se podía acariciar el pelo del protagonista, muy guay). Primero era mi madre la que me los leía. Al terminar la página le pedía a mi madre que lo repitiera, y así los iba aprendiendo. Luego, cuando ya me lo sabía de memoria me acercaba yo a mis padres para leerles el cuento y hacerles ver que sabía leer. Y ellos tan contentos y tan orgullosos. Con el tiempo comencé a desarrollar un montón de trucos, pero en realidad uno no puede llegar muy lejos sin saber leer. Pronto comencé a suspender Lengua y asignaturas que tuvieran mucho contenido de texto. En primero de Primaria ya sacaba malas notas, tampoco muy muy malas, pero lo suficiente para sentirte mal, porque lo daba todo.

Son ellos los que han sido «despistados»

Un día, la tutora de primero de Primaria nos dijo que nos iba a decir personalmente a cada alumno lo que pensaba de nosotros y de nuestro futuro. Muy fuerte. Estábamos todos expectantes. Era un momento muy especial, esa profesora para nosotros era alguien muy muy superior. En realidad, creo que era muy buena profesora. Delante de todos iba diciendo a cada alumno una frase u otra. Toda la clase en silencio como nunca. Cuando llegó a mí, dijo: «A Luz, cuando se le quiten los pájaros de la cabeza, podrá ser una de las mejores». La verdad es que en ese momento creo que me quedé un poco chafada. «Ostras, tengo pájaros en la cabeza», y la verdad es que yo me consideraba a mí misma una persona «muy concentrada». Yo reflexionaba mucho las cosas y pensaba que el resto de mi clase iba como «a lo loco». Pero luego, cuando llegué a casa y se lo dije a mi madre, ella se alegró muchísimo y me dijo: «Te ha dicho que puedes ser una de las mejores». Y entonces me alegré mucho. Igualmente me quedó algo grabado, que creo que nos han dicho a todos los disléxicos: que somos despistados. Despistados..., si vosotros supierais. Lo que estamos haciendo es pensar estrategias para poder encajar con vosotros.

Y así es como percibí por primera vez ese estigma del «despistado» que tanto se relaciona con los niños disléxicos. Si algo me queda claro es que no es culpa de nadie. Tampoco de los docentes. Acordándome de mi historia, me doy cuenta de que, en realidad, yo hice todo lo posible para precisamente «despistarlos» a ellos. Los que estaban despistados eran ellos conmigo. Y sin querer, la que parecía tonta, vaga o despistada era yo, pues las herramientas que tenían para evaluarme eran las que eran.

Lo que pasa es solo desconocimiento, y para eso estamos todos, para comunicar que no somos ni *tontos*, ni *vagos* ni *despistados*, aunque superficialmente lo parezca.

Incluso hoy en día también sigo pareciendo a veces tonta o despistada, como cuando llego a un lugar y digo mal el nombre de una persona o del lugar, porque se trata de una palabra nueva que no me ha dado tiempo a practicar. Por ejemplo, hace unos días, en el mostrador de un aeropuerto, no pude leer en el orden correcto los números de mi tarjeta de viajero frecuente. Probé tres veces y al final le di la tarjeta a la persona del mostrador que me miró como si fuera tonta. No es culpa suya, es ignorancia. También pasa cuando escribo un correo electrónico y, aunque lo repaso hasta cinco veces, se me puede colar alguna falta de ortografía y eso hace que algunos de los remitentes no se sientan respetados porque asumen que he escrito rápido y sin cuidado cuando es justo lo contrario. En este capítulo y en los siguientes comparto estrategias para mejorar estos aspectos en la medida de lo posible.

CUADRO RESUMEN DEL CAPÍTULO 2

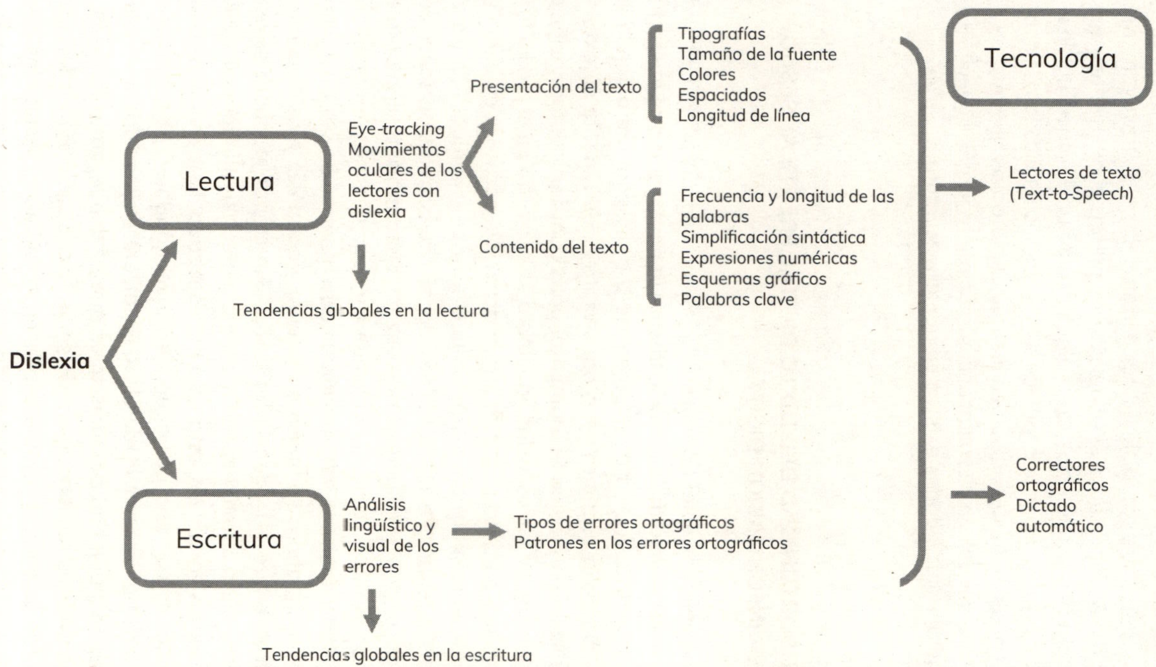

Materiales **- Pautas de presentación de un texto: diseño y contenido**

Las personas con dislexia pueden mejorar significativamente su rendimiento lector si se aplican las pautas convenientes, que se pueden emplear casi en cualquier contexto, en casa, en clase o en terapia. En este capítulo resumimos los resultados de cuatro años de investigación en los que exploramos qué hace que las personas con dislexia consigamos mejorar nuestra lectura y qué particularidades existen en nuestra escritura.

LA OPORTUNIDAD DEL TEXTO DIGITAL FRENTE AL SESGO DE LA INFORMACIÓN DIGITAL

Como veíamos en el Capítulo 1, la humanidad, durante el 98 % de su existencia, ha utilizado únicamente la modalidad oral (quizá fue una buena época para las personas con dislexia). Pero con la invención de la escritura —no hace tanto—, de repente el texto se convirtió en el medio fundamental para guardar la información. Y más tarde, en las escuelas, la lectura se convirtió en el medio fundamental para acceder a la información y la escritura en el medio fundamental para demostrar lo que se sabe y evaluar —a través de los exámenes escritos—. Esto, por suerte para las personas con dislexia, está cambiando. Cada vez más información se guarda en otros formatos, como audio o vídeo, y cada vez más, una persona puede acceder a la información de otra manera. En vez de ir a una biblioteca, ahora se busca en la web y cada vez más frecuentemente se buscan vídeos y no textos. Sin embargo, ahora se está produciendo otro fenómeno, y es que a medida que aumenta la información en la web, esta está más sesgada. Este fenómeno está siendo investigado por diferentes investigadores en informática (minería de datos aplicada al *big data*), entre ellos, Ricardo Baeza-Yates.[1] Lo que han descubierto es que se tiende, cada vez más, a encontrar los resultados donde se ha hecho clic con más frecuencia. Las personas hacen más clics en los primeros resultados y eso hace que la información sea menos variada. Tendemos a encontrar lo mismo, y también al menos un 30 % de las búsquedas entre las personas son muy parecidas. La información única y diferente aparece «muy atrás» y cada vez más atrás, lo que supone que el 30 % o más de las consultas son únicas; esta propiedad se llama la «cola alargada» o *long tail*.[2]

En resumen, a pesar de la existencia de la web, los libros siguen siendo importantes porque tienen un proceso editorial que elimina muchos de los sesgos, y además porque recogen lo importante, dejando de lado el detalle, es decir, muestran la aguja después de limpiar el pajar. En resumen, el texto impreso sigue siendo uno de los medios fundamentales para recoger información. Sigue siendo también el medio principal en los colegios. Aunque tengamos dislexia, es crucial dominar la lectura y la escritura.

Eso sí, ahora hay más que papel para representar el texto. Con la era digital aparece una oportunidad de acceder a esos textos de una manera diferente. Esto es una oportunidad. En el mundo digital todo se puede cambiar y, con esa idea, descubrir qué parámetros de texto digital hacían un texto más legible, comenzamos a investigar.

MEDIR LA LECTURA CON LA PRECISIÓN DE UN PÍXEL CADA MILISEGUNDO

Una de las manifestaciones principales de la dislexia se produce en la lectura. De hecho, en español, una lectura más lenta es uno de los principales indicativos de dislexia. La lectura de las personas con dislexia se ha venido midiendo de muchas formas, sobre todo teniendo en cuenta la rapidez de lectura y el número de errores. Desde 2010 a 2014, junto a un grupo de colaboradores de diferentes países, llevamos a cabo unos estudios de usuarios que tenían como objetivo medir la lectura —y la comprensión— de las personas con dislexia. Lo hicimos usando un aparato de seguimiento de la vista llamado *eye-tracker*, que nos permitía evaluar la lectura en pantalla con la precisión de un píxel cada milisegundo.

Eye-tracking o técnica de seguimiento ocular

Eye-tracking es una técnica de seguimiento de la mirada, cuyas medidas se usan en la validación de diferentes áreas. Se comenzó a utilizar en la década de 1950 y consiste en un conjunto de tecnologías que permiten monitorear y registrar la forma en que una persona mira la pantalla. Permite determinar en qué áreas se fija la mirada (fijación ocular) y durante cuánto tiempo, los movimientos sacádicos (rutas visuales), el parpadeo y la dilatación de pupila. Las técnicas de *eye-tracking* se han aplicado ampliamente en diversas disciplinas, como el *neuromarketing*, la publicidad, la arquitectura de información y en estudios de usabilidad.

En nuestro caso, usamos un rastreador ocular, es decir, un dispositivo de *eye-tracking* Tobii modelo 1750. Se trata de un monitor que integra un sistema de luz infrarroja, que se refleja en los ojos y capta el movimiento ocular. Esta tecnología detecta con gran precisión la posición de la mirada en la pantalla, así como el tiempo de permanencia de la mirada en un punto concreto del monitor. Estos datos objetivos precisan una interpretación cognitiva, que en el caso de la dislexia mostramos a continuación.

Movimientos oculares de los lectores con dislexia

Desde mediados de la década de 1970 hasta la de 1990 se han utilizado los movimientos oculares para investigar e inferir procesos cognitivos en la lectura. Por ejemplo, las fijaciones más cortas están asociadas con una mejor legibilidad, mientras que las fijaciones más largas pueden indicar una carga de procesamiento mayor. Por ejemplo, se presentan fijaciones más largas en palabras de baja frecuencia que en palabras de alta frecuencia.[3]

Los movimientos oculares de los lectores con dislexia son diferentes de los que realizan los lectores regulares. Las personas con dislexia hacen más fijaciones y más largas, los movimientos sacádicos son más cortos y presentan más regresiones, es decir, vuelven hacia atrás en el texto con la mirada.[4]

Durante las décadas de 1980 y 1990 se discutió hasta qué punto los movimientos oculares son la causa de los problemas de lectura. Sin embargo, tanto Tinker[5] como Rayner[6] sostienen con bastante firmeza que los movimientos oculares generalmente no son una causa de la discapacidad lectora, sino que son un reflejo de otros problemas subyacentes. A continuación exploramos esta discusión.

Los movimientos oculares no son la causa de la dislexia

Se ha discutido si los movimientos oculares podrían estar relacionados con la causa de la dislexia en referencia a temas concretos: 1) movimientos oculares erráticos, 2) inestabilidad durante la fijación, y 3) déficit atencional selectivo.

En primer lugar, Pavlidis descubrió que, frente a los lectores habituales, las personas con dislexia realizaban movimientos oculares erráticos en tareas no leídas,[7] sugiriendo que esto se debía a algún tipo de problema de ordenamiento temporal central —y posible causa de la dislexia—,[8] aunque otros investigadores no confirman la hipótesis al no poder replicar los hallazgos.[9] Sin embargo, estos resultados no provienen de experimentos compuestos por tareas de lectura (los lectores siguieron un punto que se movía a través de una pantalla), mientras que en las tareas de lectura, Pavlidis señaló que los movimientos oculares no eran concluyentes, pues no había diferencias significativas entre lectores con y sin dislexia, aunque sí encontró diferencias en un subgrupo de participantes con dislexia.[10] No obstante, el hecho de encontrar diferencias para un subgrupo no implica necesariamente que esta sea la causa de la dislexia.

En segundo lugar, Eden y sus colegas, utilizando tareas que no son de lectura, encontró que los niños con dislexia presentan menor estabilidad de movimiento ocular durante la fijación de objetivos pequeños en comparación con el grupo de control.[11] Estos resultados no son extensibles a las tareas de lectura, y, en un estudio similar de Raymond y otros no se encontraron diferencias entre grupos frente a esta inestabilidad.[12]

Finalmente, Farmer y Klein sugirieron que los lectores con dislexia procesan menos información en cada fijación que los lectores habituales.[13] En respuesta, Rayner y sus colaboradores[14] y Underwood y Zola[15] utilizaron la técnica de la ventana móvil para investigar este tema. Descubrieron que el lapso de percepción era menor para los lectores con dislexia que para los lectores regulares, es decir, mostraban un déficit de atención selectivo en las letras que pertenecen a las palabras en la visión parafoveal (una zona que rodea la retina). Este déficit atencional selectivo interfiere con el procesamiento de la palabra actualmente fijada. Sin embargo, estos hallazgos no significan necesariamente que los lectores con dislexia procesen la información parafoveal de forma menos efectiva que los lectores regulares.[16] Esto también ocurre con los lectores habituales y los niños cuando están expuestos a textos difíciles. Los lectores regulares obtienen menos información parafoveal cuando la palabra fija es difícil de procesar.[17] Además, cuando a los niños se les dio un texto difícil de leer, su duración perceptual se redujo.[18]

Más tarde, Geiger y Lettvin, y Perry y otros propusieron que la causa de la dislexia era que los lectores procesaban la información parafoveal más eficazmente que los lectores regulares.[19] De hecho, se argumentó que las personas con dislexia podrían aumentar marcadamente su capacidad de lectura al cortar una pequeña ventana en una tarjeta de índice y leer el material dentro de la ventana, mientras la movían a través del texto.[20] Pero estos hallazgos no pudieron ser reproducidos por estudios posteriores,[21] excepto en el caso de un lector.[22]

Los movimientos oculares sí manifiestan las dificultades lectoras

Existen al menos cuatro evidencias que muestran que los movimientos oculares reflejan las dificultades que tienen para leer los individuos con dislexia, pero que no son la causa del problema de la lectura.

En primer lugar, Hyöna y Olson, y más tarde Rello y otros encontraron que los lectores con dislexia muestran el típico efecto de frecuencia de palabras: las palabras de baja frecuencia (poco usadas) se fijan más (duración de la fijación, número de fijaciones y regresiones) que las palabras de alta frecuencia (muy usadas).[23]

En segundo lugar, Pirozzolo y Rayner, y Olson y otros encontraron que cuando a las personas con dislexia se les daba un texto apropiado para su nivel de lectura, sus movimientos oculares (fijaciones, movimientos sacádicos y regresiones) eran muy similares a los de los lectores normales en ese nivel de edad específico.[24]

En tercer lugar, Rayner mostró que los movimientos oculares regulares de los niños (duraciones de fijación, longitudes de los movimientos sacádicos y tamaño del lapso de percepción) compartían las características de los lectores con dislexia cuando se les daba un texto que era demasiado difícil para ellos.[25]

Finalmente, los estudios que presentamos en este libro demuestran que, por un lado, existen diferencias de rendimiento observadas entre grupos (más fijaciones y significativamente más largas en las personas con dislexia). Pero a pesar de esas diferencias, bajo diversas condiciones textuales, tanto de diseño del texto —tipografía o tamaño de la fuente, entre otras—, como de contenido —frecuencia y longitud de las palabras—, los lectores con dislexia presentan comportamientos parecidos a los lectores sin dislexia, siendo los primeros más sensibles a las condiciones experimentales.[26]

Teniendo en cuenta todos estos estudios, la evidencia sugiere que la gran mayoría de las personas con dislexia tienen un déficit de procesamiento del lenguaje y que sus movimientos oculares simplemente reflejan dicho déficit. Esas diferencias en su comportamiento ocular han sido aprovechadas en otras investigaciones para realizar algoritmos que permiten el cribado de la dislexia.

LECTURA

Las siguientes secciones explicarán el impacto que tiene la presentación del texto y la manipulación del contenido en las personas con dislexia. En este epígrafe nos centramos en la metodología de los experimentos realizados en la Universitat Pompeu Fabra que sustentan los resultados presentados.

Con el fin de conseguir la mayor concisión posible, a continuación, se detalla la metodología común de los experimentos llevados a cabo. Para más detalles, pueden consultarse los artículos científicos citados por cada estudio.

Diseño experimental

Realizamos un total de doce estudios de seguimiento ocular (*eye-tracking*) con el objetivo de conocer el efecto de diferentes condiciones textuales en la lectura de las personas con y sin dislexia. Estas condiciones textuales comprenden tanto parámetros de presentación del texto como parámetros de contenido. En los experimentos usamos un diseño intrasujeto, de forma que todos los individuos participaron en todas las condiciones —por ejemplo, si se mide el impacto de diferentes tipografías en la lectura, todos los sujetos leyeron textos con todas las tipografías estudiadas—. Asimismo, en todos los experimentos contrabalanceamos las condiciones y los textos para evitar efectos del orden de la secuencia.

Variables dependientes

Cuantificamos el impacto en la lectura en la legibilidad y la comprensibilidad objetiva y subjetiva. La *legibilidad* se refiere a la facilidad con la que se puede leer un texto; la *comprensibilidad*, a la facilidad con la que se puede entender. Como la legibilidad afecta mucho a la comprensión del texto, a veces ambos términos se han usado indistintamente. Sin embargo, al medir el rendimiento de lectura de las personas con dislexia debemos separarlos, porque no están necesariamente relacionados. En el caso de las personas con dislexia, ellas pueden entender mejor los textos que podrían no ser legibles para la población general —como textos con errores—, y viceversa, las personas con dislexia encuentran dificultades con los textos estándar (Capítulo 4).

Para cuantificar la legibilidad objetiva, utilizamos las siguientes medidas objetivas que se extraen directamente del *software* del *eye tracker*: tiempo de lectura, duración de la fijación y número de fijaciones. En lo referente al *tiempo de lectura*, se prefieren las duraciones más cortas a las más largas, ya que la lectura más rápida se relaciona con textos más legibles. En segundo lugar, al leer un texto, el ojo no se mueve continuamente sobre el texto, sino que alterna movimientos sacádicos y fijaciones visuales, es decir, la mirada salta y se pausa sobre el texto. La *duración de la fijación* denota cuánto tiempo el ojo permanece pausado en un solo punto del texto.

Mover los ojos sobre un texto no garantiza su comprensión. Para verificar que el texto no solo se ha leído, sino que también ha sido entendido, medimos la comprensión mediante cuestionarios. Para cuantificar la *comprensión objetiva*, utilizamos un puntaje de comprensión como una variable dependiente, usando preguntas de comprensión inferenciales y literales. Las preguntas inferenciales requieren una comprensión profunda del texto, mientras que las preguntas literales se pueden responder directamente. Se introdujeron preguntas de opción múltiple en las que el orden de las respuestas estaba contrabalanceado, es decir, rotado, para que el orden de las respuestas no sesgara los resultados, y la dificultad de las preguntas elegidas fue similar. En algunos estudios hay muchos textos, y por lo tanto medir la comprensión hace el estudio demasiado extenso. Se presentaron menos preguntas de comprensión —un mínimo de dos—, y utilizamos el puntaje como variable de control para garantizar que las grabaciones analizadas en este estudio fueran válidas.

En cuanto a las *variables subjetivas*, se cuantificó el grado de legibilidad y de comprensión usando una escala de Likert de cinco puntos, mediante la cual el participante calificaba cuán fácil era leer o entender el texto. Asimismo, solicitamos a los participantes que proporcionasen sus *preferencias personales* también mediante cuestionarios con escalas de Likert.

Participantes

Todos los participantes eran hablantes nativos de español —aunque algunos eran bilingües— y todos tenían visión normal o corregida a la normal. A los participantes con dislexia, se les solicitó que trajeran consigo sus diagnósticos expedidos por un profesional de un centro u hospital autorizado. Para cada experimento tuvimos entre 23 y 48 participantes con dislexia y entre 23 y 104 participantes sin dislexia, que sirvieron como grupo de control. Sus edades oscilaron entre los 11 y los 54 años, y el promedio de edad fue diferente en cada experimento.

Materiales

Para aislar los efectos de la condición estudiada, los textos en los que se insertan las condiciones deben ser comparables en complejidad. Por ejemplo, cuando se estudia una tipografía diferente por texto, estos textos deben ser lingüísticamente comparables, además de aparecer rotados para evitar un sesgo debido al orden de aparición de las condiciones. En cada estudio, los textos comparten los siguientes parámetros: 1) mismo género —por ejemplo, periodístico o científico, entre otros—; 2) mismo estilo; 3) tema similar; 4) estructura de discurso similar; 5) mismo número de oraciones; 6) mismo número de palabras; 7) promedio de longitud de palabra similar; 8) ausencia (o el mismo número) de expresiones numéricas, acrónimos y palabras extranjeras; y 9) mismo número de entidades nombradas únicas.

Finalmente, dado que la presentación del texto tiene un efecto en el rendimiento lector, utilizamos el mismo diseño para todos los textos dentro de cada experimento —siempre que el propio diseño no fuese una condición estudiada—. Se usó fuente negra Arial —de entre catorce y veinte puntos— sobre fondo crema, el ancho de la columna no excedía los setenta caracteres por columna, según lo recomendado por la British Dyslexia Association,[27] y el texto no estaba justificado, ya que la alineación justificada del texto produce un espaciado irregular entre las palabras que dificultan la lectura.[28] Elegimos presentar los textos en Arial por tres razones: es la fuente más común en la web,[29] ha sido recomendada para la dislexia en la literatura anterior,[30] y más adelante, en nuestro propio estudio, fue la fuente que dio lugar a un tiempo de lectura significativamente más corto.[31]

Equipo

El rastreador ocular (*eye-tracker*) que usamos fue un Tobii 1750, que tiene un monitor TFT de diecisiete pulgadas con una resolución de 1024 x 768 píxeles. Las mediciones de tiempo del rastreador ocular tienen una precisión de 0,02 segundos. El rastreador se calibró individualmente para cada participante y el foco de luz siempre estaba en la misma posición. La distancia entre el participante y el rastreador ocular fue constante (aproximadamente sesenta centímetros) y fue controlada mediante el uso de una silla fija.

Los experimentos (de veinte a treinta minutos cada uno) se llevaron a cabo en la Universitat Pompeu Fabra, en una habitación tranquila donde el participante estaba solo con el entrevistador (la autora de este libro). El *software* utilizado para el análisis de datos fue la herramienta estadística R-2.14.1.[32]

Procedimiento

Primero, cada participante rellenó un cuestionario diseñado para recopilar información demográfica; después recibieron instrucciones, se les pidió que leyeran los textos en silencio y completaran los cuestionarios. No podían mirar hacia atrás en el texto cuando tenían que responder las preguntas. Al final de cada estudio, se llevó a cabo una entrevista semiestructurada para recopilar comentarios personales sobre la utilidad de las condiciones probadas.

MEJORAR LA PRESENTACIÓN DEL TEXTO

Tipografías para la dislexia

La relación entre la tipografía y la dislexia ha llamado la atención en muchos campos, como la psicología, las artes y la accesibilidad. Se puede dividir el trabajo anterior en fuentes recomendadas para personas con dislexia, fuentes diseñadas para este grupo objetivo y estudios empíricos con usuarios.

La mayoría de las recomendaciones provienen de asociaciones de dislexia que concuerdan en utilizar fuentes de palo seco. Por ejemplo, Evett y Brown recomiendan también Arial y Comic Sans,[33] y la British Dyslexia Association, además de estas, propone como alternativas Verdana, Tahoma, Century Gothic y Trebuchet.[34] Por su parte, el International Dyslexia Centre defiende el uso de la Times New Roman —la única recomendación de fuente serifa—,[35] mientras que AbilityNet aconseja Courier por ser monoespaciada.[36] Hasta donde alcanza nuestro conocimiento, no se revela con qué evidencia se hacen estas recomendaciones. Sorprendentemente, ninguna de las tipografías recomendadas ha sido diseñada específicamente para lectores con dislexia.

Existen fuentes diseñadas específicamente para personas con dislexia como EasyReading,[37] Sylexiad,[38] Dyslexie,[39] Read Regular, y OpenDyslexic.[40] Estas fuentes tienen en común que las letras se diferencian más entre sí, en comparación con las fuentes normales. Por ejemplo, la forma de la letra *b* no es una imagen espejada de la letra *d*.

En la mayor parte de los estudios empíricos mencionados con lectores con y sin dislexia se aplicaron las dos fuentes más comunes utilizadas en la pantalla y en textos impresos, Arial y Times, respectivamente.[41] Considerando solo *lectores sin dislexia*, Paterson y Tinker probaron diez tipos de fuentes diferentes, de tipografía serifa y de palo seco, así como American Typewriter y Cloister Black, densamente decoradas.[42] Solo las dos últimas fuentes mencionadas mostraron una disminución significativa en la velocidad de lectura. Más tarde, Boyarski y sus colegas compararon la Times —una fuente serifa diseñada para texto impreso, precisamente para el periódico británico *The Times*—, con Georgia, otra tipografía serifa diseñada para la pantalla.[43] Los usuarios prefirieron Georgia, por encontrarla más agradable y de más fácil lectura. En una segunda prueba, compararon Georgia con Verdana —una fuente de palo seco diseñada para su uso en pantalla—. Los lectores expresaron una preferencia subjetiva por Verdana, pero tuvieron una mejor lectura objetiva usando Georgia. Bernard y sus colegas compararon la Arial y la Times en dos tamaños de fuente, de diez y doce puntos, con treinta y cinco participantes sin dislexia: la letra Arial de diez puntos provocaba lecturas más lentas que las otras condiciones y el tipo de letra Arial de doce puntos era preferible a los otros tipos de letra.[44]

En cuanto a los *lectores con dislexia*, el trabajo más cercano al nuestro es un estudio con veintiún estudiantes neerlandeses con dislexia que compara las fuentes Arial y Dyslexie.[45] Tras aplicar una prueba de lectura de palabras, la fuente Dyslexie no condujo a una lectura más rápida, pero se sugiere que puede ayudar con algunos errores relacionados con la dislexia en neerlandés. Finalmente, en el estudio de Sykes, se pidió a once estudiantes con dislexia que eligieran la fuente que preferían, pero no se presenta ningún análisis de las fuentes escogidas.[46]

¿Qué fuentes benefician la lectura de las personas con dislexia?
El estudio (Luz Rello and Ricardo Baeza-Yates. (2016). «The Effect of Font Type on Screen Readability by People with Dyslexia.» ACM Transactions on Accessible Computing (TACCESS). ACM New York, NY, USA.), que presentamos a continuación incluye, entre los datos cuantitativos, mediciones de seguimiento ocular. Además, se evaluaron un mayor número de tipos de fuentes, con una muestra de población mayor, en comparación con los estudios anteriores, con la participación de noventa y siete personas, de las cuales cuarenta y ocho tenían dislexia.

Se evaluaron doce fuentes diferentes, seleccionadas en función de su popularidad y frecuencia de uso: Arial, Arial Italic, Computer Modern Unicode (CMU), Courier, Garamond, Helvética, Myriad, OpenDyslexic, OpenDyslexic Italic, Times, Times Italic y Verdana (Figura 2.1, página 80). Elegimos estudiar Arial y Times porque son las fuentes más comunes en pantalla y texto impreso, respectivamente. Se seleccionó OpenDyslexic porque es gratuita, se encuentra integrada en varias herramientas y su diseño está basado en Dyslexie, la única fuente para personas con dislexia evaluada empíricamente; Verdana, porque se trata de una tipografía recomendada para personas con dislexia, al igual que las fuentes monoespaciadas, como Courier (la más común de este tipo). Helvética y Myriad fueron incluidas por ser ampliamente utilizadas en diseño gráfico y por ser el tipo de letra de elección de Microsoft y Apple, respectivamente. Respecto a Garamond, hay un consenso sobre su buena legibilidad en materiales impresos, y CMU es ampliamente empleada en publicaciones científicas, además de ser la fuente por defecto del programa de tipografía TeX, gratuita y estar presente en muchos idiomas.

Esto es Arial
Esto es Arial cursiva
Esto es Computer Modern
Esto es Courier
Esto es Garamond
Esto es Helvética

Esto es Myriad
Esto es Open Dyslexic
Esto es Open Dyslexic cursiva
Esto es Times
Esto es Times Cursiva
Esto es Verdana

Figura 2.1. Tipografías usadas en el experimento.

Los resultados obtenidos en el rendimiento de la lectura evidencian que los tipos de letra tienen un impacto en la legibilidad para las personas con y sin dislexia. Además, validan la mayoría de las recomendaciones actuales sobre diseño de texto para personas con dislexia. Entre las fuentes evaluadas para personas con dislexia, presentaron significativamente una mejor legibilidad objetiva Courier, Arial (duraciones de fijación más cortas), CMU y Helvética (tiempos de lectura más cortos). Entre las personas sin dislexia, las fuentes que condujeron a una mejor legibilidad objetiva fueron Arial, CMU (tiempos de lectura más cortos), Courier y Verdana (duraciones de fijación más cortas). Las fuentes que los participantes con o sin dislexia preferían eran las mismas: Verdana, Helvética y Arial.

Por otro lado, también se llevaron a cabo comparaciones estadísticas, agrupando las fuentes tipográficas según las variantes que comparten.

- *Estilo de fuente en itálica (cursiva) frente a redonda.* Las fuentes en redonda condujeron a un mejor rendimiento de lectura para las personas con dislexia (fijaciones más cortas) y sin dislexia (tiempos de lectura más cortos). Asimismo, ambos grupos prefirieron significativamente las fuentes en redonda que en itálica.

- *Estilo de fuente serifa frente a palo seco (sans serif)*. Las fuentes de palo seco dieron como resultado un mejor rendimiento de lectura para las personas con dislexia y sin dislexia (fijaciones más cortas en ambos casos). Solo los participantes con dislexia prefirieron significativamente las fuentes tipo palo seco entre las probadas.
- *Fuente monoespaciada*. La fuente monoespaciada Courier condujo a una mejor legibilidad objetiva para las personas con dislexia (tiempos de lectura y fijaciones más cortos) y sin dislexia (fijaciones más cortas). Sin embargo, los participantes sin dislexia prefirieron fuentes proporcionales, no monoespaciadas. No se encontraron efectos significativos con respecto a las preferencias de las personas con dislexia.

Una forma de mostrar las interrelaciones entre las variables medidas y las fuentes tipográficas es mediante la construcción de un orden parcial teniendo en cuenta todas las relaciones de orden que son válidas para los valores promedio en el tiempo de lectura y las clasificaciones de preferencia por parte de los participantes. El resultado se resume en la Figura 2.2 (página 82), que agrupa las fuentes en cuatro niveles diferentes, de forma que un nivel más alto implica más beneficio. No obstante, no todas las relaciones mostradas en a) son significativas. Los órdenes parciales b) y c) muestran las relaciones significativas para el *tiempo de lectura* y las preferencias de los usuarios, respectivamente. En el caso de b), las líneas más gruesas indican que esas relaciones también son significativas para la *duración de la fijación*. A partir de estos órdenes parciales, las únicas tres fuentes que no están dominadas en ambos órdenes parciales b) y c) son Helvética, CMU y Arial. Estas pueden considerarse buenas fuentes para la dislexia, teniendo en cuenta también las preferencias subjetivas de los participantes. Las siguientes tipografías en importancia son Verdana y Times.

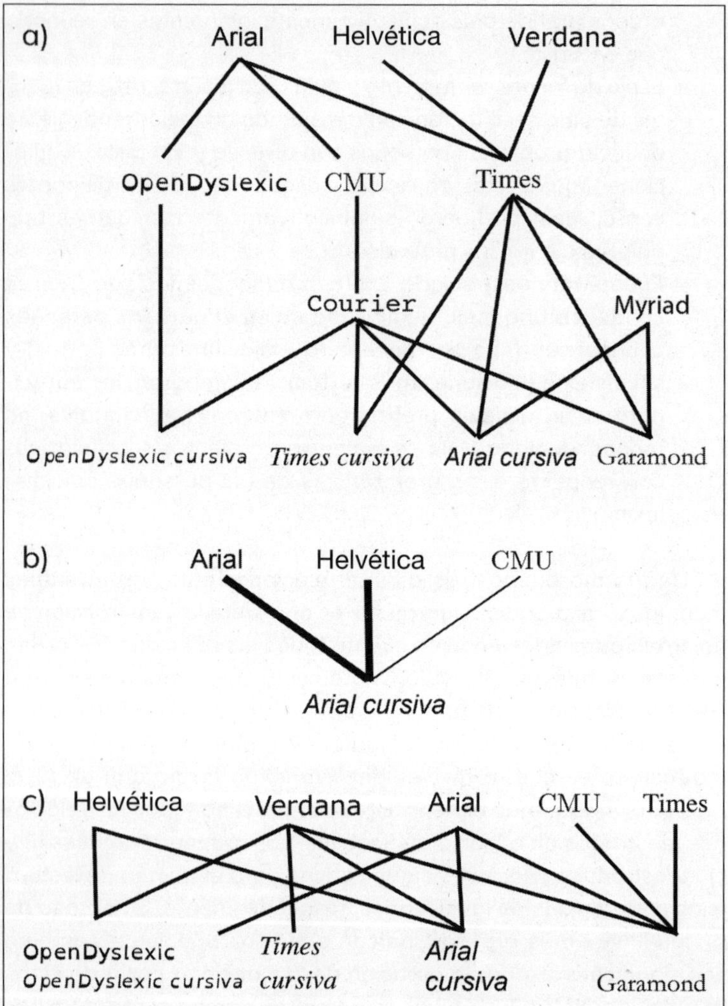

Figura 2.2. Tipografías teniendo en cuenta las relaciones de orden válidas para los valores promedio en el tiempo de lectura y las clasificaciones de preferencia por parte de los participantes.

En resumen, teniendo en cuenta tanto el rendimiento de lectura como las preferencias subjetivas, Helvética, Courier, Arial, Verdana y CMU son fuentes que benefician la lectura en pantalla para personas con dislexia. Además, las tipografías de palo seco presentadas en redonda y el tipo monoespaciado aumentaron significativamente el rendimiento de lectura, mientras que las fuentes en cursiva lo disminuyeron. En particular, debe evitarse el uso de Arial Itálica, ya que reduce significativamente la legibilidad en ambos grupos. Todas estas fuentes también benefician o no afectan a las personas sin dislexia, por lo que su uso sería recomendable para todos.

Tamaño de la fuente

Uno de los principales problemas de las personas con dislexia es que el tamaño de la fuente sea pequeño.[47] O'Brien y sus colegas compararon la velocidad lectora usando doce tamaños diferentes para fuentes de texto y comparando dos grupos: niños con dislexia (de 7 a 10 años) y niños sin dislexia (de 6 a 8 años). En ambos grupos se observaron tasas constantes de lectura con tamaños textuales grandes y una marcada baja en el rendimiento por debajo de un tamaño crítico para el reconocimiento de las letras. Para los niños con dislexia, el tamaño crítico —es decir, aquel con el que la legibilidad comienza a disminuir— era más grande que para los no disléxicos.[48]

Por otro lado, los hallazgos previos con personas sin dislexia indican unánimemente que los tamaños de fuente de diez a doce puntos podrían ser demasiado pequeños y que se necesitarían cuerpos mayores para lograr una lectura óptima.[49]

¿Qué tamaños de fuente benefician la lectura de las personas con dislexia?

Junto con Martin Pielot (Telefónica I+D), Mari Carmen Marcos y Roberto Carlini (Universitat Pompeu Fabra) realizamos dos experimentos para medir el impacto del tamaño de la tipografía en los lectores con y sin dislexia. En el primer estudio[50] aplicamos cuatro tamaños para la letra Arial: catorce, dieciocho, veintidós y veintiséis puntos, y seis valores para la segunda fase: diez, doce, catorce, dieciocho, veintidós y veintiséis puntos.[51] Elegimos diez, doce y catorce puntos para comparar los resultados con estudios previos.[52] Los tamaños de letra más grandes se eligieron para cubrir una amplia gama de cuerpos, ya que el trabajo anterior había indicado que los tamaños superiores mejoraban la legibilidad sin mostrar los límites de esta mejora.

Encontramos efectos significativos del tamaño de la fuente en la duración de la fijación, los puntajes de comprensión y las calificaciones subjetivas. En general, los participantes sin dislexia leían significativamente más rápido y tenían *duraciones de fijación* más cortas que los participantes con dislexia. Las duraciones de fijación disminuyeron al aumentar el tamaño de la fuente hasta los dieciocho puntos. Más allá de este tamaño de fuente, no se pudo encontrar una reducción significativa.

Los *puntajes de comprensión* fueron significativamente mayores para los tamaños de letra más grandes (de dieciocho a veintiséis puntos) que para los cuerpos más pequeños (diez y doce puntos). La legibilidad subjetiva aumentó con el tamaño de letra, siendo más alta para dieciocho y veintidós puntos, y se estabilizó. También la *comprensión subjetiva* fue más alta con los tamaños de fuente más grandes (dieciocho, veintidós y veintiséis puntos).

Los estudios previos que usan el seguimiento ocular con lectores regulares recomiendan catorce puntos (comparando este tamaño con fuentes de diez y doce puntos). Además, los estudios sobre diseño web para lectores con dislexia recomiendan de doce a catorce puntos[53] o más.[54] Sobre la base de nuestros resultados, recomendamos usar un tamaño de fuente de dieciocho puntos para el texto en la web. Con este cuerpo se logra el equilibrio entre tener la mejor legibilidad, comprensión y puntaje de percepción subjetiva. Más allá de los dieciocho puntos, aumentar el tamaño de la fuente no mejora significativamente los resultados, e incluso es contraproducente para la legibilidad subjetiva.[55]

Colores para la dislexia

El uso de diferentes colores para mejorar el rendimiento lector de las personas con dislexia ha sido ampliamente discutido en la literatura previa y ha sido recomendado por instituciones como la British Dyslexia Association.[56] Por ejemplo, Bradford no recomienda usar un texto negro puro sobre un fondo blanco puro, debido a su alto contraste, ya que muchas personas con dislexia son sensibles al brillo.[57] La British Dyslexia Association usa una letras de color negro sobre un fondo crema para su web, mientras que Tseng sugiere usar gris claro como fondo.[58] Gregor y sus colaboradores estudiaron en doce estudiantes con dislexia diferentes combinaciones de colores para mejorar la legibilidad subjetiva de los documentos de Microsoft Word.[59] Los resultados fueron que las personas con dislexia eligieron los pares de fuente marrón sobre fondo verde y fuente azul sobre fondo amarillo. Tanto los estudios de Gregor y Newell como más tarde de Dickinson y sus colegas han demostrado que los cambios visuales en la presentación del texto pueden aliviar algunos de los problemas generados por la dislexia y las comorbilidades visuales.[60] Asimismo, Kurniawan y Conroy probaron diferentes gamas de color para la lectura *online* con veintisiete usuarios con dislexia y sugirieron que la posibilidad de personalizar el diseño del texto mejoraba subjetivamente la legibilidad de las personas con dislexia.[61] Por su parte, Jeanes y sus colaboradores mostraron cómo las superposiciones de color mejoran el rendimiento de lectura de los niños en la escuela sin tener en cuenta la dislexia u otras dificultades visuales.[62] Más tarde, Kriss y Evans compararon diferentes colores de fondo con fuente negra en un grupo de treinta y dos niños con dislexia, y en un grupo de control del mismo tamaño, pero las diferencias entre ambos no alcanzaron significación estadística.[63] Ahora bien, las recomendaciones existentes hasta el momento no se basan en medidas recopiladas a partir de una muestra amplia de usuarios.

¿Qué colores benefician la lectura de las personas con dislexia?

A continuación, presentamos los resultados de los primeros estudios que miden el impacto de los colores en la lectura en pantalla de las personas con dislexia, usando como criterios objetivos de legibilidad tanto medidas de seguimiento ocular, como de seguimiento del ratón o la medida clásica de velocidad de lectura. En estos experimentos, la comprensión fue utilizada únicamente como una variable de control para asegurar que el texto había sido leído por los participantes. En el primer estudio la muestra fue de noventa y dos participantes (cuarenta y seis de ellos con dislexia)[64] y el segundo se hizo con 341 participantes (ochenta y nueve con dislexia).[65] Se trata de los estudios con las muestras de usuarios más elevadas realizados hasta el momento.

En el primer estudio de usuarios de 2014 medimos los siguientes parámetros (92 participantes):

- *Escala de grises de la fuente*. Utilizamos cuatro valores de luminosidad (0, 25, 50 y 75 %) para las fuentes con fondo blanco (Figura 1 arriba izquierda, en el pliego de color).
- *Escala de grises en el fondo*. Se emplearon cuatro valores de brillo (100, 75, 50 y 25 %) para el fondo con fuentes blancas (Figura 1 arriba izquierda, en el pliego de color).
- *Pares de colores*. Probamos ocho pares de colores de fondo/fuente): blanco/negro, blanquecino/negro apagado, amarillo/negro, blanco/azul, crema/negro, mate ligero verde/marrón oscuro, verde oscuro/marrón y amarillo/azul (Figura 1, arriba derecha, en el pliego de color).

No encontramos efectos en la legibilidad en lo referente al uso de diferentes escalas de grises en la fuente y en el fondo. Respecto a los pares de colores, el único par en el que se observaron fijaciones oculares más rápidas fue en el de la letra de color negro sobre fondo crema, lo que confirmaría las recomendaciones anteriores. De todas formas, no se observaron otras diferencias significativas para los pares de colores en lo referente a las medidas objetivas de legibilidad. Curiosamente, el par de colores más elegido por los participantes con dislexia fue negro sobre amarillo, lo que no es coherente con los estudios anteriores, que precisamente recomiendan evitar el alto contraste.

Dado que el único par de colores en el que se observaron diferencias presentaba la fuente en color negro, en el estudio de 2017 decidimos medir diferentes colores de fondo con la tipografía siempre en negro (341 participantes). Los tonos de fondo empleados fueron azul, azul grisáceo, gris, naranja, melocotón, púrpura, rojo, turquesa y amarillo (Figura 1, abajo, en pliego de color).

Las principales contribuciones de este estudio son:

- Los *colores de fondo* tienen un impacto en la legibilidad del texto para las personas con y sin dislexia, y dicho impacto es comparable en ambos grupos.
- Los *colores cálidos de fondo*, como melocotón, naranja o amarillo, favorecen la legibilidad, teniendo en cuenta el rendimiento lector (velocidad de lectura), así como la distancia recorrida por el ratón. Además, los *colores de fondo fríos* —en particular, el azul grisáceo, el azul y el verde— disminuyen la legibilidad del texto en ambos grupos; sin embargo, esto no significa necesariamente que dichos colores deban evitarse.

Espaciado entre caracteres, línea y párrafo

Los estudios anteriores sobre espaciado entre caracteres, líneas o párrafos coinciden en que las personas con dislexia se benefician cuando existe un espaciado mayor. Por ejemplo, Zorzi y sus colegas llevaron a cabo un experimento con setenta y cuatro niños con dislexia (treinta y cuatro italianos y cuarenta franceses, de entre 8 y 14 años).[66] Los niños leyeron artículos en dos condiciones: con un espaciado estándar y con un espaciado mayor de lo común (un aumento de 2,5 puntos en el interletrado, usando una tipografía Times de catorce puntos). Los textos con más espaciado conllevan una mayor velocidad de lectura y un menor número de errores. En la misma línea, Pedley recomienda crear una distancia ligeramente mayor entre palabras individuales y reducir un poco el espacio entre letras, de modo que las letras dentro de una palabra se encuentren más juntas.[67]

En referencia al interlineado, trabajos previos hacen diferentes recomendaciones: un espaciado de 1,3 líneas,[68] 1,5,[69] y de 1,5 a 2 líneas.[70] Finalmente, Bradford aborda el espaciado entre párrafos sugiriendo que siempre deben estar espaciados al menos por una línea vacía entre cada uno de ellos.[71] Cabe también mencionar el estudio que realizaron Paterson y Tinker sobre el efecto del espaciado entre líneas en un texto impreso al realizar la prueba de velocidad de lectura Chapman-Cook con cuatrocientos estudiantes universitarios (sin dislexia), donde descubrieron que el espaciado de línea más grande (1,2 y 1,4 en comparación con 1,1) genera lecturas más rápidas.[72]

Durante el año 2011, junto con Ricardo Baeza-Yates (Universitat Pompeu Fabra y actualmente CTO de NTENT), realizamos un primer estudio exploratorio con noventa y seis participantes en el que medimos el espaciado entre caracteres, líneas y columnas, y usamos medidas de seguimiento ocular.[73] En el espaciado de caracteres, probamos cuatro distancias diferentes: –7, 0, 7 y 14 %. Los cuatro valores probados para el espaciado de línea fueron 0,8; 1; 1,2 y 1,4 líneas. Finalmente, los cuatro valores para el espacio entre párrafos fueron 0,5, 1, 2 y 3 líneas.

No encontramos diferencias significativas para el espaciado entre párrafos. No obstante, en el caso del espaciado entre caracteres, si se tenían en cuenta ambos grupos, tanto las personas con dislexia como las personas sin dislexia, sí tenían una ligera tendencia a una lectura más rápida (fijaciones oculares más cortas) cuando el interletrado era más amplio. En el caso del interlineado, la comprensión para las personas con dislexia era más alta con un interlineado estándar (1 línea) o mayor (1,5 líneas).

Más tarde, en 2015 realizamos un segundo estudio con el que medir el impacto del espacio entre líneas —combinado con el tamaño de la tipografía— y usamos uno de los sitios web más leídos y con más densidad de texto, Wikipedia, que ese año ocupaba el séptimo lugar en el *ranking* de Alexa de los sitios web más populares del mundo (actualmente es el quinto, según la misma fuente). Este estudio se llevó a cabo con veintiocho personas con dislexia y ciento cuatro participantes sin dislexia.

Los resultados que encontramos fueron que el espaciado entre líneas tuvo un efecto pequeño, pero significativo, en la comprensión. Efectivamente, para los espaciamientos de línea más grandes (1,8) los puntajes de comprensión fueron significativamente más bajos que para los espaciamientos más bajos (0,8). Esto sugiere que los interlineados demasiado pequeños o demasiado grandes pueden perjudicar la comprensión. Al analizar de forma combinada el interlineado con el tamaño de la letra, observamos que el tamaño de la tipografía tenía un impacto mayor sobre la legibilidad y la comprensión del texto que el interlineado. Por lo tanto, basándonos en nuestros hallazgos, recomendamos utilizar un tamaño de letra de dieciocho puntos para una pantalla de trece pulgadas y un espaciado de línea predeterminado si el objetivo es optimizar la legibilidad y la comprensión del contenido de texto de la web.[74]

Ancho de párrafo o longitud de línea

En general, los estudios coinciden en recomendar que la presentación de textos para las personas con dislexia use una longitud de línea o un ancho de párrafo menor para favorecer su legibilidad. Por ejemplo, la British Dyslexia Association y Bradford sugieren evitar las líneas largas y recomiendan un ancho de línea de entre sesenta y setenta caracteres.[75] En un estudio de usuarios con veintisiete estudiantes de Secundaria con problemas de lectura se compararon dos dimensiones de pantalla: iPod Touch en modo vertical (5 × 7,5 centímetros) y Apple iPad en modo horizontal (19,7 × 14,8 centímetros).[76] Descubrieron que el uso de un dispositivo pequeño mejoraba la legibilidad (velocidades de lectura más rápidas, menos fijaciones y movimientos sacádicos regresivos, es decir, la mirada de los participantes regresaba menos al texto ya leído).

En nuestro estudio, usando técnicas de seguimiento ocular con noventa y seis participantes, medimos cuatro anchos de columna: 22, 44, 66 y 88 caracteres por línea.[77] A pesar de que los participantes sin dislexia encontraron la opción de 66 caracteres por línea significativamente más legible, las preferencias personales de los participantes sin dislexia no alcanzaron diferencias significativas. Al mismo tiempo, tampoco se observaron diferencias en las medidas de legibilidad objetiva.

MEJORAR EL CONTENIDO DEL TEXTO

Hasta ahora, hemos visto cómo optimizar la presentación del texto. En las siguientes secciones vamos a ver qué estrategias de adaptación del contenido del texto son mejores para hacerlo más accesible a las personas con dislexia. Las secciones anteriores han prestado atención a la optimización de la presentación del texto, pero no del contenido. Por eso, durante los años 2010 y 2014 también realizamos una serie de experimentos en los que usamos técnicas de seguimiento ocular para medir diferentes factores del contenido del texto y su impacto en los lectores con dislexia. Los resultados generales no son tan determinantes como lo fueron para la presentación del texto. A continuación, compartimos los resultados más interesantes.

Frecuencia y longitud de las palabras

De acuerdo con la literatura en ciencias cognitivas, las personas con dislexia encuentran específicamente problemas con las palabras menos frecuentes y las palabras largas.[78] En dos experimentos con cuarenta y seis personas (veintitrés con dislexia), comparamos textos en los que las palabras fueron sustituidas por sinónimos más cortos o más largos, y más o menos frecuentes, para estudiar su efecto sobre la legibilidad y la comprensibilidad.

Los resultados nos demostraron que, efectivamente, las personas con dislexia leen significativamente más rápido y tienen duraciones de fijación significativamente más cortas con palabras más frecuentes y más cortas. Y esta tendencia no es exclusiva de las personas con dislexia. De hecho, con las personas sin dislexia ocurre lo mismo, solo que en su caso el efecto menor.[79]

En la Figura 2 (en el pliego de color) consideramos los dos comportamientos visuales que utilizamos como variables sustitutivas para la legibilidad (tiempo de lectura y duración de la fijación) y se representa la distribución en un espacio de dos dimensiones. Como se observa, a medida que las palabras son más frecuentes, los textos presentan un tiempo de lectura y una duración de fijación cada vez más breve. También puede observarse que esta tendencia es más fuerte para la población con dislexia.

Estos resultados parecían indicar que las personas con dislexia podrían beneficiarse de un sistema automático de simplificación léxica. En el área del procesamiento del lenguaje natural —área de la inteligencia artificial que se dedica al lenguaje—, un sistema de simplificación léxica es un programa informático que realiza una sustitución automática de palabras complejas por sinónimos simples. Durante el siguiente año, desarrollamos un sistema automático de simplificación léxica utilizando diferentes recursos lingüísticos públicos, como un tesauro *(Spanish OpenThesaurus)* y una gran colección de documentos *(Google Books Ngram Corpus)*, además de combinar técnicas de procesamiento del lenguaje natural desarrollando un algoritmo de simplificación del vocabulario[80] y una lista de sinónimos, incluyendo su desambiguación semántica usando el contexto.[81] Integramos el sistema en diferentes aplicaciones informáticas para iOS —el sistema operativo de los dispositivos móviles de Apple—,[82] Android —el sistema operativo móvil abierto de Google—[83] y Chrome —el navegador de Google—[84] para evaluarlos en contextos reales. Sin embargo, a la hora de valorar nuestra solución en diferentes aplicaciones informáticas en personas con y sin dislexia, los resultados nos mostraron que aunque desde un punto de vista subjetivo las personas con dislexia percibían los textos con simplificación léxica como significativamente más sencillos de leer en la práctica, los datos objetivos demostraron lo contrario. No había diferencias significativas, ni en el desempeño lector ni en la comprensión, si se aplicaba la simplificación léxica. Solo la posibilidad de saber que se podía acceder a sinónimos más sencillos hacía que los participantes percibieran los textos como más legibles.[85]

La conclusión que se puede extraer es que, por un lado, las palabras más frecuentes se procesan más rápidamente y, por otro lado para las personas con dislexia, puede ser beneficioso —desde un punto de vista subjetivo— saber que pueden acceder en un momento determinado a sinónimos más simples de palabras concretas. Depende de qué se quiera lograr, pues si el objetivo es aprender a presentar el texto de la manera más sencilla posible (con palabras más frecuentes) puede ser beneficioso. Si el objetivo es otro, como aprender el lenguaje, entonces sería mejor no modificar el texto, pero permitir que la persona acceda a sinónimos más simples para entender el texto haciendo clic en la palabra que no entiende.

Simplificación sintáctica

Aunque los resultados que obtuvimos sobre simplificación sintáctica en nuestro estudio no son significativos, consideramos de interés mencionarlos.[86] Según los estudios de neurociencia cognitiva, las personas con dislexia encuentran dificultades con estructuras sintácticas complejas[87] y palabras funcionales,[88] de modo que decidimos explorar si las estrategias de simplificación sintáctica tenían algún impacto significativo sobre la legibilidad y la comprensión. Nuevamente, usando la técnica de seguimiento ocular, participantes con y sin dislexia leyeron diferentes textos: unos con perífrasis verbales, compuestas por palabras funcionales más un verbo de apoyo con una colocación nominal *(ir a caminar)* y otros textos que no incluían dichas estructuras, sino directamente verbos léxicos *(caminar)*, con el fin de aportar simplicidad a las personas con dislexia, reduciendo el número de palabras cortas y funcionales del texto. Los textos fueron leídos por veintitrés personas con dislexia confirmada y veintitrés participantes de un grupo de control, sin observarse diferencias significativas ni en la legibilidad ni en la comprensión del texto. Una posible razón de este resultado es que las simplificaciones que realizamos fueron leves. Si se hubieran aplicado estrategias de simplificación más extremas, los textos habrían cambiado más y, muy probablemente, se habrían encontrado efectos positivos.

Expresiones numéricas

Aunque la discalculia y la dislexia son dos condiciones diferentes, son comórbidas,[89] es decir, las personas con dislexia tienen más probabilidades de tener problemas de aprendizaje matemático. De hecho, la discalculia es comórbida con la dislexia y el 40 % de los niños con discalculia tienen dislexia. A esto se une que un gran porcentaje de la información textual contiene expresiones numéricas, como sucede con los libros de texto, las estadísticas o los datos demográficos, muy comunes en prensa.

La información numérica puede tener diferentes representaciones, ya sea en dígitos o en palabras, números redondeados o decimales, fracciones, porcentajes, etcétera. De acuerdo con los estudios cognitivos, los números en un texto se procesan de una manera diferente a las palabras,[90] y su presencia en un texto afecta al proceso de lectura.[91] Por estas razones, realizamos tres estudios durante el año 2013 para explorar cómo los diferentes tipos de expresiones numéricas afectan a la legibilidad y a la comprensión de un texto en las personas con dislexia.[92]

Llevamos a cabo tres experimentos con setenta y dos personas (treinta y seis de ellas con dislexia) usando técnicas de seguimiento ocular y cuestionarios de comprensión. Todos los participantes tuvieron que leer una serie de textos que incluían expresiones numéricas (variables independientes). Hasta donde alcanza nuestro conocimiento, esta fue la primera investigación que abordó la carga cognitiva de la representación numérica utilizando el seguimiento ocular en cualquier idioma, especialmente en las personas con dislexia.

En el primer experimento, las expresiones numéricas estaban escritas con dígitos o bien usando palabras (por ejemplo, 22 frente a *veintidós*). En el segundo, las expresiones numéricas fueron redondeadas, es decir, se eliminaron los decimales (por ejemplo, *19,95* frente a *casi 20*). Finalmente, en el tercer experimento, representamos porcentajes frecuentes usando únicamente sus fracciones correspondientes (por ejemplo, *75 %* frente a ¾).

Se pueden extraer tres conclusiones principales de estos experimentos.

- La primera es que la información numérica representada a través de dígitos mejora la legibilidad para las personas con dislexia, pero no ayuda a la comprensión. Esto es coherente con otras investigaciones realizadas en psicología que sugieren que existe un acceso más rápido a la representación semántica numérica cuando se expresa en dígitos que cuando se expresa en palabras.

- La segunda conclusión es que no hay resultados significativos con respecto a la influencia del redondeo.
- Finalmente, la información numérica representada mediante porcentajes mejora la capacidad de lectura en las personas con dislexia, teniendo en cuenta la media de la población. Si solo tenemos en cuenta a los participantes menores de 13 años, entonces no se observa ningún impacto entre una expresión numérica expresada en porcentaje frente a la fracción. Esto puede deberse a que la frecuencia con la que una persona está expuesta a diferentes expresiones numéricas influye en la velocidad de procesamiento: mientras que la población adulta está más expuesta a porcentajes (por ejemplo, a través de la prensa), la población más joven recibe información numérica frecuentemente en forma de fracciones en los centros escolares.

A partir de estos resultados, podemos afirmar que las expresiones numéricas impactan en el proceso de lectura de personas con y sin dislexia, y que es posible aplicar estos resultados a la adaptación de la información numérica para que los textos sean más accesibles para el mayor número de personas (véase en «Pautas de presentación de un texto: diseño y contenido», en la página 115, la guía de presentación del contenido del texto junto con un ejemplo).

Uso de esquemas gráficos

En general, las personas con dislexia, a pesar de sus dificultades con la lectura y la escritura, suelen tener otras fortalezas, como las habilidades visoespaciales o el aprendizaje visual (en el Capítulo 6 se repasan las fortalezas de la dislexia). De hecho, para muchas personas con dislexia, el pensamiento visual es crucial en su desarrollo. Paralelamente, dos de las estrategias pedagógicas más recomendadas en la literatura educativa para las personas con dislexia es el uso de esquemas o mapas mentales (esquemas gráficos),[93] así como destacar o resaltar las palabras clave.[94] Para conocer el impacto objetivo de ambas estrategias en la población con dislexia, realizamos los primeros estudios que conocemos hasta la fecha sobre el uso de esquemas y el resaltado de palabras clave en relación con la legibilidad y la comprensión de textos.

En el primer estudio, se exploró el uso de esquemas gráficos con cuarenta y seis hablantes nativos de español (veintitrés con dislexia). Todos los participantes debían leer una serie de textos con o sin esquemas gráficos que los resumían al comienzo.

Para la creación de los esquemas gráficos se tuvieron en cuenta las recomendaciones pedagógicas para personas con dislexia[95] y los principios cognitivos del aprendizaje inductivo en la adquisición de conceptos de la teoría de esquemas.[96] Dado que los textos iban a ser leídos por participantes con dislexia, los esquemas gráficos fueron creados manualmente por un adulto disléxico y supervisados por dos psicólogas. Dichos esquemas simplifican el discurso y resaltan la información más importante del título y del contenido. Cada uno de los esquemas gráficos comparte el siguiente patrón: la primera línea encierra las palabras principales del título, conectadas por flechas, y luego, a partir del título, hay un nodo para cada una de las oraciones del texto.

No se observaron efectos significativos del uso de esquemas gráficos con una lectura más rápida o con una mejor comprensión. Teniendo en cuenta los datos objetivos de legibilidad y de comprensión recopilados mediante el eye-*tracker* y los cuestionarios, respectivamente. Ahora bien, en las entrevistas semiestructuradas posteriores, los participantes con dislexia remarcaron que el uso de esquemas o de mapas conceptuales era fundamental sobre todo para estudiar y memorizar los textos. Teniendo en cuenta estos comentarios, pensamos que el hecho de no encontrar diferencias puede deberse a que el diseño y el uso de los esquemas es muy personal y, por ende, diferente de un estudiante a otro. Dados tanto los comentarios de los participantes como los resultados de estudios pedagógicos anteriores al nuestro, sí recomendamos el uso de esquemas y de mapas conceptuales (véase «Pautas de presentación de un texto: diseño y contenido», en la página 115).

Resaltar las palabras clave

Usando técnicas de seguimiento ocular, medimos el rendimiento lector de sesenta y dos hablantes nativos de español (treinta y uno con dislexia) mientras leían textos cuyas ideas principales (palabras clave) estaban marcadas en negrita, en comparación con textos sin palabras resaltadas. En este estudio, se midió, además de la legibilidad y la comprensión, la facilidad para la memorización que percibían los participantes. Las palabras clave resaltadas eran aquellas que contenían el significado semántico principal (foco) de la oración. Este enfoque normalmente se corresponde con el complemento directo y contiene la información nueva y más relevante de la oración.[97] Para ello, solo se tuvieron en cuentan las oraciones principales, es decir, se descartaron las cláusulas subordinadas (excepto las relativas).

A la luz de los datos, no se observaron diferencias significativas en el rendimiento lector de los participantes debidas al uso de la negrita para resaltar palabras clave. Sin embargo, sí aumentó la comprensión de las personas con dislexia de manera significativa.[98] Ambos grupos coincidieron en observar que las palabras clave ayudaban a recordar mejor el texto (medidas subjetivas). Por el contrario, en las personas sin dislexia no se observó ningún tipo de efecto, ni en la legibilidad ni en la comprensión.

TENDENCIAS GLOBALES EN LA LECTURA

A continuación, exponemos las conclusiones comunes que se observaron en todos los experimentos de lectura.

Diferencias de lectura entre grupos

En todos los estudios que realizamos sobre el diseño del texto (2010-2014), encontramos diferencias en el rendimiento de lectura entre los dos grupos. Estos resultados son coherentes con la mayoría de la literatura de seguimiento ocular de la psicología experimental.[99] Las personas con dislexia presentan (significativamente) un mayor número de fijaciones, una duración de fijaciones superior y un tiempo de lectura más largo. Paralelamente, las preferencias de los participantes con dislexia son más heterogéneas. Esto puede explicarse por las dificultades que les son propias.

- *Lo preferido no es necesariamente lo mejor.* En diferentes estudios, sobre todo en los referentes a la presentación del texto (tipografías y colores), observamos que si comparamos estas medidas de rendimiento con las preferencias subjetivas de los participantes, en algunas ocasiones no solamente no existen correlaciones positivas, sino que estas pueden llegar a ser negativas. Es decir, lo que es beneficioso para la legibilidad de las personas con y sin dislexia no es necesariamente lo que prefieren de forma consciente.
- *Los comportamientos son similares entre grupos.* Aunque se observaron diferencias entre grupos, el comportamiento de ambos es similar frente a las diferentes condiciones textuales, tanto de presentación como de contenido del texto. Por ejemplo, ambas poblaciones —con y sin dislexia— presentan fijaciones más cortas cuando leen palabras más frecuentes, o velocidades de lectura más largas cuando se usan tipografías sin serifas. En otras palabras, lo que es beneficioso para las personas con dislexia, también lo es para las personas sin dislexia. Por lo tanto, las recomendaciones presentadas deberían ser fácilmente aplicables a entornos educativos con bajo riesgo de dañar a cualquier otro grupo de lectura.
- *Los lectores con dislexia son más sensibles.* Aunque se observan comportamientos similares, las personas con dislexia fueron, en general, más sensibles a los cambios en el texto, ya que presentaron mayores diferencias en la duración de la fijación de la vista en las diversas condiciones. Por ejemplo, un aumento del tamaño de la tipografía mejora la legibilidad de los lectores sin dislexia, y ese efecto es aún mayor en los lectores con dislexia. Igualmente, si se usa un tamaño de fuente muy pequeño, todos los lectores se verán perjudicados, pero las personas con dislexia lo acusarán en mayor medida.

- *Interrelación de los factores textuales*. Todos los factores de presentación del texto están íntimamente interconectados; por ejemplo, el tamaño de la tipografía no es independiente del ancho del párrafo, ya que un mismo cuerpo puede resultar grande para un párrafo muy corto y pequeño para un párrafo largo. A continuación, detallamos un conjunto de recomendaciones para presentar el texto de una manera más accesible para las personas con dislexia. Para ello, hemos considerado dos tipos de datos: cuantitativos (legibilidad objetiva y comprensibilidad), proporcionados por el *eye-tracker* y los cuestionarios, respectivamente; y cualitativos (legibilidad subjetiva, comprensión y preferencias de los usuarios). Ha de tenerse en cuenta que los resultados de cada uno de los parámetros son independientes entre sí y que no hubo interacciones entre ellos cuando se probaron en los experimentos, excepto en el tamaño de la fuente y el espaciado entre líneas.[100] Dado que las preferencias del usuario pueden cambiar con el tiempo,[101] damos prioridad a los datos de legibilidad objetiva en las recomendaciones. En la Figura 3 (en el pliego de color) se muestra un ejemplo de personalización del texto. No obstante, este ejemplo no debe tomarse como guía definitiva, sino solo como un ejemplo posible entre muchos, ya que las manifestaciones de la dislexia varían en cada persona, del mismo modo que las preferencias son personales. Además, la posibilidad de personalización del texto por parte de sujetos con dislexia según su propio gusto ha resultado beneficiosa en estudios anteriores.[102]

TECNOLOGÍA PARA LA LECTURA

LECTORES DE TEXTO

El fonetista Joaquim Llisterri (Universitat Autònoma de Barcelona) define la conversión de texto en habla (*text-to-speech en* inglés) como una tecnología lingüística que hace posible que un ordenador transforme automáticamente un texto escrito en su correspondiente forma sonora, lo más cercana posible a la lectura que realizaría una persona.[103] Esto permite, por ejemplo, escuchar la versión leída de cualquier texto digital, tanto de una página web como de un correo electrónico, lo que facilita a las personas con necesidades especiales, sobre todo con problemas visuales, el uso de los sistemas informáticos.

¿Cómo funcionan los lectores de texto?

Las arquitecturas de los sistemas de conversión de texto en habla son complejas y los resultados de tales sistemas han ido ganando tanto en inteligibilidad como en naturalidad. El desarrollo de un lector de texto es difícilmente abordable si no se lleva a cabo en el marco de un equipo interdisciplinar, que incorpore especialistas en fonética, análisis lingüístico, tratamiento de la señal sonora e informática.

Simplificando al extremo la descripción del funcionamiento, el texto debe ser, en primer lugar, preprocesado para realizar su transcripción fonética sin dificultades y, en segundo lugar, transcrito para localizar las unidades fonéticas en un diccionario en el que se hallan recopiladas. Estas unidades fonéticas deben concatenarse y modificarse a fin de adaptar la duración y la intensidad de los sonidos en función de su contexto, y debe aplicarse también el patrón melódico adecuado al significado y a la forma del enunciado. En los últimos años, con la llegada de los grandes corpus y de los sistemas de base estadística, estas unidades de concatenación pueden presentar longitudes variables, y los diccionarios, en vez de estar compuestos de fonemas, tienen miles de palabras y de secuencias de palabras (*n-gramas*), de tal manera que la concatenación se hace cada vez entre segmentos lingüísticos más largos, consiguiéndose así sistemas de mejor calidad. Finalmente, toda esta información debe convertirse en un conjunto de parámetros acústicos que son los que harán que la fuente y el filtro del sintetizador produzcan la onda sonora que llegará al lector y que, idealmente, tendría que parecerse lo más posible a la lectura del texto que habría realizado una persona.

¿Qué lector de texto utilizar?

Mientras que hace poco era laborioso instalar un conversor de texto en habla o bien el mercado ofrecía conversores costosos, en la actualidad podemos encontrar conversores de texto en habla por defecto en la mayoría de los sistemas operativos: en los de Apple —desde sus inicios en 1984—, en Android —desde la versión 1.6— y en Microsoft Windows. También se pueden usar fácilmente en los navegadores web, que ofrecen herramientas en la Toolbar de Google o en el Text-to-Voice de Firefox. Asimismo, los integran algunos lectores de libros electrónicos o e-books, como Amazon Kindle. Por otro lado, existe un amplio abanico de aplicaciones —a diferentes precios— que facilitan la conversión a voz de documentos en diferentes formatos. El mercado de lectores de texto se mueve muy rápidamente, ya que no solo son útiles para la dislexia, sino para otras muchas condiciones, como las deficiencias visuales. Por eso cada vez hay más oferta, más competitiva y de mejor calidad. Desde 2010 hemos evaluado —y desarrollado— diferentes lectores de texto y sabemos que cualquier recomendación concreta en este libro quedará rápidamente obsoleta.[104]

Se recomienda, primero, probar el *software* que viene ya instalado en el sistema operativo del dispositivo que maneje el usuario, puesto que probablemente este sea muy eficaz y no haya ninguna necesidad de instalar uno nuevo. Si no es así, lo recomendable es buscar en el mercado de aplicaciones —como App Store o Google Play—, usando la expresión clave «lector de texto» o, en inglés «*text-to-speech*» o «*book reader*», ya que muchos de estos programas, aunque aparezcan en inglés en las páginas de descarga, incluyen opciones (y voces) en español y en otros idiomas.

ESCRITURA

Dado que los errores que las personas con dislexia «producen» están relacionados con los tipos de dificultades que tienen, las faltas y las erratas se sus escritos se han utilizado para diversos fines, desde el estudio mismo de la dislexia hasta su diagnóstico, o para crear aplicaciones de *software* dirigidas a personas con dislexia o correctores ortográficos.[105] Sin embargo, existen pocos recursos lingüísticos como un corpus o listas de errores producidas por personas con dislexia. Junto con Ricardo Baeza-Yates y Joaquim Llisterri, creamos el primer recurso lingüístico compuesto por una lista de errores escritos por personas con dislexia,[106] comparamos el tipo de errores que se dan en español con los que se producen en inglés, y realizamos un análisis lingüístico y visual de estos.[107]

TIPOS DE ERRORES ORTOGRÁFICOS

Si se tiene en cuenta el grado de diferencia entre la palabra correcta y la incorrecta, encontramos tres tipos de errores (Tabla 2.1):

- *Errores simples*, cuando la palabra prevista difiere de la incorrecta por una sola letra.
- *Errores múltiples*, cuando la palabra incorrecta difiere en más de una letra de la correcta.
- *Errores de límite de palabra*. Estos últimos pueden ser de dos tipos: cuando la palabra correcta queda dividida (*más cara* en vez de *máscara*, o **sub marino* en vez de *submarino*) o cuando dos palabras se unen erróneamente (**ati* en vez de *a ti*).

Asimismo, un caso especial es aquel en el que el error en la palabra correcta da como producto una palabra que existe y que por ende es lexicalmente correcta (los llamados *real word errors* o «errores de palabras existentes»), por ejemplo, cuando se escribe *casa* en vez de *saca*.

Tras el análisis en español y en inglés, observamos que se daban el mismo tipo de errores lingüísticos en ambas lenguas y con una distribución parecida (Tabla 2.1).[108] Aunque las manifestaciones escritas de la dislexia varían entre lenguas, el hecho de que la distribución de este tipo de errores entre dos lenguas con ortografías tan diferentes como el español y el inglés sea similar parece manifestar el origen neurobiológico universal de la dislexia, compartido entre los hablantes de las diferentes lenguas.

Categoría	Inglés (%)	Español (%)
Errores simples	53	67
Errores múltiples	39	23
Errores de límite de palabra	8	10
Total	100	100
Errores de palabras existentes	17	21
Resto de errores	83	79
Total	100	100

Tabla 2.1. Porcentaje de los tipos de errores en textos escritos en personas con dislexia, en inglés y en español.

Llama la atención la alta frecuencia de errores de palabras reales, un 17 % para el inglés y un 21 % para el español. Estos errores son especialmente difíciles de detectar y corregir por parte de los correctores ortográficos. De hecho, una comparación de los correctores ortográficos más populares para diferentes tipos de error, mostró que los errores de palabras reales fueron los menos marcados por todos los testados.[109] En la sección «Correctores ortográficos» (página 108) presentamos una evaluación de algunos de estos en textos escritos por personas con dislexia para saber qué corrector ortográfico conviene usar para cada uno de ellos.

A su vez, los errores simples pueden dividirse en cuatro subtipos:

- *Errores de sustitución*, cuando se cambia una letra por otra, por ejemplo **danana* por *banana*.
- *Errores de inserción*, cuando se inserta una letra que no corresponde, como en **situarción* en vez de *situación*.
- *Errores de omisión*, cuando una letra es omitida o eliminada, por ejemplo, **timestre* por *trimestre*.
- Finalmente, *errores de trasposición*, cuando se invierte el orden de letras, como por ejemplo **caundo* por *cuando*.

En la Tabla 2.2 mostramos la distribución de este tipo de errores para el español. Nótese que los errores de trasposición son los menos frecuentes en el caso de la dislexia, es decir, aunque desde un punto de vista popular se identifica la dislexia con este tipo de errores, desde un punto de vista empírico son los menos frecuentes. Las personas con dislexia realizan significativamente más errores ortográficos que las personas sin dislexia, y los más frecuentes entre personas con dislexia son los errores de sustitución de letras, llegando a representar más de la mitad (58 %), seguidos por los errores de omisión de letras (26 %).[110]

Tipo de error	Porcentaje
Errores de sustitución	58,85 %
Errores de inserción	13,40 %
Errores de omisión	26,30 %
Errores de trasposición	1,45 %

Tabla 2.2. Tipos de errores y porcentaje de aparición en textos en español escritos por personas con dislexia.

ANÁLISIS LINGÜÍSTICO DE LOS ERRORES

Con el fin de realizar un análisis lingüístico de los errores, examinamos y anotamos manualmente cada uno de los pares de palabras con la siguiente información lingüística que luego analizamos:

- Tipo de error, teniendo en cuenta la clasificación anterior.
- Frecuencia de la palabra correcta.
- Longitud de la palabra.
- Posición del error dentro de la palabra.
- Número de sílabas de la palabra.
- Tipo de estructura de la sílaba en la que se produce el error, por ejemplo, si se trata de una sílaba directa (consonante-vocal o

CV) o de una sílaba trabada (consonante-consonante-vocal, o CCV) entre otras estructuras.

- Información fonética.
- Errores provocados por transferencia del idioma. Algunos de los errores se deben a la transferencia de otros idiomas en los participantes que son bilingües; por ejemplo, se observa una transferencia de la ortografía catalana al español al escribir el palatal nasal [ɲ] con el dígrafo *ny*, como en catalán, en lugar de usar *ñ*, como corresponde en español.

En relación con la fonética, anotamos manualmente cada uno de los fonemas relacionados con las grafías que se dan tanto en los errores como en las correspondientes palabras correctas. Para esto se usaron las características fonéticas articulatorias propuestas por la Asociación Fonética Internacional: tipo de fonema (consonántico, vocálico, diptongo o grupos de consonantes), el punto de articulación (por ejemplo, labiodental [f], interdental [θ̬] o alveolar [s], entre otros), modo de articulación (oclusiva [p], nasal [m] o lateral [l], etcétera), sonoridad (si es una consonante sorda o sonora) y, en el caso de las vocales, se anotó su abertura en función de la amplitud de los órganos fonadores —los órganos del cuerpo humano encargados de generar y ampliar el sonido que se produce al hablar: abierta [a], media [e, o] o cerrada [i, u]— y si su articulación es redondeada, [u], o no, [i].[111]

Los análisis fonéticos muestran que los errores más frecuentes involucran letras que no mantienen una correspondencia uno a uno entre grafemas y fonemas. En cuanto a las vocales y las consonantes, la mayoría de los errores ocurren cuando comparten características fonéticas. Por ejemplo, los errores de sustitución son más frecuentes entre vocales no redondeadas que entre vocales redondeadas y no redondeadas. En la Tabla 2.3 se muestran los grafemas más frecuentemente usados en relación con el tipo de errores. En el artículo de Rello, Baeza-Yates y Llisterri presentamos un análisis mucho más detallado del análisis fonético y visual de los errores.[112]

Tipo de error	Letra(s)	Porcentaje
Sustitución	b, v	11,36 %
Eliminación	espacio	6,75 %
Sustitución	g, j	5,46 %
Eliminación	h	4,53 %
Inserción	espacio	3,07 %
Sustitución	c, z	2,82 %
Sustitución	c, s	2,22 %
Eliminación	r	2,22 %
Inserción	r	2,13 %

Tabla 2.3. Grafemas más frecuentes (40 %) en los errores de las personas con dislexia, clasificados por tipo de error.

De este estudio se pueden extraer las siguientes conclusiones generales.

Los errores disléxicos están motivados fonéticamente. Más concretamente, las faltas más frecuentes incluyen letras en las que no se mantiene la correspondencia uno a uno entre grafema y fonema (*b/v, g/j, c/z, c/s, r)* y en palabras con la letra *h*, que no tiene una realización fonética en español.

Los errores de sustitución son los más frecuentes (58,8 %), mientras que las trasposiciones lo son menos (1,5 %). Si consideramos las clases de letras, los errores más frecuentes son insertar o eliminar una consonante (37,9 %), eliminar o insertar una vocal (37,5 %) y sustituir dos letras que se utilizan para representar un sonido similar o eliminar/insertar una *h*.

Las sustituciones de vocales tienen lugar entre fonemas que comparten una o dos características fonéticas, siendo el redondeo labial el error más frecuente; solo el 15,9 % de los errores de sustitución de vocales corresponden a fonemas que no tienen ninguna característica en común. Por otro lado, los diptongos solo representan el 0,9 % de los errores.

A su vez, las sustituciones consonánticas se producen con mayor frecuencia en las consonantes individuales (46,4 %) que en los grupos consonánticos (0,6 %). La mayoría de los errores de sustitución tienen lugar entre consonantes que comparten sus tres características fonéticas (48,4 %), mientras que las confusiones entre consonantes que comparten una (19,5 %) o dos (26,2 %) características se encuentran con menor frecuencia. Finalmente, solo el 5,5 % de los errores de sustitución se refieren a consonantes que no comparten ninguna característica fonética.

Análisis visual de los errores

Por otro lado, también se analizaron diferentes características visuales de las grafías involucradas en los errores. Se comparó si las grafías comprendidas en los errores de las palabras correctas contaban de manera estadísticamente significativa la presencia de alguna de estas características visuales:

- Letras espejo, como *d/b* o *m/w*, con cuatro valores posibles (vertical, horizontal, ambos o ninguno).
- Altura de la caja de la grafía (alta, como *l*; baja, como *q*; ambas, como f, o ninguna, como *n*).
- Presencia de una línea en la grafía vertical, como *m*; u horizontal, como el filete de la vocal e; o ninguna (por ejemplo, o).
- Letra rotada, como sucede con *p/d*.
- Letras «difusas» o parecidas, como *s/z*.

Asimismo, todos estos valores se marcaron por duplicado, uno teniendo en cuenta las tipografías que se dan en la escritura a mano y otro teniendo en cuenta las tipografías de imprenta o digitales.

La conclusión general que se extrae del análisis es que los errores escritos por personas con dislexia tienen una motivación visual. Más concretamente, teniendo en cuenta la escritura, encontramos diferencias significativas para los siguientes rasgos:

- En primer lugar, el 46,9 % de las letras con errores presentan letras espejo, como *g, h, m, n, u, v, w, y* (escritura a mano).

- En segundo lugar, el 67,1 % de las letras con error pertenecen al grupo de letras difusas o parecidas; es decir, se encuentran dentro de este grupo: *b, c, d, f, g, i, j, l, n, ñ, o, p, q, t, u, v*.
- Finalmente, el 38,2 % de las letras con error eran letras rotadas: *a, e, d, b, p, q, n, u*.

TENDENCIAS GLOBALES EN LA ESCRITURA

Los análisis de errores de escritura realizados por personas con dislexia se han usado para estudiar y describir diferentes rasgos de la dislexia, ya que manifiestan algunos de sus aspectos. Por ejemplo, algunos autores han defendido que son manifestaciones del déficit de procesamiento fonológico[113] y que las personas con dislexia presentan más errores atribuibles al deterioro fonológico, al desconocimiento de la ortografía y a los errores léxicos.[114]

Nuestro análisis de los errores escritos por personas con dislexia demuestra que, aunque los porcentajes varían según el sistema de escritura, se da una distribución similar de los tipos de errores entre lenguas con ortografías tan diferentes como el inglés y el español. Asimismo, hemos podido observar que los errores que se dan en español están tanto fonética como visualmente motivados. Ahora bien, en nuestra opinión, no se puede atribuir a ciencia cierta si estas manifestaciones se deben a una causa —fonética o visual— concreta, porque en el análisis no se pueden discriminar completamente los rasgos fonéticos de los visuales, ya que las grafías que comparten rasgos visuales muy frecuentemente comparten también rasgos fonéticos: por ejemplo, que las grafías con características rotadas como *p/d* presenten el mismo modo de articulación fonética (oclusivo), y se diferencien únicamente en el punto de articulación y en su sonoridad.[115] Además, aunque la interpretación más directa del hecho de que los errores fonéticos sean los más frecuentes indicaría que la dislexia podría tener una causa auditiva, posiblemente es lo contrario. Es decir, puede que las personas con dislexia usen las diferencias fonéticas para poder escribir correctamente una palabra y esta estrategia falla cuando la discriminación fonética es menor o no es posible, como en el caso de la *h*, y por esto los errores más frecuentes son de este tipo.

TECNOLOGÍA PARA LA ESCRITURA

Correctores ortográficos

El uso de correctores ortográficos es crucial para que las faltas de ortografía no tengan un efecto negativo en las personas con dislexia, como tener unas notas más bajas o parecer más despistadas o menos educadas, ya en la edad adulta.

¿Cómo funcionan los correctores ortográficos?

Los correctores ortográficos típicos tienen una limitación importante para las personas con dislexia, pues no detectan los llamados «errores de palabras reales» (*real word errors*, en inglés). Además, en general, los correctores normalmente detectan los errores léxicos, no los semánticos (es decir, aquellos que dan como resultado una palabra que está correctamente escrita, pero que no es el vocablo que uno quería escribir; por ejemplo: «He pedido un *cerdito al banco», en vez de *crédito*).

Estos errores, aunque parezcan raros, en realidad no lo son. De hecho, son bastante frecuentes. Si tenemos en cuenta textos escritos solo por personas con dislexia, el 17 % (en inglés) y el 21 % (en español) son errores de palabras reales.[116] Una comparación de los correctores ortográficos más populares demostró que, entre los diferentes tipos de erratas, los de palabras reales son los menos detectados.[117] La investigación en informática sobre este tema es muy activa y cada mes aparecen métodos mejorados, sobre todo en correctores gramaticales que prometen resolver algunos errores de palabras reales. De todas formas, la mayoría de estos programas aún no los detectan.

En 2015 en la Carnegie Mellon University desarrollamos un método informático para detectar y corregir errores de palabras reales en español.[118] Para evaluar la utilidad del método, realizamos tres experimentos. Primero, evaluamos la precisión del método utilizando un corpus o conjunto de textos de hablantes nativos del español con dislexia. Segundo, comparamos nuestro método con los correctores ortográficos más utilizados. Y, en tercer lugar, llevamos a cabo un experimento con treinta y cuatro personas —diecisiete con dislexia—, para probar la eficacia de las detecciones y correcciones utilizando oraciones reales escritas por personas con dislexia.

El método usa los errores escritos por personas con dislexia como fuente de información para crear listas o grupos de palabras que eran más probables que fueran confundidas (pares mínimos, palabras que se parecen fonética y ortográficamente, los llamados en inglés *confusion sets, conjuntos de confusión*). Luego, para la detección de los posibles errores, usamos un modelo de lenguaje escrito (un modelo probabilístico que asigna una probabilidad a una secuencia de palabras), un analizador de dependencias (análisis sintáctico automático) y la frecuencia de aparición de n-gramas de palabras. Un n-grama es una secuencia de *n* palabras adyacentes en el texto y se usa mucho en el procesamiento del lenguaje natural. Tuvimos en cuenta el mayor corpus de *n-gramas* disponible, procedente de Google Books, que representa el 6 % de todos los libros escritos hasta el momento (en alemán, chino, español, francés, hebreo, inglés, italiano y ruso; más de ocho millones de libros).[119] Este conjunto de datos da una buena señal sobre qué palabras tienden a aparecer junto a otras más frecuentemente y cuáles son menos habituales, de forma que sirve para detectar errores semánticos.

El resultado de este estudio fue que desarrollamos un método que detecta más errores de «palabras reales» que los correctores de mayor uso. Pero lo verdaderamente interesante desde un punto de vista práctico de esta investigación es que nos obligó a comparar la eficacia de los principales correctores ortográficos (los más usados) en textos escritos por personas con dislexia en español.[120] Producto de dicha evaluación, aprendimos qué correctores son más apropiados para las personas con dislexia.

¿Qué corrector ortográfico utilizar?

Con treinta y cuatro participantes, y con un conjunto de datos de evaluación (334 oraciones con errores extraídos de casi seiscientos textos escritos por personas con dislexia), comparamos la eficacia de los correctores ortográficos incluidos en las siguientes herramientas de edición a la hora de detectar y corregir los errores escritos por las personas con dislexia: Microsoft Word, Google Docs, OpenOffice, Pages y TextEdit.[121]

Los dos correctores que detectaron más errores, tanto de «palabras reales» como no, fueron los que poseen Microsoft Word y Google Docs. En el caso de Microsoft Word, detectaba menos errores de palabras reales, pero más errores sintácticos.

A la hora de sugerir la palabra correcta, Microsoft Word ofrece demasiadas sugerencias y esto demoraba más tiempo a los participantes. Por otro lado, el corrector en línea de Google Docs detectaba más errores de «palabras reales» que los otros correctores y a la hora de mostrar sugerencias, se limitaba a una palabra alternativa, que generalmente era la que el usuario estaba buscando, lo que hacía que los participantes ganaran tiempo. En resumen, para detectar errores de «palabras reales» con mayor precisión, Google Docs salía mejor parado, mientras que Microsoft Word es más sensible y detecta más errores, aunque es menos preciso a la hora de sugerir las palabras correctas.

En nuestro estudio medimos el tiempo que tardaban los participantes con y sin dislexia en corregir oraciones con errores de «palabras reales». En ambos grupos, el uso de un corrector ortográfico hacía que su escritura correcta fuera significativamente más rápida, pues tardaban menos tiempo en detectar y en corregir el error. En resumen, usar correctores ortográficos cuando escribimos en medios digitales mejora nuestra efectividad y precisión ortográfica. Si la mayoría de los errores que se producen dan como resultado otra «palabra real» (por ejemplo, *sapa* por *pasa*) recomendamos usar Google Docs por su gran precisión. Si, por el contrario, se producen más errores gramaticales y ortográficos generales, es recomendable un corrector con más sensibilidad, como el que posee Microsoft Word.

DICTADO AUTOMÁTICO

El reconocimiento automático del habla es una disciplina basada en la inteligencia artificial que requiere una estrecha colaboración entre expertos en lingüística, en procesamiento de señales y en informática. El resultado de esta colaboración suele materializarse en una herramienta computacional capaz de procesar la señal de voz emitida por el ser humano y reconocer la información lingüística que contiene, para convertirla en un texto que corresponda a lo que se ha pronunciado.[122]

¿Cómo funciona el dictado automático?

Para obtener el texto escrito deben sucederse satisfactoriamente una serie de procesos. Primero, el algoritmo debe procesar la señal desde un punto de vista estrictamente acústico del sonido y discriminar lo que en la onda sonora corresponde a la voz y lo que no. Luego, viene la discriminación fonética. Discriminar sonidos (alófonos, es decir, las diferentes manifestaciones acústicas de los fonemas) no es trivial, os sorprendería ver hasta qué punto son parecidos los sonidos que corresponden a fonemas cuando están aislados. Por ejemplo, es casi imposible distinguir las consonantes oclusivas, como [p], [t], [k], [b], [d] y [g] cuando están segmentadas y no llevan una vocal de apoyo detrás. Después, viene la etapa fonológica, que es en la que se establece la correspondencia entre sonido (alófono) y fonema (tampoco es trivial, pues cada fonema tiene muchas representaciones alofónicas). Luego, se representan estos fonemas gráficamente, es decir, se convierten en letras y palabras. Para ello, el sistema tiene que tener en cuenta las reglas ortográficas y también debe disponer de conocimiento léxico, es decir, debe saber qué palabras son posibles. Para ello, se suele contar con un diccionario interno que contiene la forma ortográfica y la transcripción fonética de cada palabra. En el siguiente paso, se suele usar un modelo del lenguaje basado en textos escritos, que mezcla diferentes fuentes de conocimiento, asignando probabilidades para desambiguar aquellos casos para los que se ofrecen varias alternativas en las etapas anteriores y decidir qué secuencia de palabras se han pronunciado realmente, teniendo en cuenta el conocimiento léxico, sintáctico y semántico. Casi nada.

Es decir, cuando dictamos a nuestro móvil o a nuestro ordenador y de repente la oración queda escrita, se están sucediendo una cascada de procesos computacionales en tiempo real.[123]

Además, ahora, la mayoría de los sistemas de reconocimiento de voz se van enriqueciendo con el conocimiento que el propio usuario va creando, por ejemplo, con las palabras que uno emplea más frecuentemente en su móvil. Si usas el reconocimiento de habla en tu móvil —normalmente aparece como opción de «dictado por voz»— comprobarás que cada vez funcionará mejor, incluso pondrá en mayúscula los nombres propios guardados en tu agenda.

¿Cómo usar el dictado automático?

Los primeros programas de dictado automático aparecieron en la década de 1990, pero tenían un coste elevado; además, había que entrenarlos con tu voz y la curva de aprendizaje del algoritmo era más lenta que en la actualidad. En los últimos años, tenemos la suerte de que los sistemas de dictado están instalados de serie en móviles y ordenadores. Personalmente, uso el sistema de dictado por defecto para escribir la mayoría de los mensajes de móvil, tanto en iOS como en Android. Una aclaración: no se trata de mensajes de voz, que hacen perder tanto la intimidad del emisor como el tiempo del receptor, ya que leemos un texto en menos tiempo que el que tarda en reproducirse una grabación (además de que se transmiten más rápidamente, pues ocupan mucho menos espacio). Prueba en tu móvil o en tu ordenador la opción de dictado automático —en los móviles suele aparecer con un icono de micrófono—, y te fascinará lo bien que funciona. Cuando chateo, mis contactos se sorprenden mucho por lo rápido y por lo bien que escribo. Antes era un medio secreto que compartía con el resto de las personas con dislexia, pero ahora ya no, aunque aún me sorprende el número de personas que no sabe lo fácil que es usar el dictado automático. Además, existen cientos de aplicaciones para dictar, como Dragon Dictation, Evernote y Voice Assistant.

Recuerda que las herramientas que vienen instaladas por defecto son cada vez más competitivas y en su mayoría, gratuitas. Se recomienda por ello explorar dichas herramientas en los dispositivos disponibles, buscando con la palabra clave «dictado».

RESUMEN

Conceptos básicos

- Los libros y los textos no digitales siguen siendo cruciales para acceder a la información, a pesar del auge en la web del texto digital y de otros medios de audio y vídeo.
- La **técnica de seguimiento ocular (eye-tracking)** se utiliza para registrar la forma en que una persona mira a la pantalla y puede ser utilizada para medir su rendimiento lector con la precisión de píxeles por milisegundo mientras lee en pantalla.
- Los **movimientos oculares** no son la causa de la dislexia, pero sí manifiestan las dificultades lectoras. De hecho, se observan diferencias significativas entre los lectores con y sin dislexia. Los lectores con **dislexia** hacen **más fijaciones** y estas son más largas, presentan **movimientos sacádicos más cortos** y **más regresiones** que los lectores sin dislexia.
- La **presentación** y el **contenido del texto** tienen un efecto significativo en la legibilidad y en la compresión de los textos por parte de las personas con y sin dislexia.
- Lo que es beneficioso para las personas con dislexia lo es también para las personas sin dislexia, si bien **los lectores con dislexia son más sensibles a los factores textuales**, tanto positivos como negativos.
- A pesar de que existe una interrelación entre los factores textuales de presentación y contenido, se pueden acotar una serie de recomendaciones que benefician la lectura de las personas con y sin dislexia (Véase «Pautas de presentación de un texto: diseño y contenido», página 115).
- Los factores de presentación de un texto que inciden más en la legibilidad son el tipo y el tamaño de la fuente. Un tamaño **grande, tipografías de palo seco y sin cursiva** ayudan a la lectura a las personas con dislexia.
- Los factores referentes al contenido del texto que inciden más en la legibilidad y la comprensión del texto son la **fre-**

cuencia de las palabras, las **expresiones numéricas** y resaltar los **conceptos clave** del texto.

- La **tecnología** facilita herramientas que ayudan a superar las dificultades de la dislexia.
- Los **lectores de texto**, los **correctores ortográficos** y los programas de **dictado automático** son herramientas que implican un procesamiento lingüístico complejo cuyo desarrollo ha ido mejorando significativamente en los últimos años y que pueden resultar muy útiles a las personas con dislexia.
- Los programas informáticos de **reconocimiento automático del habla** o **dictado** son herramientas para transcribir el texto hablado por el usuario. Pueden resultar útiles para escribir textos de forma rápida y reducen las faltas de ortografía.
- Los **correctores ortográficos** son programas informáticos complejos. No todos los correctores funcionan igual: en función del tipo de errores conviene usar un corrector determinado. Si se busca la máxima detección de errores (más sensibilidad en la detección), pero menos precisión en la corrección, se recomienda Microsoft Word. Si por el contrario se busca una menor detección de errores (menos sensibilidad), pero más precisión a la hora de elegir la palabra correcta, entonces es conveniente usar el corrector en línea de Google Docs. Este último también detecta más errores ortográficos relacionados con «palabras reales», por ejemplo **pasa* por *para*.

MATERIALES

1. Pautas de presentación de un texto: diseño y contenido

A no ser que se especifique lo contrario, las siguientes recomendaciones son beneficiosas para la población general, y ha dado resultados positivos en legibilidad y en compresión en personas con y sin dislexia.

- **Tipografía.** Uso de fuentes de palo seco (*Sans Serif* o sin serifas), romanas o redondas (no itálicas o cursivas), especialmente Arial, Courier, Helvética y Verdana.
- **Tamaño de fuente.** Es preferible el tamaño grande. La recomendación exacta depende de otros factores, como el tamaño de la hoja o de la pantalla y la longitud de la línea. Como referencia, en una hoja impresa de tamaño A4, se recomienda un cuerpo de catorce puntos; en una pantalla de dieciocho pulgadas, un tamaño de dieciocho puntos.
- **Espacio entre caracteres y entre líneas.** Se recomienda o bien el espaciado estándar, o bien ligeramente más amplio. Hay que evitar espaciados estrechos o muy amplios.
- **Colores.** En pantalla, y si el lector lo prefiere, se recomienda en la medida de lo posible emplear colores suaves y cálidos de fondo, como el crema, un anaranjado o el amarillo claro.
- **Léxico.** Es deseable el empleo de palabras frecuentes para textos cuyo objetivo no es aprender vocabulario nuevo, sino su estudio o memorización. En todo caso, hay que ofrecer la posibilidad al lector de contar con sinónimos más sencillos de los vocablos complejos que no entienda.
- **Expresiones numéricas.** Se recomienda presentar expresiones numéricas en dígitos y porcentajes, en lugar de usar letras y fracciones, respectivamente.

- Resaltar las **palabras clave** o las **ideas principales** del texto usando negrita u otra técnica para marcar el contenido.
- Fomentar el uso de **esquemas** o **mapas conceptuales**.

Se puede consultar un ejemplo en la Figura 3 (en el pliego de color) además de en el epígrafe «Pautas de actuación para maestros y profesores» (página 239).

CAPÍTULO 3

Detección

> La mayoría de las investigaciones en dislexia tratan un aspecto y lo tratan muy profundamente. Cada una de ellas es como un pequeño túnel muy profundo. Lo que hace esta investigación es unir esos túneles.
>
> MIQUEL SERRA

SOLO SIGUE HACIENDO COSAS ASOMBROSAS

Los pájaros en la cabeza que decían que tenía en Primaria me dieron alas y con mucho trabajo (Capítulos 5 y 6) me llevaron veinte años después a la escuela de informática más grande del mundo, y también una de las mejores. El investigador Jeff Bigham, del Instituto de Interacción Humano-Ordenador, me escribió un correo electrónico informal invitándome a conocer y trabajar en la Carnegie Mellon University, en Pittsburgh, Pensilvania. No me esperaba que fuera tan increíble. Llegué y vi un grupo de investigación de informática que ni imaginaba: una parte del laboratorio era una pista de baloncesto sobrevolada por drones. Era el lugar donde se habían construido los robots que ahora están en Marte. ¿De verdad estaban intentando convencerme para que trabajara allí?

Le pregunté a Jeff si tendría total libertad para investigar sobre dislexia. Me dijo que sí. Pregunté si tendría recursos. También. No podía creérmelo. Tenía que haber algún truco escondido. Pregunté qué tenía que hacer a cambio, pregunté por la cantidad ingente de artículos científicos que debería escribir anualmente a cambio de lo que me ofrecían.

Pero Jeff me dijo que no hacía falta, solo *just keep doing amazing things* («Solo sigue haciendo cosas asombrosas»). Me quedé de piedra. Creo que se refería a mi investigación anterior, a todos los descubrimientos sobre lectura con el *eye-tracking* (Capítulo 2) y las metodologías informáticas para superar la dislexia (Capítulo 4). En realidad, en la palabra *amazing* casi había más presión que en cualquier otro objetivo de productividad que me hubiera dado, pero me daban cancha. Libertad total para investigar. El límite lo ponía yo. La vida me estaba dando otro sobre con una carta en blanco, solo que esta vez tenía la oportunidad de escribirla yo.

Todos sabemos que el problema más complejo de la dislexia es la detección, por eso se la ha llamado *trastorno oculto*. Todos sabemos que la dislexia se detecta demasiado tarde y mal. Todos lo sabemos. Solo que no me había atrevido a abordarlo antes porque era demasiado arriesgado. Pero ¿y si lográbamos detectar la dislexia con un método informático? Eso permitiría que la detección llegase a muchos lugares sin barreras. Si no lo intentaba en aquel laboratorio, no me atrevería nunca. ¿No querían *amazing things*? Abrumada, me lancé hacia el problema de investigación más difícil que conocía hasta el momento.

Comencé con toda la ilusión del mundo. Me mudé a Estados Unidos y durante el primer invierno llegamos a veintiocho grados bajo cero. Un día a Miguel Ballesteros, un buen investigador en procesamiento de lenguaje natural, y a mí se nos ocurrió una idea. ¿Y si aplicábamos técnicas de inteligencia artificial a datos para predecir la dislexia? Igual que ya se hace con éxito, por ejemplo, en medicina con algunos casos de cáncer y en muchas otras áreas más. Aunque claro, para aplicar inteligencia artificial —aprendizaje automático— se necesitan muchos datos. Muchísimos datos. Si no, no funciona. Y no tenemos datos. Aun sin saber si ese enfoque iba a funcionar o no, me puse a buscar participantes para obtenerlos. Se convirtió en una obsesión. Datos, datos y más datos durante meses. Los primeros estudios fueron devastadores, ni rastro de resultados significativos.

Y de repente, un día corriendo —la única manera de mantenerse algo cuerda trabajando en un laboratorio siete días a la semana es hacer algo de deporte—, me di cuenta de que tenía que dejar de buscar. En realidad, había tenido los datos conmigo durante años. ¿Y por qué no usábamos los datos que tenía recopilados de los últimos cuatro años de investigación usando *eye-tracking*? Tenía registrada la mirada de casi trescientas personas, con y sin dislexia, mientras leían textos en pantalla, más de treinta y dos gigas de números, de coordenadas X e Y de la pantalla con su correspondiente duración en milisegundos. ¡¡¡Ya tenía los datos conmigo en mi propio ordenador!!! No podía creérmelo, lo había tenido delante de mí durante todo ese tiempo. Cuántas veces había viajado precisamente con ese mismo ordenador para recopilar nuevos datos y, sin embargo, ya los tenía conmigo, justo ahí. ¿Habría sentido algo parecido Marie Curie cuando se dio cuenta de que en realidad podría existir un elemento radioactivo nuevo que había estado delante de ella mientras analizaba otros?

Necesitábamos probarlo lo antes posible. Miguel implementó muy rápido un algoritmo sencillo de aprendizaje automático y, efectivamente, allí estaba: 80 % de fiabilidad. Era un resultado bajo para este tipo de algoritmos, pero era lo suficientemente alto como para saber que íbamos por el buen camino.

Sin embargo, con aquello no solucionábamos ningún problema social ni podríamos detectar dislexia a gran escala. Porque funcionaba con datos derivados de un eye-*tracker*, es decir, de un aparato que cuesta miles de euros, incluso el de segunda mano que yo había usado en la Universitat Pompeu Fabra. ¡No podíamos ir con un eye-*tracker* debajo del brazo a los colegios y a las casas! Necesitábamos aplicar esas técnicas a unos datos más sencillos.

Idealmente, estos datos debían venir de la interacción de las personas con su propio ordenador. Explotamos todas las ideas que se nos ocurrían. Hasta llegamos a explorar si se observaban diferencias jugando al ajedrez en línea entre personas con y sin dislexia (sin diferencias significativas, por cierto). El invierno de 2014 fue larguísimo. Pero no me rendí. Un día, ya en 2015, mientras estaba en un congreso en Florencia presentando precisamente los resultados de predicción usando *eye-tracking*, de nuevo, casi sin saber cómo, me di cuenta de que había tenido delante de mis ojos la solución durante mucho tiempo. Otra vez.

Desde 2011, habíamos desarrollado una aplicación para niños con dislexia (Piruletras) que tenía nada menos que treinta mil usuarios. Los ejercicios de esos juegos estaban creados en función de los propios errores de los niños, es decir, de las propias manifestaciones lingüísticas de la dislexia analizadas usando minería de datos (*data mining*). Dicho de otra manera, esos ejercicios se basan en lo que hace que las personas con dislexia se comporten de manera diferente jugando a este juego, ergo era probable que esos mismos ejercicios pudieran usarse para detectar la dislexia, al igual que comprobamos con anterioridad que esta metodología permitía que los niños con dislexia mejoraran habilidades como la conciencia fonológica o la ortografía. A lo mejor se podía detectar la dislexia a través de juegos basados en la información que las propias personas con dislexia nos daban mientras los usaban. Era una idea un poco loca. Pero también se me podía haber ocurrido un poco antes, porque en realidad llevaba años diseñando manualmente estos ejercicios lingüísticos y atencionales para ayudar a los usuarios con dislexia —por cierto, ya vamos por los cuarenta mil, integrados en DytectiveU [Capítulo 4].

Se me ocurrió esta idea mientras daba una charla y en cuanto terminé, busqué a Jeff en el congreso para contarle mi idea. Él estaba con una persona que yo no conocía, Abdullah Ali, un joven estudiante iraquí. Estaba tan entusiasmada que Abdullah propuso hacer una foto de lo que llamó «el momento eureka». Semanas más tarde, Abdullah fue a Pittsburgh para trabajar a contrarreloj conmigo, porque aquella idea tenía que funcionar finalmente. Apenas dormíamos, y a las seis de la tarde hacíamos una pausa para tomarnos nuestro *brownie* de chocolate y continuar luego. En unas semanas montamos un pequeño prototipo que llamamos *Dytective*. Constaba de unos ejercicios aparentemente sencillos extraídos de los últimos años de investigación con errores de personas con dislexia (Capítulos 1 y 3). Probamos el prototipo con cuarenta niños voluntarios (veinte con dislexia). Si encontrábamos diferencias significativas entre grupos, es decir, si las personas con dislexia jugaban de manera diferente, significaba que, muy probablemente, con centenas o con millares de niños sería factible crear un algoritmo de detección de dislexia.

En diez años he llorado de emoción solo dos veces delante de unos resultados. Una fue en aquel momento. Los cuarenta niños voluntarios dieron diferencias significativas. Por fin. Dos años después. Por fin resultados *muy* preliminares, pero resultados al fin. Yo creo que a Abdullah también le brillaban los ojos. Tuve que repetir los análisis porque no me lo creía. Íbamos por el buen camino.

Ahora ya solo quedaba realizar el estudio más grande jamás hecho en el mundo hispánico. Para ello, debía convencer a miles de personas de que participaran en nuestra investigación, montar una organización para transferir los futuros resultados a una herramienta real, conseguir financiación para desarrollarla informáticamente y, ya que estábamos, persuadir a una multinacional para que hiciera una campaña de comunicación. Aunque en realidad me daba la sensación de que lo más difícil ya estaba hecho. A pesar de los dos años sin descanso que llevaba encima, aquella noticia me hizo renacer con más fuerza que nunca.

LA HISTORIA DEL TEST *DYTECTIVE*

Sobrevolando Nueva York, 31 de diciembre de 2016.

Hace exactamente un año, en Nochevieja, estaba muy nerviosa porque en la portada de *El País*, en su versión digital, tanto en España como en Hispanoamérica, salía la noticia de que habíamos descubierto un método computacional para detectar riesgo de dislexia. Al día siguiente, el 1 de enero del 2016, la noticia seguía en portada, y yo cada vez estaba más inundada de mensajes y *mails* de personas que pedían con urgencia la herramienta y a la vez compartían conmigo historias tremendas de sus hijos. Historias con las que me resulta muy fácil identificarme y que no tienen una solución fácil.

Estaba muy nerviosa porque lo que teníamos en ese momento eran resultados preliminares con apenas cuatrocientos participantes; resultados fiables, sí, pero de aquel punto de nuestra investigación a poner una herramienta al servicio de las personas hay un trecho muy gordo, y lo sé por experiencia propia. Estaba nerviosa porque las expectativas eran altísimas y sabía que me esperaba un tiempo muy duro de trabajo para cumplirlas.

Llevaba ya más de dos años trabajando sin descanso, y por fin, después de no sé cuántos estudios experimentales, habíamos conseguido resultados —habíamos probado de todo—. Hace justo un año lo que parecía que iba a ser una carrera de cien metros se convirtió en una maratón que duró un año más. Y ahora, si queríamos mejorar los resultados, necesitábamos muchísimos participantes. Conseguir cuatrocientos voluntarios me había costado muchísimo, no sabía cómo iba a conseguir los miles que necesitábamos. Y, además, eso suponía muchos más meses sin resultados..., y eso en investigación no es bueno. Pero tenía que intentarlo.

Le pedí una reunión a mi jefe, Jeff, y fui inquieta porque necesitaba pedirle más tiempo. Podía oler los resultados, pero hacía falta más tiempo (mucho más) para convertirlo en un algoritmo robusto y fiable. Fui a su oficina en la Carnegie Mellon University, preparada con mil razones para defender la idea. Y para mi sorpresa, no tuve que argumentar nada... Rápidamente él me respondió que «sí», que le gustaba el *high risk research*, es decir, que apostaba por la investigación de alto riesgo.

No podía creérmelo. Dos años y medio después volvía a darme otra carta blanca. ¿Con que *high risk*? «Pues ahora sí que sí.» Tenía que movilizar a miles de personas sin saber a ciencia cierta cuáles iban a ser los resultados. Pero esa era la única posibilidad de saberlo. Suponía el reto más ingente al que me había enfrentado nunca. Más tarde descubrí que probablemente fue el estudio a gran escala más amplio que se ha hecho sobre dislexia en español.

Durante los meses siguientes en Pittsburgh no me hizo falta despertador. Me levantaba antes del amanecer y veía nevar por la ventana. En silencio, sentía esa mezcla de ansiedad y responsabilidad que me impulsaba a comenzar el día. Me preocupaba que no saliera bien porque hubiera algún problema en la metodología o bien porque no encontráramos suficientes participantes.

Me inquietaba también que en el futuro pudieran atacar nuestro método de detección, ya que era consciente de que era disruptivo. Bueno, en realidad, en medicina se lleva usando inteligencia artificial desde hace años, pero no en dislexia. Para dar pasos sobre seguro, comencé a consultar cada detalle de *Dytective* a los mejores expertos e investigadores séniores que conocía de psicología, pediatría, logopedia, etcétera. Teníamos que estar seguros de que no hacíamos ninguna locura desde ninguna de las áreas que tocaba la futura herramienta. Algunos especialistas se implicaron tanto que han terminado siendo coautores de nuestros artículos, como los catedráticos Miquel Serra (de Psicología) y Nancy Cushen White (de Pediatría).

Y mientras tanto, cada día buscaba y buscaba participantes con todos mis medios: familias, asociaciones, colegios, redes sociales..., y todas las personas a las que podía llegar no eran suficientes. Y sin suficientes participantes no hay *inteligencia* y sin esta no habría algoritmo de detección. Al final, Jesús Marcos (que llevaba grabándome dos años para hacer un documental sobre nuestra investigación, incluso vino con su equipo a Pittsburgh) consiguió que pudieran sacar nuestro caso en la televisión. Aunque estaba supercansada, en cuanto me enteré volé hasta Madrid y directamente desde el aeropuerto fui a la grabación con la única camisa planchada que tenía. El reportaje salió en las noticias del mediodía, de la noche y en algunos países de Hispanoamérica.

Y al día siguiente no podía creérmelo. Fue como un sueño: tenía casi dos mil correos electrónicos de gente maravillosa que me quería ayudar. El agobio de no encontrar participantes se sustituyó de repente por el de no poder gestionarlos. Pero si de pequeña copiaba los libros a mano, aquello no podía ser peor. Y así fue como se creó una armada de trescientos voluntarios, maestros, profesores, terapeutas y familias maravillosas. Y hubo quienes nos ayudaron aún más allá, con historias que ponen la piel de gallina. Por ejemplo, Maribel Dolcet, una mamá de Fraga (Huesca), fue con su coche sola por los colegios rurales de su zona. Otra mamá, Maite Moral, comenzó a coordinar el estudio en todos los colegios que conocía de Murcia. También en Chile, Daniela Alarcón Sánchez pasó el test a cientos de alumnos en una escuela muy humilde con tan solo dos ordenadores, y paralelamente, en La Plata, Argentina, Hernán Herrera participó en la investigación desde un cibercafé, pagando de su propio bolsillo la conexión. No podía creerme el esfuerzo que estaban haciendo las personas por ayudarnos. Recibimos vídeos de niños de Santiago de Chile dándonos ánimos, y fotografías de un colegio de Medellín, en Colombia. Había personas que compartían en redes: «Yo he participado en el estudio de Change Dyslexia». Sin querer, se estaba generando un movimiento. La investigación había salido a la calle. Esto es muy excepcional, pues normalmente pasa todo dentro de un laboratorio.

El compromiso de tantas personas era una preciosa arma de doble filo. Por un lado, me daba energía para continuar y, por otro, añadía presión, pues las expectativas eran cada vez más altas. Con muchísimo trabajo, logramos terminar el estudio científico más grande de dislexia en el mundo hispánico, con diez mil participantes. Cada semana, a medida que iba subiendo el número de participantes, aumentaba también la precisión del algoritmo. Era tan emocionante..., como estar cerca del descubrimiento de una vacuna o algo parecido. Aquellos últimos días apenas podía dormir. Y un día de mucha nieve en Pittsburgh, Miguel Ballesteros implementó un primer modelo predictivo basado en redes neuronales recurrentes que llegaba casi al 73 % de precisión. Casi me caigo en la nieve del salto que pegué cuando me lo dijo. Muchísimas gracias, Miguel, por poner al servicio de la dislexia tu conocimiento, que muy pocos tienen. Mientras tanto, personas de todo el mundo hispano seguían compartiendo sus historias con nosotros. Historias que día tras día me daban fuerza, que me hacían ver lo necesario de *Dytective* y también lo necesario de que tuviera el mayor alcance social.

Ya teníamos lo que parecía imposible: un método que detectaba la dislexia. Ahora había que conseguir ponerlo al servicio de todo el mundo. Y de repente la cruda realidad. Hasta entonces, con mi sueldo y con los premios que ganaba conseguía cubrir los gastos de ese sueño, pero todo había cambiado de escala. Solo para comenzar había que pagar: abogados, seguros, patentes, derechos de autor, desarrollo y servicios informáticos, y un largo etcétera.

Era el momento de crear Change Dyslexia.

Y volvimos a arriesgarnos. Creamos una campaña de *crowdfunding* en la plataforma Kickstarter «prevendiendo» DytectiveU —el *software* de apoyo a la dislexia— y comprometiéndonos a que el test *Dytective* fuera siempre gratuito (mantenido gracias a las ventas de DytectiveU). No os imagináis qué estrés, porque solo conseguimos llegar al objetivo la última semana, y si no lo alcanzábamos, perdíamos todo el dinero recaudado. Y gracias a la generosidad de muchos de vosotros pudimos poner la primera piedra de este proyecto social que estamos luchando por mantener.

Pero no solo bastaba con dinero. Empresarios, consultores, diseñadores, docentes, logopedas, pediatras..., y por supuesto mis queridísimas mamás nos ayudaron para que la misión de Change Dyslexia fuera sólida y su herramienta, útil para todos los agentes relacionados con ella. El emprendimiento social también había salido a la calle. La creación de Change Dyslexia fue colectiva. Y fue muy emocionante.

Por ejemplo, su propio nombre, Change Dyslexia, se le ocurrió a Ana Sáenz de Miera (la directora de Ashoka Europa); el logo lo diseñó Sol Viedma, una de las mejores diseñadoras de España; las voces de los juegos las puso Nikki García, la presentadora de *El Mundo Today* y la voz más bonita que he oído nunca; Arturo Macías, un lujo absoluto de ingeniero de *software*, decidió dirigir la implementación, a pesar de que no le podía ofrecer los recursos económicos necesarios; los diseños gráficos los hizo el ilustrador Mike Bonales; el lugar de trabajo nos los prestó la Fundación Itinerarium; y en la estrategia nos ayudó Ricardo Baeza-Yates, mi antiguo director principal de tesis de doctorado, junto con Eduardo Inal.

Al final, cada persona en Change Dyslexia ponía voluntariamente lo mejor que sabe hacer, sin otra retribución que estar al servicio de las personas con dislexia.

Sin embargo, tener algo que vale algo hizo que se me acercaran otro tipo de personas. Si algo he aprendido estos años es a proteger nuestras ideas y a poner los pensamientos que generan ansiedad a un lado para no perder la ilusión, la buena fe y las ganas de seguir adelante. Durante los comienzos de Change Dyslexia pasó literalmente de todo. Por dar algún ejemplo, sufrimos el intento de una multinacional de quedarse con la patente de *Dytective*, presentada por Carnegie Mellon a mis espaldas, con los contratos preparados para firmar, y me di cuenta por casualidad. Ese día realmente temí que absolutamente todo se viniera abajo. Temblé leyendo los contratos, que por suerte nunca llegaron a ser firmados —no sabía que se podía temblar literalmente, ni en el colegio me había pasado eso—. Por suerte, tuve unos abogados comprometidos con nuestra misión social que nos defendieron. Por otro lado, una de las personas más ricas de este planeta me ofreció comprar Change Dyslexia para explotarlo. Por cierto, recibí esta oferta durante una cena con ambos equipos, el suyo y el mío, entre obras de arte originales en una de sus lujosas residencias —a todo esto, yo llevaba el pelo azul y un vestido de cinco euros—. Tuve que tomar decisiones en las que los segundos parecían minutos y todo a tu alrededor se convierte en silencio. «No quiero ser rica, quiero solucionar un problema.» Ahí, de repente, yo podría haber ganado muchísimo dinero y habría dado solución más que sobrada a todas las necesidades del resto de mi vida..., pero ni el test *Dytective* sería gratuito, ni Change Dyslexia sería una empresa con una vocación social ni el trabajo de tantas personas habría tenido sentido.

Al mismo tiempo que rechazaba esta oferta multimillonaria, seguía necesitando una abultada financiación para mantener Change Dyslexia. Deseo poner lo mejor de la investigación al servicio de las personas con dislexia. Y aunque es lo mejor para todos, me he dado cuenta de que curiosamente no es el camino más fácil.

El año 2016 en lo personal tampoco fue fácil. Estuve enferma —y trabajando— durante meses. Fueron meses muy oscuros. Yo pensaba que simplemente era extenuación, pero me equivocaba. Seguí trabajando hasta que la situación me llevó a un diagnóstico que me hizo cambiar de dieta alimenticia de por vida si quería estar sana —con lo que me gustaba comer—. Por primera vez conocí los hospitales de Estados Unidos. Y también viajé mucho. Te das cuenta de que empiezas a viajar demasiado cuando reconoces a los asistentes de vuelo. A lo largo de 2016, crucé el Atlántico al menos veinticuatro veces, me mudé tres veces de casa y dos de continente. Me sentía como un ave fénix, pero un ave fénix que no tenía tiempo, simplemente debía resurgir y punto.

En uno de esos viajes fui a España para casarme. Entonces, cuarenta y ocho horas antes de la boda, recibí la llamada de Ana Sáenz de Miera, que me dijo que podía tener una reunión con Samsung al día siguiente. Yo estaba en Barcelona. Samsung estaba en Madrid. Y la boda era en Sigüenza. Solo podía ser ese día, luego ya me iba de España. Me alcanzaba el tiempo. Después de veinticuatro horas, setecientos kilómetros y una presentación hecha en un coche pequeño alquilado, estaba en la central de Samsung. Iba con el pelo azul, teñido para mi boda (pero resulta que también era justo el color del logo de Samsung). Lo di todo aquel día con Paco Hortiguela y Elena Díaz. Al comienzo de la reunión, les dije que el color de pelo era por Samsung, aun a riesgo de parecer una desequilibrada. Terminando la reunión, les confesé que en realidad era porque me casaba al día siguiente.

Pero también ha habido momentos absolutamente increíbles y vitalmente irrepetibles. En 2016, los reyes de España me otorgaron el Premio Princesa de Girona. Eso me hizo ver, primero, que la sociedad no daba la espalda a tanto esfuerzo y, segundo, vi por primera vez a mi madre y a mi padre llorando juntos de emoción mientras me daban este galardón en el escenario. Creo que nunca los he visto ni tan orgullosos, ni tan felices.

NO TENER MIEDO A COMPARTIR LOS SUEÑOS

Meses más tarde, la International Dyslexia Association me daba otro premio, y esto significó muchísimo, porque se trata de una comunidad de neurólogos, psicólogos, terapeutas, pediatras, logopedas especializados, etcétera. Podían dar un premio a alguien de su área, pero decidieron concedérselo a alguien de fuera, dedicado a una mezcla de lingüística e informática. Allí estaba de repente, delante de casi tres mil personas desconocidas (nunca había estado en un auditorio tan grande en mi vida, ni siquiera como parte del público), y esa comunidad mundialmente crucial en el mundo de la dislexia premiaba nuestra investigación. Yo no era consciente ni de que conocían lo que hacíamos, un verdadero honor. Entonces, al recoger el premio, iba a dar un discurso en el que resumiría nuestra investigación, pero al ver a las tres mil personas tuve una corazonada y decidí abrirme, aunque no las conocía, y contar mi sueño de pequeña del sobre blanco y la dislexia (Capítulo 1). Tenía solo seis minutos y el auditorio rompió en lágrimas a las ocho de la mañana. Nunca pensé que pasaría eso. Ese día decidí que no iba a volver a tener ni miedo ni vergüenza por compartir mis sueños. *Dejé de tener miedo a compartir los sueños.* De pequeña pensaba que si compartía los sueños, no se harían realidad; ahora sé que si los compartes, algunas personas te ayudan a que se hagan realidad.

Hace dos semanas, el 14 de diciembre, presentamos, por fin, después de tanto, la herramienta *Dytective* a la sociedad junto y gracias a Samsung España en Madrid y en el auditorio había personas voluntarias de la investigación —¡que vi ese día por primera vez!— y que vinieron desde diferentes puntos del país; también tuve el apoyo de mi familia y de amigos de toda la vida; fue un regalo absoluto de día. Se sentía el cariño en la sala. Nunca lo olvidaré. Ese mismo día la Fundación Princesa de Girona me invitó a ir al Palacio Real de Madrid y compartir el proyecto con los reyes de España y el resto del patronato. Como acababa de dar dos presentaciones y no sé cuántas entrevistas, llegué literalmente corriendo. Creo que me acordaré siempre de la persona de protocolo real y yo corriendo por el patio de armas y por las alfombras mullidas de las salas vacías del palacio —es enorme—. Aún recuperando el aliento, presenté *Dytective* y aproveché para dar las gracias por el premio recibido meses antes, y el rey me respondió que el premio era muy poco en comparación con lo que nosotros estábamos aportando a la sociedad. Espero que tuviera razón..., aunque mi sensación es que aún queda mucho por hacer. Después, se me acercó una persona discreta y educada y muy generosamente me ofreció su ayuda, yo no sabía quién era, pero en su tarjeta leí «Planeta», y le dije que quería escribir un libro sobre dislexia. Gracias, José Manuel Lara, por plantar la semilla de este libro.

Mi anuncio de fin de año

Y aquí estamos, otro 31 de diciembre. El 31 de diciembre del año pasado estaba aterrizando como ahora mismo precisamente en Nueva York. Y este 31 de diciembre no está mi foto en la portada de *El País* (un alivio que no os imagináis) y ya no se habla de una investigación, sino de una solución —con sus limitaciones, sí, pero al servicio de todo el mundo—. Y el cartel de la aplicación Dytective estaba ahora mismo coronando Madrid en Callao, y en Navidad... y hay anuncios en prensa, en digital, en el cine y en los mayores canales de televisión (¡¡!!), gracias a la colaboración de Samsung España, y gracias a Alfonso Fernández y a su equipo. Les diré a mis colegas del laboratorio que hay un anuncio de nuestra investigación en la versión española de Times Square.

Cuando era pequeña, justo después de tomar las doce uvas en Nochevieja, mi madre siempre me decía algo parecido a «mira qué locura, estos anuncios de televisión que aparecen justo después de las uvas son los anuncios más caros del año». Y de repente, ahí apareció Dytective. Ni me habría atrevido a imaginar entonces que veinte años después, entre los primeros anuncios del año después de las uvas, habría un anuncio sobre dislexia y Dytective para todos. La estimación de Samsung es que la campaña llegaría a casi el 50 % de la población española. El año pasado pensaba que me quedaba una carrera corta, y fue una maratón. Hoy pienso que es un camino y que no he hecho más que empezar.

Han sido unos años sin vacaciones, sin fines de semana, pero empiezo a pensar que ha merecido la pena. Es el principio de conseguir que la dislexia deje de ser una dificultad oculta y de que todo el mundo, independientemente de su situación, pueda salir adelante.

A todas las personas que habéis hecho el camino conmigo y a todas con las que me encontraré caminando: gracias y feliz año, deseo que el año que viene podamos tener el tiempo no solo de trabajar, sino también de celebrar.

«Los sueños no se leen, se hacen realidad.»

Esta frase se ha convertido en el lema de Change Dyslexia, y como el resto, lo creamos entre todos. Se nos ocurrió con un grupo de familias que han estado con nosotros desde el principio de la investigación, en 2010, en un taller para describir qué significaba para ellos Change Dyslexia.

Un abrazo fuerte...

CUADRO RESUMEN DEL CAPÍTULO 3

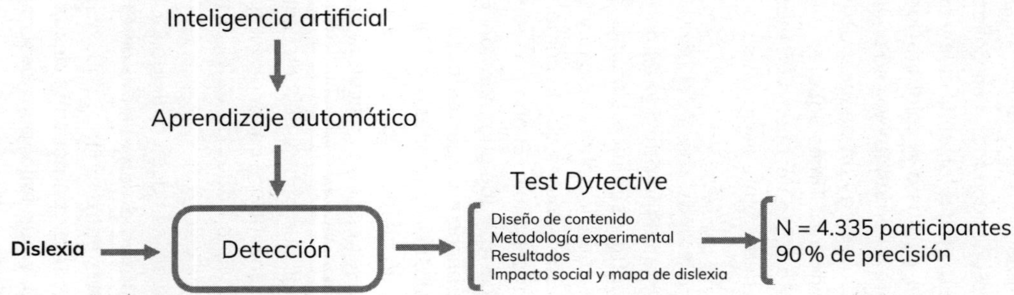

Materiales
- **¿Cómo decirle a un niño o niña que tiene dislexia?**
- **Carta de un niño o niña a sus compañeros**

La detección de la dislexia debe de estar al alcance de todo el mundo, incluyendo a familias, terapeutas, maestros y profesores en los colegios. Este es el sueño por el que hemos trabajado durante los últimos cuatro años. En este capítulo se explica la investigación que hay detrás del primer test de cribado de dislexia que combina aprendizaje automático con ítems presentados en forma de juegos lingüísticos para detectar el riesgo de dislexia.

APRENDIZAJE AUTOMÁTICO

El aprendizaje automático es la disciplina científica —una rama de la inteligencia artificial— que estudia algoritmos que pueden aprender de los datos y hacer predicciones. El resultado es un programa —un algoritmo que se llama *modelo*— que es capaz de generalizar comportamientos a partir de información suministrada en forma de ejemplos.

El aprendizaje automático no solo se usa para la clasificación de secuencias de ADN o el diseño de vehículos autónomos. A diario, la mayoría de nosotros usamos aplicaciones que contienen modelos de aprendizaje automático sin ser probablemente conscientes de ello. Por ejemplo, detrás de una búsqueda en la web o de una traducción automática hay aprendizaje automático, también cuando hacemos una fotografía y el *software* informático realiza un reconocimiento facial y nos dice quién aparece en ella. Sucede un proceso similar cuando escribimos un mensaje de texto y el móvil, mediante un programa de texto predictivo, nos sugiere la palabra que deseábamos escribir. Pero ¿cómo funciona? Las máquinas no aprenden como los seres humanos, de manera consciente. Una máquina «aprende» a través de muchos ejemplos que puede clasificar. Por ejemplo, si un niño ve un libro por primera vez en su vida, sin importar el título, el tamaño o el color, no dudará en llamar «libro» al siguiente que vea. Una máquina, por el contrario, necesitará analizar decenas de miles de fotografías de libros de diferentes tipos para no fallar.

Hay dos tipos principales de aprendizaje automático: el *supervisado* y el *no supervisado*, en función de cómo aprende la máquina. El aprendizaje no supervisado es menos común y utiliza datos no etiquetados, dejando que la máquina encuentre patrones a partir de un análisis propio. Esto se usa, por ejemplo, en ventas, para realizar segmentación de clientes que no se conocen.

El aprendizaje automático supervisado es el más común. En este tipo de aprendizaje, los ejemplos a partir de los cuales la máquina aprende han sido previamente clasificados y enriquecidos (etiquetados) con información por parte de humanos. Por ejemplo, en un estudio de 2017 se usaron ciento treinta mil imágenes de lesiones cutáneas confirmadas por biopsia que representan más de dos mil enfermedades diferentes, etiquetadas con conocimiento profesional humano.[1] Con dichos datos, los investigadores entrenaron un algoritmo de aprendizaje automático profundo, y la clasificación que llevaba a cabo el algoritmo era comparable a la que realizaron veintiún dermatólogos profesionales. En el futuro se espera hacer compatible este método para hacer predicciones desde el móvil mismo.

Detección de dislexia con aprendizaje automático

Las técnicas de aprendizaje automático se utilizan ampliamente en el diagnóstico médico.[2] La primera vez que se aplicaron técnicas de aprendizaje automático para la detección de la dislexia fue con nuestro trabajo de 2015, con Miguel Ballesteros (entonces en la Universitat Pompeu Fabra), a partir de los datos derivados del *eye-tracking* provenientes de los experimentos que realizamos entre los años 2010 y 2014, que detallamos en el Capítulo 2.[3] En este caso, el modelo se entrenó con 1.135 lecturas registradas por el *eye-tracker*. Estas lecturas pertenecían a 97 personas y casi la misma cantidad con y sin dislexia, cuya lengua nativa era el español. El modelo usa un clasificador binario lineal basado en máquinas de soporte vectorial (*support vector machine*, o SVM, por sus siglas en inglés)[4] y alcanza un 80 % de exactitud con las variables (características) más informativas. En este caso, las variables que resultaron más útiles para la clasificación fueron el tiempo de lectura, la duración media de las fijaciones y la edad del participante.[5] Más tarde, en 2016, se realizó un estudio similar con el sueco, en el que se utilizaron medidas de eye-*tracking* y un modelo de aprendizaje automático parecido con 185 participantes, que alcanzó un 96 % de exactitud.[6]

EL TEST *DYTECTIVE*

Nuestro trabajo anterior, realizado con medidas de seguimiento ocular, supuso el primer paso para saber que los datos generados por las personas durante un test podían ser utilizados en combinación con aprendizaje automático para predecir la dislexia.[7] Sin embargo, dado el alto coste de los aparatos de rastreo ocular, no permitía una implementación práctica y asequible en un contexto real. Con la motivación de poner el aprendizaje automático para realizar cribados de dislexia al alcance de todo el mundo, se realizó la investigación del test *Dytective* usando juegos lingüísticos. El diseño y las evaluaciones de este test para español[8] e inglés[9] las lideramos desde el Human-Computer Interaction Institute de la Carnegie Mellon University en colaboración con un equipo multidisciplinar de ingenieros, psicólogos, médicos..., entre los que se encontraban Miguel Ballesteros (IBM Watson, entonces en la Carnegie Mellon University), Jeffrey P. Bigham (Carnegie Mellon University) y Miquel Serra (Universitat de Barcelona), Nancy Cushen White (University of California, San Francisco), Enrique Romero (Universitat Politècnica de Catalunya) y Abdullah Ali (Washington University).

DISEÑO DE CONTENIDO

En primer lugar, se diseñaron los doscientos doce ítems, agrupados en treinta y dos conjuntos de ejercicios. Como los errores de las personas con dislexia manifiestan sus dificultades específicas,[10] en el diseño de los ítems tuvimos en cuenta el análisis empírico de errores realizados por personas con dislexia que recopilamos y analizamos, lingüística y visualmente, junto con Ricardo Baeza-Yates y Joaquim Llisterri (Capítulo 1).[11]

En segundo lugar, estos ítems están compuestos de ejercicios lingüísticos y atencionales, y se dirigen a diferentes tipos de conocimiento y de procesos cognitivos relacionados con la lectura. Se contemplan las diferentes competencias lingüísticas: alfabética, fónica (conciencia fonológica), silábica, léxica, morfológica, sintáctica, semántica y ortográfica, así como otros factores relacionados con la dislexia, como los procesos perceptivos de discriminación y categorización visual, o los de discriminación y categorización auditiva; la memoria de trabajo visual, la secuencial visual, auditiva y secuencial auditiva; y finalmente las funciones ejecutivas centradas en la atención sostenida, selectiva y dividida. Para asegurar que se usaba una variante de español neutral, los ejercicios fueron revisados por cuatro lingüistas de Argentina, Chile, Colombia y España. Asimismo, cada ítem fue revisado por un equipo multidisciplinar compuesto por psicólogos, pediatras, logopedas, lingüistas y especialistas en interacción humano-ordenador. Asimismo, para asegurar que la discriminación y la categorización auditiva se realizaban correctamente, los ejercicios fueron grabados por una actriz de voz.

Finalmente, se realizaron una serie de estudios iterativos para comprobar que, efectivamente, cada población se comportaba de manera significativamente diferente cuando estaba expuesta a los ítems lingüísticos mientras jugaba a un prototipo de *Dytective*. Por ejemplo, en un estudio con cuarenta hablantes nativos de español de entre 7 y 10 años, veinte de ellos sin dislexia (promedio de 8,6 años) y veinte con dislexia diagnosticada (igual promedio de edad) se observaron diferencias significativas entre ambos grupos para todas las variables dependientes tomadas ($p < 0{,}001$).[12] En estadística se puede realizar un test para saber si los valores de una variable son significativamente diferentes o no. Cuando la probabilidad de que sean iguales es menor o igual a 0,05 (valor p), entonces significa que los valores son significativamente distintos. Más adelante, para probar la viabilidad del modelo usando el juego Dytective, se llevó a cabo una evaluación usando una técnica de aprendizaje lineal de predicción con un número reducido de 343 participantes, con la que se logró una exactitud de 80 %.[13]

Tras los resultados preliminares de este enfoque, se llevó a cabo un estudio a gran escala liderado por la Carnegie Mellon University para crear datos de entrenamiento suficientes para otro modelo de aprendizaje automático más actual, que se describe más adelante y que usa redes neuronales recurrentes.

Metodología experimental

Participantes

Los participantes con dislexia fueron reclutados mediante una llamada pública a través de diferentes medios de comunicación y que llegó a centros y asociaciones de dislexia. Los criterios de inclusión especificaban que los participantes debían tener un diagnóstico de dislexia realizado por un profesional registrado. Los participantes sin dislexia fueron reclutados a través de las escuelas, y se limitó a niños que nunca hubieran tenido problemas de lenguaje según sus resultados académicos.

Para no discriminar a los participantes en los colegios, más de diez mil usuarios participaron en el estudio, pero solo 4.039 personas cumplieron con los criterios de inclusión del estudio. Todos ellos eran hablantes nativos de español. Los participantes con dislexia diagnosticada fueron 469 personas (49 % mujeres, 51 % hombres). Sus edades variaban de 7 a 54 años (promedio de 14,6 años). El grupo de participantes sin dislexia estaba compuesto por 3.570 personas (51 % mujeres, 49 % hombres), con edades comprendidas entre los 7 y los 75 años (promedio de 12,6 años). Finalmente, participaron ciento cuatro instituciones de Argentina, Chile, Colombia, España y Estados Unidos, entre las cuales se encuentran tres universidades, sesenta y cuatro escuelas (de Primaria y Secundaria), veintidós centros médicos especializados en dislexia, once asociaciones de padres y cuatro fundaciones. En cada institución había uno o más supervisores capacitados para administrar el protocolo del estudio.

Medidas dependientes

Para cuantificar el rendimiento de los participantes, se recopilaron las siguientes medidas dependientes para cada ítem: 1) número de clics; 2) número de respuestas correctas; 3) número de respuestas incorrectas; 4) puntuación, es decir, la suma de las puntuaciones correctas en el conjunto de ejercicios; 5) precisión, definida como número de respuestas correctas divididas entre el número de clics, y 6) tasa de error, definida como el número de errores divididos entre el número de clics.

Datos

Teníamos 4.039 participantes (469 con dislexia diagnosticada) para entrenar y evaluar el modelo estadístico. Por cada participante se generó un total de 196 características (*features* en inglés): edad, sexo, si el participante era bilingüe, si había suspendido alguna vez en asignaturas de lengua en la escuela y 192 medidas dependientes derivadas de su interacción mientras jugaban los 32 grupos de ítems en el mismo orden (cada una de las seis medidas dependientes detalladas anteriormente). Cómo había muchas más personas que no tenían dislexia, dividimos al azar estos participantes en ocho grupos, manteniendo las proporciones de sexo y edad, usando un muestreo estratificado. Luego escogimos al azar uno de estos grupos y lo unimos a los participantes con dislexia, obteniendo un total de 915 personas con edades de entre 7 y 70 años (promedio de 13,7 años), de las cuales 469 tenían dislexia (51,3 %) y 460 eran mujeres (50,3 %). Es decir, los datos estaban casi perfectamente equilibrados en estas dos dimensiones.

Resultados

El modelo usa un algoritmo de aprendizaje automático basado en árboles de decisión. Los árboles de decisión son secuencias de preguntas, por ejemplo, si es una mujer o si la edad es menor a 9 años, que van siguiendo un camino hasta que en la última pregunta se decide si la persona tiene o no dislexia.[14] El modelo final es una colección de cientos de árboles (llamado bosque aleatorio, *Random Forest* en inglés) en la que cada árbol hace una predicción y luego se aplica una decisión democrática, escogiendo al final la respuesta mayoritaria. También, como no predecir que una persona tiene dislexia es más grave que predecir que una persona sin dislexia sí la tiene, consideramos que el costo del primer error es aproximadamente un 20 % más importante. Usando T-SNE,[15] una técnica para reducir el número de dimensiones de conjuntos de datos masivos y permitir así su visualización, se presenta en la Figura 4 (en el pliego de color) una proyección bidimensional para que todos los participantes puedan ser visualizados en un plano. En esta figura se observa una buena separación entre las dos clases; esto indica que el modelo puede aprender bastante bien qué valores de las características corresponden a personas con y sin dislexia.

El rendimiento del algoritmo se midió mediante una técnica llamada de diez dobleces (10-*fold* en inglés). Esta técnica divide los datos en 10 grupos y realiza 10 experimentos, de modo que, en cada uno de ellos, uno de los grupos se usa para evaluar el modelo y los 9 restantes para entrenarlo. De este modo, obtuvimos una eficacia del 80 % (730 instancias correctas de 915). También utilizamos menos datos considerando la edad de los participantes y descubrimos que mientras menores son los participantes, el modelo es más efectivo.

Para entender cómo funcionan este tipo de modelos, se realiza un análisis de especificidad y precisión. La especificidad (*recall* en inglés) nos indica la capacidad de nuestro test para predecir como casos «sin dislexia» aquellos que realmente no tienen dislexia, es decir, la proporción de personas sin dislexia correctamente identificadas (lo mismo para las personas con dislexia); y la sensibilidad (precisión) se refiere a la capacidad del test para predecir como casos «sin dislexia» aquellos que realmente no tienen dislexia, es decir, la proporción de personas sin dislexia correctamente identificadas con respecto a todas las personas que el algoritmo predice que no tienen dislexia (lo mismo para las personas con dislexia). Para la clase disléxica, la especificidad del modelo es 0,76 y la sensibilidad es 0,83, mientras que para la clase no disléxica, la especificidad es 0,83 y la sensibilidad es 0,77.

Como dijimos anteriormente, los errores del algoritmo no tienen la misma consecuencia, ya que no predecir que un niño sí tiene dislexia, tiene un coste social mucho mayor que decirle a otro niño, que no tiene dislexia, que debería ir a ver a un especialista, pues este último saldrá contento de la visita ya que no le detectará nada. Así que en la práctica es mejor usar un modelo más específico para las personas con dislexia tratando de no disminuir mucho la sensibilidad para las personas sin dislexia. Ya se han recogido más datos para mejorar el modelo y hacer que este sea más eficaz en la versión 2.0 del test *Dytective*.

IMPACTO SOCIAL Y MAPA DE LA DISLEXIA

Desde la aparición del test *Dytective* hace quince meses, ha sido utilizado en doscientas mil ocasiones en cincuenta y siete países. En las Figuras 5 y 6 (en el pliego de color) se muestra la distribución de los usuarios geolocalizados (rosa con dislexia) que han realizado el test. Asimismo, el test ha sido usado oficialmente por cuarenta colegios públicos de la Comunidad Autónoma de Madrid y en 2018 será usado por cien colegios públicos más.

Recientemente, el método del test *Dytective* para español ha sido adaptado para el inglés, teniendo en cuenta las características propias de las manifestaciones de la dislexia en esta lengua y usando como base el análisis lingüístico de errores en inglés.[16] Llevamos a cabo un estudio con 267 niños y adultos en tres colegios privados de Estados Unidos para entrenar un modelo estadístico que predice a los lectores con y sin dislexia, usando medidas derivadas del juego. El modelo usa la misma técnica presentada en la sección anterior y alcanza una precisión del 77 % debido a la menor cantidad de datos. Para la clase con dislexia la especificidad es de 0,83 y la sensibilidad es de 0,74, mientras que para la clase no disléxica la especificidad es de 0,71 y la sensibilidad, de 0,78. Los ítems o juegos más predictivos fueron los que concretamente se dirigían a las habilidades cognitivas de competencia alfabética, conciencia fonológica, discriminación y categorización visual, así como discriminación y categorización auditiva. Se trata de una primera aproximación que demuestra la viabilidad de este enfoque para lenguas con ortografías poco transparentes como el inglés.

Actualmente, en colaboración con Enrique Romero (Universitat Politècnica de Catalunya), Joaquim Llisterri (Universitat Autònoma de Barcelona), los pediatras del Hospital de Lleida, Marta Ortega Bravo, José Luis Cruz Cubells, Lidia Sanz Borrell, Ramon Capdevila Bert y la Diputación de Lleida estamos trabajando en los primeros pasos de la investigación del test *Dytective* para catalán, analizando lingüísticamente más de dos mil errores escritos por niños con dislexia, para la posterior extracción de patrones lingüísticos y la creación de la primera versión de los ítems del test.

Finalmente, en colaboración con Maria Rauschenberger, Ricardo Baeza-Yates, Emilia Gómez (Universitat Pompeu Fabra) y Jeff Bigham (Carnegie Mellon University) estamos explorando si elementos que son independientes del lenguaje, como son los elementos musicales o visuales, pueden servir para detectar el riesgo de dislexia prematuramente y de una manera universal, independientemente de la lengua y antes de que los niños aprendan a leer y escribir. Las diferencias significativas para grupos con y sin dislexia en alemán, español e inglés sugieren que puede tratarse de un enfoque válido.[17]

RESUMEN

Conceptos básicos

- Algunos **algoritmos de inteligencia artificial** son capaces de **generalizar comportamientos** a partir de muchos datos, suministrados en forma de ejemplos. La aplicación de estos algoritmos puede permitir **detectar el riesgo de dislexia**, al igual que se hace en otras áreas, como la medicina.
- Los **errores** de las personas **con dislexia** manifiestan sus **dificultades específicas**. Y las personas con y sin dislexia se **comportan de manera significativamente diferente** cuando se les expone a **ítems lingüísticos**. Esta información se usa como base de entrenamiento del modelo estadístico del test *Dytective*.
- El modelo actual para el test *Dytective* alcanza una eficacia del 80 % para el español y del **77 %** para el inglés.
- En el caso de la dislexia, estos enfoques son útiles como pruebas de cribado. No sustituyen a un **diagnóstico profesional diferencial**.

MATERIALES

1. ¿Cómo decirle a un niño o niña que tiene dislexia?

En primer lugar, da gracias por que sea dislexia y no una dificultad más problemática. La dislexia, con trabajo y la ayuda necesaria, se supera. En los ocho años que llevo investigando —aunque no es mucho— he visto cómo pasaban por el laboratorio familias con niños pequeños y adolescentes que de verdad parecía que no iban a salir adelante y ahora están haciendo lo que querían hacer.

Lo segundo es decidir si realmente quieres o no decírselo, porque en realidad no hay nada que te obligue a hacerlo. Para algunos jóvenes, es un alivio saber que tienen dislexia, porque entonces dejan de creer que son tontos, vagos o despistados. Además, si el colegio colabora, puede que, además, sus compañeros y sus profesores lo ayuden a superarlo, estimulando sus fortalezas. Sin embargo, otras personas prefieren no tener etiqueta y trabajar duro en silencio sin ni siquiera saber que se llama dislexia. Eres tú el que conoce la personalidad del niño y puedes elegir. Personalmente, no creo que sea mejor ni una cosa ni otra, porque he visto casos de éxito en ambas situaciones.

Si se prefiere no usar la palabra *dislexia* por no etiquetar el problema, entonces se le pueden explicar al niño las alteraciones que tiene de lectura o escritura para que sepa en qué debe trabajar y esforzarse más.

Aunque sean muy pequeños, los niños se dan cuenta de casi todo. Si decides comunicarlo, hazlo con transparencia, usando la palabra *dislexia*. Hazlo también con madurez, delicadeza y sobre todo con normalidad. Comenzad por ver las diferencias como algo normal, porque al final todos somos diferentes. Los siguientes hechos e ideas pueden servir a la hora de comunicarlo:

- **La dislexia no tiene que ver con la inteligencia.** Esto puede que al niño le cueste entenderlo y que no lo crea. Incluso a muchos disléxicos adultos nos cuesta. Se le puede explicar que está demostrado con estudios que tienen en cuenta a miles de personas. Y que es verdad que las personas con dislexia parecen, pero solo parecen, menos inteligentes, porque la lectura y la escritura están muy asentadas en nuestra sociedad. Por ejemplo, si en vez de comunicarnos así fuera con música (como hace no tantos años, los libros eran cantados, o como todavía se hace en algunas tribus de Australia), entonces las privilegiadas serían las personas con oído absoluto.
- **Es muy frecuente.** Es decir, su caso es especial, pero no tanto. Entre 5 y el 10 % de la población tiene dislexia. En su clase, lo más seguro es que al menos haya otra persona con dislexia.
- **No es una enfermedad.** Afecta a la lectura y a la escritura, pero no es una enfermedad, y en esto está de acuerdo toda la comunidad científica. De hecho, la propia definición de *dislexia* indica que es un «trastorno específico del aprendizaje». La dislexia es una condición de la persona, por eso se acepta más la expresión «tiene dislexia», en vez de «es disléxico», que identifica a la persona por su condición.
- **El esfuerzo es lo que cuenta.** Igualmente, con trabajo se puede salir adelante, incluso se puede conseguir que nadie note que tiene dislexia si es lo que quiere. Pero hace falta mucho trabajo. Porque a pesar de tener dislexia no van a regalarle nada. A lo mejor, en el colegio, consigue que lo ayuden más, pero en la vida real es más difícil. Por ejemplo, si quieres dedicarte a la música y no tienes oído absoluto, tendrás que esforzarte más que la mayoría. Igualmente, si tienes dislexia y quieres terminar los estudios que se basan en la lectura y en la escritura, deberás hacer un esfuerzo especial.

  Le puedes explicar que hay personas con dislexia con éxito y que, si trabaja duro, puede conseguir lo mismo.
- **Pregúntale si desea compartir con los demás que tiene dislexia.** La dislexia es suya y no tuya. Puede que él quiera que

guardes el secreto incluso en tus círculos. Los niños, a pesar de ser jóvenes, aprecian mucho este respeto. Ambas decisiones son respetables. Si lo quiere compartir con su clase, puede escribirles una carta o hacer una presentación en clase (véase a continuación «Carta de un niño o niña a sus compañeros»).

- Dejar claro que **tiene tu apoyo incondicional**, como siempre, independientemente de su dislexia. La dislexia no cambia nada en casi ningún aspecto, solo en el esfuerzo extra que tendrá que realizar en la lectura y la escritura.

2. Carta de un niño o niña a sus compañeros

Hola compañeros:

Quiero compartir algo con vosotros que es muy personal y me cuesta mucho compartir.

A lo mejor pensáis que soy menos inteligente que vosotros. Y es normal que lo penséis, porque a veces lo puede parecer.

Aprender a leer y a escribir es algo muy fácil para la mayoría de las personas, como lo es para la mayoría de vosotros. Pero para una de cada diez personas, leer y escribir es muy difícil.

No todos pintamos igual de bien, no todos cantamos igual de bien y no todos corremos igual de rápido. Hay personas que tienen dislexia y les cuesta mucho aprender a leer y a escribir. No es algo que se pueda elegir tener o no tener. Uno nace con dislexia, como se puede nacer con el pelo rubio, moreno o castaño.

Tener dislexia no implica ser inferior. Por ejemplo, hay personas famosas con dislexia, como los tres actores de la película *Piratas del Caribe*, Keira Knightley, Johnny Depp y Orlando Bloom. Las personas con dislexia también pueden desarrollar fortalezas, como la creatividad, habilidades visuales y espaciales o en la resolución de problemas. Por ejemplo, una agencia británica de inteligencia contrata a agentes con dislexia porque son buenos resolviendo problemas y también existen personas con dislexia que han llegado a ser grandes escritores, pintores, deportistas o empresarios.

Aunque no se puede ver, yo tengo dislexia, y por eso me cuesta más leer y escribir. Por eso, cuando leo en alto, parece que soy menos inteligente.

Solo os pido que si me queréis ayudar, no os riais de mí cuando lea en alto o me equivoque. Si no podéis aguantar la risa, por lo menos sabed que es por eso, no porque sea menos inteligente.

Con esfuerzo y trabajo voy a superarlo.

Gracias por vuestra atención.

CAPÍTULO 4

SUPERACIÓN

Con Ricardo Baeza-Yates

En la vida no hay cosas que temer, solo hay cosas que comprender.

MARIE CURIE

LAS PALABRAS INFINITAS

A la salida del colegio en segundo de Primaria, el día de las notas:

—¡Mamá, mamá! ¡He sacado un destaca!

—¿De verdad, hija? ¡Qué bien! ¿En qué?

—En faltas.

Mis compañeros se partían de la risa. Mi madre, no. A mí, en el fondo, tampoco me hacía ninguna gracia.

Las faltas de ortografía me han acompañado toda la vida. De pequeña me hacían suspender y, por ende, las odiaba. Una y otra vez me esforzaba y cuando pensaba que ya no había ninguna, de nuevo salían ahí, marcadas en rojo en el texto. No sabía cómo se me habían podido escapar. Pensaba que era porque yo era despistada, como me decían, aunque ahora dudo que hubiera alguien más concentrado en toda la clase. Me esforzaba todo lo que podía. Pero todos los trucos que ideaba solo servían a corto plazo.

Cuando era niña, pensaba que las palabras eran infinitas. A pesar de ello, lo primero que intenté fue aprenderme de memoria el mayor número de palabras. Me hacía listas. Lograba aprenderme las palabras de los dictados copiándolas veinte veces cada una. Pero a las semanas se me olvidaban. Lo siguiente que intenté fue aprender las reglas de ortografía que comenzaron a enseñar en el colegio. Pero pronto pensé que era una pérdida de tiempo absoluta, porque creía que esas reglas solo servían para algunas pocas palabras y, además, pensaba que el número de palabras no tenía fin. Sentía que era como vaciar el mar con una cuchara. Pero me equivocaba. Casi ya de adolescente, una mañana estaba en la Casa de Libro con mis padres y vi un libro titulado *Ortografía* de la Real Academia Española. Ni se me había ocurrido que pudiera existir algo así. Creo que fue la primera vez que intuí que quizá se podía modelizar todo el lenguaje. Les pedí a mis padres que me compraran el libro. Me sorprendió que no me pusieran ninguna pega y esa misma tarde comencé a leerlo. Una a una, comencé a hacer esquemas de colores de cada regla y, una a una, empecé a aprendérmelas de memoria. También me aprendí todas las listas de excepciones y las palabras irregulares. Al principio parecen un montón, pero en realidad no son tantas. No tardé mucho en saberlas todas, no creo que llegara a un par de meses. Sentí una liberación total al descubrir que la ortografía funcionaba casi de manera matemática. No era inabarcable, arbitraria y caprichosa como había pensado durante todos esos años. Había un orden coherente en toda esa maraña. Creo que fue la primera vez que sentí que había hecho un descubrimiento, me sentí por momentos como Marie Curie.

De adolescente pensé que tenía por fin la solución definitiva: ya solo tenía que acordarme de las reglas y escribiría bien para siempre. Tendría que repasarlas frecuentemente, pero no me importaba. Tenía que acordarme de las reglas ortográficas al escribir y tardaría más en los exámenes, pero tampoco me importaba. Compensaba ese tiempo extra estudiando más, así no dedicaba tiempo a pensar en la respuesta. Al final, comenzar a entender el funcionamiento del lenguaje me hizo querer saber más y fui convirtiéndome poco a poco en una amante del lenguaje.

Leer el diccionario

Decidí estudiar la licenciatura de Lingüística. Sí, probablemente la carrera más difícil teniendo dislexia y aquella con la que todo el mundo me dijo que nunca encontraría trabajo —a todos los que me advertisteis, aprovecho para deciros desde aquí: «Hola :)»—. El lenguaje me acabó fascinando y quería encontrar sus secretos. Estudiaba todos los días en la biblioteca de la Complutense hasta que cerraban. Tenía todos los libros, todo el tiempo y todo el silencio para mí —la biblioteca solo se llenaba en épocas de exámenes—. ¿Qué hace que el lenguaje sea humano y no otra cosa? ¿Qué estructura final podría modelizar el lenguaje de manera matemática, y por tanto automática? Pensar que el lenguaje se podría sistematizar de manera matemática me pareció fascinante. Mi pasión me llevó a descubrir un área del conocimiento que en aquel momento era incipiente y decidí especializarme en lingüística computacional o procesamiento del lenguaje natural haciendo un máster en Gran Bretaña. Se trataba del área de la inteligencia artificial que procesa el lenguaje. Actualmente la lingüística computacional nos rodea: traducción automática, reconocimiento de voz, síntesis de voz, corrección automática... por aquella época estaba empezando, no había ni *smartphones*. Me parecía ciencia ficción (bueno, en realidad por aquel entonces casi lo era) la idea de que pudiera haber robots que entendieran el habla o pudieran manipular el lenguaje, una facultad tan fascinante y tan única del ser humano.

Desde siempre estudié y trabajé al mismo tiempo. Y por aquella época era becaria en una empresa donde me leí entero el *Diccionario de la Real Academia de Lengua* —por si tenéis curiosidad, tardé en leer los dos tomos cinco meses, dedicando cinco horas al día—. Mi labor como becaria era hacer una ontología informática, es decir, una clasificación semántica de todo el léxico existente en el diccionario. Y yo feliz. A lo mejor pensáis que es aburrido, pero para mí fue realmente fascinante. En el diccionario hay palabras increíbles. En paralelo, mientras trabajaba en esa empresa, me iba haciendo a escondidas una lista de palabras favoritas que iba descubriendo, como *levógiro* («que gira en el sentido contrario a las agujas del reloj»), *conticinio* («hora de la noche en que todo está en silencio») o *lipemanía* («melancolía»). También me fascinaban los términos de color. ¿Cuántos colores se pueden nombrar? En español había exactamente en el diccionario 563 términos referidos al color. ¿Que por qué lo sé? Pues porque me leí el diccionario. Y ahora vosotros también lo sabéis. Y no había otra forma de sacarlos todos que recorriendo el diccionario. Los intenté extraer usando una versión electrónica, pero no todos los vocablos relacionados incluyen en su definición la palabra *color*. Y así fue como descubrí palabras maravillosas, como *zarco* («dicho del agua o, con más frecuencia, de los ojos: de color azul claro»), *tetro* («negro») o *resumbruno* («dicho del plumaje de un halcón, entre rubio y negro»). De hecho, mi primer artículo científico fue sobre términos de color y su modelización morfológica, ya que, curiosamente, su morfología se comporta de manera diferente que el resto del léxico en español.[1] Pero lo más apasionante de todo era constatar cada día que el lenguaje era abarcable, modelable, y lo más fascinante de todo: las palabras no eran infinitas, pero con ese conjunto finito sí se podía crear un conjunto infinito de mensajes e ideas. Eso me dio una base sobre el lenguaje que en aquel momento no imaginaba lo útil que me iba a resultar en el futuro.

Lo irregular en el lenguaje tampoco es aleatorio

En la siguiente empresa en la que trabajé como lingüista me propusieron un reto. Querían crear un modelo matemático que permitiera conjugar todos los verbos, también los irregulares y los neologismos verbales —es decir los verbos nuevos, que también incluían neologismos irregulares—. A *priori* parecía inabarcable, pero pronto descubrí que no. Primero analicé todas las conjugaciones que aparecían en el diccionario (11.060 verbos) y luego analicé los neologismos verbales que no aparecían en el diccionario —si añades todos los verbos nuevos que salen en Wikipedia, son un total de 15.367; de todas esas formas verbales, alrededor del 27,5 % son irregulares, de los cuales el 26,8 % son neologismos irregulares—. Tras meses de análisis, al final creé un conjunto de reglas que eran capaces de identificar automáticamente si un verbo era o no irregular (hasta el momento solo se podía saber con listas) y creé otro conjunto de reglas que eran capaces de conjugar cualquier verbo. Lo publicamos,[2] pero la lección más fascinante de este proceso fue descubrir que en el lenguaje hasta lo irregular se podía modelar. Descubrí que las irregularidades se rigen por patrones parecidos. Creo que fue la primera vez que sentí que podía entender el funcionamiento del lenguaje. Nada es aleatorio.

Escribo en rojo

Mientras tanto, seguí con mi sueño de llegar a ser investigadora y comencé mi doctorado. Pero la solución de memorizar todas las reglas ortográficas para escribir correctamente dejó de ser tan efectiva. Con el doctorado, comencé a no tener tanto tiempo para memorizar las reglas y repasar los textos, y cada vez tenía que escribir más y más rápido. Cuando escribo muy rápido en el ordenador, lo hago en rojo, y aunque repasaba estos textos, mis queridas faltas comenzaron a resurgir. Yo no podía creérmelo y mi director de tesis, Ricardo Baeza-Yates, tampoco se podía creer que no percibiera mis propios errores. ¿Cómo era posible que después de todo el conocimiento que tenía sobre el lenguaje ni yo misma fuera capaz de ver mis propias faltas en los artículos científicos por más que repasaba el texto? El resultado más increíble de esos cuatro años de investigación tiene que ver precisamente con esto (en los anexos podéis ver una historia personal escrita en inglés, sin corrector, página 326).

En 2010, lo primero que exploramos en el laboratorio fue cómo leían las personas con dislexia —y sin dislexia— textos con faltas de ortografía cometidas por las propias personas con dislexia usando *eye-tracking*. Entonces nadie conocía todavía nuestra investigación, fue el primer experimento, y, aunque empapelé las calles de Barcelona de anuncios —con mi número de móvil personal—, muy poca gente se apuntaba. Como era difícil encontrar participantes, al final terminé yendo a un centro comercial —con tarjetas de la universidad— e iba a preguntando a la gente que pasaba por ahí si por casualidad tenía dislexia. Finalmente, para el primer estudio, conseguimos cuarenta y cuatro personas. Por fin íbamos a saber qué pasaba a través de los propios ojos de las personas con dislexia.

Los lectores todoterreno

Los resultados nos mostraron que las personas *sin dislexia* leían significativamente más rápido y comprendían mejor los textos. Pero, para nuestra sorpresa, cuando el texto contenía errores, la comprensión de las personas *sin dislexia* comenzó a bajar. No solo comprendían peor los textos, sino que también lo hacían peor en comparación con las personas con dislexia cuando los errores aumentaban (¡!). En cambio, no encontramos diferencias significativas en la comprensión entre textos con y sin errores para las personas con dislexia, es decir, para ellos la comprensión era independiente de la calidad léxica del texto (¡!). Y no solo eso, durante los siguientes cuatro años hicimos un total de diecisiete experimentos y este estudio fue el único con resultados semejantes. Es decir, estábamos por primera vez ante una condición textual mediante la cual el rendimiento lector de las personas con dislexia era mejor que el del grupo de control (¡!). Increíble. Estos resultados podían tener unas implicaciones prácticas muy fuertes. Y como no nos lo podíamos creer, repetimos el experimento. Esta vez con más participantes (setenta y ocho) y con más tipos de textos. Daba igual lo desordenado o mal que estuviera el texto escrito. Los disléxicos son lectores todoterreno; se adaptan a lo que sea. Pero ¿por qué las personas con dislexia pueden leer mejor textos con errores y el resto no? ¿No debería ser justo lo contrario, que las personas sin problemas de lectura pudieran leer sin problemas textos de todo tipo? ¿A lo mejor el problema lo tienen los no disléxicos, que solo pueden leer bien un tipo de textos?

Pero entonces, ¿qué veían las personas con dislexia? ¿Acaso no veían los textos como se pensaba en las primeras definiciones, cuando la dislexia era definida como *word blindness* en la década de 1930? Entonces nos tocó analizar la trayectoria de la vista de las personas con dislexia que habíamos grabado con el *eye-tracker*. Esto nos permitía saber por dónde había pasado la mirada por el texto con precisión de píxeles y milisegundos. No podía creérmelo. Ambos grupos tenían fijaciones visuales significativamente más largas en las palabras con errores, es decir, todos *veían* los errores. Sin embargo, al parecer, en el caso de la dislexia se procesan de una manera inconsciente que no afecta a la comprensión, y, por eso no los reconocemos (¡¿?!).

Así, de repente, entendí de un plumazo más de veinte años con mis queridas faltas. Los errores eran mucho más valiosos de lo que pensaba. Ahí podría estar la clave. Tenía la intuición de que, si los analizábamos, nos darían mucha más información sobre la dislexia que no conocíamos. Y también, de un plumazo, pasé de odiar las faltas a que me parecieran fascinantes, se convirtieron en mi objeto de estudio y comencé a buscarlas hasta debajo de las piedras. De pequeña me daban miedo los sueños felices en vez de las pesadillas, ahora había pasado de odiar las faltas y querer eliminarlas a buscarlas incesantemente y apreciarlas.

De querer eliminar las faltas a buscarlas y adorarlas

Hacían falta muchos errores, miles. Solo así podría analizarlos bien y extraer posibles patrones lingüísticos. Comencé a contactar con todas las familias y asociaciones que conocía por la investigación y les pedí los cuadernos de sus hijos para hacer una base de datos de errores. Me puse en contacto con todo el mundo que se me ocurrió. Tenía que analizar esas faltas desde todos los puntos de vista lingüísticos posibles. Recuperé mis cuadernos de niña y comencé a copiar todos mis errores. Incluso organicé *hackatones* con profesores, profesionales, padres y niños en Barcelona, Madrid y Lleida para que trajeran sus escritos y entre todos recopilar durante horas todos los errores disléxicos posibles. A todos los que me enviasteis errores, gracias. Son maravillosos. Y al resto, no volváis a tachar en rojo.

Las personas con dislexia no nos equivocamos al azar

Tras dos años analizando errores con la ayuda de Ricardo Baeza-Yates y Joaquim Llisterri —un gran fonetista y probablemente el investigador más perfeccionista que conozco—, descubrimos que los errores de las personas con dislexia no son ni arbitrarios ni caprichosos. Analizamos treinta y cinco características fonéticas y visuales de cada letra errada, y vimos que había tendencias en esos errores. Es decir, resultaba que no solamente existe un orden en el lenguaje, sino que también, de alguna manera, existe un orden en los errores. Los errores de las personas con dislexia no son fortuitos. A pesar de lo que pudiera parecer desde fuera, las personas con dislexia no nos equivocamos por azar.

Me parecía increíble que los errores no sean arbitrarios y que, al mismo tiempo que los «vemos», no seamos capaces de asimilarlos conscientemente en su totalidad. ¿Qué pasaría si los niños jugaran con sus propios errores en un videojuego? A lo mejor así empezarían a reconocerlos, y quizá hasta aprenderían de ellos. A lo mejor esto podría ser un método más ameno y eficaz que aprenderse todas las reglas de memoria. A lo mejor la solución para los errores se encontraba dentro de los propios errores.

LA HISTORIA DE DYTECTIVEU

En medio de esta pasión por los errores que en realidad solo fue en aumento, recibí en 2011 una beca de Google (Anita Borg, ahora llamada Women Techmakers) para ir a Zúrich y conocer mujeres destacadas en ciencias de la computación. Allí me tocó compartir habitación con Clara Bayarri, probablemente la desarrolladora de *software* más brillante que conozco. Clara entonces era estudiante y soñaba con trabajar en Google (donde está ahora mismo, por cierto). Rápidamente nos hicimos amigas y juntas comenzamos a integrar estos resultados en lo que se convertiría en la primera versión de DytectiveU, Piruletras. Nos reuníamos los fines de semana para hacer panqueques y trabajar. Mientras Clara hacía la implementación informática, Azuki Gorriz, en sus ratos libres —pues trabajaba de cajera en un supermercado— hacía los gráficos. En paralelo, yo seguía analizando fallos disléxicos y haciendo los ejercicios lingüísticos uno a uno. Un día, desayunando en mi cocina, decidimos que nos íbamos a presentar al concurso europeo de aplicaciones de Vodafone Mobile for Good Europe.

En realidad, yo sabía que ganarlo era casi inaccesible, porque ya había estado el año anterior en la final de Bruselas junto con colaboradores indios muy brillantes (Gaurang Kanvinde y Saurabh Gupta) con otra aplicación —un lector automático de texto que integraba nuestra investigación—, y aunque tenía más de 35.000 descargas, no ganamos.

Así que sí, sabía que era muy complejo ganar el concurso europeo de Vodafone, pero quería volver a intentarlo, porque este método parecía que podía funcionar (había familias que nos escribían dando las gracias tras usar el prototipo). Pero que las personas nos dijeran que el método les funcionaba no era suficiente. Le faltaba una evaluación científica en un contexto real. Porque una cosa es diseñar un método basado en una evidencia empírica y otra cosa muy diferente es comprobar si ese método funciona en un contexto real, como un colegio. Busqué ayuda y al final Yolanda Otal, una mamá con un niño con dislexia y también profesora, se animó a realizar el estudio de campo en su colegio, con cuarenta y ocho niños con dislexia. Pero como siempre, faltaban recursos. Esta vez lo que hacía falta eran tabletas para que los niños pudieran jugar con nuestros ejercicios. Comencé a pedir y a buscar tabletas hasta debajo de las piedras. Hubo personas que nos prestaron las suyas durante unos meses, compré las que pude con mi beca de doctorado y hasta un investigador amigo mío me dejó dinero para adquirir las que faltaban (¡gracias, Martin Pielot!). Finalmente, cuando llegaron los datos, entre Yolanda y yo los pasamos al ordenador y como no podía esperar, comencé en el mismo despacho de Yolanda a analizarlos y aquella fue la primera vez que lloré de emoción delante de mi ordenador. Sinceramente, no sabía que se podía llorar de felicidad, pensaba que eso solo pasaba en las películas. Ahora sí que podíamos decir que, tras cuatro semanas de uso, los niños mejoraron significativamente algunos aspectos de su escritura. A ver, solo mejoraron en la escritura, en el resto de las medidas no..., pero algo es algo. Esto nos daba una primera pista muy muy buena. Jugar con los ejercicios basados en los patrones de los errores lingüísticos funcionaba. Se iban a enterar los de Vodafone.

Y con la fuerza que me dieron esos resultados ese año, 2013, ganamos el primer premio en la final en Bruselas. Se me puso toda la piel de gallina cuando, de repente, vi nuestra aplicación en la pantalla gigante del evento. Al recibir el premio, lo único que pude decir es lo que pensaba: que ese premio era una responsabilidad para trabajar más y mejor al servicio de las personas con dislexia. Y eso fue lo que hicimos. No paramos. Lo hacíamos todo en nuestro tiempo libre. Nuestra aplicación llegó a tener más de 32.000 usuarios en más de setenta países. Un día me escribió un correo electrónico una estudiante alemana con dislexia, Maria Rauschenberger, y tras un par de años de trabajo logramos tener la aplicación también en alemán. El día que la conocí en persona fue cuando se mudó a Barcelona para comenzar su tesis de doctorado sobre tecnología y dislexia con nosotros.

Pero pronto aprendí una lección muy dura. Con tiempo, descubrimos que dejar la aplicación gratuita no era algo sostenible: cuantas más personas usaban la herramienta, más problemas teníamos para mantenerla. Cada vez que salía una actualización de sistema operativo o un dispositivo nuevo nos echábamos a temblar, porque con los nuevos sistemas operativos la herramienta podía dejar de funcionar y con las nuevas medidas de los dispositivos los gráficos dejaban de servir. No teníamos ni siquiera un soporte técnico, y fue muy triste y duro ver cómo se iba muriendo. Ilusa de mí, ahí comprobé que no solo bastaba con conseguir resultados positivos en investigación para ayudar a la sociedad, hacía falta también una estructura. Descubrí que a largo plazo tendría que crear, sin saber aún qué, algo que fuera sostenible, pero social, para llegar a las personas. Esa fue la primera vez en la que me di cuenta de que Change Dyslexia era necesaria. Al mismo tiempo que yo descubría esto, Ashoka decidió nombrarme emprendedora social (Ashoka Fellow) para crear Change Dyslexia. No tenía ni idea de cómo empezar, ni de cómo hacer unos estatutos. Me acordé de mi gran amiga María Herrera, que había estudiado Derecho. Le conté toda la historia y dejó su trabajo en un bufete para poner todo lo que sabía de derecho y lo que había aprendido esos años al servicio de Change Dyslexia, y así es como dimos los primeros pasos, con María en Madrid y yo en Pittsburgh.

Los superpoderes de los niños con dislexia

Pero mientras tanto, no podía dejar de pensar en el potencial de los patrones de los errores y en que el método que habíamos desarrollado no era suficiente. Por entonces, solo habíamos conseguido que los niños mejoraran en algunos aspectos su ortografía. Había que conseguir que mejoraran en todo lo posible. Faltaba algo crucial: explotar las fortalezas de la dislexia. ¿Y si creábamos unos juegos no solo en función de las debilidades, sino también de las fortalezas cognitivas? Porque las fortalezas son cruciales para superar la dislexia..., bueno, en realidad cualquier dificultad. Además, los errores nos dan información, son las manifestaciones de las propias dificultades de la dislexia, pero también dan información sobre las características personales de cada uno. Porque cada persona presenta unas dificultades lingüísticas propias en función de cómo haya sido su adquisición del lenguaje, a qué otras lenguas ha sido expuesto o cuáles son sus fortalezas. ¿Y si usábamos esa información de cada niño para personalizar esos juegos en función de las habilidades cognitivas de cada persona?

Había que diseñar un método más completo. Volví al análisis de los fallos —otra vez a recopilar más errores—, pero esta vez extendí el análisis a otras habilidades cognitivas. De tener dos mil ejercicios en 2013 pasé a crear cuarenta mil en 2017. Cuantos más ejercicios lingüísticos diseñaba, más me daba cuenta de que se podían diseñar aún más para las diferentes habilidades cognitivas relacionadas con la dislexia. Pasé cuatro años trabajando con esos fallos disléxicos, no me podía creer que los hubiera detestado en el pasado y que ahora me resultaran tan valiosos. Había días que me sentía en medio de una paradoja, porque al diseñarlos yo misma —por mi dislexia— incluía más errores en los propios ejercicios basados en los errores. Por suerte, contaba con la maravillosa ayuda de mi amiga María Herrera para corregirlos. Esta paradoja me recordaba a la historia de Chieko, que durante aquellos cuatro años en Pittsburgh se convirtió en una de mis mejores amigas. Chieko Asakawa (IBM Fellow) es completamente ciega, pero, sin embargo, ella misma creó hace más de veinte años el primer lector de texto para ciegos, que se convirtió en el sistema de texto en la web a voz más utilizado. Durante esos años, a veces ayudaba con mi brazo a Chieko a llegar a su casa. Pero cuando me confundía de calle era ella la que me hacía ver que me había equivocado. Yo le preguntaba cómo era posible que se diera cuenta siendo ciega, y ella me decía que tenía un mapa en la cabeza, aunque no pudiera ver. Del mismo modo, mi amiga María desde España me ayudaba a corregir los errores lingüísticos que yo iba introduciendo sin querer en el mapa de los ejercicios. La historia de Chieko me inspiró, al pensar que la solución a las personas invidentes se encontraba precisamente en las personas invidentes. Quizá podría pasar algo parecido con la dislexia. Quizá en los propios errores estaba la solución, en el propio problema, como las vacunas. No viene de fuera. Quizá la solución a la dislexia estaba dentro de las propias personas con dislexia.

Así pasé los largos inviernos de Pittsburgh. Fue como hacer otra tesis doctoral. Y cada uno de esos ejercicios los relacioné con diferentes habilidades cognitivas: diferentes niveles de discriminación acústica y visual, diferentes niveles de competencia lingüística (fonética, morfológica, sintáctica, semántica, etcétera), tipos de memoria de trabajo, y funciones ejecutivas, entre otros. En definitiva, recogimos todo lo posible que pudiera ser captado a través de juegos informáticos y al final logramos veinticinco indicadores.

Decidimos que la herramienta se llamaría DytectiveU, «U» porque personaliza los ejercicios para ti *(you)*. Este método era muy complejo y para integrar todo este nuevo modelo en una nueva plataforma se requería un equipo de desarrollo dedicado exclusivamente a ello. Como no tenía forma de costear el desarrollo informático, lanzamos una campaña de *crowdfunding*, prevendiendo licencias DytectiveU. Sinceramente, llegamos a pensar que no conseguiríamos el dinero suficiente —menudo estrés—, pero al final, con la ayuda de periodistas comprometidos como Rocío Pérez, la generosidad de las personas ganó, y con más de quinientas aportaciones logramos llegar al objetivo de la campaña. Entonces comencé a hablar con equipos de desarrollo, pero todos nos pedían aún más dinero, pues el desarrollo era muy complejo. Por suerte, conocí a Arturo Macías, un desarrollador brillante que, aunque trabajaba para grandes clientes internacionales, al conocer nuestro propósito, quiso sumarse a él, a pesar de que casi tuviera que financiarse con el beneficio de otros proyectos. Al final, junto con un equipo de familias, terapeutas y docentes nos pusimos a tope a crear una herramienta útil para todos. Los niños con dislexia decidieron cómo debía ser el juego y los personajes de la herramienta para que fuera divertido, mientras que los terapeutas y los profesores nos fueron indicando el tipo de funcionalidades que necesitaban para que la herramienta fuera útil. Esto nos llevó al lanzamiento de DytectiveU en 2017 en el CosmoCaixa, en Barcelona, junto con la presentación oficial de Change Dyslexia. CosmoCaixa es uno de los pocos museos de ciencia del mundo que aloja un péndulo de Foucault. El péndulo es una enorme masa esférica de acero de cien kilogramos que a cada paso va tirando con su peso unas clavijas colocadas en el suelo en el sentido opuesto a las agujas de un reloj. Lo que se mueve no es el péndulo, es la Tierra, y su movimiento es imparable (Figura 7, en el pliego de color). Y con la ayuda de personas maravillosas de La Caixa (gracias, Esther Planas y Francesc de Paula Ventura Ribal), ese día el péndulo no tiró solo las clavijas: tiró letras situadas en las clavijas para simbolizar cómo se derriban las barreras de la dislexia..., para simbolizar el nacimiento de Change Dyslexia.

Colaboradores, investigadores, voluntarios, terapeutas, familias, vinieron a ser testigos de este lanzamiento, desde tantos lugares: Barcelona, Madrid, Ibiza, Zaragoza, Lleida... También vinieron los hijos —ya mayores— de algunas familias que había conocido al comienzo de la investigación, hacía ocho años, precisamente con el experimento de la lectura de errores usando *eye-tracking*. Por fin iban a ver todos lo que habíamos hecho durante nuestra investigación. Ese mismo día, conocí a la logopeda Ángeles Álvarez-Cedrón y a la orientadora Rosa García Bermejo. Habían venido desde Madrid para agradecernos en persona la mejora de sus estudiantes. Probaron DytectiveU, y Ángeles, que llevaba más de veinticinco años de logopeda probando de todo, me dijo que nunca había visto nada tan potente. Me contaron que ellas observaban en su colegio no solo la mejora de los niños con dislexia, sino también con otras dificultades. Sin embargo, para llegar a creerlo, debía constatarlo empíricamente. De nuevo, una cosa es crear un método basado en evidencias empíricas y otra cosa muy diferente es saber si en un contexto real los niños mejoran de verdad. Y con ellas, junto con el orientador José Luis Calvo y la psicóloga Camila de Ros, comenzamos a organizar la evaluación longitudinal más amplia a la que me había enfrentado nunca. Logramos la participación de ciento doce niños de cuatro colegios de Madrid. En la muestra no solo incluimos alumnos con dislexia, sino también con trastorno por déficit de atención o trastorno por déficit de atención e hiperactividad (TDA-H) y otros sin ninguna dificultad de aprendizaje. Para descubrir si los niños mejoraban de verdad, usamos diagnósticos estandarizados independientes: todos los participantes realizaron pretest y postest seis meses después. Tras un año de mucho trabajo, llegaron los datos. Tenía otros compromisos que atender, pero no podía hacer otra cosa que analizarlos, y desde el principio apuntaron a resultados positivos. «Es increíble», decía yo, pero Camila me corrigió: «Esto es el trabajo bien hecho». Estuve tres semanas casi sin dormir, entre la emoción, la euforia y la ansiedad por terminar los análisis. Podemos decir con seguridad que los niños que usaron DytectiveU durante ocho semanas (cuatro veces a la semana) en combinación con su terapia escolar mejoraron significativamente frente al grupo que solo había recibido la terapia escolar. Las mejoras, además, se daban en aspectos cruciales para la adquisición de la lectoescritura, como son la segmentación fonémica, la lectura de pseudopalabras, la lectura de palabras, la comprensión de oraciones, la comprensión textual, la ortografía y la fluidez verbal, entre otras. Repetimos el análisis no sé cuántas veces, porque casi no me creía lo que veía. Además, los niveles globales de riesgo de dislexia bajaron significativamente. De alguna forma, los niños eran «menos disléxicos». Sentía cómo se derrumbaban a mis espaldas todas esas tardes infinitas de trabajo de la infancia. Se acabaron las palabras infinitas.

LA CAJA DE LOS SUEÑOS

Los padres de estos niños que participaron en la investigación nos comenzaron a agradecer los avances de sus hijos en tan solo seis meses. Otros padres, como David Sola e Inés Fernández, fueron más allá. Sus hijos no tenían dislexia, pero de repente comenzaron a sacar mejores notas, más sobresalientes e incluso los fines de semana les apetecía leer un libro. David trabaja en televisión e Inés en publicidad, y nos dijeron que iban a ayudarnos a que Change Dyslexia llegara a todo el mundo. Ellos convencieron a sus colegas de trabajo y, en muy poco tiempo, reunieron a los niños, las familias y los orientadores que habían participado en el estudio y en una mañana montaron cuatro grabaciones de vídeos paralelas. De repente, nos vimos rodeados de equipos profesionales (cámaras, micrófonos y claquetas). Personas que se dedican a producir las series que vemos todos en televisión, estaban un sábado como voluntarias en un colegio, para compartir y formar parte del sueño de Change Dyslexia.

Y ese día también estaban los niños. Una cosa es analizar los datos anónimos en tu ordenador y ver que los participantes mejoran significativamente, y otra cosa muy diferente es que un niño cara a cara te mire a los ojos y te dé las gracias. Que te diga que ha pasado de suspender a sacar notables y sobresalientes. Que te diga que antes quería ser algo de mayor que no implicara estudiar, pero que ahora puede soñar ser lo que quiera: maestro, médico, investigador, que no le importa tener que estudiar porque sabe que va a conseguirlo. Ese día me llevé a mi casa un regalo: una caja que tenía escrito por fuera «caja de los sueños», donde cada niño me había escrito una carta con sus deseos, lo que querían llegar a ser. Qué maravilla y qué increíble que ningún niño tuviera miedo a compartirlos. De pequeña, me daba miedo soñar porque estaba convencida de que no iba a conseguirlo. Durante muchos años de investigación me atormentaba que los niños no pudieran alcanzar sus deseos. Pero por primera vez podía leer aliviada los anhelos de cada niño. Ninguno tenía miedo de compartirlos porque sabía que se podían hacer realidad.

CUADRO RESUMEN DEL CAPÍTULO 4

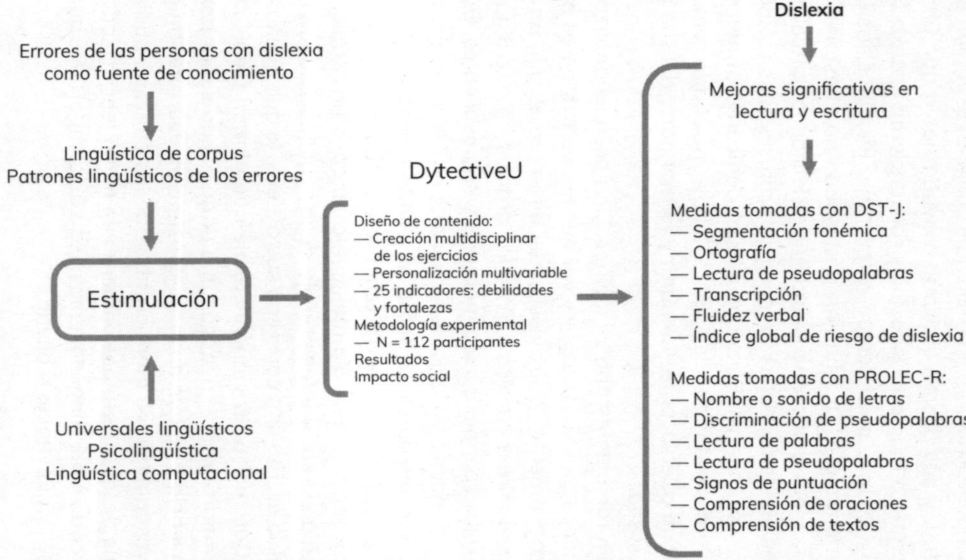

Materiales
- **¿Cómo saber si un *software* educativo está validado científicamente?**
- **Informe sobre faltas de ortografía**

A todos los niños les gusta que los ejercicios de apoyo sean divertidos, pues si no, resultan tediosos y aburridos. También les gustaría no sentirse tontos al hacerlos, sino inteligentes, como si tuvieran superpoderes. Cada uno de nosotros tiene una combinación única de fortalezas y debilidades. En este capítulo recopilamos las investigaciones desde 2010 hasta 2018 que tienen que ver con el descubrimiento de algunas habilidades excepcionales de las personas con dislexia, como es la comprensión lectora de textos con errores, hasta la creación y evaluación de un método de estimulación cognitivo computacional integrado en un videojuego lúdico, DytectiveU.

¿CÓMO LEEMOS LOS ERRORES?

Entre los años 2010 y 2014 realizamos un total de diecisiete estudios con personas con y sin dislexia usando la metodología del *eye-tracking*, explorando el impacto del contenido y la presentación del texto en la legibilidad y en la comprensión del texto (Capítulo 2). Entre estos experimentos hubo un par que fueron diferentes. En los textos que deberían leer los participantes, decidimos incluir errores en las palabras y ver qué pasaba con la compresión lectora, con o sin el conocimiento de los lectores de que estos errores existían. Los resultados del primer experimento fueron difíciles de creer, así que decidimos hacer otro para corroborarlos. A continuación, ya que los resultados fueron consistentes, presentamos ambos experimentos como uno solo.[3]

En este estudio participaron ciento veintidós personas, la mitad de ellas con dislexia diagnosticada, con edades comprendidas entre los 11 y los 45 años. Cada participante tenía que leer tres o cuatro textos, primero ignorando que contenía errores y luego sabiéndolo. Cómo en el Capítulo 2, usamos un *eye-tracker* para medir cómo miraban el texto. Después de leer cada uno de ellos, la persona tenía que contestar dos cuestionarios que medían la comprensión (con preguntas literales e inferenciales, donde había tres alternativas: una correcta, una parcialmente correcta y una errónea). Luego, las personas debían contestar en una escala del uno al cinco cuán fácil o difícil había sido leer y comprender el texto (legibilidad y comprensión subjetiva, respectivamente). Finalmente, también debían estimar qué porcentaje de palabras con errores habían visto en el texto, usando cinco niveles, desde el cero hasta el cien por cien. Como ya hemos mencionado, en algunos casos la persona sabía de antemano que le íbamos a preguntar la tasa de errores.

Todos los textos eran noticias culturales, con el mismo estilo, casi la misma extensión (entre setenta y cinco y setenta y siete palabras) y con vocablos de entre cuatro y cinco letras en promedio).

Usamos cuatro tasas de errores: sin errores, con un 16 % de errores (doce palabras incorrectas), un 25 % (diecinueve palabras incorrectas) y un 50 % (la mitad de las palabras mal escritas). En el último caso fuimos un poco más lejos y usamos vocablos donde solo la primera y la última letra eran correctas (similar al bulo de internet de 2003 que atribuía a la Universidad de Cambridge el haber encontrado que las personas podían leer palabras con un alto nivel de desorden). Por ejemplo, **sloo las panseros ignetinetles pedeun leer etso*. Además, hicimos dos versiones, una con palabras cortas y otra con palabras largas (en promedio, cada palabra tenía una letra más). Tras la primera lectura, se informaba al participante de que los textos podían tener errores. Finalmente, había lecturas en las que la presencia de errores era implícita, mientras que en otras era explícita, aunque consideramos que para el caso de textos con un 50 % de errores no era necesario advertir nada, pues era imposible no darse cuenta.

Cómo en el Capítulo 2, para medir la legibilidad del texto usamos el tiempo de lectura, el tiempo de duración de las fijaciones (focos de la mirada) y el número de fijaciones. Los resultados fueron los esperados y en la mayoría de los casos cuantos más errores tenía el texto, más tiempo y fijaciones necesitaban las personas. También, en la mayoría de los casos, los participantes con dislexia necesitaban significativamente más tiempo y más fijaciones.

Sin embargo, la sorpresa llegó al analizar los resultados de comprensión del texto.

Primero, las personas sin dislexia disminuían el nivel de comprensión a medida que aumentaban los errores, lo que era de esperar, excepto para los textos en los que el 50 % de las palabras tenían errores. Esto puede explicarse fácilmente considerando que para el caso del 50 % se necesita un procesamiento consciente de las palabras, pues se necesita mayor concentración y no es una lectura automática.

Segundo, las personas sin dislexia bajaban su nivel de comprensión cuando sabían de antemano que el texto tenía errores. Es decir, perdían concentración al tener que estar buscando, además, los errores. Por otro lado, las personas con dislexia no parecían afectadas por la tasa de errores, excepto en el caso de los textos con un 50 % de fallos, que necesita un esfuerzo adicional de lectura. Más aún, la comprensión lectora al mantenerse constante era mejor que la de las personas con dislexia (en unos de los casos, el 25 % mejor). Es decir, estos eran los primeros resultados en los que las personas con dislexia eran «mejores», pues al parecer no «veían» los errores, incluso cuando se les decía de antemano que los textos podían contener fallos. La Figura 4.1 muestra estos sorprendentes resultados al comparar el porcentaje de comprensión de ambos grupos con las diferentes calidades léxicas textuales a las que fueron expuestos.[4]

Respecto a la legibilidad subjetiva, las personas con dislexia encontraron que el texto con un 50 % de errores era más fácil de leer que para las personas sin dislexia, aunque no significativamente. Otra señal de que a las personas con dislexia les molestan menos los errores. Por otro lado, no encontramos ninguna diferencia entre ambos grupos respecto a la consciencia de la tasa de errores en el texto (que fue menor a la real para los casos de 16 y 25 % y mayor para el caso del 50 %), aunque el resultado fue más cercano a la realidad cuando sabían de antemano que los textos podían contener erratas.

También medimos la eficiencia de lectura, que se define como la comprensión del texto dividido por el tiempo de lectura. Pese a

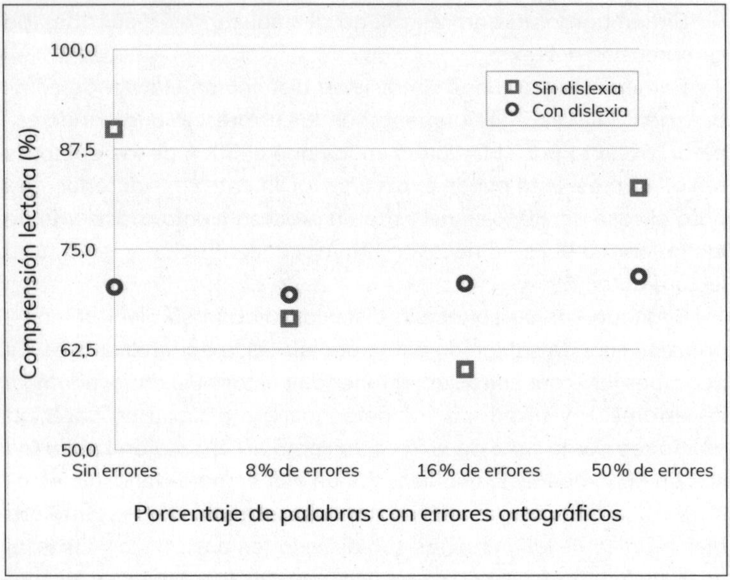

Figura 4.1. Porcentaje de comprensión lectora para los grupos con y sin dislexia para textos sin errores y textos con un 8, 16 y 50 % de errores.

los casos en los que la comprensión era mayor para las personas con dislexia, al necesitar más tiempo para leer el texto, la eficiencia de lectura era siempre mejor en las personas sin dislexia. Pese a ello, en las personas con dislexia la eficiencia aumentaba del 40 % —en el caso de textos sin errores— al 84 % —en el mejor caso de textos con errores—, siendo el cien por cien, la eficiencia de las personas sin dislexia para cada caso.

Finalmente, aunque las personas con dislexia parecían no ver los errores de forma consciente, los datos del seguimiento de la mirada que obtuvimos indicaban que en realidad sí los percibían. Es decir, de alguna manera, el cerebro filtraba esta información de forma inconsciente, posiblemente como una forma de eliminar uno de los síntomas del problema que tienen. Por último, una posibilidad para nivelar en parte las evaluaciones de comprensión de texto sería agregar un nivel de errores pequeño, entre el 5 y el 10 %, en ellas.

LOS ERRORES COMO FUENTE DE CONOCIMIENTO

Los resultados de la sección anterior sugieren que las personas con dislexia procesan los errores ortográficos de manera diferente. Tras los resultados preliminares de 2011,[5] dedicamos los siguientes años a analizar los errores producidos por personas con dislexia.

El uso de los errores como fuente de conocimiento es amplísimo. Por ejemplo, en la investigación informática, la calidad léxica de un texto, es decir, el grado de excelencia o corrección de las palabras en un texto, se usa para diversos fines, como la detección de *spam*,[6] la determinación de la credibilidad[7] o la detección de vandalismo en Wikipedia.[8] Justamente, con Ricardo Baeza-Yates, el primer uso aplicado que di a los errores ortográficos generales —no necesariamente de personas con dislexia— fue medir la calidad léxica de la web. A partir de una fórmula de calidad léxica y un conjunto de errores frecuentes de veinticinco sitios web, incluyendo los principales medios de comunicación social (blogs, redes sociales, multimedia, periódicos digitales, etcétera). La conclusión principal de este trabajo fue que la tasa de errores léxicos era una medida útil para valorar la calidad del contenido de los sitios web. Otra de las conclusiones más interesantes fue que un 47 % de los errores en las redes sociales que consideramos provienen de Facebook.[9] Más adelante usamos la misma metodología para estimar la calidad léxica de la web, teniendo en cuenta diferentes países y tipos de dominios. Si bien la calidad léxica estaba relacionada con el tipo de dominio, nuestros resultados sugerían que la baja calidad léxica de algunos países se debía al mayor impacto que tenían en ellos las redes sociales, ya que el contenido generado por los usuarios presentaba tasas más bajas.[10] Algún porcentaje de esos errores debe provenir de población con dislexia que no percibe de forma consciente los errores al escribir, de modo que aplicamos la misma metodología para crear una cota inferior para estimar la presencia de la dislexia en la web basada en los errores escritos por las personas con dislexia, siendo la presencia de ellos —únicamente disléxicos— de un 0,7 % en comparación con otros errores más frecuentes, como los de tipografía (28 %) o los debidos al desconocimiento del lenguaje (64 %). No obstante, ese tipo de errores también pueden ser cometidos por personas con dislexia.[11]

En el siguiente paso, recopilamos listas de errores producidos por personas con dislexia para analizarlos fonética y ortográficamente.[12] Los errores de escritura de las personas con dislexia no solo son diferentes de los errores ortográficos regulares, sino que también están relacionados con las dificultades que tienen.[13] De hecho, estos fallos se han utilizado para diversos fines, como el estudio y la realización de diagnósticos de dislexia[14] o el desarrollo de correctores ortográficos.[15] Nuestro análisis muestra que los errores producidos por las personas con dislexia están motivados lingüísticamente y sugieren una serie de patrones (véanse los resultados detallados en el Capítulo 2).[16]

Entonces decidimos combinar los resultados de ambas investigaciones. Por un lado, uno de los principales desafíos a los que se enfrentan las personas con dislexia es que no detectan conscientemente los errores mientras leen.[17] Por otro, estos fallos no solo nos daban información sobre la dislexia, sino sobre las propias dificultades de las personas en diferentes niveles lingüísticos.[18]

Con una primera hipótesis de que realizar ejercicios derivados de errores disléxicos podría estimular las estrategias necesarias para detectarlos y resolverlos, comenzamos a desarrollar un método lingüístico computacional de creación de ejercicios para estimular las habilidades relacionadas con la dislexia. Integramos la primera aproximación en la aplicación Piruletras, que ofreció mejoras significativas en la ortografía.[19] Durante los siguientes cuatro años mejoramos el método, sobre todo en lo referente a la personalización de los ejercicios y a la creación de un enfoque holístico que incluyera otras habilidades cognitivas relacionadas con la dislexia, particularmente las fortalezas asociadas.[20] Presentamos la última versión del método y su evaluación longitudinal en los siguientes apartados.

OTRAS APROXIMACIONES BASADAS EN JUEGOS INFORMÁTICOS

Los juegos informáticos han demostrado ser una estrategia prometedora para apoyar a las personas con trastornos del aprendizaje. A continuación, citamos únicamente las aproximaciones informáticas que cuentan con una validación empírica con la población objetivo (niños con dislexia).

Entre las anteriores a DytectiveU, encontramos el trabajo de Lyytinen y sus colaboradores para el finés. Este trabajo se enfocó en la creación de una serie de juegos (GraphoGame) centrados en la conexión de grafemas (letras) y fonemas (sonidos) dirigidos a niños de 6 a 7 años.[21] En primer lugar, los autores condujeron dos estudios con doce y cuarenta y un niños, respectivamente, con resultados prometedores. Más adelante, Kyle y sus colegas compararon esta intervención de lectura asistida por ordenador para el finés con otra para el inglés (GraphoGame: GG Rime y GG Phoneme). Realizaron un estudio con treinta y un niños de 6 y 7 años en el que no se encontraron efectos significativos. Sin embargo, esto puede deberse a un número insuficiente de participantes y no a que ambos juegos no tengan el potencial de beneficiar las capacidades de descodificación, es decir, la capacidad de relacionar las letras con los sonidos que producen.[22]

En español, la aplicación para Android Galexia integra una capacitación estructurada enfocada principalmente a la mejora de la fluidez de la lectura, con apoyo adicional a las habilidades fonológicas, de decodificación y la comprensión lectora. Un estudio realizado por Serrano, Sánchez y Olmedo, con un diseño pretest-postest realizado con cuarenta y seis niños con dificultades de lectura, demostró la efectividad del método para mejorar las habilidades de fluidez y otras relacionadas en diferentes edades.[23]

Por otro lado, nuestro juego Piruletras (versión anterior de DytectiveU) está compuesto por juegos dirigidos a mejorar las habilidades lingüísticas para niños con dislexia en español, inglés[24] y alemán[25] (con dos mil quinientos juegos en cada lengua). Una evaluación longitudinal realizada con cuarenta y ocho niños con dislexia mostró una mejora significativa en su ortografía después de cuatro semanas de juegos.[26]

En la actualidad, Ostiz-Blanco y sus colaboradores estudian cómo el impacto de juegos con elementos rítmicos y elementos visuales pueden influir en la adquisión de la lectoescritura.[27] Finalmente, un estudio realizado por Franceschini y sus colegas con veinte niños observó que los diez niños que jugaron con juegos de acción durante nueve sesiones mejoraron sus habilidades de decodificación de pseudopalabras y lectura de textos frente al grupo de control, que no practicaba este tipo de juegos. Aunque no se trataba de juegos lingüísticos, los autores defienden que los de acción podrían influir en la mejora de la atención espacial y temporal de los niños, y esta a su vez influye en la lectura.[28]

DYTECTIVEU: ESTIMULACIÓN COGNITIVA Y COMPUTACIONAL DEL LENGUAJE

Por qué DytectiveU es diferente

La mayoría de las intervenciones de *software* para la dislexia se centran en habilidades lingüísticas muy específicas, relacionadas con algunas de las dificultades de las personas con dislexia, como son el conocimiento alfabético y la conciencia fonológica,[29] la fluidez de la lectura[30] y las habilidades ortográficas.[31]

Ninguno de los enfoques anteriores personaliza los ejercicios para cada niño ni se centra en potenciar sus fortalezas ni en localizar sus puntos débiles.

Por todo lo anterior, el método DytectiveU difiere de los mencionados en cuatro aspectos:

1. *Contenido*. El diseño de los ejercicios está basado en un enfoque multidisciplinar que integra el conocimiento lingüístico derivado del análisis de los errores de las personas con dislexia, con el conocimiento psicolingüístico relacionado con la adquisición del lenguaje, los universales lingüísticos y diferentes técnicas de procesamiento del lenguaje.

2. *Personalización.* Los ejercicios se secuencian de acuerdo con el rendimiento de la persona, en relación con sus habilidades cognitivas específicas, creando para cada usuario un modelo único de aprendizaje, ya que cada niño evoluciona de manera diferente en función de diferentes factores, como sus puntos cognitivos fuertes, sus comorbilidades, su historial personal o su estilo de aprendizaje.
3. *Enfoque de estimulación completa.* Se toman en consideración un amplio conjunto de habilidades cognitivas (un total de veinticinco indicadores, que incluyen diferentes niveles de competencia lingüística, memoria de trabajo y funciones ejecutivas, entre otros). Este método difiere del resto en la estimulación de los puntos cognitivos más fuertes de la persona, ya que las fortalezas son cruciales para crear mecanismos de compensación para superar las dificultades.
4. *Diseño del juego.* A través de una campaña social, se tienen en cuenta a los niños que tendrían que usar la herramienta.

Creación multidisciplinar de los ejercicios

DytectiveU consta de cuarenta mil ejercicios elaborados utilizando conocimiento lingüístico, dificultades específicas relacionadas con la dislexia, recursos y patrones lingüísticos extraídos de un corpus de errores realizados por personas con dislexia utilizando técnicas de análisis lingüístico (Capítulo 2), y recursos creados mediante técnicas de lingüística computacional.[32] Para la creación manual de estos ejercicios se ha seguido el procedimiento que se describe a continuación.

Primero, se define el *tipo de ejercicio —tipo de interacción* o *manipulación lingüística—*. Por ejemplo, para los ejercicios que están enfocados a la conciencia fonológica y la competencia léxica (nivel de la palabra) se han tenido en cuenta los seis tipos de «errores disléxicos» que se dan en el plano léxico: inserción (**ostras* por *otras*), omisión (**timestre* por *trimestre*), sustitución (**vajo* por *bajo*), trasposición de letras (**feira* por *feria*), errores en morfemas (**imovilió* por *inmovilizó*), unión o división errónea de palabras (**más cara* por *máscara*, o **alaño* por *al año*).

A partir de estos tipos de errores se han definido seis tipos de ejercicios para trabajar la conciencia léxica y fonológica (tipos de fonemas imbricados en los errores). Asimismo, la frecuencia de aparición de los tipos de ejercicios está también definida por la frecuencia de aparición de estos errores en la población con dislexia, aunque, más adelante, dicha frecuencia se ajusta a cada individuo mediante el proceso de personalización.

En segundo lugar, se selecciona el *tipo de elementos lingüísticos* (sílabas, palabras u oraciones) que se usan en los ejercicios. Por ejemplo, las palabras seleccionadas no se derivan directamente de las palabras incorrectas de las listas de errores, sino que aplicamos los patrones lingüísticos extraídos de las palabras más frecuentes. De esta manera se cubren las palabras frecuentes que los niños deben aprender y usarán asiduamente. Para la selección de vocablos hemos usado diferentes corpus lingüísticos derivados de libros infantiles para los niveles más bajos y de Wikipedia para los niveles más altos. Por ejemplo, el diptongo *-ia* tiende a confundirse con los diptongos *-ai* e *-ie*, y este fenómeno se repite frecuentemente creando grupos de palabras que comúnmente se confunden entre sí: *feria, fiera, aries, aires*. Usamos estos patrones de error y los aplicamos a otras palabras con las mismas características lingüísticas *(reina, serie, seria* o *erais)*, para crear nuevos ejercicios.

En tercer lugar, realizamos la *selección de los distractores*. Los distractores son opciones incorrectas en una respuesta de opción múltiple, que se asemejan a la opción correcta para «distraer» al jugador. Por ejemplo, letras similares que representan sonidos similares, como las consonantes oclusivas *d, b, p, g, t*, tienden a inducir más errores según nuestro análisis lingüístico. Por tanto, usamos grafías que comparten rasgos fonéticos y ortográficos como distractores; la frecuencia de aparición de las grafías se determina por su distribución en los fallos realizados por las personas con dislexia.

Finalmente, se define el *orden de aparición de los ejercicios* y los *niveles de dificultad*. Para ello se tienen en cuenta: 1) el elemento lingüístico que hay que trabajar (vocales, consonantes, diferentes estructuras de sílabas, palabras y oraciones); 2) la complejidad fonética, morfológica, léxica, sintáctica, semántica o prosódica de dicho elemento; 3) otras medidas indirectas relacionadas con la complejidad lingüística, como son la frecuencia, la longitud, el número de pares mínimos y la frecuencia de esos pares mínimos. Adicionalmente, se han considerado los universales lingüísticos para jerarquizar la aparición de los elementos lingüísticos,[33] así como el orden de adquisición de los diferentes elementos lingüísticos propios del español. Por ejemplo, el orden de aparición de las estructuras silábicas en los ejercicios es paulatino, empezando por las sílabas V (universal), siguiendo por las sílabas directas (las que tienen una estructura de consonante [C] más vocal [V]; las que primero se adquieren en español), y terminando por las siguientes estructuras en este orden: VC, CVC, CCV, CCVC, VCC, CVCC y CCVCC.[34] En el caso de las oraciones, primero aparecen oraciones simples, seguidas de las complejas coordinadas para terminar con las subordinadas, siguiendo el orden de aparición que se da en la adquisición del lenguaje: primero las oraciones subordinadas relativas, que son las más sencillas, y por último las subordinadas condicionales, que solo son adquiridas en español por los individuos que han recibido educación formal.

En otros ejercicios, a medida que los niveles de dificultad aumentan, las palabras que aparecen son menos frecuentes, más largas, tienen una morfología más compleja y, en la medida de lo posible, poseen una similitud fonética y ortográfica más alta con otros vocablos. Calculamos la similitud fonética y ortográfica de las palabras teniendo en cuenta su número de vecinos en cada idioma. Es decir, palabras con la misma longitud que la palabra objetivo, que difieren en una sola letra (distancia de Hamming igual a uno).

Personalización multivariable

En función de los elementos lingüísticos (y no lingüísticos), DytectiveU se divide en cincuenta y nueve tipos de ejercicios, cada uno de ellos con cinco niveles de dificultad lingüística, dando un total de 295 niveles. El proceso de personalización se basa en los parámetros específicos de cada niño (habilidades cognitivas y rendimiento), correspondiéndole a cada usuario un modelo único de aprendizaje. De este modo, es muy poco probable que dos niños realicen el mismo conjunto de ejercicios extraídos del total de cuarenta mil actividades.

La herramienta se compone de un conjunto de retos o desafíos (alrededor de quince a veinte minutos de duración), a partir de un grupo de ejercicios. Cada uno de los ejercicios está relacionado con cinco o más habilidades cognitivas que además se presentan con diferentes pesos en cada ejercicio. El rendimiento del niño —medido a través de su precisión, velocidad y eficiencia— se va relacionando con el desempeño del usuario, en cada habilidad cognitiva en comparación con los usuarios de su edad. De este modo se va creando una matriz de estilos de aprendizaje en función de los patrones que se encuentran en cada usuario, teniendo en cuenta sus debilidades así como sus puntos cognitivos fuertes. En función de estos datos, que se van actualizando tras cada sesión, se seleccionan los ejercicios posteriores para fortalecer las habilidades cognitivas más débiles y desafiar las habilidades cognitivas más fuertes con ejercicios más difíciles.

HABILIDADES COGNITIVAS: DEBILIDADES Y FORTALEZAS

En la Tabla 4.1 se muestran los veinticinco indicadores (capacidades cognitivas y medidas de rendimiento) utilizados en DytectiveU para la personalización de los ejercicios.

1. *Medidas de rendimiento*. Son la comprensión lectora, la velocidad de lectura, la ortografía natural —conocimiento de reglas basadas en la relación unívoca entre sonidos o fonemas y letras o grafemas—, la ortografía arbitraria —conocimiento de las reglas ortográficas que incluyen más de una grafía posible para la representación de un sonido, como [b]: *b*, *v*)—, la velocidad de escritura, el reconocimiento de errores y la corrección de errores. Mientras que las primeras cinco medidas son clásicas para medir el rendimiento en la lectoescritura, las dos últimas (reconocimiento y corrección de errores) están basadas en nuestra investigación anterior sobre la percepción consciente de los errores por las personas con dislexia (véase el apartado «¿Cómo leemos los errores?», página 161).

Competencias lingüísticas	Medidas de rendimiento
Competencia alfabética	Comprensión lectora
Competencia fónica o conciencia fonológica	Velocidad de lectura
Competencia silábica	Ortografía natural
Competencia léxica	Ortografía arbitraria
Competencia morfológica	Velocidad de escritura
Competencia sintáctica	Reconocimiento de errores
Competencia semántica	Corrección de errores
Competencia ortográfica	
Competencia prosódica	
Memoria de trabajo	**Funciones ejecutivas**
Visual	Atención sostenida
Auditiva	Atención selectiva
Secuencial visual	Atención dividida
Secuencial auditiva	
Procesos perceptivos	
Discriminación y categorización visual	
Discriminación y categorización auditiva	

Tabla 4.1. Los veinticinco indicadores (capacidades cognitivas y medidas de rendimiento) utilizados en DytectiveU para la personalización de los ejercicios.

2. *Competencias lingüísticas*. Tenemos en cuenta los diferentes niveles de lenguaje, ya que los niños con dislexia y otras dificultades, como el TDA-H presentan problemas específicos en diferentes niveles de lenguaje.[35] De ese modo se podrán personalizar los ejercicios según el nivel lingüístico necesario.

   Estas competencias son:

- *Alfabética*, que mide la capacidad de identificar letras aisladas.

- *Fónica o conciencia fonológica*, que refleja la capacidad de identificar los componentes fónicos de las unidades lingüísticas y manipularlos de manera deliberada.
- *Silábica*, que señala la capacidad de reconocer, diferenciar y manipular sílabas.
- *Léxica*, que valora la capacidad de relacionar significados con formas y el conocimiento del léxico.
- *Morfológica*, que determina la capacidad de reconocer la estructura de la palabra y manipular sus morfemas (raíz, prefijo y sufijo).
- *Sintáctica*, que mide el dominio de las reglas de combinación de palabras.
- *Semántica*, que alude a la conciencia del significado de las palabras en el texto.
- *Ortográfica*, que valora el conocimiento de las reglas ortográficas.
- *Prosódica*, que mide la percepción de la prosodia por parte del usuario y el conocimiento de las reglas ortográficas asociadas a ella; por ejemplo, las reglas de acentuación en *hábito*, *habito* y *habitó*.

3. *Memoria de trabajo*. Algunos grupos de ejercicios van dirigidos a la memoria de trabajo, que también está relacionada con la dislexia.[36] Concretamente, se trabaja la memoria de trabajo visual, mediante palabras y no palabras (pseudopalabras); la memoria de trabajo secuencial visual, a través de la memorización de secuencias de letras, dígitos y sílabas; la memoria de trabajo auditiva, de sonidos, nombres de letras, dígitos, palabras y acento léxico; y la memoria de trabajo secuencial auditiva, con secuencias de sonidos, sílabas, palabras y no palabras.
4. *Funciones ejecutivas*. Nos centramos en las funciones ejecutivas, ya que son cruciales para superar diferentes trastornos de aprendizaje como el TDA-H[37] o la dislexia.[38] Las funciones ejecutivas son:
   - La *atención sostenida*, que mide la capacidad de mantener la atención durante el tiempo suficiente para realizar una tarea.

- La *atención selectiva*, que mide la capacidad de atender a estímulos relevantes obviando el resto.
- La *atención dividida*, que mide la capacidad de respuesta en tareas que se presentan de forma simultánea, siendo ambas relevantes.

5. *Procesos perceptivos de la discriminación auditiva y visual.* Su desarrollo es crucial para superar estos trastornos.[39] Los procesos perceptivos son:
   - La *discriminación y categorización visual*, que mide la capacidad de discriminación y categorización visual de símbolos simétricos y no simétricos, sílabas, palabras, no palabras y tilde diacrítica.
   - La *discriminación y categorización auditiva*, que mide la capacidad de discriminación y categorización auditiva de nombres, letras, sonidos, sílabas, no palabras y acento léxico.

Por ejemplo, en la Figura 8 (en el pliego de color) se presentan cuatro ejemplos de ejercicios. En el primero (arriba izquierda), el jugador tiene que buscar un símbolo o letra diferente entre muchos distractores (letras o símbolos similares) y debe hacer clic rápidamente, dentro del límite de tiempo (discriminación y categorización visual y atención selectiva). En el segundo ejercicio (arriba derecha), se pide al jugador que sustituya las letras necesarias para crear una palabra correcta dentro del límite de tiempo (competencia fonológica, competencia léxica, ortografía arbitraria y atención simultánea). En el tercer ejercicio (abajo izquierda), el jugador tiene que encontrar los diferentes pares de pseudopalabras iguales (conciencia fonológica, discriminación y categorización auditiva y visual, y atención simultánea). En el cuarto ejercicio (abajo derecha) el usuario debe encontrar el error semántico en la oración (comprensión, velocidad de lectura, conciencia sintáctica y conciencia semántica). Todos los ejercicios trabajan la atención sostenida, ya que, durante los veinte a cuarenta segundos de duración, la atención necesita ser activada y mantenida.

DISEÑO DE LA HERRAMIENTA

Para poder convertir DytectiveU en una herramienta profesional, completamos una campaña de *crowdfunding* usando la plataforma Kickstarter mediante la cual alrededor de quinientas personas (familias, terapeutas y docentes) contribuyeron o bien precomprando licencias de DytectiveU o bien mediante donaciones. Además, los invitamos a formar parte del proceso de creación de la herramienta. Por ejemplo, su nombre (DytectiveU) se votó por mayoría mediante un formulario en línea. Más adelante los invitamos a un taller de prueba del concepto, al que asistieron seis terapeutas profesionales y doce familias con niños con dislexia de entre 6 y 18 años de edad. Los resultados del taller se materializaron en funcionalidades de la herramienta.

DytectiveU tiene dos partes diferenciadas: un videojuego para niños (Figura 9, en el pliego de color) y un *back-end* para padres, terapeutas profesionales, orientadores y docentes (Figura 10, en el pliego de color). Cuando un niño comienza a jugar a DytectiveU, su avatar entra en una academia de detectives, donde necesitan resolver problemas lingüísticos (integrados en las sesiones). Los supervisores pueden acceder a los informes detallados por habilidades cognitivas de los niños en comparación con el percentil de la misma edad, la evolución de los alumnos, así como personalizar aún más los desafíos de acuerdo con las necesidades de los niños (Figura 10). Por otro lado, la mayoría de las estrategias de gamificación fueron elegidas por los niños: ellos diseñaron el escenario del juego (establecido como una carrera para atrapar al personaje «malo»), el diseño de los personajes junto con los premios (personalización de avatares y elección del automóvil para moverse por el juego; Figura 9).

Como vimos en el Capítulo 2, la presentación del texto en pantalla tiene un efecto significativo en el rendimiento de la lectura, especialmente en niños con dislexia. Por lo tanto, la interfaz de DytectiveU integra también nuestras directrices para garantizar una mejor legibilidad del texto.

EVALUACIÓN CIENTÍFICA

Para comprobar si la metodología integrada en DytectiveU es efectiva, realizamos una evaluación longitudinal con ciento doce niños en colaboración con cuatro colegios de Madrid: el Colegio Liceo Cónsul, el Colegio Lope de Vega, el Colegio Nuestra Señora de las Nieves y el Colegio Sagrado Corazón. Los colaboradores del estudio fueron orientadores, logopedas y docentes de los mismos centros educativos: Ángeles Álvarez-Cedrón, José Luis Calvo, Sonia Cortés Trave, Rosa García Bermejo, José Luis Hernán Gamo, Clara Martín Morán, Nuria Tablado Pérez y Nerea Vinuesa Martín.

Respecto a los participantes, las familias en las cuatro escuelas fueron invitadas a colaborar en el estudio. Finalmente, seleccionamos a ciento doce niños, de los cuales cuarenta y tres tienen dislexia diagnosticada; treinta y siete, TDA-H diagnosticado o sospecha de TDA-H; y treinta y dos no tenían ni dislexia ni TDA-H (Tabla 4.2).

Todos los participantes tenían el español como lengua materna excepto cuatro, y ocho participantes eran bilingües (bengalí, catalán, francés, italiano, portugués y tagalo). La mayoría de los niños (62,5 %) jugaban con el ordenador regularmente en casa; el 31,1 % jugaba solo algunas veces, y solo cinco niños (4,4 %) no jugaban con el ordenador en el ámbito doméstico.

Clase	N	Media	Desviación estándar	Hombres	Mujeres
Dislexia	43	8,36	1,51	21	23
TDA-H	37	7,85	1,28	22	15
Sin Dislexia/TDA-H	32	7,69	1,09	12	20
Total	112	7,94	1,48	55	58

Tabla 4.2. Media y desviación estándar de la edad de los participantes en el estudio. Sus edades oscilaron entre los 6 y los 11 años.

Diseño experimental

Usando las puntuaciones del *Prolec-R*, dividimos a los participantes de cada clase de acuerdo con sus habilidades en lectoescritura, que coincidían perfectamente con su año escolar y edad, de manera que quedaron cincuenta y nueve niños en el grupo experimental y cincuenta y tres niños en el grupo de control.

Los niños del grupo experimental jugaron a DytectiveU además de recibir apoyo en su colegio, mientras que el grupo de control siguió asistiendo a la misma terapia (sin DytectiveU). Además, para la creación de los grupos equilibramos la prevalencia del bilingüismo y los hábitos de jugar con dispositivos móviles. Los niños pertenecientes al grupo experimental jugaron a DytectiveU durante el almuerzo, en una clase tranquila, en cuatro sesiones por semana de unos veinte minutos cada una, aproximadamente. Estas sesiones fueron supervisadas por el orientador o terapeuta de la escuela. El apoyo escolar variaba según los colegios: en algunos casos consistía en el trabajo ordinario con un profesor de las materias instrumentales, y, en otros casos, los niños recibían talleres de estimulación del lenguaje oral y escrito, por ejemplo, a través del proyecto de logopedia Expresarte, o de talleres gamificados de estimulación del lenguaje creados por Ángeles Álvarez-Cedrón (dieciséis niños de la muestra).

Todos los participantes utilizaron la personalización predeterminada de los ejercicios en la herramienta. Del mismo modo, todos los padres provenientes del grupo experimental y de control fueron informados y confirmaron que no utilizarían el juego DytectiveU (nuestra condición) durante el tiempo total que duró el estudio (seis meses, incluyendo la aplicación de los pretest y postest).

Pretest y postest

Al usar un diseño intersujeto, comparamos la evolución de sus habilidades mediante dos exámenes clínicos de referencia: *DST-J* o *Test para la detección de la dislexia en niños*[40] (véase el apartado «De 7 a 17 años en soporte papel: *DST-J*», página 47) y la prueba más usada entre los profesionales para la valoración de la lectura: el test *Prolec-R: batería de evaluación de los procesos lectores revisada*[41] (véase apartado «¿Quién puede diagnosticar la dislexia?», página 49). Usamos ambas pruebas como pretest y postest, administradas antes y seis meses después. En el caso del *DST-J*, la puntuación se utiliza para establecer un nivel global de riesgo de dislexia en el niño. Utilizamos los percentiles de cada una de las doce tareas, así como el nivel global de riesgo, como medidas dependientes para cuantificar el rendimiento de los participantes. En el caso de *Prolec-R*, la batería recoge diecinueve puntuaciones que se agrupan en nueve tareas. Cada una de las medidas recogidas por estos test funciona como medida dependiente. Por lo tanto, tenemos treinta y dos medidas para comparar la evolución del participante, incluyendo el nivel global de riesgo de dislexia.

Resultados en dislexia, TDA-H y población general

El grupo experimental completo redujo significativamente el nivel global de riesgo de tener dislexia, de acuerdo con la prueba externa del *DST-J*. Concretamente, encontramos diferencias significativas para la clase con dislexia ($p < 0{,}001$), la clase con TDA-H ($p = 0{,}041$) y la clase sin dificultades de aprendizaje ($p < 0{,}001$). Esto significa que jugar con DytectiveU reduce significativamente el riesgo general de tener dislexia.

Por ejemplo, en la clase con dislexia, la media del nivel global de riesgo en el pretest *DST-J* era de 1,29, es decir, se correspondía con un riesgo alto, mientras que en el postest la media era de 0,81, es decir, riesgo leve. Para la clase con TDA-H se pasó de riesgo moderado a riesgo leve. Finalmente, para la clase sin dislexia ni TDA-H, la media pasó de riesgo leve a sin riesgo (para el detalle de los análisis estadísticos y un resumen de todas las puntuaciones, véanse las Tablas 4.3, 4.4 y 4.5; además, en la Figura 4.1 —que se encuentra en la página siguiente— puede observarse cómo bajan las medias del nivel global de riesgo de dislexia para todos los grupos).

Los niños con dislexia (Tabla 4.3) tuvieron una mejora significativa de la segmentación fonémica ($p < 0{,}001$), ortografía ($p = 0{,}021$),

Participantes con dislexia (n = 43)								
Medidas –DST-J	Grupo control				Grupo experimental (DytectiveU)			
	Media percentil		Cambio %	Significancia	Media percentil		Cambio %	Significancia
	Pre	Post			Pre	Post		
Nombres	25,19	35,60	+41,33 %	p = 0,179	28,54	38,86	+36,16 %	p = 0,130
Coordinación	27,90	28,85	+3,41 %	p = 0,822	41,46	43,45	+5,05 %	p = 0,644
Lectura	21,33	28,25	+32,44 %	p = 0,236	21,50	26,72	+24,28 %	p = 0,160
Estabilidad postural	18,23	26,05	+42,90 %	p = 0,387	29,59	31,00	+4,77 %	p = 0,875
Segmentación fonémica	26,57	35,70	+34,36 %	p = 0,178	27,76	52,86	+90,42 %	p = 0,000
Dictado	21,38	34,90	+63,24 %	p = 0,495	12,86	30,40	+136,39 %	p = 0,021
Dígitos inversos	36,38	46,65	+28,23 %	p = 0,267	32,72	47,22	+44,32 %	p = 0,112
Lectura sin sentido	20,90	22,15	+5,98 %	p = 0,511	15,72	32,31	+105,53 %	p = 0,034
Copia	13,09	32,20	+145,99 %	p = 0,018	10,22	31,40	+207,24 %	p = 0,001
Fluidez verbal	33,19	32,20	–2,98 %	p = 0,628	21,77	41,40	+90,17 %	p = 0,002
Fluidez semántica	32,19	45,00	+39,49 %	p = 0.077	41,36	56,22	+35,93 %	p = 0,111
Vocabulario	36,28	41,75	+15,08 %	p = 0,441	52,04	50,68	–2,61 %	p = 0,850
Nivel global de riesgo	1,30	1,05	-19,23 %	p = 0,108	1,29	0,81	–37,21 %	p = 0,000

Tabla 4.3. Puntuaciones, percentiles y resultados de pruebas de significancia para los niños con dislexia. El tiempo transcurrido entre el pretest y el postest *DST-J* fue de seis meses; los niños del grupo experimental jugaron con DytectiveU durante ocho semanas. Los números muestran la media percentil en todos los niños por condición. El cambio entre los test se presenta en puntos porcentuales (pp). El asterisco (*) resalta los valores significativos.

Participantes con TDA-H (n = 36)								
Medidas –DST-J	Grupo control				Grupo experimental (DytectiveU)			
	Media percentil		Cambio %	Significancia	Media percentil		Cambio %	Significancia
	Pre	Post			Pre	Post		
Nombres	21,85	30,23	+38,35 %	p = 0,000	34,60	41,85	+20,95 %	p = 0,324
Coordinación	32,95	39,33	+19,36 %	p = 0,481	37,06	39,35	+6,18 %	p = 0,894
Lectura	35,47	32,90	–7,25 %	p = 0,919	37,00	36,71	–0,78 %	p = 0,976
Estabilidad postural	48,09	32,47	–32,48 %	p = 0,084	35,00	35,21	+0,60 %	p = 0,982
Segmentación fonémica	44,00	45,94	+4,43 %	p = 0,789	31,26	57,85	+85,06 %	p = 0,004
Dictado	28,23	29,42	+3,85 %	p = 0,886	29,26	40,00	+36,71 %	p = 0,162
Dígitos inversos	37,61	43,90	+16,72 %	p = 1,000	33,33	44,28	+32,85 %	p = 0,199
Lectura sin sentido	35,33	27,52	–22,11 %	p = 0,204	22,40	35,00	+56,25 %	p = 0,199
Copia	19,14	22,61	+18,13 %	p = 0,058	20,80	30,42	+46,25 %	p = 0,186
Fluidez verbal	44,09	43,04	–2,38 %	p = 0,890	29,93	51,14	+70,87 %	p = 0,048
Fluidez semántica	50,76	53,76	+5,91 %	p = 0.613	44,33	48,42	+9,23 %	p = 0,695
Vocabulario	5,71	49,47	+8,23 %	p = 0,633	49,00	53,21	+8,59 %	p = 0,603
Nivel global de riesgo	0,98	0,91	–7,24 %	p = 0,655	1,01	0,65	–35,64 %	p = 0,040

Tabla 4.4. Puntuaciones, percentiles y resultados de pruebas de significancia para los niños con TDA-H. El tiempo transcurrido entre el pretest y el postest *DST-J* fue de seis meses; los niños del grupo experimental jugaron con DytectiveU durante ocho semanas. Los números muestran la media percentil en todos los niños por condición. El cambio entre los test se presenta en puntos porcentuales (pp). El asterisco (*) resalta los valores significativos.

Participantes sin dificultades de aprendizaje (n = 32)								
Medidas PROLEC-R	Grupo control				Grupo experimental (DytectiveU) – 8 Semanas			
	Media percentil		Cambio %	Significancia	Media percentil		Cambio %	Significancia
	Pre	Post			Pre	Post		
Nombres	41,76	46,59	+11,57 %	p = 0,755	41,80	63,00	+50,72 %	p = 0,014
Coordinación	50,00	45,12	–9,76 %	p = 0,604	42,33	49,27	+16,39 %	p = 0,392
Lectura	49,24	45,88	–6,82 %	p = 0,662	42,67	63,00	+47,64 %	p = 0,012*
Estabilidad postural	29,88	31,94	+6,89 %	p = 0,917	32,47	38,93	+19,90 %	p = 0,481
Segmentación fonémica	57,86	54,41	–5,96 %	p = 0,653	45,33	64,00	+41,19 %	p = 0,024*
Dictado	28,24	41,71	+47,70 %	p = 0,308	25,80	70,33	+172,60 %	p < 0,001*
Dígitos inversos	48,53	50,06	+3,15 %	p = 0,862	54,47	65,33	+19,94 %	p = 0,111
Lectura sin sentido	46,29	36,41	–21,34 %	p = 0,403	38,67	50,73	+31,19 %	p = 0,415
Copia	18,65	37,35	+100,27 %	p = 0,052	13,67	47,00	+243,82 %	p < 0,001
Fluidez verbal	36,65	34,12	–6,90 %	p = 0,986	48,07	56,33	+17,18 %	p = 0,342
Fluidez semántica	55,88	49,18	–11,99 %	p = 0,508	51,46	75,40	+46,52 %	p = 0,042
Vocabulario	50,29	42,94	–14,62 %	p = 0,161	57,33	59,00	+2,91 %	p = 0,681
Nivel global de riesgo	0,65	0,69	+6,15 %	p = 0,829	0,67	0,25	–62,69 %	p < 0,001

Tabla 4.5. Puntuaciones, percentiles y resultados de pruebas de significancia para los niños sin dificultades de aprendizaje. El tiempo transcurrido entre el pretest y el postest *DST-J* fue de seis meses. Los niños del grupo experimental jugaron con DytectiveU durante ocho semanas. El cambio entre los test se presenta en puntos porcentuales (pp). El asterisco (*) resalta los valores significativos.

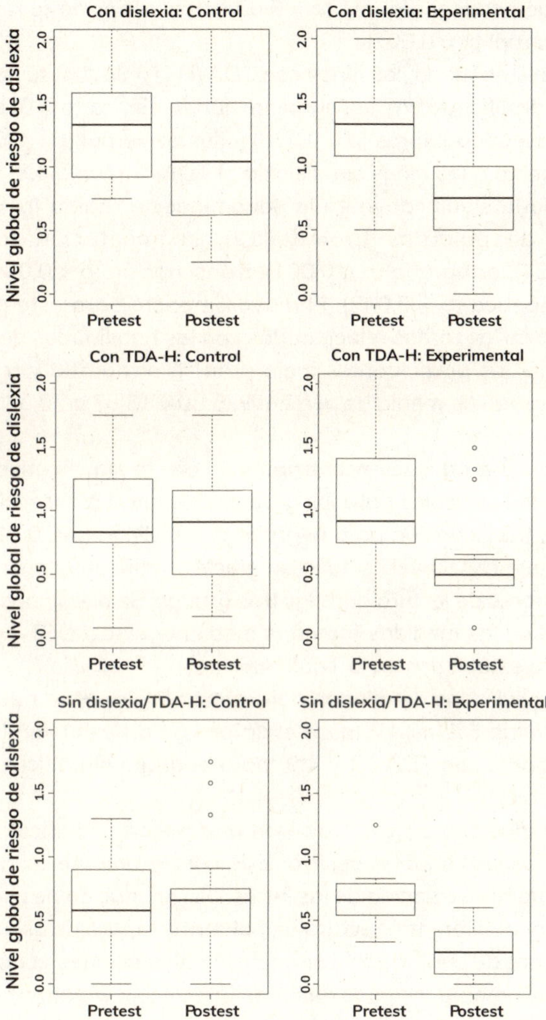

Figura 4.2. Diagramas de cajas valorando el nivel global de riesgo del *DST-J*, para las tres clases. En el test *DST-J* los valores se corresponden con «sin riesgo» entre 0,00 y 0,59, «riesgo leve» 0,60 y 0,89; «riesgo moderado» entre 0,90 y 1,19 y «riesgo alto» entre 1,20 y 3,00.

lectura de pseudopalabras (p = 0,034), transcripción (p = 0,001) y fluidez verbal (p = 0,002).

Del mismo modo, los niños con TDA-H (Tabla 4.4) tuvieron una mejoría significativa de la segmentación fonémica (p = 0,004), lectura de pseudopalabras (p = 0,026) y fluidez verbal (p = 0,048).

Respecto a los niños sin dislexia ni TDA-H (Tabla 4.5) tuvieron una mejoría significativa en la denominación rápida (p = 0,014), lectura de palabras (p = 0,012), segmentación fonémica (p = 0,024), ortografía (p < 0,001), transcripción (p < 0,001) y fluidez semántica (p = 0,042). El mayor impacto para este grupo se encontró en las tareas relacionadas con las habilidades de escritura, ya que los participantes mejoraron su ortografía y transcripción, pasando de media de percentil 25,80 y 13,67 a 70,33 a 47,00, respectivamente.

Por el contrario, no encontramos un efecto significativo en ninguna de las variables para los grupos de control a excepción de la tarea de transcripción para el grupo con dislexia (p = 0,018). Esto sugiere que DytectiveU sí tuvo un efecto significativo en la mejora de los errores de lectura para los tres grupos. Se puede observar un resumen de las medidas tomadas mediante el test *DST-J* y su significancia estadística en la Tabla 4.6.

Los resultados detallados para el test *Prolec-R* se pueden observar en las Tablas 4.7 (para el grupo con dislexia), 4.8 (para los participantes con TDA-H) y 4.9 (para el grupo sin dificultades de aprendizaje).

Los niños *con dislexia* tuvieron una mejora significativa en la mayoría de las variables del *Prolec-R*, concretamente en identificación del nombre o sonido de las letras, discriminación de pseudopalabras (igual/diferente), lectura de palabras, lectura de pseudopalabras, signos de puntuación, comprensión de oraciones, comprensión de textos, nombre o sonido de letras (precisión), lectura de pseudopalabras (precisión), signos de puntuación (precisión), nombre o sonido de letras (velocidad), discriminación de pseudopalabras (velocidad), lectura de palabras (velocidad), lectura de pseudopalabras (velocidad) y signos de puntuación (Tabla 4.7).

En comparación con el grupo de control, quienes solo recibieron

Significancia estadística						
	Dislexia		TDA-H		Sin dislexia ni TDA-H	
DST-J	**Control**	**Experimental**	**Control**	**Experimental**	**Control**	**Experimental**
Nombres	No	No	No	No	No	**Sí**
Coordinación	No	No	No	No	No	No
Lectura	No	No	No	No	No	**Sí**
Estabilidad postural	No	No	No	No	No	No
Segmentación fonética	No	**Sí**	No	**Sí**	No	**Sí**
Dictado	No	**Sí**	No	No	No	**Sí**
Dígitos inversos	No	No	No	No	No	No
Lectura sin sentido	No	**Sí**	No	**Sí**	No	No
Copia	**Sí**	**Sí**	No	No	No	**Sí**
Fluidez verbal	No	**Sí**	No	**Sí**	No	**Sí**
Fluidez semántica	No	No	No	No	No	**Sí**
Vocabulario	No	No	No	No	No	No
Puntuación total	No	**Sí**	No	**Sí**	No	**Sí**
Número de medidas con mejora significativa	1	6	0	4	0	8

Tabla 4.6. Resumen de los resultados para todas las medias tomadas con *DST-J*. Los resultados estadísticamente significativos se destacan en negrita.

Medidas - PROLEC-R	Control (con dislexia)				Experimental (DytectiveU) (con dislexia)			
	Pretest	Postest	Cambio (%)	Significancia	Pretest	Postest	Cambio (%)	Signficacia
Nombre o sonido de letras	89,19	109,48	22,75	$p = 0{,}137$	81,10	122,86	51,49	$p < 0{,}001$*
Igual-diferente (pseudopalabras)	14,24	20,48	43,82	$p = 0{,}003$*	13,76	20,05	45,71	$p < 0{,}001$*
Lectura de palabras	56,86	74,05	30,23	$p = 0{,}102$	48,05	69,82	45,31	$p = 0{,}013$*
Lectura de pseudopalabras	32,43	39,14	20,69	$p = 0{,}203$	30,29	45,55	50,38	$p < 0{,}001$*
Estructuras gramaticales	10,95	12,57	14,79	$p = 0{,}037$*	11,81	12,82	8,55	$p = 0{,}117$
Signos de puntuación	7,95	12,71	59,87	$p = 0{,}018$*	7,57	13,35	76,35	$p < 0{,}001$*
Comprensión de oraciones	13,76	14,52	5,52	$p = 0{,}150$	13,86	15,14	9,24	$p = 0{,}001$*
Comprensión de textos	8,14	9,14	12,29	$p = 0{,}265$	8,57	10,86	26,72	$p = 0{,}011$*
Comprensión oral	3,00	2,62	–12,67	$p = 1$	2,62	3,36	28,24	$p = 0{,}099$
Nombre o sonido de letras (precisión)	18,57	18,95	2,05	$p = 0{,}551$	18,38	19,45	5,82	$p = 0{,}032$*
Igual-diferente (precisión)	17,90	18,48	3,24	$p = 0{,}706$	18,43	19,05	3,36	$p = 0{,}188$
Lectura de palabras (precisión)	34,29	35,71	4,14	$p = 0{,}054$	35,05	37,05	5,71	$p = 0{,}086$
Lectura de pseudopalabras (precisión)	29,57	31,29	5,82	$p = 0{,}313$	30,38	34,09	12,21	$p = 0{,}006$*
Signos de puntuación (precisión)	6,67	8,52	27,74	$p = 0{,}014$*	6,62	9,32	40,79	$p < 0{,}001$*
Nombre o sonido de letras (velocidad)	22,62	19,33	–14,54	$p = 0{,}141$	28,38	16,55	–41,68	$p < 0{,}001$*
Igual-diferente (velocidad)	137,71	107,00	–22,30	$p = 0{,}024$*	142,62	99,68	–30,11	$p = 0{,}001$*
Lectura de palabras (velocidad)	82,19	60,43	–26,48	$p = 0{,}125$	83,24	55,50	–33,33	$p = 0{,}003$*
Lectura de pseudopalabras (velocidad)	115,52	87,57	–24,19	$p = 0{,}080$	112,05	78,77	–29,70	$p = 0{,}002$*
Signos de puntuación (velocidad)	108,76	82,19	–24,43	$p = 0{,}068$	103,48	76,14	–26,42	$p = 0{,}010$*

Tabla 4.7. Puntuaciones, percentiles y resultados de pruebas de significancia para los niños con dislexia. El tiempo transcurrido entre el pretest y el postest *Prolec-R* fue de seis meses; los niños del grupo experimental jugaron con DytectiveU durante ocho semanas. Los números muestran la media percentil en todos los niños por condición *usando* puntos porcentuales y el asterisco (*) resalta los valores significativos.

Medidas - PROLEC-R	Control (con TDA-H)				Experimental (DytectiveU) (con TDA-H)			
	Pretest	Postest	Cambio (%)	Significancia	Pretest	Postest	Cambio (%)	Significancia
Nombre o sonido de letras	92,43	127,29	37,72	p = 0,022*	103,27	116,64	12,95	p = 0,355
Igual-diferente (pseudopalabras)	15,76	21,86	38,71	p = 0,014*	15,07	21,43	42,20	p = 0,018*
Lectura de palabras	60,62	84,33	39,11	p = 0,042*	55,93	79,21	41,62	p = 0,066
Lectura de pseudopalabras	33,90	44,10	30,09	p = 0,090	32,13	44,64	38,94	p = 0,024*
Estructuras gramaticales	11,57	13,19	14,00	p = 0,080	11,13	13,57	21,92	p = 0,011*
Signos de puntuación	10,48	14,33	36,74	p = 0,090	9,20	25,57	177,93	p = 0,060
Comprensión de oraciones	13,57	14,62	7,74	p = 0,927	13,80	14,50	5,07	p = 0,128
Comprensión de textos	8,90	10,00	12,36	p = 0,544	9,67	11,21	15,93	p = 0,015*
Comprensión oral	3,24	3,14	–3,09	p = 0,938	2,67	4,23	58,43	p = 0,011*
Nombre o sonido de letras (precisión)	18,05	19,52	8,14	p = 0,026*	18,80	19,14	1,81	p = 0,397
Igual-diferente (precisión)	18,29	18,62	1,80	p = 0,500	17,73	18,71	5,53	p = 0,236
Lectura de palabras (precisión)	35,14	35,76	1,76	p = 0,970	33,80	37,29	10,33	p = 0,058
Lectura de pseudopalabras (precisión)	30,71	31,62	2,96	p = 0,870	28,60	32,79	14,65	p = 0,039*
Signos de puntuación (precisión)	8,57	8,29	–3,27	p = 0,778	7,67	9,00	17,34	p = 0,168
Nombre o sonido de letras (velocidad)	29,19	16,52	–43,41	p = 0,067	22,40	17,57	–21,56	p = 0,274
Igual-diferente (velocidad)	152,62	95,81	–37,22	p = 0,011*	132,73	97,00	–26,92	p = 0,026*
Lectura de palabras (velocidad)	97,00	53,10	–45,26	p = 0,025*	87,13	55,21	–36,63	p = 0,097
Lectura de pseudopalabras (velocidad)	129,62	82,00	–36,74	p = 0,033*	115,87	78,93	–31,88	p = 0,042*
Signos de puntuación (velocidad)	107,10	77,10	–28,01	p = 0,051	114,00	76,64	–32,77	p = 0,097

Tabla 4.8. Puntuaciones, percentiles y resultados de pruebas de significancia para los niños con TDA-H. El tiempo transcurrido entre el pretest y el postest *Prolec-R* fue de seis meses; los niños del grupo experimental jugaron con DytectiveU durante ocho semanas. Los números muestran la media percentil en todos los niños por condición en puntos porcentuales y el asterisco (*) resalta los valores significativos.

terapia, las mejoras fueron muy remarcables. En el grupo de control solo cinco medidas obtuvieron un cambio significativo (frente a quince en DytectiveU). Además, en esas cinco medidas, los cambios tuvieron más relevancia estadística en el grupo experimental (DytectiveU) que en el de control, exceptuando la medida «estructuras gramaticales» (Tabla 4.9).

Los *niños con TDA-H* del grupo experimental (DytectiveU) tuvieron una mejora significativa en ocho medidas del *Prolec-R*, ligeramente superior al grupo de control, quienes mejoraron en siete medidas. Tres medidas en que se encontró mejoría significativa coincidieron en los dos grupos, mientras que las demás solo se dieron en uno de los grupos. Este resultado puede sugerir una especificidad de la mejora con DytectiveU en niños con TDA-H, planteando que quizá es más beneficioso para el desarrollo de algunas habilidades en concreto, como pueden ser la lectura de pseudopalabras, las estructuras gramaticales, la comprensión de textos, la comprensión oral o la precisión (Tabla 4.8).

Los niños *sin dislexia y sin dificultades de atención* (Tabla 4.9) obtuvieron mejoras significativas en siete medidas, frente a cinco para el grupo de control. De nuevo, DytectiveU resultó más beneficioso incluso para los niños sin dificultades específicas. Las mejoras significativas, como ocurría con el grupo con TDA-H, siguen un patrón diferente en el grupo de control y en el experimental (DytectiveU), coincidiendo nada más en la mejora de una de las variables (precisión a través del nombre o sonido de las letras). El grupo experimental encontró una mejoría significativa en las siguientes medidas: igual-diferente, lectura de pseudopalabras, comprensión oral, precisión en nombre o sonido de letras, precisión en lectura de pseudopalabras, precisión en los signos de puntuación y velocidad en igual-diferente.

CONCLUSIONES

Cuando jugaban a DytectiveU, los niños mejoraron significativamente sus habilidades lingüísticas en comparación con los que úni-

Medidas - PROLEC-R	Control (sin dislexia ni TDA-H)				Experimental (DytectiveU) (sin dislexia ni TDA-H)			
	Pretest	Postest	Cambio (%)	Significancia	Pretest	Postest	Cambio (%)	Significancia
Nombre o sonido de letras	101,59	133,59	31,50	p = 0,032*	110,27	130,13	18,01	p = 0,124
Igual-diferente (pseudopalabras)	20,06	24,24	20,84	p = 0,133	20,67	27,13	31,25	p = 0,027*
Lectura de palabras	78,12	97,18	24,40	p = 0,085	77,93	100,40	28,83	p = 0,082
Lectura de pseudopalabras	43,71	52,65	20,45	p = 0,215	39,33	57,07	45,11	p = 0,006*
Estructuras gramaticales	12,06	13,65	13,18	p = 0,037*	12,87	14,53	12,90	p = 0,069
Signos de puntuación	14,12	17,88	26,63	p = 0,112	15	19	26,67	p = 0,086
Comprensión de oraciones	14,65	14,82	1,16	p = 0,691	15,33	15,47	0,91	p = 0,523
Comprensión de textos	9,00	9,65	7,22	p = 0,534	9,4	10,8	14,89	p = 0,156
Comprensión oral	5,41	3,47	–35,86	p = 0,341	2,33	3,93	68,67	p = 0,012*
Nombre o sonido de letras (precisión)	18,82	19,47	3,45	p = 0,019*	19,00	19,93	4,89	p = 0,006*
Igual-diferente (precisión)	18,53	19,41	4,75	p = 0,062	18,53	19,53	5,40	p = 0,097
Lectura de palabras (precisión)	36,71	37,41	1,91	p = 0,541	35,20	38,67	9,86	p = 0,053
Lectura de pseudopalabras (precisión)	32,41	32,53	0,37	p = 0,368	31,00	35,87	15,71	p = 0,001*
Signos de puntuación (precisión)	8,82	9,29	5,33	p = 0,830	9,27	10,53	13,59	p = 0,010*
Nombre o sonido de letras (velocidad)	20,71	17,00	–17,91	p = 0,046*	19,53	15,80	–19,10	p = 0,357
Igual-diferente (velocidad)	107,06	87,47	–18,30	p = 0,102	103,53	74,47	–28,07	p = 0,009*
Lectura de palabras (velocidad)	54,65	45,35	–17,02	p = 0,063	54,60	42,40	–22,34	p = 0,290
Lectura de pseudopalabras (velocidad)	86,12	71,59	–16,87	p = 0,115	87,20	68,27	–21,71	p = 0,065
Signos de puntuación (velocidad)	71,88	58,35	–18,82	p = 0,034*	74,47	58,07	–22,02	p = 0,290

Tabla 4.9. Puntuaciones, percentiles y resultados de pruebas de significancia para los niños sin dificultades de aprendizaje. El tiempo transcurrido entre el pretest y el postest *Prolec-R* fue de seis meses; los niños del grupo experimental jugaron con DytectiveU durante ocho semanas. Los números muestran la media percentil en todos los niños por condición en puntos porcentuales y el asterisco (*) resalta los valores significativos.

camente disponían de apoyo escolar. Con el test *DST-J* se observaron mejoras significativas para el grupo experimental en comparación con la evolución no significativa del grupo de control (con la excepción de una tarea —la transcripción— para la clase con dislexia). Por lo tanto, hacer ejercicios personalizados basados en los propios errores y habilidades cognitivas de rendimiento ayuda a los niños con dislexia, con TDA-H y sin dificultades de aprendizaje a mejorar sus habilidades lingüísticas.

Vale la pena observar que, a partir de las doce tareas medidas por la prueba *DST-J*, las diferencias más significativas se encontraron para aquellas que están directamente relacionadas con las habilidades del lenguaje, como la lectura, la copia y el dictado. Las principales diferencias se encontraron en la segmentación fonémica para los niños con dislexia y TDA-H. La segmentación fonémica normalmente se ve afectada por la dislexia y está directamente relacionada con la conciencia fonológica, un requisito previo para la lectura y la escritura correctas.[42]

La clase experimental que presentó las mayores diferencias fue la que no tenía dificultades de aprendizaje. Esta presentó diferencias significativas para seis tareas, en comparación con las cinco y las tres tareas para los grupos con dislexia y TDA-H, respectivamente (véase un resumen de los resultados en la Tabla 4.6, página 185).

Mediante la prueba *Prolec-R* también encontramos resultados consistentes con nuestra hipótesis. En el grupo experimental (DytectiveU), se encontraron mejoras más significativas en diferentes medidas del *Prolec-R* que para el grupo de control (véase un resumen de los resultados en la Tabla 4.9, página 189).

La mejora más significativa se dio en la clase de niños con dislexia. De un total de diecinueve medidas del *Prolec-R*, quince obtuvieron una mejoría significativa en el grupo experimental, frente a cinco del grupo de control, especialmente en lectura, comprensión, velocidad y precisión. Tan solo una variable del grupo de control obtuvo una mejoría significativa que no apareció en el grupo experimental: estructuras gramaticales. Habría que investigar en los próximos estudios si este resultado se mantiene y cuál puede ser la causa.

Los datos del *Prolec-R* reflejan claramente que DytectiveU mejora de forma significativa prácticamente todos los síntomas de la dislexia, objetivo con el cual la herramienta ha sido diseñada. Por otro lado, parece que también mejora el rendimiento en niños con TDA-H y en niños sin dificultades específicas de tratamiento, abriendo otra puerta sobre sus posibilidades. En estos dos últimos casos, parece que la mejora está más centrada en algunas habilidades específicas que en otras. Concretamente, en el caso del TDA-H se observa una mejora muy clara en las habilidades de comprensión y de velocidad, entre otras; y en el grupo sin dificultades de aprendizaje se observa una clara mejoría en la precisión, entre otras medidas. Es necesario investigar más para comprender el alcance de estos resultados en los grupos sin dislexia.

En conclusión, los resultados demuestran que DytectiveU tiene un impacto significativo en la mejora de las habilidades del lenguaje y puede usarse para prevenir las dificultades que todos los lectores enfrentan al adquirir habilidades de alfabetización. Los niños con dislexia son más sensibles a la intervención cognitivo-computacional (según los resultados del *Prolec-R*), así como los niños sin trastornos de aprendizaje (para el *DST-J*). A la luz de los resultados, esta metodología también resulta eficaz para la prevención de dificultades, la estimulación del lenguaje, la adquisición y el afianzamiento de las destrezas básicas de lectura y escritura en las etapas de Primaria para todo el alumnado.

Queda pendiente para realizar en el futuro la evaluación científica del método de DytectiveU en población de Secundaria y adulta. *A priori* debería funcionar, pues se han usado las mismas premisas para la creación de los ejercicios de los niveles más altos, por ejemplo, los patrones lingüísticos de los errores para esos niveles han sido extraídos de textos escritos por adultos con dislexia.

IMPACTO SOCIAL

Los primeros colegios que han usado DytectiveU han sido los pertenecientes a la asociación Ikasgiltza del País Vasco. Igualmente, durante el curso académico 2018-2019, la Comunidad de Madrid comenzará a usar DytectiveU en cien colegios públicos. Como DytectiveU está disponible en la web y también como aplicación para iOS y Android, hasta la fecha lo han probado casi veinte mil niños (véase anexo «Recursos y tecnologías para la dislexia», página 347).

Para ser sostenible, DytectiveU tiene un coste. Sin embargo, para las familias, profesionales y colegios en situaciones menos favorecidas, Change Dyslexia ha otorgado cientos de becas hasta el momento. Además, organizaciones externas pueden apoyar el programa de becas, como ya han hecho Fundación Renta Corporación, T3chFest o Asire Educación. Asimismo, los ingresos derivados de las ventas de este libro se dedicarán a becas DytectiveU. De este modo, junto con el compromiso de mantener el test *Dytective* siempre gratuito, se cumple la misión social de Change Dyslexia: que ningún niño que lo necesite se quede sin la detección más temprana posible y sin un apoyo científicamente validado.

RESUMEN

Conceptos básicos

- La lectura de textos con errores por la población con y sin dislexia revela que **el procesamiento cognitivo de los errores** en ambas poblaciones **es diferente**. La baja calidad léxica del texto afecta negativamente a la comprensión del texto, siendo más sensible la población sin dislexia.
- Esta información, junto con los patrones lingüísticos encontrados en los errores producidos por las personas con dislexia, unida a otros recursos psicolingüísticos y de lingüística computacional, puede usarse para crear **herramientas informáticas de prevención, estimulación y adquisición del lenguaje** (DytectiveU).
- Hacer **ejercicios personalizados** basados en sus propios errores y el rendimiento de las habilidades cognitivas (DytectiveU) ayuda a los **niños con dislexia** a mejorar sus habilidades lingüísticas. Concretamente, la población con dislexia

mejoró en las siguientes medidas, tomadas a partir del test *DST-J*: segmentación fonémica, ortografía, lectura de pseudopalabras, transcripción y fluidez verbal, así como en el nivel global de riesgo de dislexia. Con respecto a la prueba *Prolec-R*, también mejoraron en los siguientes indicadores de evaluación de lectoescritura: nombre o sonido de letras, igual/diferente, lectura de palabras, lectura de pseudopalabras, signos de puntuación, comprensión de oraciones, comprensión de textos, nombre o sonido de letras (precisión), lectura de pseudopalabras (precisión), signos de puntuación (precisión), nombre o sonido de letras (velocidad), discriminación de pseudopalabras (velocidad), lectura de palabras (velocidad), lectura de pseudopalabras (velocidad) y signos de puntuación.

- Hacer **ejercicios personalizados** basados en los errores y el rendimiento de las habilidades cognitivas (DytectiveU) ayuda a los **niños con TDA-H** a mejorar sus habilidades lingüísticas. Concretamente, mejoraron en discriminación de pseudopalabras, lectura de pseudopalabras, estructuras gramaticales, comprensión de textos, comprensión oral, lectura de pseudopalabras (precisión), discriminación de pseudopalabras (velocidad) y lectura de pseudopalabras (velocidad).
- Hacer **ejercicios personalizados** basados en sus errores y el rendimiento de las habilidades cognitivas (DytectiveU) ayuda a los **niños sin dislexia y sin TDA-H**. Las habilidades en las que se encontraron mejoras significativas fueron igual/diferente, lectura de pseudopalabras, comprensión oral, nombre o sonido de letras (precisión), lectura de pseudopalabras (precisión), signos de puntuación (precisión) y discriminación de pseudopalabras (velocidad).

Los resultados demuestran que esta metodología resulta eficaz para la prevención de dificultades, la estimulación del lenguaje, la adquisición y el afianzamiento de las destrezas básicas de lectura y escritura en las etapas de Primaria para todo el alumnado.

MATERIALES

1. ¿Cómo saber si un *software* educativo está validado científicamente?

Actualmente, en el mercado hay programas informáticos de pago que afirman sin rigurosidad tener una validación científica para la dislexia cuando no es cierto. Lamentablemente, veo a personas que pagan el coste que sea con la esperanza de encontrar una solución para sus hijos, cayendo en una trampa comercial. Las siguientes pautas permiten saber si un *software* está científicamente validado. Espero que así podáis ser críticos y elegir los programas que realmente ayudarán a vuestros hijos, alumnos o pacientes.

- Comprobad si la evaluación está avalada por un **artículo científico** publicado en algún **medio de calidad**. Un documento PDF con el logo de una universidad no es una publicación científica avalada por pares externos a la institución. El medio donde el artículo esté publicado, sea congreso o revista, debe haber tenido un proceso de revisión de pares. Las revistas son más comunes en las áreas de ciencias sociales, mientras que en las áreas computacionales son los congresos.
- Comprobad que **la evaluación se ha hecho con posterioridad al diseño de la herramienta** y con la herramienta final que vayan a usar los niños.
- Comprobad que la evaluación que se ha realizado es consistente. Por ejemplo, que se ha llevado a cabo en un **contexto real**, es decir, en el mismo o en uno similar a aquel en el que se usará el *software*. Prestad especial atención a que los participantes no hayan sido sobreestimulados para forzar los resultados.

- Comprobar que el *software* se ha evaluado con una muestra suficientemente amplia de niños para obtener **resultados estadísticamente significativos**. Una simple diferencia en la media de la evolución o para algunos de los niños no es suficiente. Tampoco lo es un simple porcentaje en la evolución de los niños. Ambos pueden deberse a la evolución normal del niño a lo largo del tiempo. Se deben realizar test estadísticos de significancia y compararlos con los mismos test en un grupo de control.
- Comprobad que las pruebas con las que se ha medido la evolución de los niños son **test estandarizados e independientes** (por ejemplo, pruebas diagnósticas) y que para los resultados no se han usado medidas internas que recoge el *software*, o medidas de test que se hayan diseñado *ad hoc* para la evaluación. ¿Os fiaríais de un programa que se ha evaluado con una muestra de veinticinco niños de edades diferentes, con una prueba de lectura y un dictado realizados específicamente para ese fin?

2. Informe sobre faltas de ortografía

A lo largo de los años, padres y alumnos me han pedido informes para presentar en sus centros educativos que informen desde la evidencia científica de la relación entre las faltas de ortografía y la dislexia.

Personalmente, defiendo férreamente que el trabajo y adaptarse en la medida de lo posible es la clave para superar la dislexia. El sistema educativo nunca se adaptará completamente a las personas con dislexia. Por ejemplo, no vas a encontrarte con todos los textos adaptados cuando viajes a diferentes lugares del mundo. Ahora bien, hay momentos en los que la persona se juega su futuro en un examen (como en las pruebas de acceso a la universidad). Entonces, la dislexia, mezclada con el estrés, puede jugar una mala pasada. Penalizar en estas situaciones es también algo negativo para la sociedad, que puede estar perdiendo profesionales excelentes (científicos, ingenieros y profesores) solo porque en una prueba tuvieron más faltas de ortografía, cuando en otros contextos —quizá con más tiempo y menos estrés— esto no les ocurriría.

A continuación, presentamos un «Informe sobre faltas de ortografía». También pueden resultar de interés los materiales «Pautas de actuación para maestros y profesores» (página 239), «Adecuaciones escolares y exámenes oficiales» (página 217) y «Consejos para afrontar un examen» (página 218).

En este informe se explica:

1. Por qué la dislexia y las faltas de ortografía están directamente relacionadas.
2. Las características específicas de las faltas de ortografía de las personas con dislexia.
3. Por qué las faltas de ortografía de las personas con dislexia no son comparables desde un punto de vista cognitivo con las de las personas sin dislexia.

Dislexia y ortografía. La dificultad específica del aprendizaje más frecuente es la dislexia. Mundialmente afecta a alrededor de un 5 % de la población de habla hispana y tiene un fundamento neurobiológico, sin afectar a la inteligencia general.[43] Según la definición actual de la OMS, la dislexia no solo es un trastorno específico de la lectura, sino también de la escritura.[44] Esto es así porque una de las manifestaciones de la dislexia es precisamente la baja calidad léxica de los escritos realizados por las personas con dislexia, es decir, que poseen una mayor tasa de faltas de ortografía. De hecho, Sterling, en un análisis empírico de textos escritos por personas con dislexia, observó que estas cometen más faltas de ortografía a lo largo de toda su vida; incluso si se trata de adultos entrenados. En otras palabras, **incluso la población adulta con dislexia que ha recibido tratamiento comete más faltas de ortografía en sus escritos que las personas sin dislexia.**[45]

Tipología de errores. En un análisis comparativo entre errores escritos por personas con dislexia en inglés y en español, se observó que la distribución de la tipología de los errores es parecida, tanto en el tipo (sustitución, omisión, adición y trasposición de letras), como en la frecuencia.[46] Asimismo, dos análisis independientes para el inglés[47] y para español[48] de dos corpus compuestos por textos escritos por personas con dislexia, demuestran que los errores ortográficos escritos por las personas con dislexia se solapan con los errores ortográficos de las personas sin dislexia. Esto hace más difícil la detección de la dislexia por medio de los errores escritos, **pues parece que las faltas de ortografía de las personas con dislexia se deban a la ignorancia de la lengua en que se escribe, en lugar de a un trastorno de aprendizaje.**

Reconocimiento de errores. Existen varios trabajos en diversas áreas, como la neurología,[49] la psicología[50] y la interacción hombre-máquina[51] que demuestran que uno de los indicadores de la dislexia es la dificultad de reconocer palabras y de percibir conscientemente los errores ortográficos cometidos. Por ejemplo, las dificultades en el reconocimiento de vocablos están presente no solo en niños con dislexia, sino que se mantiene también en adultos con dislexia.[52]

Relacionado con la dificultad de reconocimiento de palabras, las personas con dislexia tienen un comportamiento diferente cuando se trata del reconocimiento de errores ortográficos. En dos estudios con ciento veintidós participantes (la mitad de ellos con dislexia diagnosticada), usando tecnología de seguimiento ocular *(eye-tracking)*, los participantes debían leer textos con diferentes tasas de faltas de ortografía (ninguno, 8 y 16 %).[53] Este estudio demostró dos hipótesis: 1) la presencia de faltas de ortografía hace que la comprensión del texto baje significativamente para las personas sin dislexia, mientras que se mantiene estable para las personas con dislexia; y 2) las personas con dislexia perciben significativamente menos errores que las personas sin dislexia. Es decir, que **los textos con baja calidad léxica tienen una repercusión negativa en la comprensión para las personas sin dislexia. Para las personas con dislexia, los textos con errores no producen ningún efecto significativo en su comprensión, porque no perciben los errores conscientemente y, por tanto, esto no influye en su comprensión.**

Conclusiones. Los errores ortográficos pueden afectar negativamente en el currículo académico de los estudiantes, por ejemplo, pueden obtener notas más bajas durante la etapa escolar y universitaria. También minan la imagen de las personas con dislexia, que parecen menos inteligentes o más despistadas. Es necesario tener en cuenta que los errores ortográficos de las personas con dislexia, a pesar de tener una apariencia parecida a las personas sin dislexia, tienen un fundamento neurológico y las personas con dislexia encuentran muchas más dificultades en reconocerlos de forma consciente. Estos datos empíricamente validados deberían ser tenidos en cuenta a la hora de valorar a un estudiante con dislexia en función de sus faltas de ortografía.

PARTE II

Estrategias

CAPÍTULO 5

¿Cómo estudiar?

> La vida no es fácil para ninguno de nosotros. Hay que perseverar y, sobre todo, tener confianza en uno mismo. Hay que sentirse dotado para realizar alguna cosa y que esa cosa hay que alcanzarla, cueste lo que cueste.
>
> MARIE CURIE

COPIAR LOS LIBROS A MANO

De pequeña, copiaba los libros a mano. Durante las vacaciones de verano llegaba a copiar uno o dos libros enteros. Con mucho esfuerzo lograba copiar una hoja cada día. Algunos días conseguía terminar hasta dos hojas. Iba contando las líneas que me quedaban. Cuando iba por la primera, la segunda o la tercera sentía que me quedaba una vida. Copiaba durante las horas de silencio, mientras mis padres se echaban la siesta. Por aquel entonces nadie sabía nada de dislexia, mis padres buenamente me proponían que hiciera copias a ver si conseguía mejorar durante el verano. Luego, cuando se despertaban, mi madre pacientemente corregía conmigo las faltas. Era pesado, tedioso y complicado. Pero yo lo hacía todos los días porque pensaba que era bueno, a pesar del dolor de cabeza que me generaba.

Más tarde, cuando cumplí 10 años, mis padres comenzaron a quedarse sin vacaciones para que yo fuera al extranjero a aprender inglés. Era lo que mis padres —sin saber sobre dislexia— buenamente proponían para darme una segunda lengua. Los primeros veranos echaba mucho de menos mi casa. Pero yo lo hacía porque pensaba que era bueno, a pesar de que en esos veranos miraba el reloj muy a menudo. Llegué a saber exactamente, solo con mirar mi reloj, los días, las horas y los minutos que quedaban para volver a casa. Pero aprendí inglés.

La incondicionalidad de los padres

Sin embargo, creo que lo que realmente me ayudó fue algo que mis padres hicieron sin querer. Nunca nunca nunca sentí presión por su parte. Yo sabía que, aunque cometiera el error más grande del mundo, ellos iban a apoyarme. Su apoyo incondicional me dio confianza y consiguió que la dislexia no disminuyera mi autoestima y siguiera intentándolo.

Constancia, resiliencia y perseverancia

Mis padres nunca me dijeron estas palabras, pero me enseñaron con su ejemplo lo que significaban.

Desde que tengo conciencia y hasta que mi padre se jubiló, nunca le vi faltar al trabajo. Nunca se puso enfermo. Todos los días se levantaba religiosamente a las 6:30 de la mañana. Se afeitaba y salía puntual. Todos los días. He sabido lo que era «quedarse dormido» o «llegar tarde» cuando ya de adulta comencé a compartir piso con otras personas.

Desde que tengo conciencia, en casa siempre hubo una habitación «para estudiar» reservada para mi madre. Desde que recuerdo, mi madre estuvo estudiando una oposición para convertirse en funcionaria del Estado. Suspendía, sufría y volvía a intentarlo. Con todas sus fuerzas. Suspendía, sufría y volvía a intentarlo. Así durante veintidós años. Cuando se sacó la plaza, me sorprendió hasta a mí. Hasta su propia hija había dejado —sin querer— de creer en ella. Pero a pesar de todos los fracasos y de lo que pudiera pensar la gente, mi madre siguió adelante. Y lo consiguió. Ella decía que le costaba porque es lenta, pero años más tarde descubrimos —precisamente con nuestra investigación— que en realidad mi madre muy probablemente tenía dislexia. No afecta solo a niños, también a adultos como ella que piensan erróneamente que son «menos capaces». Yo pienso que aprobar con nota un test psicotécnico teniendo dislexia es demostrar oficialmente que has desarrollado superpoderes.

Da igual lo que piense la mayoría, porque no les importa

Da la casualidad de que justo cuando comencé a sacar buenas notas fue cuando dejó de ser «guay» sacar buenas notas y lo popular era ser el malote de la clase. Vamos, que me salió todo justo al revés. Pasé de ser la «tonta» a ser la «empollona» de la clase.

Aunque en realidad no me importaba. Aprendí muy pronto a que me diera igual lo que pensara la clase. De hecho, aprendí muy pronto a observar a todo el mundo. También fui consciente muy pronto de que casi nadie piensa en lo que el resto hace. La gente está más pendiente en lo que piensan los demás de ellos, que en lo que hace el resto. O sea, que da lo mismo lo que hagas, a nadie le importa en realidad, aunque se rían de ti. Si se ríen de ti, es para conseguir que el resto tenga una opinión de ellos, no de ti. En resumen, me daba igual ser el objeto de sus burlas, incluso cuando hacía preguntas en clase.

Con un buen amigo basta

Durante estos años hubo una persona que nunca se rio de mí en clase. Hubo una persona que me trató con respeto y cariño. Hoy, veinte años después, sigue siendo mi mejor amiga.

Por la dislexia aprendí muy pronto una lección y es que muchas personas te quieren por lo que tienes, no por lo que eres. Esto lo aprendí cuando comencé a recibir más invitaciones a cumpleaños y a merendar en casa de compañeros de clase... Y esto pasó cuando comencé a sacar buenas notas. Antes, entiendo que me consideraban una mala influencia y que los padres no querían que me juntara con sus hijos. Qué duro aprender eso tan joven. Pero es superútil, sobre todo para el futuro.

Pero Clara no era así, ella nunca me juzgó y sabía ver más allá. Ella era mi amiga por lo que era y no por lo que tenía, y por lo que había conseguido —o no—. Si tienes un amigo, es oro. Consérvalo y cuídalo, aunque sea solo uno. Y si no lo tienes, búscalo. No hace falta tener muchos, con solo un buen amigo es suficiente en el colegio.

No hace falta que tengas claro tu sueño

Aunque de pequeña soñaba con ser científica, enterré esa idea durante años. Quizá me daba vergüenza imaginarlo, porque asumí que era imposible. Antes de descubrir lo que me gustaba, trabajé de muchas cosas (dependienta, profesora, modelo de pintura) y hasta comencé estudiar otras dos carreras que no terminé (Derecho y Ciencias Empresariales). No es fácil descubrir lo que uno quiere ser. Si tuviera un hijo con dislexia, lo animaría a probar muchas actividades (talleres, voluntariado y actividades que complementen la formación del colegio) para que pueda identificar lo que le gusta y quizá algo en lo que destaque especialmente.

Gamificar las tareas y competir contra ti mismo

Durante la época universitaria lo di todo. Para ser investigadora tenía que sacar muy buenas notas. Para que los trabajos de clase no tuvieran ninguna falta de ortografía, conseguía que las personas que me querían, amigos y familiares, me los revisaran con lupa. Me sentaba con ellos y les proponía juegos, como ver si eran capaces de encontrar antes que yo una falta de ortografía en mis textos, archirrevisados ya por mí. Durante este período hice que mis dificultades se convirtieran en un reto con ilusión y en un juego para los demás. Hoy en día hago lo mismo, pero *gamificando* (anglicismo que significa convertir una tarea en un juego) mis tareas, usando la técnica Pomodoro, compitiendo conmigo misma —intentando tardar cada vez menos en las tareas— y dándome pequeños trofeos cuando termino.

CUADRO RESUMEN DEL CAPÍTULO 5

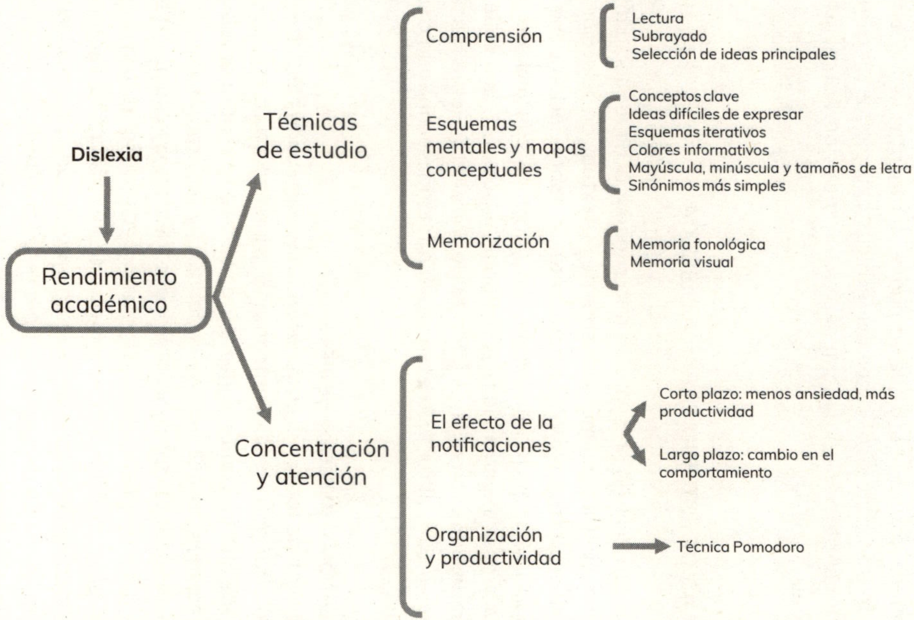

Materiales
- Adecuaciones escolares y exámenes oficiales
- Consejos para afrontar un examen

Ningún niño con dislexia debe renunciar a sus sueños. Muchas veces, para llegar a cumplirlos, hay que conseguir un buen rendimiento académico y conocer lenguas extranjeras. Este capítulo ofrece recursos para que los padres, terapeutas y maestros puedan transmitir a los niños las técnicas apropiadas de estudio, las estrategias para mantener la concentración y aumentar su productividad.

TÉCNICAS DE ESTUDIO PARA LA DISLEXIA

Estudiar con dislexia presenta un reto superior al de la media de la población, pues normalmente el soporte es textual. La selección de las técnicas de estudio que se presentan a continuación tiene en cuenta la investigación realizada con personas con dislexia, así como la propia experiencia que veintinueve personas con dislexia han compartido con nosotros a través de entrevistas sobre sus técnicas de estudio durante la enseñanza primaria, secundaria o universitaria.

COMPRENSIÓN Y SELECCIÓN DE IDEAS

Las técnicas de todos los entrevistados incluyen varias lecturas del temario. Algunos comienzan con una primera lectura que puede ser en voz alta (o usando conversor de texto a voz) para acceder a los contenidos también a través del oído, y realizando esquemas simples para sintetizar conceptos clave, de cara a la segunda lectura. A algunas personas les sirve subrayar con lápiz lo que van leyendo para realizar una lectura guiada, mientras que otras personas con dislexia empiezan directamente con una primera lectura reflexiva, en la que usan colores para resaltar el texto.

Entre las estrategias de *selección de ideas principales* más usadas entre las personas con dislexia destacan:

- *Subrayar o marcar las palabras clave*. En un estudio de 2014, usando *eye-tracking* con sesenta y dos personas (la mitad con dislexia), exploramos si resaltar las ideas principales en negrita tiene un impacto en la legibilidad y la comprensión. Descubrimos que resaltar las palabras clave mejora la comprensión de los participantes con dislexia[1] (Capítulo 2, «Resaltar las palabras clave», página 96).

- *Resaltar información usando colores de manera informativa.* A algunas personas les resulta útil emplear los mismos colores en función del contenido de lo subrayado (títulos, subtítulos, autores, fechas...), por ejemplo, usando para las fechas siempre el color amarillo. Otras personas usan los colores en función de la dificultad: un color para los conceptos fáciles, por ejemplo, el rojo, y otro para las cosas que tienden a confundir o son de difícil memorización, como el naranja.
- Intentar *dejar sin color la máxima cantidad de texto*, de manera que solo estén subrayadas las frases o palabras clave, para poder leer más rápido. Todo lo que se repite se deja fuera.
- *Encuadrar o marcar de manera especial un párrafo*, si es la definición de algún concepto fundamental.
- Hacer *anotaciones al margen*, por ejemplo, si es algo importante, escribir signos de exclamación al lado.

Esquemas gráficos y mapas mentales

Como veremos en el Capítulo 8, una de las fortalezas de las personas con dislexia es el pensamiento visual y el reconocimiento de patrones. El uso de esquemas gráficos o mapas mentales es una estrategia pedagógica ampliamente recomendada para que los estudiantes disléxicos mejoren su comprensión.[2] Los mapas mentales fueron formalizados por Tony Buzan como un modo de obligar al cerebro a abandonar el pensamiento lineal y estimular así la creatividad y sacar el máximo potencial en el desarrollo de ideas.[3] En el pasado, sabios como Ramon Llull o Leonardo da Vinci ya habían usado técnicas parecidas.

En 2012, junto con Horacio Saggion, Ricardo Baeza-Yates y Eduardo Graells, realizamos un estudio con cuarenta y seis participantes (veintitrés con dislexia diagnosticada) sobre el impacto de los esquemas en la legibilidad y la comprensión, usando datos provenientes del seguimiento ocular (véanse detalles en Capítulo 2, «Uso de esquemas gráficos», página 94). Si bien no encontramos diferencias significativas en las medidas objetivas de legibilidad y comprensión, en las encuestas subjetivas los esquemas gráficos tuvieron un efecto revelador sobre la legibilidad y la comprensión subjetiva de los participantes con dislexia. Además, en las entrevistas semiestructuradas realizadas tras el estudio, los participantes con dislexia mostraron opiniones muy positivas sobre los esquemas gráficos.[4] Esto sugiere que el uso de los esquemas puede ser positivo, aunque su diseño es altamente subjetivo en función de la persona que los realiza. En resumen, los esquemas son útiles, sobre todo si son realizados por la persona que los va a emplear.

La realización de esquemas o mapas mentales para reducir la información parece ser uno de los pasos más importantes para estudiar con eficacia. Mientras que un *esquema gráfico* es lineal y usa flechas, llaves, números y letras, entre otros, el *mapa mental* es direccional y usa nodos y palabras, junto con flechas, líneas e imágenes que se ramifican a partir de la idea principal. El objetivo es sintetizar la información lo máximo a través de una representación gráfica de ideas, pensamientos y conceptos relacionados. En función del tema, se pueden usar unos u otros, o una combinación de ambos. Aquí resumimos las estrategias para su realización:

- Seleccionar los conceptos clave y los datos que se quieren recordar. Salvo necesidad, no se incluyen los verbos auxiliares *(ser, estar* o *haber)* o las categorías gramaticales invariables (preposiciones, conjunciones, etcétera).
- Si hay alguna idea difícil de comunicar, incluir un pequeño texto para aprender cómo expresarla.
- Usar esquemas iterativos. Primero uno con más detalle resumiendo párrafo a párrafo la lección, luego otro que resuma el primer esquema, hasta terminar en exámenes finales con un esquema que resuma toda la asignatura.

- Emplear colores informativos para los esquemas, por ejemplo, las fechas pueden ir en un color, los nombres propios en otro y las palabras que más cuesta memorizar en un tono que llame la atención, como el rojo.
- Alternar el uso de mayúsculas y minúsculas, o diferentes tamaños de letra, en función de la importancia del concepto que hay que memorizar.
- Usar sinónimos más simples para algunas palabras en los esquemas.
- En caso de estudiar con el libro, se pueden usar esquemas en notas adhesivas al lado de los párrafos complicados. Asimismo, en los márgenes pueden utilizarse microesquemas a lápiz que resuman lo que pone en el texto, haciendo innecesario leerlo.

Podemos encontrar ejemplos de esquemas gráficos mentales al inicio de cada capítulo de este libro.

Memorización

En Primaria y en los primeros cursos de Secundaria se mide sobre todo la capacidad de memorizar el texto. Esto es lo más complicado para una persona con dislexia. En los cursos más avanzados se valora más la capacidad de síntesis y de relacionar ideas, y entonces las personas con dislexia pueden destacar más. Para memorizar, nuestros participantes con dislexia usan esquemas gráficos y mapas mentales (véase la sección anterior) y reglas mnemotécnicas usando rimas y asociaciones, escribir las secciones más difíciles de memorizar, poner una melodía al texto como si se tratara de una canción o realizar esquemas extra. Más adelante, mientras se va repasando mentalmente, se escriben en una hoja en blanco las fechas, los nombres propios o las palabras más complicadas, mientras se van memorizando mentalmente.

Existen diferentes tipos de memoria, como la *memoria fonológica (auditiva)* o la *memoria visual*, que en función de la persona pueden estar más o menos favorecidas. Lo ideal es repasar los textos que se van a memorizar usando ambas (la visual si se lee o se escribe, y la auditiva si se escucha o lee en alto) para luego poder recordarlas combinando los diferentes tipos de memoria. Finalmente, algunos participantes expresaron que memorizan mejor si lo hacen en equipo, cuando otra persona les pregunta, a modo de juego, o cuando deben explicar a un amigo lo que han aprendido.

Para memorizar es crucial ser capaz de mantener la concentración y la atención (véase el siguiente apartado).

CONCENTRACIÓN Y ATENCIÓN

La capacidad de mantener el foco y la concentración es clave para ejecutar las tareas con éxito. De hecho, la capacidad de controlar nuestra atención ha sido evaluada como una de las facultades más importantes de la mente humana. Mantener la atención implica al menos dos cosas: estar focalizado en una sola tarea, es decir, no cambiar de tarea, y no tener interrupciones.

Hay dos tipos de interrupciones, las externas y las internas. Las interrupciones internas se pueden ir entrenando con el tiempo. Por ejemplo, la interrupción de pensamientos repentinos como «Me apetece beber un vaso de agua» se puede reducir con entrenamiento como veremos más adelante.

Por su parte, las interrupciones externas cada vez son más frecuentes debido a la presencia creciente de la tecnología en nuestro día a día, tanto entre población adulta como entre los jóvenes. En los últimos años las interrupciones externas han aumentado significativamente y la mayoría de ellas son notificaciones provenientes de los dispositivos inteligentes, como las llamadas o mensajes de las redes sociales.

Existen muchos trabajos sobre concentración, atención e interrupciones. A continuación, detallamos tan solo un ejemplo sobre el impacto de las notificaciones.

El efecto a corto plazo de las notificaciones

Entre 2014 y 2015, junto con el investigador Martin Pielot (Telefónica I + D), realicé un estudio sobre el impacto de las notificaciones en el día a día de las personas, principalmente en dos grupos: estudiantes e investigadores en Estados Unidos y médicos en España.[5] Las notificaciones incluyen alertas visuales, auditivas o táctiles para llamar la atención sobre el nuevo contenido en línea, y se están convirtiendo en medios esenciales para involucrar al usuario, tanto en los ordenadores como en los dispositivos móviles. El estudio consistía en aceptar el desafío «no molestar» *(do not disturb challenge)*, por el que los participantes permanecían un total de veinticuatro horas sin notificaciones en ninguno de sus dispositivos. Esto se conseguía poniendo los dispositivos en el modo «no molestar».

Lo primero que nos sorprendió fue el número de participantes que renunciaron a participar simplemente porque no querían renunciar a tener notificaciones durante un día completo. De hecho, está demostrado que el cerebro libera dopamina cuando se consultan las notificaciones recibidas en los dispositivos. La dopamina es altamente adictiva y ha desempeñado un papel fundamental a lo largo de la historia del ser humano, concretamente en nuestra supervivencia como especie. Este mismo neurotransmisor que hacía sentirse bien a nuestros ancestros al buscar comida, también nos hace sentirnos bien cuando aparecen notificaciones de los «me gusta» o de los correos electrónicos que recibimos. Finalmente, conseguimos treinta participantes que aceptaron el reto de estar sin notificaciones durante veinticuatro horas. Estos participantes realizaron entrevistas previas y posteriores al desafío. Dos años después volvimos a contactar con los participantes para comprobar si su comportamiento había cambiado frente a las notificaciones y el uso de sus dispositivos electrónicos.

Los resultados mostraron reacciones muy fuertes y polarizadas al estar expuestos a tan solo veinticuatro horas sin notificaciones. Por un lado, afectan negativamente a la concentración, sobre todo al trabajo que requiere focalización, ya que los participantes informaron de que se sentían significativamente menos distraídos y más productivos sin notificaciones. Es decir, deshabilitar las notificaciones puede tener efectos positivos en la concentración. Al mismo tiempo, la desactivación de notificaciones también tuvo efectos negativos: los participantes se preocuparon más por perder información importante, por no ser lo suficientemente receptivos y por sentirse menos conectados con su red social. En otro estudio similar, un grupo de trabajadores cortaron completamente las notificaciones provenientes de su correo electrónico, lo que provocó que los participantes dedicaran más tiempo consecutivo a una sola tarea y disminuyera el estrés.[6]

En resumen, hemos llegado a un punto en el que la tecnología está tan impregnada en nuestro día a día que la mayoría de nosotros no puede vivir ni *sin* notificaciones ni con ellas. Desactivar las notificaciones por completo no es una opción, pues tanto recibirlas como no genera alivio, estrés y ansiedad al mismo tiempo.

El efecto a largo plazo del desafío «no molestar»

Lo más sorprendente fue el comportamiento que tuvieron los participantes dos años después. Tras el estudio, aproximadamente un tercio de nuestros participantes expresaron la intención de desactivar algunas fuentes de notificaciones y aproximadamente la mitad de ellos expresó su intención de utilizar «no molestar» o configuraciones equivalentes más a menudo en el futuro. Dos años después, el 60 % de estos participantes siguen cumpliendo sus intenciones. Es decir, probar un mundo sin notificaciones durante veinticuatro horas provocó un cambio de comportamiento en los dos años siguientes. A pesar de que los resultados del estudio pueden parecer contradictorios, las consecuencias prácticas que se derivan de él son muy interesantes, pues, aunque la falta de notificaciones generaba ansiedad, la concentración era más alta cuando las personas no estaban expuestas a ellas.

En conclusión, para estudiar o realizar tareas que requieren concentración, lo óptimo es controlar las notificaciones, bien poniendo nuestros dispositivos en modo «no molestar» o «modo avión» si no se esperan llamadas. Existen otros estudios que demuestran que la concentración aumenta si se sitúan los dispositivos en otra habitación distinta a la que se está. Al librarse de las interrupciones externas, se mejora la productividad, evitando la multitarea y entrenando la capacidad de concentración para tener cada vez menos interrupciones internas. Para esto, a mí personalmente me ha servido la técnica Pomodoro (véase siguiente sección), aunque existen muchas técnicas que se sustentan en principios parecidos.

ORGANIZACIÓN Y PRODUCTIVIDAD

Existen muchas técnicas de productividad que se sustentan sobre las dos premisas siguientes: 1) por un lado, el cerebro humano, descontando algunas excepciones, no está preparado para la multitarea, es decir, es más productivo cuando se dedica a una cosa en cada momento; y, 2) por otro lado, las pausas regulares en las tareas pueden mejorar la agilidad mental, evitando un estado de ansiedad ante el paso del tiempo.

La técnica Pomodoro previene la multitarea y ayuda a alcanzar un estado de concentración más elevado, que se hace sostenible gracias a las pausas regulares. Este método lo creó Francesco Cirillo en la década de 1980 para ser usado en las tareas de desarrollo de software.[7] Aunque desconocemos una evaluación científica de esta técnica, cuenta con muchos seguidores que la utilizan como forma habitual de trabajo.

Si bien existen diferentes técnicas de productividad y concentración que quizá puedan resultar útiles para las personas con dislexia, se ha decidido incluir en este libro la técnica Pomodoro porque es completa, en el sentido de que va desde la gestión de las tareas hasta su realización. Comprende los siguientes pasos:

1. Escribir en una lista todas tus tareas y estimar el tiempo que te llevará hacerlas. La estimación se realiza en unidades de veinticinco minutos, llamadas *pomodoros*. Esta unidad de tiempo es una recomendación, y hay personas que prefieren usar po-

modoros más cortos (veinte minutos) o más largos (treinta minutos). No obstante, un pomodoro no debe ser muy largo, pues es necesario mantener la concentración en una sola tarea durante ese intervalo de tiempo. La misma labor de escribir ayuda a reducir la ansiedad, porque te permite ver todas las tareas pendientes a la vez; además, al dejarlas escritas, no debes volver a acordarte de ellas. Si al escribir una tarea descubres que puedes hacerla en menos de cinco minutos, entonces realízala inmediatamente. Te llevará más tiempo arrastrarla en tu lista (escribirla, gestionarla...) que completarla y liberarte.

2. Decidir las tareas que vas a hacer hoy. Estás tareas se anotan en otra hoja, junto a la estimación del número de pomodoros requeridos. Por cada pomodoro se dibuja un cuadradito.
3. Activas un cronómetro que te avise a los veinticinco minutos. De hecho, la palabra *pomodoro* está inspirada en los temporizadores de cocina con forma de tomate. Hay muchas aplicaciones en línea con temporizadores de *pomodoros* implementados precisamente para usar esta técnica.
4. Durante esos veinticinco minutos, solo puedes realizar esa tarea. No puedes tener interrupciones externas (no se puede mirar el correo electrónico, beber, comer, ir al baño ni activar las notificaciones desactivadas para evitar la multitarea). Si tienes una interrupción interna (te acuerdas repentinamente de algo), lo apuntas en tu hoja diaria de pomodoros y sigues con la tarea que te habías asignado. Debes hacer todo lo posible para proteger tu pomodoro. Con los días verás que cada vez tendrás menos interrupciones internas. Serás el dueño de tu mente y de tu concentración. Y eso es algo que muy pocas personas pueden decir, y más hoy en día.
5. Cuando suene el temporizador tras los veinticinco minutos, tachas el cuadradito de tu pomodoro realizado. Un placer. Después de cada pomodoro se debe hacer un descanso de solo cinco minutos. Aunque no te apetezca debes hacerlo, puedes aprovechar para hidratarte, ordenar tu mesa o descansar la mirada. Cada cuatro pomodoros

debes hacer un descanso más largo, de quince o treinta minutos.

A lo mejor, veinticinco minutos de concentración total sin interrupciones te parece muy poco. Sin embargo, cuando lo pruebes verás que es más complicado de lo que parece y a medida que más practiques, mejores resultados obtendrás. Yo, personalmente, uso este método desde que lo conocí en 2010 y lo sigo utilizando porque me sirve para las tareas largas en las que hace falta descansar. Aunque parezca que descansar cada veinticinco minutos es demasiado y que volver al punto de concentración donde estabas es complicado, si lo pruebas, verás que no lo es. Volver a trabajar después de descansar te da una visión de águila y a veces encuentras soluciones donde no las veías. Además, el descanso obligado me permite darme el lujo de hacer lo que me apetece durante los cinco minutos de descanso (un mini premio), como ver redes sociales —esa dopamina—, beber agua, ir al baño, o hacer una llamada telefónica en los descansos largos. Asimismo, el hecho de tener que predecir y medir mi rendimiento me ha permitido, primero, ser mucho más consciente de lo que tardo en hacer las cosas; y segundo, valorar mis avances y mejoras, lo que me motiva a ser cada día más productiva. Finalmente, me es muy útil en los períodos en los que hay que trabajar duro durante varios días o semanas, como en época de exámenes, análisis de datos o experimentos y escritura de artículos de investigación. Por ejemplo, escribí mi tesis doctoral en un total de 738 pomodoros —y con este libro que estás leyendo, también he seguido la misma técnica—. De esta manera, puedo gestionar la energía para no cansarme demasiado en un solo día y rendir bien durante la jornada siguiente. Por ejemplo, si estás seis horas seguidas estudiando durante un día, es probable que al día siguiente tu rendimiento baje. Si, por el contrario, son doce pomodoros, como te has obligado a descansar, al día siguiente puedes volver a hacer ese mismo esfuerzo.

RESUMEN

Conceptos básicos

- Las **técnicas de estudio** más utilizadas entre las personas con dislexia que han compensado sus dificultades en los estudios siguen este orden: lectura comprensiva, subrayado, realización de esquemas mentales y mapas conceptuales, y técnicas de repaso y memorización.
- Entrenar la **concentración** y la **organización** es crucial para rendir bien en los estudios y en el trabajo. Las personas no estamos hechas para la multitarea, pues nos desconcentra.
- **Desactivar las notificaciones** de nuestras aplicaciones es positivo para fomentar la concentración y la atención. Tiene efectos ventajosos a corto y a largo plazo. La **técnica Pomodoro** es una gran herramienta para entrenar la concentración.

MATERIALES

1. Adecuaciones escolares y exámenes oficiales

La necesidad de detección y apoyo está considerada en leyes y reglamentos. Por ejemplo, la legislación de Argentina (Ley 27306, de 2016) recoge la necesidad de la detección temprana. En España, en algunas comunidades autónomas como Baleares, Cataluña o Madrid, existen reglamentos que incluyen adecuaciones para las personas con dislexia a la hora de realizar exámenes, como las pruebas de acceso a la universidad. Estas adecuaciones buscan homogeneizar al grupo y suelen contar, entre otras medidas, con la concesión un tiempo extra, el menor carácter sancionador de las faltas de ortografía, la presentación de los textos en tamaños de fuente mayores al habitual, el uso de un aula con menos alumnos para fomentar la concentración y que el examinador lea en voz alta los enunciados de las preguntas. De hecho, en un estudio de 2018 realizado en Eslovenia con doscientos ochenta estudiantes (cuarenta y siete con dislexia), se descubrió que el uso de lectores de texto aumentaba las puntuaciones de comprensión de textos difíciles, lo que permitió a los alumnos con dislexia un desempeño a la altura de sus compañeros sin dislexia.[8]

Normalmente, son las familias las que se ponen en contacto con la dirección del centro docente sobre la posibilidad de tener adaptaciones en el examen de selectividad. Para ello es necesario obtener un certificado oficial emitido por un profesional colegiado que es incorporado al expediente académico del alumno. Finalmente, es el centro docente el que realiza la solicitud de adaptaciones que debería ser aprobada por un tribunal.

Cada vez más centros educativos incluyen estas adecuaciones. No obstante, no todos los lugares cuentan con leyes, protocolos y adecuaciones aprobadas. En la actualidad, son las mismas asociaciones, creadas por grupos de familiares, las que están trabajando por su instauración. En caso de tener alguna duda, las asociaciones de cada zona cuentan con información actualizada.

Cada año nacen asociaciones nuevas, por esto Change Dislexia incluye una página web actualizada con la lista de las instituciones relacionadas con la dislexia en el mundo hispánico por regiones (véase, en anexos, «Recursos y tecnologías para la dislexia», página 347).

2. Consejos para afrontar un examen

Duerme bien. Para asegurarte un buen descanso, intenta hacer algo de deporte el día antes (no muy tarde, porque demasiadas endorfinas pueden quitar el sueño). Dormir es bueno para la memoria y para el rendimiento del cerebro. Necesitarás que vaya rápido el día del examen.

Bebe más agua de lo normal. Nos deshidratamos más cuando estamos estresados. Pero has de acordarte de ir al baño justo antes del examen.

La primera vez que lees la pregunta, marca con lápiz las palabras clave de la cuestión. Así podrás visualizar lo que te quieren preguntar.

Si es necesario, lee la pregunta en voz baja para ti.

Si la pregunta está formulada en negativo, pásala a un estilo afirmativo, cambiando el *no* por el *sí*. Te ayudará a entender la pregunta en el sentido lógico.

Deja las preguntas que te resultan difíciles para el final del examen. No pierdas tiempo.

Si hay alguna palabra que no recuerdas cómo se escribe, busca un sinónimo más sencillo.

Pon especial atención en aquellos términos que se escriben de manera similar, pero significan cosas diferentes, hay que tener mucho cuidado.

Lleva el temario muy bien estudiado, con eso puedes sacar ventaja, porque te ahorrará tiempo a la hora de responder.

Aunque termines muy cansado, si te queda tiempo, repasa lo escrito. Habrá errores que no hayas visto la primera ni la segunda vez. Usa todo el tiempo restante para la revisión del examen.

CAPÍTULO 6

¿Cómo aprender otro idioma?

Todo lo que no se da, se pierde.

DOMINIQUE LAPIERRE

LOS DOS SEGUNDOS

El primer día que aterricé en Irlanda me quedé sin cenar. Tenía diez años. Iba a aprender inglés y era la primera vez que viajaba sola en avión. Con una escala y todo. Para empezar, la familia que me tenía que recoger no apareció en el aeropuerto. Ya casi dudaba de si había aterrizado en la ciudad correcta. Después de esperar como una hora, al final llamé a España a cobro revertido y desde una cabina (para los *millennials* y posteriores: sí, aunque parezca increíble hubo una época en la que no había teléfonos móviles y hacían falta monedas específicas de cada país para llamar por teléfono). Al final apareció la familia con la que iba a vivir ese verano. Llevaba todo el día viajando y tenía mucha hambre. No había comprado comida en los aeropuertos porque no quería gastar el dinero precisamente el primer día, porque me quedaba un verano largo en un país que no conocía y no sabía qué podía pasar. Llegué a la casa hambrienta. Durante todo el viaje en coche no entendí nada de lo que me decían. Parecía gente agradable. Yo iba diciendo *yes, yes*, al tuntún. Cuando llegamos a la casa me llevaron a mi habitación y me preguntaron: *Did you have dinner?* («¿Has cenado?») ¡y dije *yes!*

Para mi sorpresa me respondieron: *Oh, ok. Good night!* («Oh, está bien. ¡Buenas noches!») y cerraron la puerta de mi habitación conmigo dentro. Vale. Lo había entendido mal. No me habían ofrecido cenar. Me había preguntado si había cenado ya. ¡Qué hambre! Dormí fatal. A la mañana siguiente en el desayuno me comí ocho tostadas con mantequilla. La familia me las iba ofreciendo de dos en dos y yo iba diciendo *yes*. Lo bueno de esto es que senté precedente y el resto del verano me sirvieron unos platos de comida gigantes. Algunos días llamaba llorando pidiendo a mis padres que me recogieran. Otros días ni me acordaba de llamar. Así durante seis veranos. Luego, cuando cumplí dieciséis años, ya quería tener la primera experiencia laboral y aprovechar para aprender inglés aún más. Mi primer trabajo fue también en Irlanda, de dependienta en un Primark de Dublín. Ahí aprendí dos cosas. Primero, a doblar muy bien la ropa y, segundo, que uno pasa muchas horas trabajando, así que mejor que te guste aquello a lo que te dedicas. Durante esos meses, mientras doblaba ropa escuchando de fondo el mismo álbum de canciones en bucle, medité sobre qué era lo que realmente me gustaba. Durante los siguientes siete años trabajé duro por lo que me gustaba y el destino me llevó a Inglaterra para estudiar el máster en Procesamiento del Lenguaje Natural gracias a una beca de La Caixa. Curiosamente, todas las herramientas tecnológicas que asisten a la dislexia y que presentamos en este capítulo, integran precisamente técnicas de procesamiento de lenguaje natural.

Volver a levantarse

Me mudé a Inglaterra y la verdad es que fue duro. No solo por la soledad, sino porque yo no era informática y tuve que aprender a programar como pude. En el máster de Procesamiento del Lenguaje Natural, la mayoría de los estudiantes eran informáticos o ingenieros, y yo, lingüista. Seguí dándolo todo y trabajar tanto me terminó llevando literalmente al hospital. Un día de invierno me acosté más cansada de lo normal. Pensaba que era por el trabajo. Vivía en un edifico de piedra, un antiguo colegio de niñas convertido en residencia. Hacía tanto frío que tenía dos edredones. Lo suficiente para una deshidratación rápida por una subida de fiebre muy inusual. De repente, me desperté con el dolor de cabeza más intenso que había tenido en la vida, y eso que ya sabía lo que eran las piedras en el riñón y en la vesícula..., una broma en comparación con el dolor que sentí entonces. Era tan intenso, que me mareaba cada vez que me movía. No sabía lo que era, pero necesitaba ayuda. Me arrastré literalmente por el largo pasillo parando a cada mareo, casi a cada movimiento. Tenía que llegar como fuera a la habitación de Sheye, un compañero nigeriano de la residencia que estudiaba Medicina. Era de madrugada y desde el suelo aporreé su puerta hasta despertarlo. Lo siguiente que recuerdo es estar en una camilla en una sala de un hospital —ni idea de dónde— leyendo un cartel. Pensaba que llevaba leyendo el cartel dos minutos y que estaba sola.

¿CÓMO QUIERES QUE SEAN TUS «DOS SEGUNDOS»?

Comencé a caer en la realidad cuando Sheye, que se había quedado a mi lado, me dijo que llevaba horas mirando el cartel sin pestañear. Me dio mi móvil —nada de *smartphone*— con su número de teléfono incluido en los contactos y se fue a trabajar. Seguí dándome cuenta de lo que estaba pasando cuando, tumbada, después de ver pasar los techos del amplio hospital, descubrí que mi camilla iba directa a la UCI. La realidad chocó conmigo cuando ya en la UCI me hicieron firmar un papel en el que autorizaba, si era necesario, el transporte de mi propio cadáver a España, porque por lo visto es un jaleo burocrático morirse en otro país. Lo firmé medio mareada. Finalmente, la realidad me invadió por completo cuando mi pobre compañero de enfrente, con el que había compartido alguna sonrisa, falleció delante de mí. En su monitor de constantes vitales apareció esa línea horizontal que sale en las películas. En las películas sucede un momento de silencio, pero en la realidad suena una alarma brutal y todo se llena de médicos y enfermeras corriendo, intentando reanimar al paciente con un electrochoque infructuoso. Nunca imaginé que fuera tan duro ver un electrochoque en directo. Me asusté de verdad cuando me volví y me di cuenta de que yo también tenía una máquina con líneas moviéndose.

De repente, me acordé de mi móvil —era lo único que tenía, mi pijama y mi móvil—. Me preocupaba que se quedara sin batería porque entonces no podría llamar a mis padres para despedirme, si era lo que tocaba. Sabía exactamente lo que les tenía que decir: «Gracias por todo. He tenido una vida muy feliz». Pero no quería llamarlos antes de tiempo y asustarlos hasta no tener un diagnóstico definitivo. Además, no sabría decirles cómo llegar, ni siquiera conocía el nombre del hospital en el que estaba, ni dónde se hallaba exactamente, cerca de Birmingham. Y todo en inglés, sería muy difícil para ellos llegar. De vez en cuando miraba a la ventana y veía unos árboles.

Me hicieron muchas pruebas, oí algo de *stroke* («derrame cerebral»), pero en ese momento no estaba segura de lo que significaba esa palabra en inglés. Mientras estaba tumbada, esperando a que me hicieran un escáner cerebral, una enfermera puso, creo que, por equivocación, mi informe sobre la camilla. Lo abrí y me encontré con la única letra legible de médico que recuerdo haber visto en mi vida. Ponía «meningitis»; rápidamente, la doctora me arrancó el informe de las manos. Yo le supliqué que por favor me dejara verlo, pero fue inútil. Entonces me acordé de Sheye: sabía que realizaba prácticas en un hospital. Lo llamé y le dije que había pedido muy pocos favores en mi vida, pero que por favor dejara lo que estuviera haciendo y viniera a mi hospital —no sabía ni cómo se llamaba—, que se colara donde se tuviera que colar y mirara mi diagnóstico, porque si iba a morirme, quería saberlo para despedirme antes de que fuera demasiado tarde. En menos de una hora Sheye estaba allí y ya había hecho sus comprobaciones (es un *crack* total). Me explicó que efectivamente ponía meningitis, pero que aún no lo sabían seguro, que me estaban haciendo pruebas para muchas cosas y debía esperar. Y se fue.

Paradójicamente, al mismo tiempo que me parecía irreal morirme sola en un país extranjero, sin saber ni siquiera dónde, también sentí una paz inmensa. Y eso que cuentan de que pasa toda tu vida en «dos segundos» por tu mente es verdad. En dos segundos me acordé de mis padres viendo todos juntos películas malas en el sofá los domingos por la tarde y deseé que hubieran sido más domingos; me acordé de la biblioteca donde había pasado los últimos cinco años de mi vida durante la carrera y, finalmente, eché de menos alguien a quien amar. Mis «dos segundos» no estaban mal..., pero podrían estar mejor.

El cariño y la cercanía

El día que el médico me dio la buena noticia (*your brain is perfect*, «tu cerebro está perfecto»), me tocó el hombro y entonces me di cuenta de que hacía meses que nadie me tocaba. ¡Qué importantes son el cariño y el contacto humano! Por cierto, lo que tuve fue gripe aviar, pero por la deshidratación mi cerebro se inflamó y en el hospital pensaron que podría ser otra cosa, como un derrame o meningitis.

No conocía de nada a la enfermera que generosamente llamó con su móvil a un taxi para volver a mi casa cuando me dieron el alta —mientras yo le aseguraba que tenía dinero para pagarlo, estaba completamente sola en ese momento—. Casi no conocía a Sheye, pero es probable que me hubiera salvado la vida llevándome a tiempo al hospital. Casi no conocía a mi director de tesis, Ruslan Mitkov, pero fue el único que me llamó mientras estaba en el hospital para tranquilizarme (el hospital debió de avisar a la universidad). Casi no conocía a Richard Evans, un investigador inglés del laboratorio, pero probablemente fue la única persona que se acordó de mí durante los días siguientes, cuando me trajo comida a la habitación de mi residencia, ya que yo no podía salir a la calle por la fiebre elevada. En ese período tan duro aprendí una cosa: nunca estás del todo solo. Siempre hay alguien. Aunque ese alguien no sea cercano.

Compartir como una oportunidad

Pensar que me había podido morir —bueno, en realidad me lo dijo un médico, no es que a mí me diera por pensarlo de repente— me hizo darme cuenta de varias cosas: primero, que todo lo que no compartiera durante esta vida se perdería para siempre; y segundo, que no tenía sentido trabajar tanto solo para conseguir ser mejor, sino que debía tener algún propósito que trascendiera mi persona. Desde que me recuperé, me levanto por las mañanas de muy buen rollo, muy consciente de la vida. Al principio pensaba que era debido al *shock* de haber visto el final tan cerca. Un año después me di cuenta de que esta experiencia me había cambiado, para bien, de por vida.

ACEPTACIÓN DE TI MISMO Y DE LOS TUYOS

También me quedaron claras otras tres cosas más: decidí que no iba a morirme con dinero en el banco —era muy ahorrativa y me dio rabia pensar que no había disfrutado del poco dinero que tenía—; que compartir es un absoluto privilegio —si alguna vez te conozco en persona y te invito, ya sabes por qué lo hago :)— y que iba a aceptar y a querer a mis personas cercanas tal y como son. A veces había tratado a mis padres sin cariño. Quizá asumía que siempre iban a estar ahí. A veces me había avergonzado de mis padres, o por cómo vestían —les gustan los colores vivos, pero muy vivos— o cuando, en una ocasión, mi padre se quedó dormido en una de mis charlas —roncando literalmente en primera fila—. Nunca más volví a avergonzarme. De alguna manera me acepté a mí misma y a mis orígenes, y creo que eso influyó también en aceptar mi dislexia.

Al salir del hospital lo primero que quise fue gastar mi dinero ahorrado compartiéndolo con Sheye. Él no quería, pero yo insistí mucho. Al final acabamos entrando en una tienda de diseño de alta costura. Ninguno de los dos habíamos entrado nunca en una tienda así. Al principio nos trataron fatal. Fue un *show*: yo iba con pintas de drogadicta por todos los pinchazos del hospital y por lo demacrada que estaba y él era negro (las dependientas eran algo racistas). A él le compré unos zapatos y yo me compré un bolso. Un tiempo después, cuando ya no vivía en Inglaterra, volví a saber de Sheye. Me contó que estrenó sus zapatos en una ceremonia muy solemne, pues había quedado como primer expediente en medicina del país. Se debe de haber convertido en un médico excelente.

De los momentos en el hospital me acordé años más tarde, cuando tuve que tomar dos decisiones vitales: la primera, contestar que «sí» a Ricardo Baeza-Yates, mi director de tesis doctoral, cuando me propuso como tema de investigación cómo las tecnologías de la información podían compensar la dislexia; y segundo, hacer que Change Dyslexia con *Dytective* tuviera una misión social.

El inglés «impecable»

El primer artículo científico que escribí me lo tiraron literalmente a la cara. Fue durante el máster en Inglaterra —sí, en el mismo lugar donde casi me muero—. Había sudado sangre para escribirlo. Escribir el primer artículo científico de tu vida en un idioma que no es el tuyo es complejísimo, es lo más difícil que has hecho hasta el momento. Aún no sé ni cómo logré terminarlo, iba dando golpes de ciego copiando grupos de dos y tres palabras de otros artículos en línea para asegurarme de que la ortografía, la gramática y el estilo eran correctos y así durante páginas. Por las noches soñaba con la pantalla y el editor de texto.

Lo que sucedió es que había alguna falta de ortografía en el resumen, y aunque el método científico, los datos y el análisis creo que eran decentes para el nivel que tenía entonces..., mi director solo llegó a leer hasta la segunda frase del resumen, vio un error ortográfico y tiró las hojas impresas sobre la mesa. Ruslan es búlgaro y, además, director del grupo de investigación. Era excelente, pero también tenía fama de ser muy exigente. Y lo era. Me ayudaría en el futuro, pero antes tenía que ganármelo. Me dijo que solo lo leería cuando el inglés fuera «impecable». Recogí las hojas. Me aguanté las lágrimas —otra cosa no, pero los disléxicos tenemos empaque—, le di las gracias por su tiempo y me fui.

Cuando salí del edificio sí que comencé a llorar andando hasta mi residencia. Por supuesto, llovía. Lo bueno es que cuando llueve y lloras, no se nota. Quince minutos después, cuando llegué a mi cuarto, ya volví a encontrar fuerzas y me dije a mí misma: «Se va a enterar este de lo que es un inglés impecable». La primera persona que me encontré en la cocina compartida fue Sheye, el médico nigeriano, el mismo que me llevó al hospital. Creo que era de las pocas personas que tenía el inglés como lengua materna en esa residencia. Le supliqué que me ayudara a revisar el texto, que le pagaba si era necesario. Estuvimos varias tardes en la cocina para un artículo de cuatro hojas. Y yo iba apuntando cada cosa, cada frase, cada corrección. Tenía que ser autónoma la próxima vez. Junto con mi coautora —una ingeniera rumana que también lo dio todo—, sin que nos lo revisara nuestro director, decidimos enviar el artículo científico a un taller satélite de un congreso de informática del área que organizaba casualmente mi director —ojo, esto *está mal*, pues en teoría no puedes enviar nada sin que te lo revise tu director—. Y nos aceptaron el artículo —qué fuerte—. Y me planté en un congreso en Bulgaria para presentar mi primer trabajo científico. Y allí de repente me encuentro cara a cara con mi director. «¿Qué haces aquí?», me pregunta. Se lo cuento. Me pide el artículo. Se retira a leerlo. Cuando vuelve, lo primero que me dice —en castellano, pues también hablaba castellano— es: «Felicitaciones, Luz».

Ruslan me sorprendió mucho. Qué lección. Pensé que se enfadaría, pero no, apreció mi tesón y mi audacia. Justo en ese momento andaba por el congreso un investigador muy famoso, que en aquel momento era el vicepresidente de investigación de Yahoo! y le dijo: «Ricardo, quiero presentarte a una de las mejores estudiantes que he tenido nunca». Y así fue como conocí a Ricardo Baeza-Yates. Entonces no lo sabía, pero esta persona iba a cambiarme la vida.

Tu limitación como una oportunidad

La idea de investigar la dislexia no fue mía. Como ya mencioné, fue de Ricardo, en 2010, cuando estaba terminando el máster y preparaba todos los papeles —y exámenes— para ser aceptada en un programa de doctorado en alguna universidad de élite norteamericana y comenzar, por fin, una carrera de investigadora. Hasta entonces, mi área era el procesamiento del lenguaje natural y ninguna de las personas que me rodeaba podía imaginar que yo había tenido problemas de pequeña con el éxito académico que había alcanzado. De hecho, una vez que comencé a sacar buenas notas, me había hecho una promesa a mí misma. Nadie, nunca jamás, sabría que tengo dislexia.

Pero Ricardo sí se dio cuenta. Después de algunos correos electrónicos y un artículo científico que hicimos juntos, notó que había algo diferente en mis escritos. Y tuve que confesar por primera vez en muchos años que tenía dislexia. Esa misma semana me habían otorgado el Premio Nacional de Licenciatura en Lingüística y me dijo: «Hay muy pocas personas en el mundo más cualificadas que tú para comprender los problemas reales de las personas con dislexia». Entonces me propuso trabajar con él en un doctorado en la Universitat Pompeu Fabra para ayudar a personas como yo, mezclando todo mi conocimiento de lingüística con el procesamiento del lenguaje natural. Era muy buena idea, pero era un tema de investigación arriesgado, pues era muy novedoso y yo pensaba irme a Estados Unidos a hacer una carrera de investigación incremental más clásica. Mi amigo, el investigador Julio Gonzalo, me dijo que me quedara con Ricardo como supervisor, porque con él tenía todas las ventajas de Estados Unidos en España. Así que cambié mis planes y comencé mi doctorado en Barcelona.

La importancia de encontrar mentores y referentes

Fue un buen consejo el de Ricardo. Ricardo Baeza-Yates ha ejemplificado lo que debe ser un buen mentor o director de tesis. Me ayudó a sacar mi potencial personal y profesional a la vez. Consiguió que me motivara una y otra vez cuando los experimentos no salían —que un experimento no salga implica a veces «perder» meses de trabajo—. Ricardo también me enseñó ética y rigurosidad en la investigación. Y aunque ya dejó de ser mi supervisor hace tiempo, sigo aprendiendo de los recuerdos y de las semillas que plantó durante los años del doctorado.

CUADRO RESUMEN DEL CAPÍTULO 6

Dislexia

debilidades se reflejan en el aprendizaje de las segundas lenguas

↓

Aprendizaje de segundas lenguas

→ Estrategias
- Asentamiento de la primera lengua
- Ortografía de la lengua extranjera
- Conciencia fonológica y morfológica
- Memoria visual
- Comprensión y vocabulario
- Inmersión lingüística
- Uso de las tecnologías de la información

→ Metodologías
- Aprendizaje multisensorial y el Método de Orton-Gillingham
- Programa Esperanza
- Respuesta Física Total.

→ Pautas del profesorado
- Métodos dispensadores
- Métodos compensatorios

Materiales
- **Pautas de actuación para maestros y profesores**
- **Consejos para el aprendizaje del inglés**

Ningún niño debe renunciar a aprender una segunda lengua por la dislexia. De hecho, existen muchas personas con dislexia que dominan otro idioma, aunque su lengua nativa sea el español. A continuación, revisamos los estudios que existen sobre dislexia y aprendizaje de lenguas extranjeras, así como las estrategias y metodologías acordes para los niños con dislexia y sus maestros o profesores. El esquema anterior resume el contenido de este capítulo.

MOTIVACIÓN

La mayoría de los estudios sugieren que el aprendizaje de un segundo idioma supone una carga adicional para una persona con dislexia,[1] esgrimiendo que los problemas de aprendizaje de lenguas extranjeras son el resultado de las dificultades propias del aprendizaje de la lengua nativa.[2] Por ejemplo, unas pruebas realizadas a niños de primero a quinto de Primaria —en las que se midió la ortografía, la comprensión lectora, el conocimiento fonológico, el vocabulario receptivo y la comprensión auditiva— mostraron que habilidades tempranas del primer idioma predicen las habilidades posteriores del segundo idioma.[3] Resultados parecidos sugiere otro estudio realizado con alumnos de Secundaria y universidad.[4] Minoritariamente, en un estudio realizado con tres grupos de personas con dislexia (diez en cada grupo), dos de los tres grupos presentaron mayor eficiencia lectora en inglés que en su lengua nativa, el sueco.[5] En resumen, salvo algunas excepciones, las deficiencias adquiridas en el primer idioma se transfieren a la segunda lengua. Estas debilidades afectan a la comprensión de los códigos fonológicos, sintácticos y semánticos del segundo lenguaje. Martínez Miralles y Hernández Pallarés observan que se pueden manifestar en déficits en la conciencia fonológica, lentitud en la discriminación auditiva, menor velocidad del procesamiento lingüístico, déficit en la memoria de trabajo o memoria a corto plazo y dificultad en mantener la concentración, debido al tiempo extra requerido para decodificar, comprender y responder en una lengua extranjera.[6]

ESTRATEGIAS PARA EL APRENDIZAJE DE LENGUAS EXTRANJERAS

Los estudios sobre adquisición de lenguas extranjeras en niños con español como lengua materna son escasos. Sin embargo, algo común en todas las recomendaciones y estudios es que se insiste en que el temario sea el mismo para todos los alumnos. Tanto en el aprendizaje como en la evaluación, no se busca rebajar el nivel ni los contenidos, sino hacer más accesibles los procesos de aprendizaje y de evaluación. A continuación, recopilamos una serie de estrategias y metodologías adaptadas, extraídas de diferentes estudios para que las personas con dislexia aprendan una segunda lengua.

Asentamiento de la primera lengua como requisito

Todas las metodologías coinciden en que el aprendizaje de la segunda lengua debe realizarse una vez que los componentes lingüísticos, sobre todo la conciencia fonológica, de la primera lengua están adquiridos. Martínez Miralles y Hernández Pallarés recomiendan a los profesores iniciar a los alumnos en la lectura y en la escritura del inglés en cuanto su madurez en la lengua materna lo permita, enseñando las peculiaridades de la dicción. Concetamente, estos autores recomiendan que, durante los primeros tres cursos de escolaridad, la formación se centre sobre todo en la adquisición de la lectoescritura en español. A partir del tercer o cuarto curso de Primaria se podrá ir exigiendo paulatinamente la lectoescritura en inglés.[7]

Ortografía de la lengua extranjera

En función de la lengua materna y de la regularidad de la ortografía de la segunda lengua, esta supondrá un esfuerzo mayor o menor. Seymour y sus colaboradores proponen una escala de las lenguas europeas en relación con la adquisición de alfabetización, teniendo en cuenta dos dimensiones, la complejidad silábica y la profundidad ortográfica, quedando clasificadas en cinco niveles según su profundidad ortográfica —de más superficial a más profunda—: 1) finés; 2) griego, italiano, español, alemán, noruego e islandés; 3) portugués, neerlandés y sueco; 4) francés y danés; y 5) inglés.[8]

Cuanto más regular —o transparente— es la ortografía, esta será más predecible y, por tanto, se tendrán que aprender menos reglas o excepciones, en el caso de las lenguas más transparentes: este es el caso del español. El inglés, por el contrario, es menos transparente y el esfuerzo es presumiblemente mayor para una persona con dislexia. De hecho, Martínez Miralles y Hernández Pallarés observan que para hablantes nativos de español, la lengua inglesa supone mayor dificultad precisamente por no haber en inglés una correspondencia tan clara entre grafema y fonema como existe en nuestra lengua.[9]

Conciencia fonológica y morfológica

Tanto la memoria fonológica como la conciencia morfológica apoyan el aprendizaje de palabras en una segunda lengua.[10] Ambos aspectos se pueden entrenar enseñando los sonidos del idioma extranjero de manera explícita y la conexión entre letras y sonidos. Respecto a la conciencia morfológica, en un estudio experimental con 1.238 estudiantes (309 con el inglés como segunda lengua) se observa que las personas con dislexia obtienen puntuaciones más bajas en las tareas de esta área. Esto sugiere que la conciencia morfológica —las reglas en la creación de palabras— contribuye a los déficits en la lectura y la ortografía característicos de los lectores con dislexia.[11] De estas investigaciones se deduce, por tanto, que es conveniente dar un mayor énfasis tanto a la conciencia fonológica como a la morfológica en el aprendizaje de lenguas extranjeras.

Memoria visual

Martínez Miralles y Hernández Pallarés recomiendan trabajar la memoria visual para que los niños aprendan la pronunciación de las palabras de memoria, así como su ortografía, haciendo dictados todos los días con palabras clave, así como «pruebas de lectura de palabras frecuentes».[12] El uso de la memoria visual puede potenciarse asociando la grafía y la pronunciación de la palabra con imágenes que ayuden a reconocer dicha palabra.

COMPRENSIÓN Y VOCABULARIO

López Rodríguez critica la importancia que se le da a la gramática en Primaria, cuando la comprensión verbal de los niños de este nivel está más relacionada con la semántica. Por lo tanto, recomienda enfocar el aprendizaje de lenguas extranjeras en la comprensión y en la adquisición del vocabulario, sobre todo al principio.[13] Los niños disléxicos tendrán dificultades al escribir el vocabulario aprendido, por lo que habrá que considerar algunos juegos para reforzar la capacidad de deletrear. Pasatiempos tradicionales como el colgado (o ahorcado) y el Scrabble, o digitales —como Apalabrados o Ruzzle— son una manera lúdica de aprender nuevas palabras. Otra opción para ampliar el vocabulario son los mapas mentales. Scott e Ytreberg proponen utilizar esta técnica en el aula: el profesor escribe la palabra clave de un campo semántico y entre todos se va ampliando con otras relacionadas, ayudando a los niños a comprender visualmente las relaciones entre los distintos vocablos.[14]

INMERSIÓN LINGÜÍSTICA

Mediante la inmersión lingüística se pretende enseñar de un modo natural la lengua extranjera. Se puede llevar a cabo viendo películas en versión original, relacionándose con personas nativas o bilingües cercanas, haciendo campamentos de inglés o intercambios con alumnos de otros países. El aprendizaje experiencial de un idioma puede ser más sencillo cuando se realiza en el extranjero, porque se produce de manera contextualizada, dando prioridad a la función comunicativa del lenguaje sin la necesidad de la comunicación escrita. Además, los campamentos suelen coincidir con las vacaciones de los estudiantes, lo que evita que este aprendizaje sea una carga adicional a la del año escolar.

Uso de las tecnologías de la información

Todos los estudios coinciden en recomendar el uso de las diferentes tecnologías de la información, sean lectores de texto, audiolibros, etcétera, para fortalecer la adquisición de la lengua en el caso de las personas con dislexia (véase «Lectores de texto», página 98).

METODOLOGÍAS FORMALES PARA EL APRENDIZAJE DE LENGUAS EXTRANJERAS

Las metodologías estructuradas para el aprendizaje de segundas lenguas por parte de personas con dislexia están más extendidas en los sistemas educativos de Estados Unidos.

A continuación, mencionamos las principales.

Aprendizaje multisensorial y método de Orton-Gillingham

Al igual que para la lengua materna, se recomienda el aprendizaje multisensorial para la segunda lengua, apoyando las tareas de adquisición (leer, escribir, hablar y escuchar) con dibujos, música, tarjetas o acciones para recordar el vocabulario. El método de Orton-Gillingham es un enfoque multisensorial altamente estructurado. Fue desarrollado por el neuropsiquiatra Samuel Torrey Orton para ser aplicado a niños con dificultades en el procesamiento del lenguaje que actualmente se asocian con la dislexia. Se adhiere a la enseñanza directa y explícita de la fonología, que se enseña de una forma lógica, secuencial y organizada. Se presenta como una alternativa a los enfoques de comunicación «naturales» desarrollados recientemente por docentes de una lengua extranjera.[15]

Programa Esperanza

Fue desarrollado por Elsa Cárdenas y se trata de una adaptación del método de Orton-Gillingham para el aprendizaje del inglés por niños hispanohablantes. Parte del principio de comenzar a enseñar a partir de los segmentos de palabras (lexemas y morfemas) que inglés y español comparten. Este programa ha sido evaluado longitudinalmente varias veces en Estados Unidos.[16]

Respuesta física total (TOTAL PHYSICAL RESPONSE)
Método desarrollado para la enseñanza de idiomas enfocado en la comprensión. Se basa en escuchar y responder (con acciones) con el fin de reconocer el significado y aprender la gramática de manera implícita (sin explicar la gramática abiertamente). Fue desarrollado por James Asher y es poco frecuente en el mundo hispánico, aunque al menos hay un estudio para el aprendizaje del inglés por españoles.[17]

PAUTAS PARA EL PROFESORADO DE UNA LENGUA EXTRANJERA

A todas las estrategias expuestas, añadimos las pautas para profesores tomadas del trabajo de Concepción Martínez Miralles y Lorenzo Antonio Hernández Pallarés, de la Dirección General de Innovación Educativa y Atención a la Diversidad, perteneciente a la Consejería de Educación y Universidades de la Región de Murcia (España). Estos autores describen tanto métodos dispensadores como métodos compensatorios.[18]

Los métodos dispensadores están orientados a reducir el trabajo de los alumnos. Las recomendaciones para profesores de lenguas extranjeras se solapan con la enseñanza de primeras lenguas («Pautas de actuación para maestros y profesores», página 239). Entre otras recomendaciones, Martínez Miralles y Hernández Pallarés aconsejan a los profesores de inglés insistir mucho en las diferencias y las similitudes entre el idioma nuevo y la lengua materna, pues eso puede ayudar a los alumnos a relacionarlas y a aprender inglés. Asimismo, sugieren favorecer el sobreaprendizaje con el fin de alcanzar la automatización, por ejemplo, explicando a veces las reglas gramaticales en ambos idiomas o mediante la repetición.

Para acceder al texto, conviene favorecer el *skimming* (visión general del texto) y el *scanning* (búsqueda de detalles en el texto), es decir, acceder primero a la globalidad comunicativa. En las tareas dedicadas a la expresión oral, se recomienda animar a los alumnos a la autocorrección (y que no sea el docente quien corrija constantemente). También invitan a aprender textos de memoria o letras de canciones, antes de empezar a trabajar sobre la pronunciación y la ortografía de cada palabra. Desde un punto de vista práctico, antes de impartir una unidad didáctica se pueden dar resúmenes, esquemas mentales o mapas conceptuales para que el alumno se vaya preparando. En el día a día, se aconseja favorecer el uso de dos cuadernos: uno de vocabulario y otro de gramática, para asentar el conocimiento por áreas. Finalmente, se recomienda compartir con la familia y los alumnos cuáles son los estándares de evaluación y los conocimientos básicos de vocabulario y gramática, para superar la asignatura. Esto ayudará a afrontar y apoyar el aprendizaje de lenguas extranjeras desde casa.

Por su parte, los métodos compensatorios son los que el docente usa para equilibrar las desventajas del alumno.[19] Entre ellos, se incluyen grabar en audio las explicaciones, realizar juegos de palabras y fonológicos, hacer presentaciones orales y actividades para desarrollar la comprensión oral... Otras estrategias compensatorias coinciden con propuestas para el desarrollo de la lectoescritura de la primera lengua, como es el uso adaptado de la tecnología: textos en formato digital, pizarra digital, lectores de texto, audiolibros (véanse Capítulo 6 y, en anexos, «Recursos y tecnologías para la dislexia», página 347), uso de tipografías adaptadas («Pautas de presentación de un texto: diseño y contenido», página 115) y de mapas mentales («Esquemas gráficos y mapas mentales», página 207).

Entre los materiales del presente libro, las «Pautas de actuación para maestros y profesores» (página 239) ofrecen consejos y criterios de evaluación del inglés como lengua extranjera (dar énfasis a la comprensión y a la expresión oral, priorizar el formato de opción múltiple en las respuestas relacionadas con la comprensión auditiva, el vocabulario, la gramática y la comprensión lectora, etcétera).

RESUMEN

Conceptos básicos

- Las **debilidades** para adquirir el primer idioma se reflejan también en el **aprendizaje de una segunda lengua**. Eso no significa que las personas con dislexia no puedan aprender un segundo o incluso un tercer idioma.
- Existen algunas **pautas** que pueden ayudar en este aprendizaje. Es recomendable comenzar con la segunda lengua cuando se hayan **asentado los componentes lingüísticos de la primera**.
- Hay lenguas cuya **ortografía es más transparente** o regular, y resultan más fáciles; este no es el caso del inglés.
- Dar más importancia al **vocabulario** que a la gramática, desarrollar la **conciencia fonológica** y **morfológica**, y el uso de metodologías multisensoriales, como la **inmersión lingüística**, son algunas de las **técnicas** que pueden ayudar.
- Seguir una **metodología adecuada en su enseñanza** y emplear las **herramientas tecnológicas** disponibles también resulta de gran ayuda.
- Para la enseñanza de inglés a alumnos con dislexia, los docentes disponen de **métodos dispensadores** (insistir en diferencias y similitudes entre el idioma nuevo y la lengua materna, favorecer el sobreaprendizaje, no corregir constantemente y acceder primero a la globalidad comunicativa del texto) y de **métodos compensatorios** (presentaciones orales, explicaciones en audio, juegos de palabras y fonológicos, audiolibros, textos digitales, pizarras digitales, lectores de texto, etcétera).

MATERIALES

1. Pautas de actuación para maestros y profesores

Si sois docentes y estáis leyendo esto, vuestros alumnos tienen mucha suerte de contar con alguien como vosotros.

Lo más probable es que tengais más alumnos con dislexia de los que están oficialmente detectados. Estas pautas son beneficiosas para todos, no solo para los alumnos con dislexia, y pueden aplicarse a toda la clase de manera inclusiva.

- **Presentación del texto.** Usar tipografías de palo seco y amplias (con condensadas), como Arial, Helvética o Verdana, de gran tamaño (catorce puntos en adelante) y evitar el uso de cursivas. Estas prácticas mejoran significativamente la legibilidad textual de los alumnos con o sin dislexia (véase «Pautas de presentación de un texto: diseño y contenido», página 115).
- **Contenido.** Utilizar negritas o resaltados con las palabras clave del texto. Estas prácticas facilitan significativamente la comprensión y la memorización del texto a los alumnos con o sin dislexia. Incluir otros elementos además de la lectura del libro de texto, como el lenguaje oral, el uso de esquemas mentales, mapas conceptuales y otros refuerzos visuales.
- **Evaluación.** En general, dar más importancia al contenido que a la forma, leer las preguntas de los exámenes en voz alta y permitir que los alumnos puedan subrayar las preguntas con lápiz y hacer anotaciones (esquemas) en el margen o en una hoja aparte. Plantear varias maneras para que un alumno demuestre su comprensión (pruebas orales, proyectos de vídeo, etcétera). En las pruebas orales, lo idóneo para evitar la ansiedad es dejar al alumno un tiempo de reflexión antes de responder, para que prepare en una hoja limpia sus

esquemas y luego responda oralmente. En la medida de lo posible, proporcionar exámenes donde la memorización del texto del libro lectivo no sirva para aprobar, sino donde también se mida la resolución de problemas y la relación entre ideas.

- **Evaluación del inglés como lengua extranjera.** Dar especial relevancia a la comprensión y la expresión oral y priorizar el formato de opción múltiple en las respuestas relacionadas con la comprensión auditiva, el vocabulario, la gramática y la comprensión lectora.
- En la medida de lo posible, favorecer el uso de **medios informáticos** para las tareas y los trabajos.

Existen otras pautas y adecuaciones **particulares** para las personas con dislexia:

- **Implicación de la clase.** Sobre todo, para los más jóvenes, si el ambiente de la clase lo permite, hacer que el aula participe, animando y celebrando cuando el alumno con dislexia lea o escriba bien. Para esto se puede explicar a la clase los síntomas, basta con decir que para algunas personas aprender a leer y escribir puede resultar mucho más difícil. En realidad, los maestros soléis hacer este tipo de adaptaciones con todo el grupo: si un alumno se despista lo ponéis delante, si otro hace ruido, lo situáis en un lugar donde no desconcentre al resto. La adaptación e implicación de la clase debe hacerse en general, no solo con los alumnos con dislexia.
- **Consultar a los propios niños** si quieren o no leer en voz alta o escribir en la pizarra delante de toda la clase. Cuando son pequeños no les suele importar, pero cuando van siendo más mayores, sí. Como la técnica de leer en voz alta suele ser empleada para mejorar la lectura y esta técnica en las personas con dislexia no es eficaz, no hay razón para hacerles leer en alto si no quieren.
- **Faltas de ortografía.** Las personas con dislexia procesan cognitivamente las faltas de ortografía de manera diferente (Capítulo 3). Marcarlas en un color que no sea rojo y fomentar

que el estudiante aprenda de sus propios errores ortográficos es clave, pues son manifestaciones de sus dificultades particulares. En las evaluaciones, es delicado estipular hasta qué punto deben penalizarse las faltas de ortografía de los estudiantes con dislexia, pues hay muchas diferencias entre estudiantes.

En exámenes oficiales, como en las pruebas de acceso a la universidad, las faltas de ortografía tienen menor carácter sancionador en el caso de la dislexia. Por ejemplo, en Cataluña existe un tribunal ordinario específico para evaluar los exámenes de acceso (PAU) de los alumnos con dificultades específicas de aprendizaje y los alumnos disponen de treinta minutos más para completar sus exámenes. En los colegios, se sugiere que se sancione hasta un número máximo de puntos por el total de faltas de ortografía; por ejemplo, la Asociación Catalana de la Dislexia sugiere como máximo un punto. El criterio sancionador sobre las faltas de ortografía varía en función de la región; sí se mantienen otros criterios, como la flexibilidad a la hora de evaluar los errores ortográficos.

- **Planes individualizados.** En función de la región geográfica pueden existir reglamentos específicos para los alumnos con dislexia. Por ejemplo, desde 2013, en Cataluña los alumnos con dislexia pueden acceder a un plan individualizado en su colegio.[20] Los planes varían también de zona a zona, si bien coinciden en que las adaptaciones no deben ser curriculares, sino metodológicas —las más frecuentes están recogidas en los puntos anteriores—. En otras palabras, no se deben reducir los contenidos que estudia el alumnado con dislexia, pues no hay ningún contenido que no pueda aprender. Tampoco hay ninguna competencia básica que un alumno con dislexia no pueda dominar. Esto también se aplica a la competencia escrita, en la que la ortografía se considera un factor más, no la competencia completa.
- Recordar que los estudiantes con dislexia no son necesariamente menos inteligentes, ni perezosos ni despistados.

2. Consejos para el aprendizaje del inglés

Algunos de estos consejos me ayudaron a aprender inglés:

- Para el vocabulario, **hacer fichas con las palabras y aprender diez términos cada día.** Si se hace durante el desayuno, se puede repasar durante la cena, escribiendo las palabras. Si os equivocáis en alguna, resaltad las letras erróneas en otro color en las fichas. Usad siempre el mismo cuaderno para escribir cada día el vocabulario que vais aprendiendo, os animará ver el avance.
- Para la gramática, **elaborar esquemas para las diferentes formas gramaticales**, como los tiempos verbales y las estructuras que son diferentes en inglés, o las preguntas en las que el verbo auxiliar va al comienzo. La gramática inglesa es más sencilla que la española, en pocas fichas terminaréis con las estructuras principales.
- Para **aprender los verbos irregulares**, podéis agruparlos **según el patrón** que se repita y apuntarlos en fichas. Aunque parecen muchos, no hay tantos patrones de verbos irregulares en inglés. Por ejemplo, *feel, felt, felt* o *keep, kept, kept*, donde la regla es pasar de la doble e *(ee)* a una sola *(e)* y añadir t al final.
- **Ver películas en versión original con subtítulos también en inglés**, de modo que podréis ver cómo se escribe lo que estáis escuchando. Eso ayuda a memorizar la ortografía inglesa. Además, trabajaréis la comprensión oral.
- Hay ***youtubers*** muy buenos en inglés, buscad los temas que os interesen y ved sus vídeos en inglés. Podéis ayudaros del subtitulado automático disponible en YouTube.
- **Escuchar canciones en inglés y aprender sus letras.** Hay versiones con karaoke en la web con las que podéis practicar. De hecho, cuando consigáis entender la letra de una canción, querrá decir que habéis avanzado muchísimo, pues en general es mucho más difícil que comprender una conversación normal.

- **Leer vuestro libro favorito en inglés usando un audiolibro**, de esa manera podréis seguir la lectura mientras la escucháis.
- **Hacer amigos cuya lengua nativa sea el inglés.** De pequeña me escribía cartas con amigos ingleses e irlandeses; ahora es más fácil incluso encontrar a personas a través de internet. También los intercambios de estudiantes entre colegios cada vez son más habituales. Conocer a gente de otras culturas siempre es enriquecedor: os sorprenderá lo diferentes y lo parecidos que somos.
- Los **campamentos de verano internacionales** son también buenos lugares para encontrar amigos.
- **Usar herramientas y aplicaciones** que ayudan al aprendizaje del inglés, como DuoLingo, entre otras (véase Anexo: «Recursos y tecnologías para la dislexia», página 347).
- **Poner el inglés como lengua por defecto en el móvil, en el sistema operativo del ordenador o en los videojuegos.** Así aprenderéis y os familiarizaréis con muchas palabras, como *file*, *copy*, *paste*, *open* y *share*. Igualmente, escuchar vuestros videojuegos favoritos en inglés os ayudará a aprender vocabulario de los temas que os interesan.
- *Practice makes perfect* **(«la práctica hace la perfección»)**: aprovechad cualquier oportunidad para hablar y practicar inglés.
- **Los errores no importan.** Al estar aprendiendo una lengua nueva tenéis la excusa perfecta para cometer errores, centraos en la comunicación y en aprender, y solo más tarde en los errores que cometéis. La mayoría de las personas no hablan inglés o lo hablan mal, así que no tenéis que preocuparos tanto.

PARTE III

Desarrollo personal

CAPÍTULO 7

Mejorar la autoestima

Con Clara Pavón

> El perdón no cambia el pasado, pero engrandece el futuro.
>
> PAUL BOESE

EL PERDÓN

Igual que una profesora me salvó la adolescencia, otra profesora me arruinó la infancia. Fue en tercero de Primaria.

Tercero de Primaria fue el año en el que mi mesa estuvo puesta en frente de la pizarra, separada del resto de la clase. Por si tenéis curiosidad, desde esa posición *no* se ve mejor la pizarra, pero *sí* se oyen mejor las risas de la clase cuando lees.

Tercero de Primaria fue el año en el que me aprendí de memoria el número de baldosas que tenía el pasillo de mi enorme colegio por las largas horas que me pasé fuera de clase, porque la profesora me echaba. Aunque hablara toda la clase, ella me echaba a mí.

Tercero de Primaria fue cuando escuché más veces que era «tonta» y que «no valía». Y lo fuerte es que no me lo decían mis compañeros de clase. Me lo decía la profesora. El referente. No solo me maltrató psicológicamente, también recuerdo los golpes en daba en mi mesa con la mano y la verdad, mi cerebro sabio ha olvidado ya si a mí también me cayó alguno.

Por misericordia no voy a citar el nombre de aquella mujer. Aún no sé por qué me hizo eso. No sé por qué fui yo y no otro estudiante. No me tenía manía. Era peor. Ahora creo que yo representaba algo que ella odiaba o envidiaba profundamente: alegría y resiliencia. Creo que le molestaba que, a pesar de todo, yo tuviera una sonrisa cada día, que no me rindiera. Ganas de luchar, de superarme, de seguir.

Pero fue un año horrible. El año que más risas oí y el año en el que me sentí más sola. Además, no podía imaginarme el trabajo que me costaría borrar la lacra de que todo el mundo pensara que yo no era lo bastante lista.

La profesora era mayor y a los pocos años se fue del colegio. Y durante los años siguientes fantaseaba con encontrarla en la calle, cara a cara, y enfrentarme a ella. Me imaginaba situaciones en las que la dejaba en ridículo o directamente la golpeaba. Fantaseaba con gritarle que era una mala persona y que se había equivocado, que yo no era tonta. Pero ya se había ido del colegio.

Sin embargo, un día la vida me dio esa oportunidad. No me lo podía creer. Estaba andando por la calle relativamente cerca de mi casa y de repente la vi a lo lejos. Era ella. Casi diez años después. Y allí estaba ella. Yo tenía diecisiete años e iba paseando con mi primer amor, la única persona a la que a esas alturas le había contado la historia. «Es ella», le dije. Él se puso furioso y lleno de rabia y me dijo: «¿Qué hacemos? ¿Se la liamos aquí mismo?». Todos mis músculos se tensionaron. Cada vez estaba más cerca. Me la iba a encontrar cara a cara en unos segundos. Era el momento. Tenía que hacer algo. Al menos, tenía que hacer algo. La vida me daba esta oportunidad y no se iba a volver a repetir.

Sentí la fuerza de un huracán en mis músculos, comencé a andar muy rápido y me dirigí fuerte y rápidamente hacia ella con la mirada fija en mi objetivo. Y cuando me acerqué me paré en seco. Observé su cara de cerca, sus ojos hundidos, sus arrugas tremendas. No era una persona, era un deshecho, un desperdicio, una aspirante a persona. Si pudiera poner un olor que la describiera en ese momento, sería olor a podrido. De repente, sentí mucha pena por ella. Muy tensa le pregunté si se acordaba de mí. Mintió muy mal y me dijo que no, que no se acordaba. ¡Cobarde! Y yo entonces me presenté y le dije nerviosa: «Solo quiero darte las gracias por todo lo que me hiciste, pues me has hecho mucho más fuerte: ahora saco solo sobresalientes».

Me sorprendieron mis propias palabras. Había tenido la oportunidad de humillarla y defenderme con la fuerza de mi cuerpo casi de mujer como no había podido hacer de niña. Pero la perdoné. Sentí en ese momento mucha paz y cerré el círculo como nunca imaginé que podría tras los nueve años que habían transcurrido. Ahora me doy cuenta de que quizá fue la mejor manera.

La vida es un bumerán

Seguí sacando buenas notas y hasta quedé finalista del Premio Arquímedes de Iniciación a la Investigación Universitaria con 22 años. El proyecto que presenté era un modelo formal para procesar el lenguaje natural de manera automática mediante un ordenador. El premio incluía pasar un par de días con el resto de los finalistas y allí estuve sentada al lado de estudiantes muy brillantes de otras carreras. Pensé que todos ellos habían sido muy buenos siempre. Quince años atrás no nos habríamos sentado juntos. Miraba en silencio a mi alrededor, no podía creerme que yo estuviera sentada a su lado. Mi mesa ya no estaba apartada frente a la pizarra, como cuando era pequeña. Y creo que ellos nunca podrían creer que en realidad yo antes no era «como ellos». La vida me dio la oportunidad de «volver a clase» y sentarme con los que nunca me sentaba. Nada reemplaza el trabajo duro.

Cinco años más tarde me otorgaron el European Young Researcher Award. Era la primera española a la que se lo otorgaban (se concede uno al año entre todas las áreas) y la noticia salió en muchos medios. Cuando lo publicaron en el periódico no pude dormir bien durante dos noches por la presión que sentía. Empecé a recibir correos electrónicos de personas que no conocía, pero de repente reconocí un nombre entre todos los mensajes, era de José Mir, un antiguo compañero de colegio. Me contaba que recordaba cómo íbamos juntos a clases de apoyo, cómo comencé a sacar «notazas» de repente y me decía que, incluso entonces, él sabía que mis buenas notas eran fruto de mucho trabajo, no como a otros que no les costaba. Me daba la enhorabuena y se alegraba mucho de la investigación que estaba realizando. No puedo explicar lo que sentí al leer eso. Significaban mucho esas palabras. José siempre me trató bien, igual que otro compañero, Javier Tur, que era muy bueno jugando al fútbol y cuando se hacían los equipos, nunca me elegía la última (gracias). Algunos años más tarde, en una charla que daba en Madrid, de repente me encontré con que Javier vino a verme, y también me dio la enhorabuena por luchar por mis sueños. De nuevo, para mí significaban mucho esas palabras.

Finalmente, en 2018, el Día Internacional de la Mujer y la Niña en la Ciencia, supe que en un colegio unas maestras estaban enseñando a sus alumnos ejemplos de mujeres científicas, y junto a Marie Curie resulta que también explicaban a «Luz Rello». Por lo visto, han incluido mi nombre en unos materiales preparados para colegios. Por supuesto que soy consciente de que no estoy a la altura de Marie Curie, pero era especialmente emocionante que mi nombre estuviera junto al suyo. Conocer la historia de Marie Curie de pequeña me inspiró y fue crucial, no podía creerme que ahora yo sirviera de ejemplo para otras niñas. La realidad había superado mi imaginación.

Algunos de mis colaboradores se sorprenden de que no sea presumida a pesar de todos los premios de investigación y emprendimiento social. Es por varias razones. Si fuera arrogante, me convertiría en una persona como aquellas que se reían de mí de niña y eso es lo último que quiero. Y, por otro lado, a veces cuesta creerlo. De pequeña trabajaba muchísimo y suspendía. Ahora, como adulta, trabajo exactamente igual de duro, pero me dan premios. No solo sigo siendo la misma persona, sino que también sigo haciendo lo mismo. Tener dislexia te mantiene con los pies en el suelo, te hace darte cuenta desde muy pronto de que no eres perfecto y de que si no trabajas en equipo, no llegarás lejos. No siento que los premios sean míos: son reconocimientos compartidos con un montón de personas a las que cito en este libro y cuyo trabajo agradezco.

Quizá hablar tanto de mi historia personal pueda parecer presumido, pero lo hago porque creo que es importante para quienes lean este libro.

CUADRO RESUMEN DEL CAPÍTULO 7

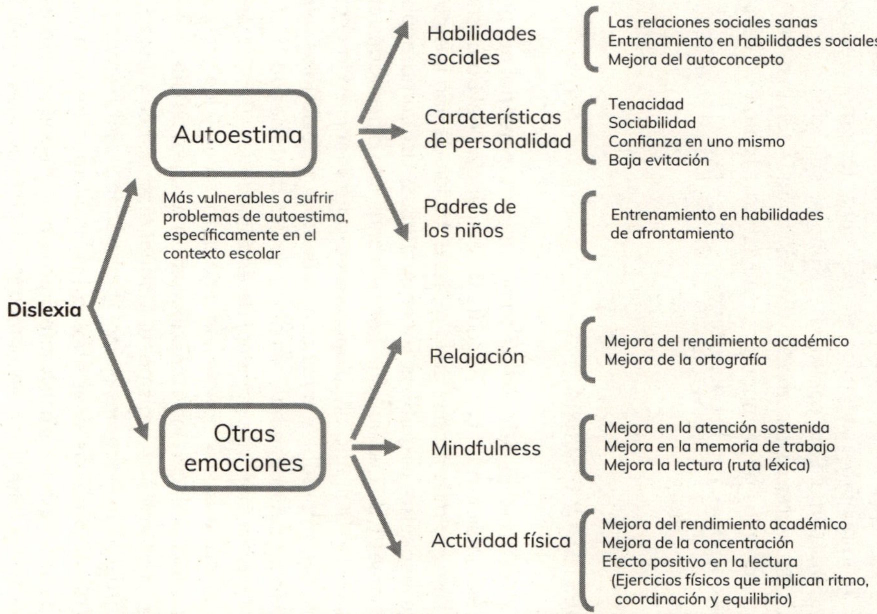

Materiales
- **¿Qué hacer si tienes un amigo con dislexia?**
- **¿Qué hacer si eres el supervisor de posgrado de una persona con dislexia?**

Quizá ya estéis familiarizados con las emociones relacionadas con la dislexia. Si vuelvo a mi infancia, creo que lo que más me dolió de tener dislexia fue pensar que era tonta. Eso me afectó más que tener malas notas. Tan importante como conseguir un buen rendimiento académico es reconducir las emociones y la baja autoestima. Este capítulo hace una recopilación de los estudios dedicados a las emociones relacionadas con la dislexia y ofrece recursos para impactar positivamente tanto en nuestras emociones como en la autoestima.

AUTOESTIMA Y DISLEXIA

La autoestima se puede definir como un juicio personal del propio valor. Se considera un componente de evaluación del *autoconcepto*, un término más amplio de la representación de uno mismo que incluye aspectos cognitivos y conductuales, así como aspectos emocionales y de evaluación.[1] Las personas con dificultades en las tareas de lectura, una habilidad básica para rendir en la escuela, pueden ser vulnerables a las consecuencias emocionales negativas de la baja autoestima y los altos niveles de ansiedad.[2]

La *Clasificación internacional de enfermedades (CIE-10)* describe los problemas emocionales, la baja autoestima y los problemas en las relaciones con los compañeros como características comunes de la dislexia.[3] Asimismo, el *Manual diagnóstico y estadístico de los trastornos mentales (DSM-V)* menciona los problemas psicopatológicos entre los asociados a los problemas de lectura.[4] En cuanto a los trastornos psicopatológicos, la ansiedad es el más ampliamente documentado en personas con dificultades específicas de aprendizaje.[5] Sirva de ejemplo el estudio de Nelson y Harwood, quienes encontraron niveles clínicamente significativos de ansiedad entre los niños con dislexia.[6]

Hinshaw afirma que los problemas sociales y psicológicos que enfrenta el niño con dislexia son el resultado de la dislexia y no su causa.[7] Padecer dislexia es lo que hace que se sienta avergonzado, porque no puede realizar sus tareas correctamente. A menudo, se siente incompetente ante los ojos de sus padres, vago frente a los maestros, estúpido ante los compañeros de clase y culpable ante sí mismo. Esta experiencia de fracaso y desvalorización afecta a su autoconcepto. Tiene sentimientos de inadecuación y, sin la ayuda necesaria, continuará cultivando sentimientos negativos.

La dislexia se ha asociado con un daño en la autovaloración y problemas relacionados con la autoestima, especialmente cuando se produce un rendimiento deficiente.[8] Varios trabajos de investigación han mostrado que los niños con dislexia tienen una menor autoestima en la escuela,[9] especialmente cuando intentan usar funciones cognitivas específicas en las que son «débiles».[10]

Kavale y Forness observaron que los niños con dislexia tienen niveles más altos de estrés y de ansiedad, y una menor autoestima que aquellos sin dislexia.[11] Esta baja autoestima se debe a varios factores: los fracasos en la escuela, los frecuentes comentarios negativos, los efectos del estigma de ser diferente —y de ser etiquetado como tal—, así como las dificultades en la comunicación.

Específicamente, en los niños de entre 6 y 11 años se ha observado que la autoestima está estrechamente relacionada con situaciones escolares.[12] El desarrollo del concepto del *yo* sirve como un filtro a través del cual el niño evalúa su comportamiento y el de los demás. La comparación con los compañeros está muy presente, por lo que el bajo rendimiento en los niños con dislexia daña su autoconcepto, y genera sentimiento de culpa y baja motivación.[13]

McNulty entrevistó a doce adultos con dislexia y descubrió que, al preguntarles sobre su etapa escolar, todos los participantes que habían experimentado alguna dificultad en las aulas que era percibida como traumática, habían tenido problemas de autoestima.[14] Otra investigación demuestra que los niños con leves dificultades de lectura en las edades comprendidas entre los 8 y los 12 años eran más infelices, más ansiosos y académicamente menos competentes que los demás; asimismo, sus padres los calificaron peor en todas las medidas de autoestima en comparación con niños sin dificultades específicas.[15] Problemas similares de ansiedad fueron reportados por estudiantes universitarios que fueron diagnosticados con dislexia, lo que indica que estos problemas podrían convertirse en permanentes en la edad adulta.[16]

Sin embargo, otros estudios plantean resultados contradictorios. Por ejemplo, Heiervang y sus colegas encontraron que los niños con y sin dislexia entre las edades de 10 y 12 años no son diferentes en términos de síntomas autoinformados de baja autoestima. Sin embargo, padres y maestros informaron de que los niños con dislexia tenían mayores problemas de conducta que sus pares sin dificultades similares.[17] En otros estudios tampoco se observaron diferencias en la autoestima entre estudiantes con y sin dislexia.[18]

Por otro lado, Hellendoorn y Ruijssenaars entrevistaron a veintisiete adultos con dislexia en los Países Bajos. Los participantes relataron memorias escolares, en su mayoría negativas, aunque las relaciones familiares se percibieron como predominantemente positivas y de apoyo. De acuerdo con este resultado, concluyeron que es más probable que las personas con dislexia solo experimenten una autoestima negativa en el contexto escolar más que en su entorno general de vida.[19]

Frederickson y Jacobs revelaron un patrón diferente en la autoestima entre niños con y sin dislexia (veinte en cada grupo), en términos de competencias académicas, aceptación social, competencias deportivas, apariencia física, conducta y autoestima global. El análisis mostró que los niños con dislexia tenían una menor competencia escolar percibida en comparación con sus compañeros sin dificultades similares. Sin embargo, no hubo diferencias significativas entre los dos grupos para otras variables.[20] Estos resultados reflejan que la dislexia puede estar relacionada con un dominio específico de la autoestima (la competencia escolar) sin dañar la autoestima global. En esta misma línea, un estudio reciente de Novita comparó los perfiles de ansiedad y autoestima en niños con y sin dislexia. Los participantes fueron ciento veinticuatro escolares de entre 8 y 11 años. Su cociente de inteligencia, así como su capacidad de lectura y escritura, también se midieron y se utilizaron como variables de control. Los resultados indicaron que los niños con dislexia tienen problemas de ansiedad y autoestima en un contexto o dominio específico: el escolar. Sin embargo, su ansiedad y autoestima global no se ven afectadas.[21]

En resumen, las personas con dislexia son más vulnerables a sufrir problemas de autoestima, aunque esos problemas parece que se desarrollan específicamente en el contexto escolar y no en otros.

CÓMO MEJORAR LA AUTOESTIMA DE LOS NIÑOS CON DISLEXIA

Los padres y el entorno directo de los niños pueden ayudar significativamente a mejorar su autoestima. A continuación, mostramos algunos de los estudios realizados sobre la mejora de la autoestima de los niños con dislexia.

RELACIONES SOCIALES Y ENTORNO

El apoyo de las personas significativas para el niño es muy importante. Un estudio reciente de Shehu y sus colaboradores encontró un vínculo positivo entre las relaciones sociales sanas y un alto nivel de autoestima en los niños con dislexia.[22] De forma paralela, las relaciones sociales no saludables se asociaron a niveles más bajos de autoestima en estos niños. El entorno (que incluye a familiares, maestros, amigos, etcétera) puede contribuir a la baja autoestima de dos maneras: a través de castigos que incluyen palabras ofensivas, o a través de la eliminación de actividades que el niño disfruta, acción que también funciona como un mecanismo punitivo. Todo esto crea en el niño la percepción de ser diferente y «no tan bueno» como los demás.[23] En conclusión, las investigaciones parecen indicar que las relaciones sociales sanas y un contexto de apoyo tienen un impacto positivo en la autoestima en las personas con dislexia.

ENTRENAMIENTO EN HABILIDADES SOCIALES

Noori y sus colegas examinaron la efectividad del entrenamiento en habilidades sociales sobre la autoestima y el autoconcepto en estudiantes con dislexia. Los participantes fueron veinticuatro alumnos con dislexia de tercer y cuarto grado en Rasht, Irán, los cuales fueron asignados a dos grupos: control y experimental.[24] Para recopilar datos, utilizaron la escala de dislexia de Karami-Noori y Moradi, la escala de inteligencia de Wechsler para niños, el inventario de autoestima de Coopersmith y el inventario de autoestima de Beck.[25] El programa de capacitación en habilidades sociales para el grupo experimental se llevó a cabo en ocho sesiones durante un período de dos meses. El entrenamiento en habilidades sociales afectó significativamente todas las dimensiones de la autoestima y del autoconcepto, a excepción del componente moral. Estos resultados tienen implicaciones clínicas para la prevención y la mejora de la autoestima y el autoconcepto, sugiriendo que el entrenamiento en habilidades sociales puede mejorar ambos aspectos en los niños con dislexia.

Características de la personalidad

Un reciente estudio griego buscó determinar si los rasgos de personalidad influyen en la autoestima de los adolescentes con dislexia.[26] Los rasgos de personalidad se identificaron primero mediante el uso del *Cuestionario de personalidad para niños y adolescentes*,[27] mientras que la autoestima se midió mediante el *Inventario de autoestima libre de contenido cultural*. Participaron en el estudio ochenta y seis adolescentes de 11 a 14 años diagnosticados con dislexia. Los resultados indicaron que dos de los factores de personalidad —la tenacidad y la sociabilidad— desempeñaban un papel importante en su autoestima.

En un plano descriptivo, se observó que los participantes con alta sociabilidad y buen manejo de situaciones y conflictos (alta tolerancia a la incertidumbre) tendieron a mostrar una alta autoestima. En conclusión, el entrenamiento en estos rasgos de personalidad podría ayudar a mejorar la autoestima de los niños con dislexia.

Entrenamiento con los padres

Brock y Shute realizaron un estudio con cincuenta y siete madres de niños de 6 a 12 años con dislexia u otras dificultades de aprendizaje.[28] Las participantes fueron asignadas al azar a un grupo de entrenamiento en habilidades de afrontamiento (32 madres) o a un grupo de control (25 madres). Las habilidades o las estrategias de afrontamiento (en inglés, *coping strategies*) son un conjunto de estrategias cognitivas y conductuales que la persona utiliza como respuesta adaptativa cuando las demandas —internas o externas— son percibidas como excesivas para los recursos del individuo.[29] Las madres completaron antes y después de la intervención medidas sobre la competencia de crianza, el estrés, las estrategias de afrontamiento y el comportamiento y los problemas emocionales del niño. Antes del entrenamiento, las madres informaron sobre altos niveles de estrés asociados a las circunstancias del niño y de la escuela. Después del programa, se encontraron reducciones significativas de los niveles de estrés, aislamiento y autoculpabilización, y hubo una mayor cercanía emocional (apego) con el niño. También se encontraron reducciones significativas en los problemas de comportamiento infantil (comportamientos de externalización) y malhumor. Sin embargo, los comportamientos de internalización infantil se mantuvieron altos: casi la mitad de los padres informaron de problemas emocionales infantiles (retraimiento, quejas somáticas, ansiedad y depresión). A partir de los datos, los autores recomiendan intervenciones con familias para prevenir que los niños con dificultades de aprendizaje y sus padres experimenten altos niveles de estrés emocional. Es decir, el entrenamiento en habilidades de afrontamiento de los padres de los niños con dislexia puede ayudar a reducir el estrés tanto de los niños como de los padres.

RELAJACIÓN Y MINDFULNESS

Existen ya algunos estudios que han medido el efecto de la relajación y de la meditación de atención plena (mindfulness) en las personas con dislexia, sobre todo adultos.

La relajación favorece una disminución de la tensión e induce un estado de tranquilidad, reposo y descanso físico o mental. Por su parte, el mindfulness o meditación de atención plena es una técnica específica que está relacionada con la relajación, pero no es solo relajación. Entre las prácticas de atención plena, uno de los protocolos más estudiados es el *mindfulness-based stress reduction* (MBSR). Este protocolo, desarrollado por Kabat-Zinn en 1990, es un programa de meditación grupal bien establecido y orientado clínicamente, que ha sido ampliamente utilizado en las últimas décadas en varios contextos. La base del MBSR es la meditación consciente, definida como «la conciencia que emerge al prestar atención deliberadamente, en el momento presente y sin juzgar, a cómo se presenta la experiencia momento a momento».[30] El entrenamiento de mindfulness ha demostrado ser beneficioso para poblaciones clínicas y no clínicas, pues favorece una disminución de la ansiedad,[31] la depresión,[32] el estrés,[33] la evitación y la preocupación excesiva,[34] los pensamientos negativos[35] y los trastornos del sueño,[36] entre otros.

Relajación y escritura

Cuando el estudiante está relajado y experimenta un nivel óptimo de ansiedad, puede aprender mejor. Los hallazgos de investigaciones previas indican que la meditación, la relajación y el entrenamiento cognitivo conductual pueden ser efectivos para reducir la ansiedad, promover las habilidades sociales, y mejorar el autoconcepto y el rendimiento académicos de los estudiantes con dificultades de aprendizaje.[37] La relajación muscular es una forma de reducir la ansiedad. Esto implica aflojar y tensar los músculos y practicar la respiración profunda, que es más efectiva cuando se combina con la visualización de recuerdos e imágenes positivas.[38]

Los estudiantes de Secundaria a quienes se les enseñaron ejercicios de autorrelajación tuvieron un desempeño significativamente mejor en las pruebas de ortografía que los del grupo de control.[39]

En resumen, el entrenamiento en relajación ayuda a mejorar el rendimiento académico de los niños con dificultades de aprendizaje.

Mindfulness y lectura

El mindfulness ha sido sobre todo explorado para el tratamiento de las dificultades de atención. Sin embargo, también existen algunos estudios que han medido su impacto en el rendimiento lector de las personas con dislexia.

Estas investigaciones se han realizado con población adulta con dislexia. Es importante señalar que el mindfulness tiene una fuerte relación conceptual con la atención, ya que un aspecto fundamental de su práctica es el entrenamiento en esta área, que se enfatiza en las instrucciones de su práctica.[40] Se ha encontrado que la práctica de mindfulness mejora el funcionamiento atencional, incluida la atención sostenida, selectiva y ejecutiva;[41] sin embargo, algunos estudios no pudieron demostrar tales efectos.[42] También se ha descubierto que la atención plena mejora otras capacidades cognitivas, como la memoria de trabajo.[43] Recientemente, Mrazek y sus colegas informaron de que los estudiantes de pregrado aumentaron significativamente sus puntuaciones de comprensión lectora en el examen para estudios de posgrado *(graduate record examination o GRE)* después de un programa de entrenamiento en mindfulness de dos semanas.[44] También se ha publicado que los efectos de la atención plena influyen en la función cerebral.[45] Una posible razón por la cual los estudiantes mejoraron su rendimiento lector es que el efecto positivo del mindfulness en las medidas psicológicas podría extenderse al contexto de las personas con dislexia: durante los años escolares, las dificultades de lectura a menudo se asocian con la frustración, la falta de motivación y la baja autoestima.[46] Además, como ya hemos mencionado, datos recientes indican que las personas con dificultades de lectura sufren tasas más altas de trastornos psiquiátricos, como ansiedad y problemas afectivos.

Tarrasch, Berman y Friedmann han examinado una pregunta que no se había testado hasta el momento: ¿qué tipos de errores de lectura cometidos por personas con dislexia se ven afectados por el entrenamiento del MBSR?[47] Para hacerlo, utilizaron una batería extensa de pruebas de lectura, para diagnosticar dislexia en los participantes e identificar los tipos de errores que generaban. Después, compararon la tasa de cada tipo de error antes y después del taller de mindfulness. Usaron un enfoque similar a los trastornos de atención: evaluaron la atención sostenida, selectiva, ejecutiva y de orientación de los participantes para valorar si tenían trastornos de atención y, de ser así, a qué funciones afectaban. Luego evaluaron el efecto del entrenamiento en mindfulness en cada una de las funciones de atención y en aspectos como el estrés, la reflexión y la rumiación (preocupación obsesiva ante un elemento real o imaginario), la satisfacción con la vida, la depresión, la ansiedad y las alteraciones del sueño. Diecinueve lectores completaron un taller de mindfulness de dos meses de duración. Los resultados mostraron que, mientras los errores de lectura de inversiones de letras dentro y entre las palabras y los errores en las vocales no disminuyeron después del taller, la mayoría de los participantes cometieron menos errores de lectura en general, con una reducción significativa del 19 % sobre el porcentaje original de errores. Esta disminución se debe principalmente a que la lectura se produce a través de la ruta léxica en lugar de la subléxica o fonológica. La ruta léxica implica leer la palabra globalmente, sin necesidad de descomponerla. La ruta subléxica, leer las palabras fragmentándolas en fonemas (sonidos) y aplicando reglas.

Esta mejora se corresponde también con el incremento de la atención sostenida: la reducción en la lectura subléxica fue significativa para los participantes con dislexia que también tenían déficits de atención, y hubo correlaciones reveladoras entre la reducción de errores de lectura y las disminuciones en la impulsividad. Después del taller de mindfulness, la variación en los tiempos de respuesta y de reacción disminuyó, lo que indica una mejor atención sostenida. Se percibieron también mejoras en la atención plena de los participantes, así como en los niveles de estrés percibido, la rumiación, la depresión, la ansiedad y las alteraciones del sueño. También se obtuvieron correlaciones significativas entre la mejora de la lectura y el aumento de la atención plena después del taller.

Por lo tanto, aunque el entrenamiento en mindfulness no afectó a tipos específicos de errores y no mejoró la dislexia, aunque sí optimizó la lectura de adultos con dislexia y TDA-H, al ayudarlos a mantenerse en la ruta léxica. Recordemos que tienen una comorbilidad entre dislexia y TDA-H entre el 18 % y el 42 % de los casos.[48]

En suma, la mejora de la lectura inducida por la práctica del mindfulness arroja luz sobre la relación entre atención y capacidad lectora.

ACTIVIDAD FÍSICA Y DISLEXIA

A continuación, presentamos diversos estudios que sugieren que la actividad física tiene un efecto positivo en el rendimiento académico y en la concentración, así como en la lectura.

ACTIVIDAD FÍSICA Y RENDIMIENTO ACADÉMICO

Existe una creciente evidencia científica de que las intervenciones basadas en la actividad física tienen un impacto positivo en el rendimiento académico. Tomporowski y sus colaboradores llevaron a cabo una revisión de este tema hasta la fecha y encontraron un impacto significativo de la actividad física y el ejercicio en la función intelectual de los niños, en sus habilidades cognitivas y en su rendimiento académico.[49] Booth y sus colegas hablan de un impacto positivo a largo plazo de la actividad física de moderada a fuerte en el logro académico, en un estudio en el que participaron casi cinco mil adolescentes del Reino Unido.[50] Por su parte, Chaddock-Heyman y sus colegas postulan que el aumento de la capacidad aeróbica mejoró la conectividad neuronal dentro del cerebro de niños de 9 a 10 años, particularmente entre los hemisferios cerebrales, sugiriendo una conexión entre una mejor condición física y un mayor rendimiento cognitivo en niños.[51]

ACTIVIDAD FÍSICA, ¿VIGOROSA O SUAVE?

La práctica del mindfulness y la atención sobre las acciones físicas pueden ser más importantes que el impacto aeróbico,[52] lo que puede explicar por qué algunas investigaciones muestran una relación positiva entre ejercicio y logro académico, y otros estudios, no.[53] La actividad física de alta intensidad, en realidad, puede ser menos eficaz para mejorar el rendimiento cognitivo que el ejercicio moderado,[54] debido a factores bioquímicos. También hay algunas indicaciones de que la actividad física realizada en el aula puede tener un mayor impacto en el rendimiento académico que el ejercicio clásico realizado en el polideportivo o en el gimnasio.[55]

ACTIVIDAD FÍSICA Y CONCENTRACIÓN

Varios grupos de investigación han explorado el impacto del ejercicio sobre la atención, y encontraron que los períodos cortos de actividad física pueden tener un impacto sorprendentemente positivo en la mejora de los niveles de concentración, al menos a corto plazo.[56] Diamond y Lee defienden que la función ejecutiva (la capacidad de predecir, planificar y actuar) en niños de 4 a 12 años podría desarrollarse a través de actividades tanto físicas como cognitivas, siempre que las actividades físicas impliquen pasos que aumenten gradualmente el desafío y que incluyan la práctica repetida.[57]

ACTIVIDAD FÍSICA Y LECTURA

Se han analizado algunos elementos más específicos de la actividad física. Por ejemplo, la conciencia fonológica y la lectura de los niños pueden mejorar participando en ejercicios rítmicos.[58] McPhillips, Hepper y Mulhern, y Jordan-Black evaluaron el impacto de un programa de actividad física reflexiva en el aula durante un año y encontraron resultados significativos en un ensayo aleatorizado, de doble ciego, controlado con placebo y con tamaños de efecto combinados.[59]

Para ello, se llevó a cabo una prueba controlada para examinar el efecto de la participación en un programa de coordinación con dos manos, con una duración de seis semanas, sobre la capacidad de lectura.[60] El estudio encontró una mejora significativa en la comprensión lectora en el grupo experimental en comparación con el de control ($p < 0,05$). Un ensayo controlado con placebo y movimiento, de Byl, Byl y Rosenthal, encontró que los ejercicios de equilibrio tuvieron un impacto significativo en los niveles de lectura seis meses después de la intervención, en comparación con un régimen de ejercicio aeróbico ($p < 0,05$).[61]

RESUMEN

Conceptos básicos

- Las personas con dislexia son más vulnerables a sufrir **problemas de autoestima**, aunque parece que se desarrollan específicamente en el **contexto escolar** y no en otros.
- Las **relaciones sociales sanas** y un **contexto de apoyo** ayudan a mejorar la autoestima en las personas con dislexia.
- El **entrenamiento en habilidades sociales** puede mejorar la autoestima y el autoconcepto de los niños con dislexia.
- Algunas características de **personalidad** —como la tenacidad, la sociabilidad, la confianza en uno mismo y la baja evitación— pueden servir como factores protectores de la autoestima de los niños con dislexia.
- El entrenamiento en **habilidades de afrontamiento para los padres** de niños con dislexia ayuda a reducir el estrés tanto de los niños como de los padres.
- El entrenamiento en **relajación** ayuda a mejorar el rendimiento académico de niños con dificultades de aprendizaje. Específicamente, se ha observado una mejora de la ortografía en adolescentes.
- La práctica de **mindfulness** mejora la atención y tiene efecto en otras funciones cognitivas, como la memoria de trabajo. Parece que también favorece las capacidades lectoras, y esto podría ser consecuencia de una mejor atención sostenida que ayuda a mantenerse en la **ruta léxica**.
- La **actividad física** tiene un impacto positivo en la capacidad cognitiva, el rendimiento académico y la concentración, especialmente el ejercicio moderado realizado dentro del aula. La actividad física también tiene un efecto positivo en la lectura, especialmente los ejercicios que implican ritmo, coordinación y equilibrio.

MATERIALES

1. ¿Qué hacer si tienes un amigo con dislexia?

Por Clara Pavón, psicóloga y amiga de la infancia de la autora

No juzgar

Normalmente, asociamos leer y escribir con la inteligencia y es muy fácil, para alguien que no tiene dislexia, pensar que su compañero o compañera con dislexia es tonto. Hoy sabemos que la dislexia no tiene nada que ver con la inteligencia, y que no pocas veces coexisten dislexia y altas capacidades. Por lo tanto, es importante que mantengáis la mente abierta y no juzguéis a vuestros amigos por sus habilidades de lectoescritura.

Cuando conocí a Luz, me preguntaba cómo era posible que alguien tan aplicada e inteligente cometiera tantas faltas de ortografía. Poco después supe que tenía dislexia y aún valoré más su esfuerzo y motivación. Como amiga, sé que es muy importante tener mucha paciencia con los errores. Podría resultar muy fácil juzgarlos y «ponerse por encima», pero así me hubiera perdido aprender de alguien cuya forma diferente de pensar me ha aportado mucho.

Ser fuerte ante el acoso escolar

Una de las cosas más difíciles de sobrellevar para muchos niños con dislexia es el acoso escolar. Los niños a menudo son crueles con el que es diferente. Cuando Luz preguntaba cosas en clase, no era infrecuente que se escucharan unas risitas. Y más de una vez escuché sin querer comentarios despectivos hacia su persona. Son situaciones que puede vivir cualquier niño, pero que se vuelven especialmente frecuentes en aquellos con dislexia. Afortunadamente,

Luz desarrolló la capacidad de hacer oídos sordos y preguntar y decir lo que necesitaba.

Por otro lado, no es fácil permanecer al lado del objeto de esas risas. En la adolescencia todos necesitamos sentirnos aceptados y los fenómenos grupales nos afectan mucho. Normalmente, en una clase, hay unos cuantos niños que son víctimas de acoso escolar, y al no ser «populares», otros niños que no son acosadores prefieren también mantenerse lejos, por una necesidad de formar parte del grupo de los «aceptados». Para mantener la amistad con una persona con dislexia que está siendo víctima de acoso, hace falta también que tengas mucha fortaleza mental. Es más fácil estar del lado del abusador que del abusado.

Reforzar sus fortalezas

Tener dislexia puede ser como salir el último en una carrera. A lo mejor corres muy rápido, pero partes con desventaja, y tienes que correr especialmente rápido para alcanzar a los demás. Ese sobreesfuerzo, sumado a las burlas y desvalorizaciones que a menudo reciben los niños con dislexia, hace que estos niños con frecuencia se sientan desvalorizados. Si los ayudas a ver y robustecer las fortalezas que sí tienen, será mucho más fácil para ellos ganar confianza en sí mismos.

Por ejemplo, una de las grandes fortalezas de Luz era que estaba supermotivada para aprender. Sí, aprender. Ya no digo solo para sacar buenas notas o aplicarse en los estudios, Luz realmente quería comprender lo que estudiaba. Nuestros apellidos estaban cerca alfabéticamente, por lo que nuestros pupitres a menudo también estaban cerca y podía observar directamente su actitud en clase.

Luz siempre preguntaba todo lo que no sabía. No importa lo pequeño que fuera el detalle o lo que pudieran pensar los demás. Eso me parecía muy valiente, no tenía miedo a quedar como una tonta. Tal vez sus compañeros cuchicheaban o se reían cuando ella preguntaba. Sin embargo, muchos de ellos tenían las mismas dudas. Además, no siempre es fácil darse cuenta de lo que uno no sabe, ¿será esa la clave del conocimiento?

Aprender de su forma diferente de percibir

Si hubiera juzgado a Luz como tonta o como rara, jamás me hubiera permitido aprender de ella. Quizá a vosotros se os da mejor escribir, pero seguro que vuestro compañero o compañera con dislexia puede enseñaros otras cosas. Recordad que las personas diferentes a ti son las que más os pueden enseñar.

Una de las cosas que aprendí de mi amiga Luz fueron sus técnicas de estudio. Luz era muy organizada con las materias y hacía unos esquemas muy visuales, estéticos y, sobre todo, muy completos y sintéticos, que facilitaban muchísimo el aprendizaje. Era capaz de reducir la información sin perder los detalles, de manera que se captara mucha información de un vistazo, ya destilada para quedarse con lo más importante. Aún hoy, me inspiro en sus métodos para estudiar.

También aprendí mucho de su forma de comunicarse. Me pregunto si fue algún tipo de compensación ante las dificultades con el lenguaje. Cuando Luz aprendía algo, a la hora de compartirlo, era capaz de transmitirlo como si se lo estuviera contando a su abuela —pido perdón a las abuelas, que seguro que entienden mejor que muchos de nosotros—. No es nada fácil transmitir algo complicado de manera sencilla, y creo que gracias también a los esquemas que simplificaban la información, Luz desarrolló esa capacidad.

2. ¿Qué hacer si eres el supervisor de posgrado de una persona con dislexia?

Por Ricardo Baeza-Yates, supervisor principal del doctorado de la autora

Ser consciente del problema

Tengo el maleficio de ver todos los errores, de todo tipo, de un texto, desde los léxicos a los semánticos. Digo maleficio, pues preferiría poder leer como una persona con dislexia, sin las distracciones que me causan estos errores, tal como se detalla en el apartado

«¿Cómo leemos los errores?» (página 161). Por otro lado, yo ya sabía de este trastorno desde niño, ya que Marcela Paz, una conocida escritora chilena de cuentos para niños, en su serie Papelucho, tiene un número titulado *¿Soy dix-leso?*, donde juega con la palabra *leso*, que en Chile se usa como *tonto*. Por estas dos razones, cuando conocí a Luz me di cuenta rápidamente de que tenía dislexia. Por supuesto le costó reconocerlo cuando se lo pregunté, pero yo no tenía dudas.

Ser consciente del problema significa que tendrás que leerlo todo con más concentración, no solo porque tendrás que corregir cada artículo científico, tanto en inglés como en castellano, sino, además, porque estas correcciones te harán perder comprensión de lo que estás leyendo. También tendrás que ser paciente, pues después de que tu estudiante corrija todos los errores que has encontrado, deberás corregir los errores que él o ella ha agregado a tus correcciones. Y esto se repetirá más de una vez. De hecho, la única forma de estar seguro de que no habrá más errores es que las correcciones finales las hagas tú mismo.

Otro aspecto que puede ser importante es que la tenacidad natural de las personas con dislexia puede a veces convertirse en testarudez. Esto significa que, aunque estés seguro de algo, puede que tengas que tener paciencia para convencer a tu estudiante de que estás en lo correcto. Muchas veces el tiempo te da la razón, pero lamentablemente esto no te ayuda cuando lo necesitas.

Actualmente, Luz y yo estamos guiando a una estudiante de doctorado alemana que también tiene dislexia y estoy seguro de que ella debe darse cuenta de algunos de estos aspectos directamente y puede hacer un análisis retrospectivo de su experiencia conmigo.

Desarrollar el potencial

Muchas veces, aunque el estudiante haya llegado hasta un nivel de posgrado con mucho esfuerzo, internamente creo que siempre está inseguro de sí mismo. Es posible que esto sea para toda la vida, pues en muchos casos su niñez ha sido emocionalmente traumática. Esto implica que la persona probablemente no conoce todo el potencial que tiene para desarrollarse y posiblemente tu rol principal como mentor es encontrar las fortalezas de ella o de él, y ayudar a desarrollarlas.

En el caso de Luz, su potencial estaba casi al descubierto, como una mina de oro a punto de ser encontrada. Primero, tenía dislexia. Segundo, había estudiado Lingüística, posiblemente la carrera más difícil que podía haber elegido. Y, tercero, se había especializado en lingüística computacional. Es decir, ella entendía el problema mejor que nadie, pues lo sufría y, además, había estudiado y tenía los conocimientos que eran necesarios para diseñar técnicas y herramientas que permitían aliviar el problema de la dislexia usando la tecnología. Esa era su fortaleza principal, ella era juez y parte, sin ningún conflicto de interés, sino exactamente todo lo contrario. Y esto no solamente impactaría en ella misma, sino que también tenía el potencial añadido de afectar a todas las personas con dislexia.

Tú cambiarás

La experiencia de trabajar con personas con dislexia te hará cambiar. Primero, apreciarás mejor lo que sufren y, por ende, cómo tratarlas de forma positiva. Segundo, aprenderás muchas cosas que no esperabas aprender, que después te serán útiles para otros fines. Tercero, ser consciente del problema ejercitará tu paciencia y también te hará a ti más tenaz, al menos para las discusiones técnicas. Y si tú eres mejor, puedes impactar más aún en personas con o sin dislexia.

Pero no todo es positivo; ahora me doy cuenta de que cometo muchos más errores que antes cuando escribo en el ordenador. No sé si se debe a estar expuesto a tantos errores y a que estos sean contagiosos. Pero lo peor es que mi maleficio de ver todos los errores ya no es igual que antes, pues ahora veo los errores de los demás, pero muchas veces no soy consciente de los míos. Es posible que mi mente ya tenga el sesgo de que yo no cometo errores y por lo tanto no me deja verlos, y cuando me doy cuenta de ellos ya es muy tarde. Por ejemplo, en la respuesta a un correo electrónico o justo después de enviar un mensaje en un chat. Pero no es tan malo, esto me hace ser más consciente del problema y comparado con los cambios positivos, es un mal menor.

Finalmente, aunque he guiado a más de cincuenta estudiantes de posgrado, sin duda las diferencias más importantes en tu rol de mentor entre el comienzo y el final de una tesis, se observan en estudiantes con dislexia. Por eso, en estos casos especiales, tu sentimiento de satisfacción por los logros obtenidos por tus estudiantes será mayor y, por ende, esto maximiza tu orgullo personal. ¿Qué más podrías pedir?

CAPÍTULO 8

Desarrollar las fortalezas

Con Clara Pavón

> La dislexia te obliga a eso, a hacer las cosas de otra manera desde pequeño; no tienes otra opción para sobrevivir que hacerlo «fuera de la caja». Así que aprendemos desde pequeños a mirar de manera distinta, a hacer de manera distinta y a convertirlo en una fortaleza, no en una debilidad.
>
> GABY CASTELLANOS

MIS AMIGAS LAS BALDOSAS

Siete años.

No sé cómo se llama este juego. Pero lo he inventado yo. Y me gusta. Es un reto. Y hace falta mucha concentración. Pero si lo intento con todas mis fuerzas, puedo conseguirlo. Aunque no siempre. Primero tienes que empezar por la primera fila. Al principio es fácil. Uno, dos, tres, cuatro, cinco. Entonces las líneas de las baldosas se vuelven más finas. Seis, siete, ocho, nueve. Y más finas. Diez, once, doce, trece. Y ahora borrosas. Catorce, quince, dieciséis. Y ahora es cada vez más lioso. Y entonces puedes confundirte.

Regla número 1: si te confundes, debes empezar desde el principio. Dieciséis, diecisiete, dieciocho. Cierra un poco los ojos. Aún no lo sabes, pero te estás convirtiendo en una niña miope y tienes que forzar la vista un poco. Diecinueve, veinte. Concéntrate ahora.

Veintiuno, veintidós, veintitrés. No puedes mover los pies de tu sitio. No puedes acercarte para ver las líneas mejor.

Regla número 2: no te puedes mover. Bueno, en realidad esta regla no es mérito mío. Es una regla de la profesora. Cuando te echan de clase y te castigan en el pasillo, tienes que estar de pie justo detrás de la puerta. No puedes sentarte. No puedes dar ni un paso. Una vez me moví y lo notaron. Y entonces supe que la puerta tiene una ventanita transparente por donde la profesora puede ver el pelo de mi cabeza. Veinticuatro, veinticinco, veintiséis. ¡¡Línea!! ¡¡Bravo!! ¡¡He conseguido contar todas las baldosas, una a una, desde una puerta hasta la siguiente del pasillo!! Y con las luces apagadas. Porque las luces de los pasillos se apagan cuando hay clase. Solo se encienden durante el recreo y a la hora de la comida. Vamos a por la segunda fila: veintisiete, veintiocho, veintinueve.

Regla número 3: solo puedes empezar la siguiente fila por el último número por el que te quedaste en la fila anterior. No puedes empezar «uno, dos, tres». No. Es demasiado fácil. Tienes que acordarte del número en el que te quedaste. Y guardarte el número en la cabeza hasta que con la mirada sigues y llegas a la siguiente fila de baldosas. Algunas veces los números no cuadran. Primera fila, veinticuatro baldosas; segunda fila, cuarenta y nueve. ¿Cómo es posible que la segunda fila tenga una baldosa más que la anterior? Nunca llegué a saber cuántas baldosas tenía cada fila. Bueno, mejor dicho: nunca llegué a recordar cuántas baldosas tenía cada fila. Y lo más increíble es que jugaba a este juego casi todos los días. Recuerdo más o menos el número total de baldosas de puerta a puerta, unas 375. Y había cinco puertas en cada parte del pasillo, diez puertas en total. Un pasillo a cada lado del edificio. Cinco plantas. Eso son muchas baldosas. Pero tengo tiempo. Al menos unas horas más sola en el pasillo.

Regla número 4: no puedes hablar. Solo susurrar. Porque si no, te oyen. Tampoco es mérito mío esta regla. Esta regla también es de la profesora.

Regla número 5: no puedes escribir. Bueno, en realidad esta tampoco la he decidido yo. Cuando te echan al pasillo no puedes llevar nada contigo, ni lápiz, ni papel ni sacapuntas. Esta regla es un asco. Porque ahora me toca multiplicar el número de baldosas de cabeza. Y con los dedos. Lo intento y tengo que volver a empezar varias veces. Casi cuarenta mil baldosas. Mi colegio es muy grande. Pero no creo que puedan caber cuarenta mil baldosas. Seguro que me he equivocado. Seguro que me he olvidado. ¿Eran 375 o 380 baldosas de puerta a puerta? Mejor vuelvo a empezar. Vamos, al principio es fácil. Vamos. Uno, dos, tres, cuatro, cinco. Vamos, vamos, seis, siete, ocho, nueve. Venga, vamos. Diez, once, doce. Venga eres buena en esto. Tú puedes. Trece, catorce, quince. Espero que quede suficiente tiempo de clase para que me dé tiempo a terminar de contar todas las baldosas de puerta a puerta. Rápido, Luz. ¡Uy! ¿Por qué número iba? Vale. Ningún problema. Rápido. Uno, dos, tres, cuatro, cinco, seis, siete, ocho, nueve, diez, once. ¡¡Muy bien!! Esta vez es la buena. A lo mejor ningún otro niño del mundo conoce este juego. O a lo mejor justo en este momento hay otra niña en otro pasillo contando baldosas. Espera. ¿Por dónde iba? ¿Diez u once?

NO QUIERO REPETIR CURSO

Diez años.

No sé por qué, pero me estaban haciendo un test. Como un cuadernillo. Con figuras. No sé por qué, pero yo sabía que era crucial. Se había hablado antes de si tenía que repetir, de que si iba lenta o de si tenía pájaros en la cabeza. La tutora había invitado a mis padres a una reunión con ella. Notaba que la tutora se preocupaba de ser cuidadosa con mis padres y para que yo no la entendiera. Pero daba igual. Se puede entender más por la cara, por las manos y por la sensación que te da la situación que por las palabras. No recuerdo exactamente las palabras. A lo mejor porque no quería oírlas. A lo mejor porque me protegía olvidándolas. Durante esos años aprendí a entender a las personas sin las palabras. Aprendí a observar en silencio a la gente de mi clase. Y sabía, por ejemplo, a qué persona le gustaba otra entre la compleja red de los cuarenta alumnos de la clase. Aprendí a entender a las personas sin palabras. Aún no lo sabía, pero eso luego, de mayor, me ha sido muy útil para saber quién dice la verdad; en la vida una cosa es lo que se dice y otra cosa es lo que se comunica de verdad.

Y de repente el cuadernillo. No podía quitar la mirada del cuadernillo. No sé por qué, pero sabía que me estaban haciendo un test. Y sabía que era crucial. Tenía la sensación de que me iba la vida en ello. Estaba en la mesa con el cuadernillo raro. La mesa era diferente. Más grande que las demás. La mesa olía a una mezcla entre serrín y lejía. Hacía calor. Mucho calor. O a lo mejor era solo yo, que estaba sudando. Y no sé cuántos años tenía, pero creo que diez. Sabía que era crucial y sabía que era un test. Una especie de barra que, si la saltaba, podría seguir con el resto de la clase. No podía quitar los ojos del cuadernillo. Sentía que me iba la vida en ello. No sé por qué pensé que tenía que hacerlo rápido. Muy rápido. Que los pocos amigos que tenía, que lo poco que había conseguido, dependía de hacerlo bien. No recuerdo el contenido. Estaba muy nerviosa. Pero muy concentrada también. Como nunca. Todo a mi alrededor se fundió. Solo recuerdo el cuadernillo, mi mano temblando muy rápido y el olor de la mesa. Cuando llegué a una parte en la que había figuras, la presión me pudo y entré en una especie de trance. Sentía que todo dependía de cómo lo hiciera. Y lo hice aún más rápido. Tenía que casar una figura geométrica con la que le correspondía de otro grupo. No sé si lo hice rápido o muy rápido. No había estado más concentrada en mi vida. Zas, zas, zas. Acabé agotada.

Recogieron el cuadernillo. Recuerdo al cura que estaba enfrente de mí, que no era ningún profesor, pero siempre estaba rondando por el colegio. «Has copiado», me dice. ¿Recuerdas cuando eras pequeño y te acusaban, y aunque fueras inocente te ponías rojo como un tomate? A mí me pasaba. «No he copiado. De verdad.» Roja. Voy a explotar. Sudor. Olor a lejía. Calor. «No he copiado. De verdad, no he copiado.» «Vuelve a hacerlo delante de mí.» Y otra vez el cuadernillo. Por favor, no, otra vez no. Y volví a hacerlo esta vez en tiempo récord, lo único que me limitaba era la velocidad de mi lápiz. No me daba casi ni tiempo a tachar las figuras. Cuando terminé fui yo la que le pasé el cuadernillo. El cura se calló. Me sacó de la sala. No supe nada más. Nunca supe si estaba bien. Nunca supe si estaba mal. Si había llegado a la altura. Lo único que supe es que los resultados fueron inconsistentes de alguna forma.

Ahora intuyo que lo que pasó fue que los resultados fueron buenos en alguna parte del test y que eso hizo de alguna manera que pasara esa prueba, pero nunca me lo dijeron. De niños, aunque seamos muy pequeños, creo que nos damos cuenta de casi todo. A lo mejor no tenemos las palabras, y a lo mejor, a veces, ni nos hacen falta.

MIRÓ Y LOS HIPOPÓTAMOS

Lo único que sabía que hacía bien de pequeña era pintar. Aunque era solo una cosa, tenía esa certeza y me gustaba. Además, mis padres, al ver que se me daba bien, me habían apuntado a clases de pintura. Cuando inauguraron el Museo Reina Sofía en 1992 yo tenía siete años y al ver un cuadro de Miró (*Mujer, pájaro y estrella [Homenaje a Picasso]*) aluciné. No sé por qué, pero no podía parar de mirarlo. Me fascinó. Mis padres querían ir a las otras salas, pero yo insistía en quedarme allí. Al final me dejaron sentada en un banco y ellos se fueron a ver el resto del museo. Yo disfrutaba la soledad del cuadro, como si solo estuviéramos en esa sala el cuadro y yo. Era como si me hablara. Es una obra muy alegre, con círculos y colores. Luego mis padres me recogieron; ni los había echado de menos.

En el zoo pasaba lo mismo. Me gustaban los hipopótamos. Era mi animal. Siempre quería quedarme más tiempo viendo los hipopótamos. Al final me dejaban allí, en la barandilla. Mis padres se daban una vuelta por el zoo y yo me quedaba disfrutando de los hipos. Observaba cada detalle. Tenía que observarlo todo y entenderlo todo. Y luego en casa los dibujaba; eso me relajaba y me ayudaba a afrontar el resto.

Durante años, estos recuerdos me parecían solo curiosidades, como los diferentes juegos que me inventaba durante las largas horas que pasaba en el pasillo castigada. Pero ahora veo que tienen que ver con fortalezas, quizá innatas o quizá desarrolladas sin darme cuenta. Más adelante me ha servido haber desarrollado la observación, la resiliencia, el cálculo mental, la creatividad, las habilidades visoespaciales, buscar lo positivo en lo negativo y saber hacer lúdicas hasta las tareas más penosas. Por ejemplo, desarrollé tanto el cálculo mental con lo de las baldosas que una vez que preguntaron en clase por el resultado de una multiplicación, lo dije en alto tan rápido que la profesora me echó del aula porque pensó que había copiado.

Veinticinco años más tarde me doy cuenta de cuánto me han servido estas destrezas. Por ejemplo, soy más tolerante al fracaso que el resto de mis compañeros de laboratorio (es muy común que en la investigación un experimento no demuestre la hipótesis de partida que pensaste o te rechacen un artículo científico tras meses, incluso años, de trabajo). Esa tolerancia me ayuda a reconocer mis errores antes, a rectificar y cambiar de hipótesis de investigación rápidamente, sin vivir la frustración que veo en mis colegas investigadores cuando tienen situaciones parecidas. Del mismo modo, uso las mismas técnicas de relajación que desarrollé sin querer de niña. Durante los días más duros de la tesis doctoral, me ayudó pintar una copia del cuadro de Miró, *Mujer, pájaro y estrella*. Y también, cuando necesito renovar fuerzas, me voy a ver animales adonde sea, pero si puedo, en libertad.

CUADRO RESUMEN DEL CAPÍTULO 8

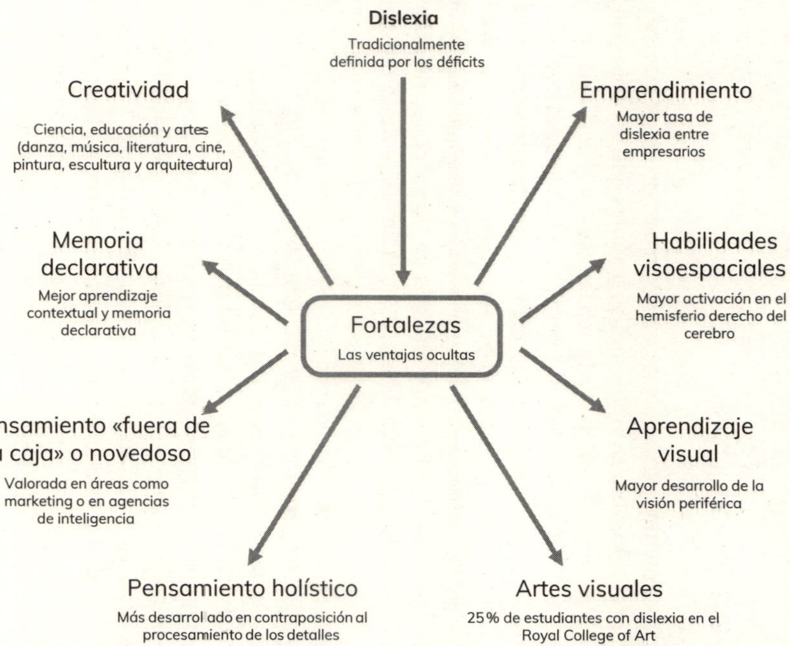

Materiales
- **Dislexia en adultos**
- **Guía de buenas prácticas para la dislexia**

Conocer las fortalezas del niño es tan crucial como detectar sus debilidades. Las fortalezas son cruciales para superar la dislexia y para encontrar aquello que los apasiona y les haga no solo despuntar, sino también sentirse plenos con su trabajo a largo plazo.

LAS VENTAJAS OCULTAS

Tradicionalmente, la dislexia se ha definido por los déficits en el lenguaje escrito, pero existen estudios actuales que también ponen en valor las fortalezas detectadas en las personas con dislexia. Estas, como todas, tienen distintos perfiles de habilidades cognitivas, con debilidades y fortalezas. Tal vez las fortalezas sean el resultado de compensar los déficits o bien son dones innatos. En cualquier caso, conocer las fortalezas de la dislexia es extremadamente útil. Por ejemplo, puede tener implicaciones en los enfoques de aprendizaje y en el tratamiento empleado, que comúnmente se han centrado en los déficits, descuidando fomentar las fortalezas. Sin embargo, las líneas de trabajo más recientes parten de la estimulación de otras áreas para superar las dificultades.

Últimamente han proliferado las historias de éxito de personas con dislexia, sobre todo en el mundo anglosajón. No son pocas las personas que afirman que la dislexia viene con otros dones, tales como habilidades en el emprendimiento o la creatividad. Incluso que la dislexia es un don en sí misma.[1] Por ejemplo, las ventajas ocultas de la dislexia es uno de los temas del libro de Malcolm Gladwell, *David y Goliat*. Gladwell propone que algunas de las personas más exitosas del mundo tuvieron éxito precisamente debido a esta dificultad. «La dislexia, en el mejor de los casos, te obliga a desarrollar habilidades que de otro modo podrían haber permanecido inactivas —escribe—. También te obliga a hacer cosas que de otra manera nunca hubieras considerado», y ofrece diferentes ejemplos de directivos y líderes del ámbito empresarial conocidos en el mundo anglosajón.[2]

En el libro *The Dyslexic Advantage: Unlocking the Hidden Potential of the Dyslexic Brain* (*La ventaja disléxica: desbloquear el potencial escondido del cerebro disléxico*), el objetivo principal de los autores es mostrar que la dislexia no debería tratarse solamente como una dificultad, sino como una capacidad para sobresalir de manera natural en áreas en las que las personas sin dislexia no pueden destacar tanto. Según los autores, «el estilo de procesamiento disléxico no es solo una barrera para aprender a leer y deletrear, sino también el reflejo de un patrón completamente diferente de organización cerebral y de procesamiento de la información, un patrón que predispone a la persona a habilidades destacables». Los autores utilizan el acrónimo MIND para categorizar las fortalezas que tienen las personas con dislexia, así como las debilidades asociadas a cada fortaleza (en vez de al revés, como suele definirse, como fortalezas asociadas a las debilidades). Advierten de que no se trata de categorías universales, porque cada persona las lleva a cabo de una manera única, pero hay temas recurrentes en la mayoría de las personas con dislexia. La primera fortaleza es el *razonamiento material* (M), habilidades espaciales tridimensionales que se usan en el mundo real, así como el procesamiento de imágenes amplias. Son habilidades espaciales, muy utilizadas por ingenieros y arquitectos. Según los autores, la desventaja de la fortaleza M es la «debilidad en ciertas habilidades de procesamiento en dos dimensiones», lo que implicaría una dificultad para leer palabras sin invertirlas. El *razonamiento interconectado* (I) se refiere a la capacidad de crear conexiones intuitivas y usar un nuevo marco de referencia.[3] Los autores indican que «descubrieron que las personas con dislexia a menudo innovan y experimentan con procedimientos rutinarios, y en el proceso encuentran nuevas y mejores formas de hacer las cosas».[4] Esto supondría una gran capacidad de percepción que puede ser beneficiosa para científicos y diseñadores. También esta fortaleza implica una dificultad, cuando «la velocidad, la precisión y la confiabilidad son más valoradas».[5] Una tercera fortaleza es el *razonamiento narrativo* (N), es decir, una memoria episódica superior que recuerda las experiencias y es capaz de transmitir esa información con precisión. Esta memoria episódica brillante y las habilidades que conlleva para contar historias son utilizadas por novelistas y abogados. A cambio de tener una gran memoria episódica, las personas con dislexia tienen dificultades con la memoria semántica, por ejemplo, dificultad para recordar nombres, pero no para recordar cosas específicas sobre una persona en concreto. Finalmente, el *razonamiento dinámico* (D) es la capacidad de poder recoger información y, a partir de esta, no solo ver los hechos, sino también cómo se relacionan. Además, es capaz de inferir y predecir con precisión. Sería algo así como «pensar en episodios pasados o futuros cuyos componentes son cambiantes y complejos».[6] Resulta muy útil para economistas y empresarios. Como el resto de las fortalezas, la fortaleza D también conlleva su dificultad, y es que la velocidad y la eficiencia sufren. Las personas con dislexia se toman más tiempo para resolver problemas y, como resultado, pueden ver conexiones que los otros no perciben.

HABILIDADES

Repasamos las diferentes habilidades que se han asociado con la dislexia, comentando la evidencia empírica en la que se apoyan e ilustrando cada caso con ejemplos. Mientras que en el mundo anglosajón los referentes de personas con dislexia son abundantes, en el mundo hispánico apenas están comenzando a aparecer. En los materiales de este capítulo presentamos una serie de entrevistas realizadas a personas con dislexia que gozan de reconocimiento en su área profesional.

EMPRENDIMIENTO

Un estudio realizado en el Reino Unido y Estados Unidos exploró la incidencia de dislexia en emprendedores, gerentes de corporaciones y población en general.[7] Esta investigación examinaba la idea de que los emprendedores con dislexia desarrollan estrategias de compensación para manejar sus debilidades, y estas se acaban convirtiendo en un beneficio para el proceso de creación de una empresa. Los resultados sugieren que hay una incidencia de la dislexia significativamente más alta entre emprendedores y gerentes de corporaciones en comparación con la población en general, y que algunas de las estrategias que adoptan para superar la dislexia (como la delegación de tareas), pueden resultar útiles en los negocios.

El estudio se llevó a cabo en dos partes. En la primera, los emprendedores y los gerentes de empresas completaron un cuestionario en línea, que combinaba preguntas acerca de su trabajo, su modelo de dirección o su rol de liderazgo y sus habilidades para los negocios, con otras diseñadas para explorar la probable incidencia de la dislexia. En una segunda parte, se realizó un estudio longitudinal a través de un cuestionario semiestructurado, y se exploraron asuntos sobre los negocios y la experiencia educativa en más profundidad con aquellos diagnosticados con dislexia, en comparación con aquellos que no tenían dislexia u otra dificultad en el aprendizaje.

Aproximadamente, el 35 % de los empresarios estadounidenses del estudio inicial mostraron rasgos de dislexia, el 22 % de ellos con una dislexia calificada como grave. Por el contrario, menos del 1 % de los gerentes corporativos informó tener dislexia. Podemos comparar estos datos con la incidencia nacional de la dislexia en Estados Unidos, que alcanza alrededor del 15 %.[8]

En 2017, en la selección de la revista *Forbes* «*30 under 30*», había al menos tres españoles con dislexia diagnosticada: Àlex Sicart, Sergio Bernal y la autora de este libro. Con nuestros nombres, aumentaba el porcentaje de personas con dislexia en esta lista de emprendedores (a un 10 %), en las estimaciones sobre población de habla hispana. El estudio afirma que esta prevalencia, mayor entre emprendedores con dislexia, se debe tanto a las estrategias de compensación como a las fortalezas que desarrollan: el razonamiento visual, el pensamiento novedoso, la capacidad para tener una visión general o la creatividad, todas ellas abordadas en este capítulo. Asimismo, los empresarios con dislexia tienden a contribuir más que el resto en dos áreas importantes para el crecimiento económico: son más emprendedores, fundan más empresas, y tienden a emplear a más trabajadores que el resto de las compañías.[9]

Algunos emprendedores con mucho éxito tienen dislexia. Un buen ejemplo es Luis Hernández de Cabanyes, presidente de Renta Corporación. La dislexia no impidió a Luis terminar su licenciatura en Económicas, al contrario. A pesar de tener que dedicar más tiempo a algunas asignaturas, Luis opina que la dislexia te enseña tres cosas: a ser resiliente, a ser perseverante y a mantener cierta humildad por la conciencia de las limitaciones en la lectura y la escritura. La venezolana Gaby Castellanos, una referencia en el mundo de la publicidad, y también empresaria, ha creado dos agencias de publicidad con su nombre y otras muchas de publicidad digital para terceros. En relación con la dislexia, nos dice: «Gracias a la dislexia eres capaz de ver tus carencias y potenciar más a las personas y a los equipos. He creado equipos muy sólidos de la nada que me siguen adonde voy. No sé si los disléxicos somos mejores jefes, pero creo que podemos apreciar las fortalezas de los demás» (véase apartado «Creatividad», página 293).

Fuera del mundo hispánico existen otros emprendedores con mucho éxito que tienen dislexia; como el chef Jamie Oliver; el fundador de Ikea, Ingvar Kamprad; la fundadora de The Body Shop, Anita Roddick; el fundador de Apple, Steve Jobs; el fundador de IBM, Thomas J. Watson; o el surfista Don Montague, creador de diferentes patentes de aparatos y mecanismos que han revolucionado los deportes acuáticos; Craig McCaw, pionero del teléfono móvil; John Chambers, CEO de Cisco; David Neeleman, fundador de la compañía aérea JetBlue; o el residente de Goldman Sachs, Gary Cohn. En palabras de Richard Branson, fundador de Virgin Group, que atribuye el éxito de su firma al fracaso escolar que vivió por la dislexia: «Pensaba de una manera diferente en comparación con mis compañeros de clase. Estaba muy focalizado en empezar un negocio y crear algo. Mi dislexia me guio para encontrar la manera de comunicarme con mis clientes». Como apunta el estudio de Halfpenny y Halfpenny, tal vez la dislexia permite desarrollar una mayor capacidad estratégica y un pensamiento más creativo, habilidades que pueden suponer una ventaja para los negocios.[10]

En los materiales del presente capítulo se incluyen diversas entrevistas a personas con dislexia en el mundo hispánico —algunas de ellas, empresarios, como David Calle, Kiko da Silva o Iñaki López— que han logrado convertirse en un referente de nuestra sociedad.

Habilidades visoespaciales

Muchas personas han afirmado que existen más individuos con dificultades de lectura en profesiones en las que ciertas habilidades visoespaciales son más importantes, como el arte, la arquitectura, la ingeniería y la mecánica.[11] Recientemente, se ha sugerido que los factores genéticos podrían sustentar las compensaciones en individuos con un cociente de inteligencia no verbal superior y déficits en el procesamiento del lenguaje, individuos «doblemente excepcionales».[12]

Las investigaciones han encontrado resultados contradictorios. Algunas señalan una ventaja en el procesamiento visoespacial de las personas con dislexia en comparación con el resto. Otras no han hallado diferencias significativas, y otras han obtenido resultados opuestos, es decir, que las personas con dislexia presentan un rendimiento inferior en las habilidades visoespaciales. Para poder dar explicación a esta aparente contradicción es necesario investigar más sobre el tema.

Wang y Yang examinaron dichas habilidades en estudiantes chinos y taiwaneses con dislexia de entre 10 y 12 años, frente a un grupo de control de ambos países.[13] A los participantes se les pidió rotar un modelo tridimensional de computadora dentro de un campo de columnas que ocultaba una pelota, y luego se les pidió que escogieran la ubicación correcta de la pelota. Encontraron una diferencia significativa en la velocidad de respuesta, siendo los participantes con dislexia más rápidos que los del grupo de control. Esto sugiere que algunas personas con dislexia tienen capacidades espaciales y visuales mejoradas, con tiempos de respuesta más rápidos, sin un aumento en las tasas de error.

Asimismo, un estudio de 2009 con cuarenta y dos adolescentes (veintiuno con dislexia) evaluó la capacidad visoespacial de adolescentes con dislexia, con el fin de determinar si su desempeño en una prueba visoespacial que imitaba la vida real era mejor, en comparación con sus pares sin dislexia (el grupo experimental presentó un diagnóstico de dislexia realizado por un psicólogo educativo o por un maestro especialista). Se evaluó la capacidad visoespacial y paralelamente se empleó una prueba de entorno virtual generada por ordenador. En la prueba de entorno virtual (que imitaba la vida real), el grupo con dislexia obtuvo puntuaciones —estadísticamente significativas— más altas que el grupo de control. Estos hallazgos sugieren que los adolescentes con dislexia pueden presentar capacidades visoespaciales superiores en ciertas pruebas de capacidad espacial.[14]

Para responder de forma completa a las incógnitas que derivan de estos estudios es necesaria más investigación. Algunos autores han argumentado que los estudios de neuroimagen podrían arrojar información única sobre esta compleja cuestión, al examinar directamente las vías cerebrales para la lectura y el lenguaje en relación con otras habilidades visoespaciales. Las teorías neurocognitivas, hasta la fecha, generalmente se han centrado en los déficits que presentan los niños con dificultades de lectura, ya sean fonológicos, visuales, auditivos, atencionales o en mecanismos de aprendizaje en general. Sin embargo, ya en 1987, Geschwind y Galaburda propusieron la existencia de una «patología de superioridad», según la cual una predisposición a déficits neuronales específicos de la lectura podría llevar a otras áreas del cerebro a compensar.[15] Estudios neurobiológicos recientes también han sugerido que los individuos con dificultades de lectura usan diferentes redes neuronales para procesar estímulos visuales[16] y que las fortalezas podrían estar relacionadas con la compensación de las dificultades de lectura.[17]

Otras publicaciones han sugerido una posible fortaleza en el procesamiento visoespacial. Howard Jr. y sus colegas encontraron que los adultos con dificultades lectoras mostraban ventajas con respecto a los compañeros del grupo de control en una tarea de aprendizaje de localización visoespacial.[18] El rendimiento en el aprendizaje visoespacial correlacionó negativamente con las habilidades lectoras, mientras que el aprendizaje secuencial correlacionó positivamente con las habilidades lectoras. Es decir, mientras que el aprendizaje secuencial implícito (un tipo de aprendizaje procedimental que se piensa que depende de las redes frontoestriatales —circuitos cerebrales con funciones de planificación, control cognitivo y memoria de trabajo—), ha demostrado ser deficiente en las personas con dificultades de lectura,[19] el aprendizaje implícito de los patrones de configuración visoespacial (que se piensa que depende del lóbulo temporal medial) no solo no está afectado, sino que podría ser una fortaleza en las personas con dislexia.[20] Este estudio es consistente con otros que también han informado sobre déficits en las tareas de aprendizaje secuencial.[21]

Las diferencias de funcionamiento entre los hemisferios izquierdo y derecho del cerebro podrían explicar las discrepancias encontradas entre lectores con y sin dislexia en cuanto al procesamiento verbal y el visoespacial. En la literatura científica se atestigua extensamente que el procesamiento del lenguaje es típicamente del hemisferio izquierdo, dominante, mientras que los sistemas del hemisferio derecho desempeñan un papel relativamente importante para muchos aspectos del procesamiento no espacial del lenguaje visoespacial.[22] Con respecto a la organización del cerebro para la lectura, los estudios de neuroimagen han encontrado que los lectores típicos desarrollan circuitos neuronales organizados en gran parte del hemisferio izquierdo, con componentes frontales, temporoparietales y occipitotemporales inferiores.[23] Por otro lado, los individuos con dificultades de lectura exhiben activación reducida (y conectividad funcional) en las redes posteriores del hemisferio izquierdo,[24] y para muchas tareas muestran una mayor activación del hemisferio derecho.

Se ha argumentado que estas respuestas aumentadas del hemisferio derecho reflejan el procesamiento compensatorio a la luz de las anomalías del hemisferio izquierdo para el procesamiento fonológico.[25] En neuroanatomía, algunos estudios han informado sobre una inversión de la asimetría (un hemisferio derecho con más conexiones que el izquierdo) en el planum temporal de individuos con dificultad de lectura, aunque la evidencia no es concluyente.[26]

También se ha informado con frecuencia de un desarrollo reducido de la materia gris y blanca en las regiones del hemisferio izquierdo en los lectores con dificultades.[27] En resumen, las diferencias hemisféricas para la lectura podrían sugerir un posible mecanismo que explique la asimetría entre el procesamiento verbal y el visoespacial.

Otra evidencia se observa en el análisis neurobiológico. Diehl y sus colegas compararon lectores típicos y lectores con dificultades, utilizando tanto tareas cognitivas como imágenes de resonancia magnética funcional.[28] Contrastaron el reconocimiento de palabras impresas con tareas de procesamiento visoespacial que no implican el lenguaje. En el plano conductual, una habilidad de lectura inferior correlacionó con una ventaja en el procesamiento visoespacial (latencias más cortas y precisión equivalente) en el procesamiento de figuras geométricas. Los análisis a través de resonancia magnética funcional evidenciaron interacciones clave entre grupos en patrones de activación cortical y subcortical, particularmente en redes frontoestriatales, y en la distribución de la activación del hemisferio derecho e izquierdo en las dos tareas.

Finalmente, existen dos estudios que sugieren que los niños con dificultades de lectura muestran ventajas relativas en las tareas de procesamiento de configuración visoespacial (véase apartado «Pensamiento holístico», página 291).[29]

Aprendizaje visual

Matthew Schneps es un astrofísico con dislexia que investiga las consecuencias de la diversidad cognitiva en el aprendizaje. Junto con sus colegas Rose y Fischer, propone una teoría científica para explicar algunas observaciones encontradas en las personas con dislexia.[30] Los autores explican que los campos visuales centrales y periféricos están estructuralmente segregados en el cerebro y se diferencian por sus características anatómicas y funcionales. Si bien el campo central parece adecuado para tareas como la búsqueda visual, el periférico está optimizado para un procesamiento rápido en campos visuales amplios. Las personas varían en sus habilidades para hacer uso de la información en el centro o en la periferia, y proponen que este sesgo de procesamiento visual conduce a una compensación entre ambas capacidades. El parámetro de la relación periferia-centro (PCR) describe el grado de sesgo periférico, que la evidencia sugiere que es alto en muchas personas con dislexia. Es decir, muchas personas con dislexia desarrollan más el campo visual periférico que el central, lo que da como resultado no solo déficits de búsqueda, sino también (sorprendentemente) talentos para la comparación visual. El marco del PCR ofrece una explicación coherente para estas observaciones aparentemente contradictorias tanto del déficit como del talento en el procesamiento visual. Esta teoría tiene también implicaciones potenciales para el apoyo de la instrucción en dominios con mucha carga visual, como la ciencia y las matemáticas.

Un estudio publicado en la American Astronomical Society halló un vínculo entre la dislexia y las habilidades para el procesamiento visual en astronomía.[31] Descubrieron que cuando las imágenes de escenas naturales son borrosas, eliminando detalles de alta frecuencia (que se parecen a muchas imágenes astronómicas), los estudiantes universitarios con dislexia superaron de manera significativa a los lectores típicos en el aprendizaje de los contextos espaciales presentados. En segundo lugar, al medir la capacidad del umbral para detectar señales de radio características de agujeros negros en una simulación de laboratorio, los participantes con dislexia también superaron de forma significativa a los lectores típicos en esta tarea, en la que la visión periférica es importante. La visión periférica es importante en esta tarea porque es necesario percibir las señales fuera del área del enfoque central, que es el que utilizamos cuando leemos o cuando nos enfocamos en algún aspecto específico del campo de visión. En un tercer experimento, utilizando tecnologías de seguimiento ocular, concluyeron que las estrategias visuales se correlacionan significativamente con el éxito en la tarea del agujero negro. Paradójicamente, los estudiantes universitarios con dislexia tienden a no emplear las estrategias que con mayor probabilidad conducen al éxito. Estos estudios sugieren que la dislexia está vinculada a ventajas neurológicas útiles en las carreras astronómicas, pero que los estudiantes con dislexia, por sí mismos, no pueden beneficiarse de estas ventajas sin práctica o entrenamiento. Los investigadores sugieren que muchos estudiantes que tienen dificultades para leer pueden encontrar carreras exitosas en campos como la astronomía u otros que aprovechan las ventajas visuales relacionadas con su dificultad lectora; para ello, la educación y la capacitación son vitales si se desea ayudar a estos estudiantes a darse cuenta de sus fortalezas.

El científico con dislexia Christopher Tonkin lo describe como «una sensibilidad inusual a las cosas fuera de lugar». Estas fortalezas son especialmente importantes para la ciencia y las matemáticas, donde las representaciones visuales son claves.

Artes visuales

Las habilidades visoespaciales o para el aprendizaje visual permiten que muchas personas con dislexia destaquen no solo en la ciencia —como los ya citados—, sino también en otras áreas artísticas, como la ilustración, la pintura, la arquitectura o el diseño.

Kiko da Silva, uno de los ilustradores más reconocidos del mundo hispánico, declara: «Creo que si no hubiera tenido dislexia, no habría conseguido las destrezas necesarias para trabajar en artes gráficas». Kiko supo que quería dedicarse a dibujar muy pequeño, con cuatro años, cuando veía un programa de televisión en el que un dibujante, José Ramón Sánchez, pintaba a mano alzada con un rotulador lo que la presentadora le decía. «A mí eso me parecía como magia. Yo de mayor quería hacer lo mismo, tomar un rotulador y crear cualquier cosa desde la nada. Hoy, con 37 años, puedo decir que he cumplido ese sueño.» «Kiko parece un *plotter*, una impresora de planos», dicen algunas personas cuando lo ven dedicar con dibujos sus libros. Pero no todo es talento, de hecho, con esa edad el hermano gemelo de Kiko pintaba infinitamente mejor que él. Quizá en ese momento no parecía que Kiko tuviera la habilidad, pero sí la actitud. Cuando consiguió su primer ordenador con 10 años (un Spectrum 128K), se dedicó a clasificar todas las fotografías e imágenes que caían en su poder (recordemos que por entonces no existían los motores de búsqueda de la web). Estuvo seis años, hasta los 16 años, clasificando y observando imágenes, y tras usar «miles de hojas en blanco», comenzó a trabajar a esa misma edad como ilustrador y humorista gráfico en el periódico *La Voz de Galicia*. Mientras, en paralelo, terminaba la carrera de Bellas Artes. A Kiko la dislexia le ha enseñado a observar. «Me gusta cerrar los ojos y pintar de memoria, a ver cuántos detalles puedo recordar.» El hecho de haber tenido dificultades para expresarse completamente con el lenguaje escrito —a pesar de ser un lector voraz, no caben los libros en su casa— le ha hecho desarrollar otro tipo de lenguajes, no solo el visual, con sus ilustraciones, sino también el no verbal. «Sé mucho de una persona en muy poco tiempo, solo con observar sé si es o no trabajadora, si es buena o mala, si es una persona sincera, o si me voy a llevar bien con ella o no», y eso le permite ayudar a los alumnos de su academia, pues en el mundo de las artes, los estados de ánimo y la gestión del ego desempeñan un papel importante. Un ejemplo que demuestra que Kiko ha desarrollado esa empatía es el componente inclusivo de sus clases; de manera natural, ha tenido cinco alumnos con Asperger que han terminado su formación como dibujantes, y que difícilmente lo habrían hecho siguiendo métodos educativos tradicionales. «De pequeño también se me daban mal las matemáticas, en el colegio no era capaz de resolver un problema, porque se me juntaban los números y no daba una. Sin embargo, ahora, en mis empresas, entiendo la contabilidad, e incluso amigos míos me consultan sobre sus proyectos y su gestión económica. Nunca pensé que sería capaz de algo así, ahora veo que lo que necesitaba era descubrir el objetivo, la lógica y la utilidad práctica detrás de los conceptos matemáticos. Creo que las personas con dislexia aprendemos mejor a través de la práctica asentada en un ejemplo real. Cuando comencé con mi academia, que se llama O Garaxe Hermético, nadie pensaba que iba a salir adelante.»

La famosa artista gitana Lita Cabellut tiene dislexia. En la actualidad, es la pintora española «viva» más cotizada. Lita nos comentó que aunque la dislexia puede generar mucha tristeza e impotencia gratuitas, le ha servido «para entender el sentido del espacio, ser creativa en situaciones en las que se espera de mí un orden que no puedo realizar; he tenido que crear otros órdenes con el mismo fin.

Las personas con dislexia nos vemos como los atletas de la improvisación de esta sociedad».

Otros ejemplos de artistas con dislexia son el colombiano Federico Uribe y el diseñador multidisciplinar Javier Mariscal, creador de Cobi, la mascota de los Juegos Olímpicos de Barcelona, que declara: «Tener dislexia puede ser algo muy bueno si se sabe lo que es. Te hace tomar distancia, te permite ver la sociedad con distancia, una sociedad que se cree las palabras, pero tú puedes ver más allá». Igualmente, el ilustrador de libros para niños William Grill considera que sus problemas para leer cuando era un niño lo han motivado para dibujar aquello que siempre hubiera querido leer.

En el mundo de la moda son varias las personas con dislexia que han destacado. Es el caso de Tommy Hilfiger, del modista argentino Benito Fernández o de Manolo Blahnik, diseñador español conocido por su marca de zapatos, que ha declarado en varias ocasiones tener dislexia para los números. Asimismo, a John Hoke, jefe de diseño de Nike, siempre le ha gustado dibujar. Él lo llama su «verdadero idioma», algo que atribuye a la dislexia: «Soy disléxico, así que mi primer idioma fue dibujar». En el ámbito de la arquitectura y el diseño, podemos nombrar a Richard Rogers (Centro Pompidou), Jørn Utzon (Ópera de Sídney) y Jony Ive (Apple).

El fotógrafo Platon Antoniou dice de sí mismo que es «extremadamente disléxico», y que leer y escribir para él es un gran problema. Para él, un mundo muy complejo tiene que ser simplificado, y el diseño ha sido su manera de salir de la confusión.

Probablemente, también uno de los pintores más reconocidos del mundo, Pablo Picasso, tuviera dislexia. Los profesores de Picasso declararon que tenía dificultades con la orientación de las letras. Asimismo, las perspectivas de sus cuadros podrían ser consecuencia de esa forma diferente de percibir. De hecho, en el Reino Unido, el Royal College of Art asegura tener un 25 % de estudiantes con dislexia, cifras similares a las encontradas en la Facultad de Ingeniería del University College.[32]

Pensamiento holístico

A raíz de dos de sus investigaciones, Von Károlyi, Winner, Gray y Sherman defienden una asociación entre la dislexia y la velocidad de reconocimiento de figuras imposibles, una tarea visoespacial holística.[33] Von Károlyi y otros utilizaron estímulos que potencialmente podrían verse como tridimensionales (llamadas figuras posibles e imposibles). Durante la tarea, los participantes debían determinar rápidamente si un estímulo podría existir en un espacio con tres dimensiones. Esta tarea requiere la capacidad de ver la configuración total de una figura rápidamente.[34] Comprobaron que los lectores con dificultades de lectura eran más rápidos en esta tarea, pero comparables en exactitud con aquellos que no tenían estas dificultades (lo que sugiere que la ventaja de la latencia no reflejaba simplemente una compensación de velocidad por la falta de precisión). Estos hallazgos fueron luego replicados por los mismos autores con una segunda muestra independiente.[35]

Estos resultados sugieren que la dislexia está asociada con un tipo particular de habilidad visoespacial que desarrolla mejor el procesamiento de la información de forma global (holística) en lugar de local (parte por parte). «Las personas con dislexia pueden perderse los árboles, pero ven la totalidad del bosque, es decir, es como si llevaran una lente de gran angular mientras los demás llevan un teleobjetivo, lo que conlleva diferentes tipos de percepción», afirma Matthew H. Schneps. Tal vez no son los mejores enfocando palabras concretas, pero tienen una mejor visión periférica, lo que les permite ver más rápidamente el panorama completo. En la misma línea, Howard Jr., Howard, Japikse y Eden publicaron en la revista *Neuropsychologia* un estudio en el que se pidió a los participantes que señalasen la letra t dentro de un conjunto de letras *l* que flotaban en una pantalla de ordenador.[36] Aquellos con dislexia identificaron la letra más rápidamente. Estos resultados reflejan la plasticidad del cerebro, y se da en otros casos, como en personas analfabetas que reconocen mejor las caras de las personas.

Pensamiento «fuera de la caja» o novedoso

Los dos únicos estudios neurológicos (a través de imágenes cerebrales) de razonamiento complejo visoespacial sugieren que cuando las personas con dislexia realizan problemas de razonamiento espacial, su neurología funcional es diferente de la de sus pares sin dislexia, independientemente de cómo se vea el rendimiento externo de la prueba en comparación con los lectores típicos.[37] Estos resultados establecen un paralelismo con la noción común de que las personas con dislexia piensan o abordan los problemas de maneras únicas y resaltan la necesidad de más investigación en esta área.

Esta habilidad para pensar fuera de lo común ha llevado al Government Communications Headquarters (GCHQ), una de las tres agencias británicas de inteligencia que trabaja contra el terrorismo, a contratar agentes con dislexia. Cuando se fundó en 1919, desde el principio se distinguió por reclutar a personas que pensaran de forma diferente. Para ellos, la dislexia supone una habilidad para ver la situación completa, identificar patrones que otras personas no ven y ser muy constantes. Por ejemplo, el médico radiólogo con dislexia Beryl Benacerraf lo describe así: «Me di cuenta de que mi dislexia era un don para imaginar. Vivo en un mundo de patrones e imágenes, y veo cosas que nadie más ve. Gracias a la dislexia puedo percibir estos patrones». En la actualidad, el GCHQ emplea sobre todo a personas con dislexia y ha ganado fama por resolver problemas que otras agencias no son capaces.

El pensamiento creativo, «fuera de la caja» o *out of the box* es crucial para áreas como el marketing o la publicidad. La conocida reina del marketing, la venezolana Gaby Castellanos, ha usado esta estrategia a lo largo de su carrera hasta el punto de que el presentador de CNN en español, Ismael Cala, describe a Gaby como la «rompedora de paradigmas». Castellanos nos dice: «En mi caso, te aseguro que la creatividad de pensar fuera de la caja tiene que ver con la dislexia. Una vez que fui consciente de mi limitación (es necesario ser consciente antes), la dislexia me ha obligado desde pequeña a pensar fuera de la caja porque si hacía las cosas como todo el mundo, no las hacía correctamente. La dislexia te obliga a eso, a hacer las cosas de otra manera desde pequeño, no tienes otra opción para sobrevivir [...]. Así aprendemos desde pequeños a mirar distinto, a hacerlo todo de una manera distinta y a convertirlo en una fortaleza, no en una debilidad». «La creatividad es cruzar cosas y crear otras nuevas que no existían. Esto tiene que ver con la dislexia. No estoy segura de que pensar fuera de la caja funcione en todas las carreras, en publicidad es crucial. Aunque entiendo que la creatividad es algo muy valioso casi para cualquier situación.»

Desde que Gaby declaró que tenía dislexia en el mundo del marketing y la publicidad ha florecido esta palabra en los perfiles públicos de otros profesionales. De hecho, en el mundo del marketing se ha empezado a poner de moda añadir en los perfiles que se es disléxico como símbolo de creatividad. Gaby advierte que esto puede ser una práctica peligrosa si no es verdad. «No se deben usar las limitaciones para venderse. En mi caso, la dislexia es una limitación que precisamente justifica mis éxitos, que es algo muy distinto a justificar tus limitaciones.»

Creatividad

Muy relacionado con el pensamiento fuera de la caja está la creatividad. Como hemos visto con anterioridad, cuando se explicaron las habilidades visuales, existen estudios que muestran una representación elevada de individuos con dislexia en ciertas carreras (por ejemplo, ciencia, bellas artes, astronomía, etcétera); y se puede considerar que algunas de estas áreas se basan en habilidades no verbales y creativas. Sin embargo, hay pocos informes disponibles, y a veces son contradictorios. Por ejemplo, Taylor y Walter defienden que las personas con dislexia estaban más a menudo en profesiones «orientadas a las personas», como enfermería o cierto tipo de negocios, en lugar de en ciencias de laboratorio.[38]

En cualquier caso, la dislexia parece no poner límites a ninguna profesión, y la creatividad —aunque es muy difícil medirla de forma objetiva— influye de manera positiva en muchos ámbitos, como veremos a continuación: ciencias, educación, danza, música, literatura o cine (para ejemplos de otras disciplinas artísticas, véase el apartado «Artes visuales», página 288).

En el mundo de las ciencias, la creatividad y el pensamiento holístico son cruciales. Existen grandes científicos con dislexia, por ejemplo, Carol Greider, Premio Nobel de Medicina (2009), rechazada en varias universidades por no haber pasado el examen de ingreso.[39] También Jacques Dubochet, Premio Nobel en Química (2017) tiene dislexia. De hecho, Dubochet incluye en su currículo que tiene dislexia («1955: primer disléxico oficial en el cantón de Vaud»).

Un ejemplo en el ámbito de la educación es David Calle, profesor de Unicoos, un canal de YouTube de matemáticas que cuenta con más de un millón de suscriptores. Fue nominado entre los diez finalistas al Global Teacher Prize en 2017 y ha sido considerado por Forbes como una de las cien personas más creativas del mundo. David, también con dislexia, de pequeño llegó a suspender matemáticas y ahora consigue que chicos de todo el mundo aprueben esta asignatura, superen la selectividad y accedan a carreras técnicas. «Mi madre insistía una y otra vez en que leyera y leyera y leyera.» En realidad, David llegó a ser profesor *youtuber* casi por casualidad: él era ingeniero de telecomunicaciones y al quedarse sin trabajo por la crisis económica española comenzó a dar clases en una academia. Allí se dio cuenta de que muchos de sus alumnos no se podían costear las clases y decidió subir vídeos suyos a YouTube, dando comienzo al canal de matemáticas más visto en el mundo hispánico.

En el ámbito de las artes destacan muchos ejemplos, como el primer bailarín del Ballet Nacional de España Sergio Bernal, o diferentes exponentes en el mundo de la música. Por ejemplo, el cantante Pau Donés (vocalista del grupo musical Jarabe de Palo), declara que la dislexia lo llevó a «desarrollar otros lenguajes, por ejemplo, la música», para poder comunicarse. O la cantante y compositora Ruth Lorenzo, quien confiesa: «Aún hoy, voy conduciendo, leo una señal y la leo al revés —y añade—: La dislexia me ha servido para enfocar toda mi energía en las cosas que sí sabía hacer sin dificultad». También tienen dislexia la cantante y compositora mexicana Thalia, la artista de origen argentino Chenoa, o el portorriqueño David Rodríguez (del grupo Sie7e), al que su madre enseñó a leer frente a un espejo de pequeño, pues no querían aceptarlo en la escuela primaria de Puerto Rico porque asumieron en un primer momento que nunca aprendería a leer.

Aunque ser escritor pueda parecer el trabajo más difícil para una persona con dislexia, también hay casos reconocidos, como el escritor mexicoestadounidense Víctor Villaseñor o la poetisa ecuatoestadounidense Karina Gálvez. Por ejemplo, la escritora española Dolores Redondo, Premio Planeta 2016 por su novela *Todo esto te daré*, explica que la dislexia le ha dado «el superpoder de ver el mundo de una manera diferente». Asimismo, la novela *Un jardín al norte*, del venezolano Boris Izaguirre, fue una de las más vendidas durante el año 2014. Un caso excepcional es el escritor y poeta chileno Roberto Bolaño, autor de más de dos decenas de libros clave en la historia de la literatura hispana. También existen periodistas reconocidos con dislexia, como el chileno Matías del Río, o figuras reputadas de los medios de comunicación, como el Gran Wyoming e Iñaki López. Incluso, es probable que Agatha Christie —la autora británica de novelas policiacas reconocida internacionalmente— tuviera dislexia, pues declaró que le resultaba muy difícil la escritura y la ortografía, y decía de sí misma ser «la lenta de la familia».

En el mundo del cine, el reconocido director de películas Steven Spielberg fue diagnosticado con dislexia cuando tenía unos 60 años. Su infancia estuvo marcada por profesores que pensaban que era perezoso y fue víctima de acoso escolar por parte de sus compañeros. Aunque tuvo una infancia dura, su desbordante creatividad se plasmó en diversas películas. Quizá recogió parte de sus experiencias en el guion de su película *Los Goonies*, que trata sobre un grupo de amigos que no se sienten aceptados en la escuela. Spielberg cuenta que descubrir que tenía dislexia siendo ya adulto fue como «encontrar la última pista de un gran misterio que nunca compartió con nadie».

En el mundo del cine y la televisión hispanos, podemos señalar a Mariela *La Chipi Anchipi*, Gabino Diego, Sebastián Estevanez, Salma Hayek, el ya mencionado Boris Izaguirre o Paz Padilla. Entre los muchos actores de Hollywood con dislexia, cabe mencionar a Jennifer Aniston, Orlando Bloom, Whoopi Goldberg, Keira Knightley y Keanu Reeves (véanse las entrevistas de «Casos Reales» en el Anexo, página 328).

MEMORIA DECLARATIVA

El aprendizaje de la información visual no verbal en la memoria declarativa parece ser conservado en la dislexia.[40] La memoria declarativa es uno de los dos tipos de memoria a largo plazo, también conocida como memoria explícita, porque implica recordar de forma consciente hechos y experiencias. El material verbal de aprendizaje tampoco parece estar dañado, especialmente cuando se tienen en cuenta las dificultades en la codificación, que probablemente se deben a déficits de memoria de trabajo y fonológica.[41] Por ejemplo, en una tarea de aprendizaje secuencial en la que se pide a los sujetos que recuerden una lista de palabras, los niños con dislexia pueden aprender menos palabras durante la fase de codificación, pero no tienen dificultad para recordar los términos que han aprendido.[42]

El conocimiento léxico tampoco se ve afectado en gran medida por el trastorno, como demuestran los estudios de vocabulario receptivo (por ejemplo, aquellos en los que se presentan palabras a los sujetos y se les pide que elijan el significado correcto).[43] Diversas investigaciones avalan que los adultos con dislexia muestran un rendimiento normal en una tarea de aprendizaje contextual espacial, que explora los aspectos implícitos de la memoria declarativa.[44] De hecho, en un estudio, los sujetos mostraron una tendencia hacia el aprendizaje contextual superior en comparación con los lectores típicos, pero se vieron perjudicados en una tarea diferente que depende del aprendizaje procedimental.[45] Este tipo de aprendizaje —también llamado no declarativo o implícito— comprende la adquisición, el almacenamiento y la recuperación eficaz de la información sobre la ejecución de habilidades y tareas motoras.

En un contraste similar entre los dos sistemas de memoria, los niños con dislexia mostraron déficits en una tarea de aprendizaje secuencial que implica aprendizaje procedimental, pero no en una tarea de aprendizaje secuencial con instrucción explícita que depende de la memoria declarativa.[46] Una tarea de aprendizaje secuencial sería, por ejemplo, identificar un patrón repetido en varias series de letras que aparecen en pantalla. Si se les dice a los participantes que tienen que encontrar el patrón repetido, estaríamos ante una instrucción explícita que depende de la memoria declarativa, mientras que si el participante no recibe esa instrucción y los resultados revelan un aprendizaje de la secuencia, podríamos estar hablando de aprendizaje procedimental o implícito, a menudo evaluado con tiempos de reacción más rápidos.

Finalmente, en un estudio de codificación incidental y reconocimiento posterior de objetos (que minimizó la memoria de trabajo, el procesamiento fonológico y el recuerdo),[47] los niños con dislexia mostraron mejor aprendizaje y retención que los niños sin dislexia. Este resultado, así como la tendencia al rendimiento superior en el aprendizaje contextual[48] aún no se han explicado, pero una hipótesis es que puede ser una habilidad compensatoria. La dislexia de Auguste Rodin,[49] el admirado escultor francés del siglo XIX, provocó que apenas pudiera leer o escribir a los 14 años. Ya en su carrera artística, miraba los cuadros de los museos durante el día, para después pintarlos de memoria por la noche al llegar a casa. El ilustrador Kiko da Silva nos explicó que de pequeño era capaz de observar objetos y luego recordarlos y dibujarlos sin tener que recurrir a fotografías. Otro ejemplo de memoria declarativa es la que ejercita el famoso presentador Iñaki López, que lleva años presentando un programa político de gran audiencia, *La Sexta noche*. Iñaki nos comenta: «Soy capaz de memorizar una serie extensa de preguntas para las entrevistas largas sin dificultad, es un programa de cinco horas de duración, pero llevar y seguir el hilo argumental nunca ha sido ningún problema».

RESUMEN

Conceptos básicos

- Tradicionalmente, la dislexia se ha definido a partir de los déficits, pero cada vez hay más estudios que se centran en las fortalezas asociadas. **Estas fortalezas pueden ser dones en sí mismos o resultado de compensar las dificultades**.
- La dislexia parece ser una ventaja para el **emprendimiento**. Aproximadamente el 35 % de los emprendedores estadouni-

denses tienen dislexia, cuando esta está presente tan solo en el 15 % de su población.

- Diversos estudios sugieren ventajas en el **procesamiento visoespacial** de los individuos con dislexia. Esta ventaja parece tener un sustrato biológico cerebral, al presentar el **hemisferio derecho** del cerebro mayor activación en las personas con dislexia que en el resto.
- Específicamente, la **visión periférica**, frente a la central, parece estar más desarrollada en las personas con dislexia, lo que supone una ventaja clave en algunas profesiones, como la astronomía.
- El **pensamiento holístico** parece estar más desarrollado también en las personas con dislexia, en contraposición al procesamiento de los detalles.
- El cerebro de las personas con dislexia es diferente, y eso facilita que puedan tener una visión distinta de las cosas, **pensar out of the box o «fuera de la caja»**, un rasgo muy valorado en algunas profesiones o en instituciones como las agencias británicas de inteligencia.
- El aprendizaje procedimental y secuencial puede ser un hándicap entre las personas con dislexia. Sin embargo, tiene su reverso: algunos estudios sugieren un mejor **aprendizaje contextual y memoria declarativa**.
- En las **profesiones creativas**, podemos encontrar muchas personas con dislexia, algunas de las cuales han recibido el reconocimiento social por sus logros. En el Reino Unido, el Royal College of Art asegura tener un 25 % de estudiantes con dislexia.

MATERIALES

1. Dislexia en adultos

La mayoría de los adultos disléxicos han aprendido estrategias de compensación para lidiar con las dificultades que genera la dislexia y muchas veces los demás ni siquiera perciben el gran esfuerzo que realizan. El contenido presentado en este libro puede trasladarse en gran medida a la vida adulta.

Posibles dificultades: errores aislados de lectura en voz alta, faltas de ortografía, dedicar más tiempo a las tareas de lectura y escritura. En la práctica, estas dificultades pueden traducirse en evitar escribir cuando hay personas delante, o en encontrar dificultades a la hora de rellenar cuestionarios (Capítulo 1).

Estrategias de compensación: alta capacidad de trabajo, uso frecuente de soportes complementarios al texto escrito (vídeos, mapas mentales, imágenes), estrategias lingüísticas creativas para evitar errores (uso de sinónimos, cambiar frases), revisión de textos importantes, convertirse en autodidacta, o desarrollar capacidad para mantener la calma, pues el estrés aumenta las dificultades (Capítulos 6 y 7).

Tecnología asistida: para compensar es frecuente el uso de correctores automáticos, así como el uso del dictado automático para escribir textos, correos electrónicos o mensajes en el teléfono móvil, y el uso de lectores de texto para comprender textos especialmente largos (Capítulo 2).

Autoestima: la mayoría de las personas con dislexia han sufrido una falta de autoestima y, de adultos, se pueden disparar las dudas sobre sus capacidades. Algunos, tras superar la dislexia, sufren el síndrome del impostor, creyendo que la gente los percibe falsamente como inteligentes. Es recomendable usar estrategias para reforzar la autoestima (Capítulo 8).

Fortalezas: alta capacidad de trabajo, perseverancia, resiliencia, capacidad autodidacta, alta capacidad de adaptación al cambio, creatividad para resolver problemas y relacionar las ideas de manera más simple, pensamiento «fuera de la caja» o novedoso, memoria declarativa muy desarrollada, altas habilidades visoespaciales, uso del aprendizaje visual, pensamiento holístico y altas aptitudes para el emprendimiento (Capítulo 9).

2. Guía de buenas prácticas para la dislexia

Familias:

- Estar alerta a los posibles síntomas de la dislexia y buscar un diagnóstico precoz (Capítulos 1 y 4).
- Positividad, empatía y transparencia en la comunicación con los hijos (Capítulo 1).
- Transmitir tranquilidad y paciencia a la hora de ver los errores de los hijos.
- Valorar el trabajo duro de los hijos y trasladar confianza para reforzar la autoestima, así como disminuir la frustración y posible ansiedad (Capítulo 8).
- Informar al colegio para que los maestros puedan aplicar estrategias inclusivas en clase (Capítulo 5).
- Usar la tecnología como aliada para la dislexia (Capítulos 2, 3 y 4).
- Potenciar las fortalezas de cada niño con actividades en casa o extraescolares (Capítulo 9).
- Compartir y aprender con otras familias gracias a las asociaciones de dislexia de cada región (Anexo I).
- Empoderar con estrategias a tus hijos. Véase: «Significado y síntomas de la dislexia» (página 58), «Carta testimonial a los

estudiantes» (página 56), «¿Cómo decirle a un niño o niña que tiene dislexia?» (página 140) «Consejos para afrontar un examen» (página 218) o «Consejos para el aprendizaje del inglés» (página 242), pedir «Adecuaciones escolares y exámenes oficiales» (página 217), y «Anexo I. Recursos y tecnologías para la dislexia» (página 347).

Docentes:

- Promover el cribado de la dislexia en el colegio, pues la dislexia puede enmascararse con otras condiciones como altas capacidades, dado que muchos niños con dislexia pasan desapercibidos. Una detección precoz es fundamental (Capítulos 1 y 4).
- Especial prevención y estimulación desde la etapa infantil (Capítulo 1).
- Realizar pautas inclusivas que benefician a todos los alumnos, como, por ejemplo, pautas para la presentación de un texto: diseño y contenido (Capítulo 2).
- Realizar actividades con toda la clase de modo que sean inclusivas y estimulen las debilidades y las fortalezas de los alumnos (Capítulos 2, 5 y 6).
- Uso de la tecnología como complemento (Capítulos 2, 3 y 4).
- Prestar especial atención a las asignaturas de lenguas, incluyendo las extranjeras (Capítulo 2, 5 y 6.)
- Empoderar con estrategias a tus alumnos. Véase Materiales «Pautas de presentación de un texto: diseño y contenido» (página 115), «Carta de un niño o niña a sus compañeros» (página 142), «Informe sobre faltas de ortografía» (página 195), «Pautas de actuación para maestros y profesores» (página 239), «Pautas para el profesorado sobre el aprendizaje del inglés» (página 236), y «Anexo I. Recursos y tecnologías para la dislexia» (página 347).

Terapeutas profesionales:

- Realizar un diagnóstico diferencial para poder discriminar la dislexia potencial de otras condiciones que frecuentemente se dan con la dislexia (Capítulo 1).

- Desarrollar un plan de trabajo específico y usar material de abordaje terapéutico basado fundamentalmente en la estimulación de la conciencia fonológica, la automatización de la lectura y la memoria de trabajo (Capítulo 1).
- En caso de usar *software* complementario, comprobar si es un *software* eficaz y evaluado científicamente para la dislexia (Capítulo 4).
- Usar de forma complementaria materiales sobre estrategias de afrontamiento para las dificultades emocionales (Capítulo 7).
- Empoderar con estrategias a tus pacientes. Véanse materiales: «Dislexia y otras condiciones relacionadas: comorbilidades y fortalezas» (página 59), «Pautas de presentación de un texto: diseño y contenido» (página 115), «¿Cómo saber si un software educativo está validado científicamente?» (página 194), y «Anexo I. Recursos y tecnologías para la dislexia» (página 347).

DESPEDIDA

> Es importante hacer un sueño de la vida y de la realidad un sueño.
>
> MARIE CURIE

Aunque siempre he procurado por todos los medios que nuestra investigación fuera útil y sirviera a las personas, nunca pensé que mi historia personal pudiera servir para algo. Aquí he compartido recuerdos que he intentado olvidar durante mucho tiempo. Nunca pensé que los compartiría. De hecho, solo algunas personas muy cercanas los conocían, y ni siquiera con ellos había compartido todos los detalles. Me ha sido muy difícil abrirme así, espero que al menos algún detalle haya servido, pues cada persona es maravillosamente única y, por tanto, también es única la manera de superar la dislexia.

Pido disculpas si algún aspecto de mi historia no ha parecido correcto; es lo que tiene la realidad. Por supuesto que ahora, con más conocimiento, habría hecho algunas cosas de manera diferente —no hubiera copiado los libros a mano, por ejemplo—. Hice las cosas lo mejor que pude, pero quiero remarcar que con mi historia no pretendo en ningún momento dar ejemplo, cada uno de nosotros puede hacerlo mejor de muchas formas distintas dependiendo de las habilidades personales de cada uno.

Respecto a nuestra investigación y a los materiales derivados de la misma, espero que sí hayan sido útiles. Seguiremos trabajando para que cada vez sean más útiles, para que ningún niño tenga miedo a soñar a causa de la dislexia, para que vuelen alto y puedan llegar convertirse en lo que ellos quieran (Figura 11, en el pliego a color). Y para conseguir esto, las personas que estáis leyendo este libro sois la clave. Porque un cambio global solo se puede conseguir en equipo. Y ahora formáis parte del mismo, gracias por querer ser parte de él. Cada día me maravilla este tipo de personas —nobles, positivas y apasionadas— que atrae la comunidad abierta de Change Dyslexia (@changedyslexia).

Finalmente, nuestra investigación nació para las personas y esto solo se puede llevar a cabo con la participación de personas. Si quieres formar parte de la investigación y colaborar con nosotros, no dudes en decírnoslo. Como siempre, estamos disponibles, y puedes escribirnos a info@changedyslexia.org. Será un placer compartirlo contigo y estaremos encantados de leerte, siempre.

¡Nos vemos en @changedyslexia!
Los sueños no se leen, se hacen realidad.

Luz Rello

Pittsburgh (octubre de 2017), Barcelona (junio de 2018).

AGRADECIMIENTOS

La dislexia te enseña desde muy pronto a tener humildad y a darte cuenta de que trabajar en equipo no solo es necesario, sino también mejor. Todo lo que habéis leído ha sido producto del trabajo de equipos formados por personas brillantes, apasionadas y, sobre todo, generosas. La comunidad de Change Dyslexia se fue generando de manera de espontánea desde 2010 comenzando por la ayuda de «mis mamás» maravillosas hasta llegar todos juntos a instituciones internacionales. Cada uno de estos colaboradores ha puesto al servicio de la dislexia lo que mejor saben hacer, recibiendo a cambio solo la satisfacción de ayudar a personas con dislexia.

La primera persona con la que compartí un fragmento del libro fue mi supervisor de tesis, Ricardo Baeza-Yates. Tras una primera revisión, Ricardo se ofreció a revisar la estructura y el contenido del libro. Incluso ha participado en uno de los capítulos. Gracias Ricardo por volver a empoderarme, esta vez con la escritura de un libro que compartirá nuestra investigación con la comunidad en español, pues hasta ahora casi todo lo publicado era en inglés.

Cuando tenía dudas consulté a los investigadores que más admiro y que, además, cuando les he pedido ayuda, han dado prioridad a revisar ciertas partes del libro —pues como siempre, he ido a contrarreloj—. Gracias a los doctores Fernando Cuetos y Joaquim Llisterri por revisar los Capítulos 1 y 2, respectivamente. Y gracias al mejor gurú en estadística, el doctor Martin Pielot. Gracias también al doctor Eduardo Graells, siempre me han fascinado las visualizaciones que haces con *big data* y ahora por fin lo hemos aplicado a la dislexia con los primeros mapas mundiales de dislexia que has creado para el libro. Finalmente, me encontraba insegura con la parte del libro que hablaba de mi historia personal. Todos aquellos que lo habían revisado hasta el momento eran personas cercanas y, por lo tanto, no objetivas. Gracias a Juan Carlos Ortega por tu combinación en agudeza y sensibilidad en la revisión de esa parte.

Gracias a los investigadores principales de las publicaciones científicas que recopila este libro: Abdullah Ali, Simone D. J. Barbosa, Ricardo Baeza-Yates, Miguel Ballesteros, Susana Bautista, Jeffrey P. Bigham, Nancy Cushen White, Laura Dempere Marco, Emilia Gómez, Eduardo Graells, Joaquim Llisterri, Mari-Carmen Marcos, Lucía Medea-García, Jennifer Pedler, Martin Pielot, Maria Rauschenberger, Enrique Romero, Horacio Saggion y Miquel Serra. Nuestra investigación no tiene sentido sin las herramientas que puedan usar niños, por lo tanto, gracias a Clara Bayarri y Azuki Gòrriz por la aventura de crear en 2011 el primer prototipo de Piruletras, que luego sería DytectiveU. También gracias a Mike Bonales, Roberto Carlini, Julia Dembowski, Nikki García, Joan Guardiet, Saurabh Gupta, Gaurang Kanvinde, Arturo Macías, Maria Rauschenberger y Vasile Topac por integrar nuestra investigación en aplicaciones reales.

Gracias a los terapeutas, logopedas y maestros comprometidos que me habéis ido revisando secciones de vuestras áreas específicas de conocimiento: Ángeles Álvarez-Cedrón, Mariola Carrillo, Daniel Cubilla, Alicia Bailey Garrido, Luis Darriba y Lorenzo Antonio Hernández Pallarés. Vuestros niños con dislexia tienen una suerte tremenda de teneros.

Gracias a las personas maravillosas con dislexia que he entrevistado para este libro. Para algunos de vosotros no ha sido fácil, gracias por ser valientes y aceptar ser referentes de dislexia, algo tan necesario en el mundo hispánico. Gracias a Sergio Bernal, Lita Cabellut, David Calle, Mariola Carrillo, Gaby Castellanos, Kiko da Silva, Gabino Diego, Pau Donés, Luis Hernández de Cabanyes, Boris Izaguirre, Iñaki López, Ruth Lorenzo, Javier Mariscal, Dolores Redondo y Àlex Sicart.

Gracias también a los voluntarios principales del trabajo de campo de la investigación en Dytective Test y DytectiveU: Daniela Alarcón Sánchez, Ángeles Álvarez-Cedrón, José Luis Calvo, Elsa Cárdenas Hagan, Sonia Cortés Trave, Maribel Dolcet Cabós, Rosa García Bermejo, Jordi Gerona, José Luis Hernán Gamo, Clara Martín Morán, Yolanda Otal de la Torre, María Teresa Moral-Naranjo, Nuria Tablado Pérez y Nerea Vinuesa Martín. Y gracias a los colegios donde hemos realizado los estudios longitudinales más largos: Colegio Liceo Cónsul, Colegio Lope de Vega, Colegio Nuestra Señora de las Nieves y Colegio Sagrado Corazón de Madrid.

Como habéis ido leyendo, en nuestra historia hay personas increíbles de ámbitos muy diversos sin las cuales el contenido de este libro tampoco existiría. Por eso debo agradecer también a Antonella Broglia, Luís Camilleri, Guillermo de Haro, Eduardo Inal, Luis Miret, Rocío Pérez, Ana Sáenz de Miera y Narcís Vives por apostar por la semilla de Change Dyslexia. A Ángeles Álvarez-Cedrón, por hacer honor a su nombre, convertirse en un ángel y presentarnos a Inés Fernández Pandal y David Sola Ehler, que se han volcado en la comunicación de Change Dyslexia. A Elena Díaz, Alfonso Fernández y Paco Hortiguela de Samsung España por llevar la dislexia desde los cines en Navidad hasta el festival de publicidad de Cannes. A Vicente Alcañiz e Ismael Sanz Labrador, de la Consejería de Educación Comunidad de Madrid, y a Miguel Ángel Moral, de la Fundación Colegio Vizcaya, por ser pioneros en llevar DytectiveU a los colegios públicos y privados, respectivamente. A Esther Planas y Francesc de Paula Ventura Ribal de «Obra Social "La Caixa"» por convertir el Péndulo de Foucault en símbolo de superación de las barreras de la dislexia y gracias a Cristina Orpinell, de Fundación Renta Corporación, por ayudar a superar esas barreras becando a los menos privilegiados. Gracias por la confianza y la paciencia incondicional de Cristina Feliu Martínez, José Manuel Lara, Elisabet Navarro Sánchez y Marcela Serras Güell, del Grupo Planeta. Gracias a Ramon Capdevila Bert, José Luis Cruz Cubells, Marta Ortega Bravo y Lidia Sanz Borrell, del Hospital de Lleida, por su iniciativa en llevar Dytective al catalán. El resto de los colegios y gabinetes voluntarios puede encontrarse en <https://www.changedyslexia.org/voluntarios>. Finalmente, gracias a Julio Gonzalo, por insistir en 2011 en que tenía que escribir mi historia.

Gracias también al apoyo económico de Ashoka, Cartier Women's Initiative Awards, Fundación Aquae, Fundación Botín, Fundación Itinerarium, Fundación Princesa de Girona, Vodafone Foundation, Obra Social «La Caixa» y a todas las personas que aportaron en la campaña de *crowdfunding*, para conseguir traspasar los resultados de la investigación a una realidad.

Gracias por el cariño de la comunidad de Change Dyslexia, por solucionar mis dudas concretas en vuestras áreas de especialidad y por los ánimos que he ido recibiendo a través de redes sociales. Especialmente a «mis mamás» comprometidas y brillantes cada una en su área, entre otras muchas agradezco a: María Jesús Blanque, Mercè Febrero Llop, Ruth Rozensztejn, Candelaria Sánchez, Cristina Villanueva, Araceli Salas, Vanesa Sánchez, María Sanz-Pastor Moreno de Alborán, Alicia Uixera Segura, Montse Segarra y Sol Viedmas, creadora del logo de Change Dyslexia.

Gracias al equipo de Change Dyslexia porque os habéis ido emocionando a cada paso que avanzaba con el libro. Aún no me creo el privilegio que tengo de trabajar con vosotros, sobre todo por vuestra calidad humana. María Herrera, Arturo Macías, Clara Pavón y Camila de Ros: gracias por vuestro entusiasmo, vuestro cariño y vuestros «descansa». Y por tomar el relevo en momentos en los que yo no daba abasto. Gracias a Clara, coautora de dos capítulos, y a Camila, por corregir mis primeros borradores llenos de faltas disléxicas.

Gracias a mis padres, Alfonso y Pilar, por ser los más «grupis» de Change Dyslexia —hasta el punto de bordar el logo en la ropa o cruzar media España para venir a ver una charla a Estados Unidos, donde viví durante cuatro años en los que casi no nos vimos— y, gracias, porque no importa lo bien o lo mal que haga las cosas, ellos estarán siempre por mí.

Y, sobre todo, gracias a los maravillosos niños con dislexia que he ido conociendo a lo largo de estos años. A algunos os he visto crecer, como a Gris Ventura-Gibert, Emma Rienda o Joan Cruz Sesé. Algunos habéis compartido conmigo vuestros sueños y os he visto superados a vosotros mismos para conseguirlos. Me habéis emocionado y enseñado tanto. Gracias también por darme la confianza y las energías suficientes para continuar durante estos años de investigación, porque en realidad todo el esfuerzo era para vosotros

Y, finalmente, gracias a mi propia dislexia, mi amiga inseparable de por vida, gracias por llevarme a romper mis fronteras y a descubrirme un mundo de fortalezas que nunca hubiera imaginado. Ojalá que todo el mundo pudiera dar gracias a la dislexia lo antes posible en su vida.

REFERENCIAS BIBLIOGRÁFICAS

Ability Net (2013). *NHS Choices: Help with accessibility, Changing fonts on your computer*, en <www.nhs.uk/accessibilityhelp/index.html>.

Acha, J., y Perea, M (2008). «The effect of neighborhood frequency in reading: Evidence with transposed-letter neighbors», en *Cognition*, 108(1), págs. 290-300.

Adler-Grinberg, D., y Stark, L. (1978). «Eye movements, scanpaths, and dyslexia», en *American Journal of Optometry and Physiological Optics*, 55(8), págs. 557-570.

Afonso, O., Suárez-Coalla, P., y Cuetos, F. (2015). «Spelling impairments in Spanish dyslexic adults», en *Frontiers in Psychology*, 6, pág. 466.

Agencia de Educación de Texas (2001). *Manual sobre la dislexia: procedimientos relacionados con la dislexia y otros desórdenes*, documento en línea: <www.asandis.org/doc/manual-dislexia-TEXAS.pdf>.

Allen, D. (2015). *Getting Things Done: The Art of Stress-free Productivity*. Londres: Penguin.

Alm, J., y Andersson, J. (1995). *Reading and Writing Difficulties at Prisons in the County of Uppsala*. Upsala: National Labour Market Board of Sweden at the Employability Institute.

Aluísio, S. M., Specia, L., Pardo, T. A., Maziero, E. G., y Fortes, R. P. (2008a, septiembre), «Towards brazilian portuguese automatic text simplification systems», en *Proceedings of the Eighth ACM Symposium on Document Engineering*, pp. 240-248, en <http://clg.wlv.ac.uk/papers/Specia_DocEng2008.pdf>.

Aluísio, S. M., Specia, L., Pardo, T. A., Maziero, E. G., Caseli, H. M., y Fortes, R. P. (2008b, septiembre). «A corpus analysis of simple account texts and the proposal of simplification strategies: first steps towards text simplification systems», en *Proceedings of the 26th Annual ACM International Conference on Design of Communication*, ACM, págs. 15-22.

Aluísio, S. M., y Gasperin, C. (2010, junio). «Fostering digital inclusion and accessibility: the PorSimples project for simplification of Portuguese texts», en *Proceedings of the NAACL HLT 2010 Young Investigators Workshop on Computational Approaches to Languages of the Americas*, Association for Computational Linguistics, pp. 46-53.

American Psychiatric Association (2013). *Diagnostic and Statistical Manual of Mental Disorders, DSM-5*, American Psychiatric Publishing, Washington.

Anderson, J. R. (2000). *Learning and Memory: An Integrated Approach*. Nueva Jersey: John Wiley & Sons Inc.

Anderson, J. R., Kline, P. J., y Beasley Jr., C. M. (1979). «A general learning theory and its application to schema abstraction», en *Psychology of Learning and Motivation*, 13, pp. 277-318.

Androutsopoulos, I., y Malakasiotis, P. (2010). «A survey of paraphrasing and textual entailment methods», en *Journal of Artificial Intelligence Research*, 38, págs. 135-187.

Asociación Madrid con la Dislexia y otros DEA (2013). *Guía de dislexia*, en <www.madridconladislexia.org/wp-content/uploads/2014/04/Gu %C3 %ADa-Madrid-con-la-Dislexia-.pdf>.

Attree, E. A., Turner, M. J., y Cowell, N. (2009). «A virtual reality test identifies the visuospatial strengths of adolescents with dyslexia», en *CyberPsychology y Behavior*, 12(2), págs. 163-168.

Aylward, E. H., Richards, T. L., Berninger, V. W., Nagy, W. E., Field, K. M., Grimme, A. C., y Cramer, S. C. (2003). «Instructional treatment associated with changes in brain activation in children with dyslexia», en *Neurology*, 61(2), págs. 212-219.

Bachmann, C. (2013). «EasyReading™ as a compensating tool for readers with dyslexia: a comparison between Times New Roman and EasyReading™», en «Good Readers and dyslexic fourth grade children», en <www.easyreading.it/wp-content/uploads/2017/03/bachmann_-scientific_study.pdf>.

Bacon, A. M., y Bennett, S. (2013). «Dyslexia in Higher Education: the decision to study art», en *European Journal of Special Needs Education*, 28(1), págs. 19-32.

Baeza-Yates, R. (2012). «La sabiduría de la web», en *El País*, <http://blogs.elpais.com/turing/2012/11/la-sabiduria-de-la-web.html>.

— (2018, junio). «Bias in the Web», en *Communications of the ACM*, 61(6), págs. 54-61.

—, y Rello, L. (2011a, marzo). «Estimating dyslexia in the Web», en *Proceedings of the International Cross-Disciplinary Conference on Web Accessibility*, ACM, pág. 8.

— (2011b, julio). «How bad do you spell?: The lexical quality of social media», en *The Future of the Social Web*.

— (2012, abril). «On measuring the lexical quality of the web», en *Proceedings of the 2nd Joint WICOW/AIRWeb Workshop on Web Quality*, ACM, págs. 1-6.

— (2017). «The impact of misspellings on reading comprehension for people with dyslexia», en *Annals of Dyslexia* (en prensa).

—, y Dembowski, J. (2016). «CASSAurus: A Resource of Simpler Spanish Synonyms», en *LREC*, <https://pdfs.semanticscholar.org/2e9b/2835d5852b07c04f29fb6c628281999f0901.pdf>.

— (2015). «Cassa: A context-aware synonym simplification algorithm», en *Proceedings of the 2015 Conference of the North American Chapter of the Association for Computational Linguistics: Human Language Technologies*, págs. 1380-1385.

Balari, S., Benítez Burraco, A., Camps, M., Longa, V. M., Lorenzo, G., y Uriagereka, J. (2008). «¿Homo loquens neanderthalensis? En torno a las capacidades simbólicas y lingüísticas del Neandertal», en *Munibe Antropologia-Arkeologia*, 59, págs. 3-24.

Barnum, C. M. (2010). *Usability testing essentials: ready, set... test!* Nueva York: Elsevier.

Beauchemin, J., Hutchins, T. L., y Patterson, F. (2008). «Mindfulness meditation may lessen anxiety, promote social skills, and improve academic performance among adolescents with learning disabilities», en *Complementary Health Practice Review*, 13(1), págs. 34-45.

Beaulieu, C., Plewes, C., Paulson, L. A., Roy, D., Snook, L., Concha, L., y Phillips, L. (2005). «Imaging brain connectivity in children with diverse reading ability», en *Neuroimage*, 25(4), págs. 1266-1271.

Beck, A. T., Steer, R. A., y Brown, G. K. (1996). «Beck depression inventory-II», en *San Antonio*, 78(2), págs. 490-498.

Beckmann, E., y Minnaert, A. (2018). «Noncognitive characteristics of gifted students with learning disabilities: An in-depth systematic review», en *Frontiers in Psychology*, 9, pág. 504.

Benfatto, M. N., Seimyr, G. Ö., Ygge, J., Pansell, T., Rydberg, A., y Jacobson, C. (2016). «Screening for dyslexia using eye tracking during reading», en *PloS One*, 11(12), e0165508.

Bennett, I. J., Romano, J. C., Howard Jr, J. H., y Howard, D. V. (2008). «Two forms of implicit learning in young adults with dyslexia», en *Annals of the New York Academy of Sciences*, 1145(1), págs. 184-198.

Bernal, M. (2015). «Prevalencia del síndrome Meares-Irlen / Estrés Visual que afecta la lectura en niños de tercer grado», en *Maskana*, 6(1), págs. 69-78.

Bernard, M. L., Chaparro, B. S., Mills, M. M., y Halcomb, C. G. (2003). «Comparing the effects of text size and format on the readability of computer-displayed Times New Roman and Arial text», en *International Journal of Human-Computer Studies*, 59(6), págs. 823-835.

Bernard, M., Liao, C. H., y Mills, M. (2001, marzo). «The effects of font type and size on the legibility and reading time of online text by older adults, en *CHI'01 Extended Abstracts on Human Factors in Computing Systems, ACM*, págs. 175-176.

Best, J. R. (2010). «Effects of physical activity on children's executive function: Contributions of experimental research on aerobic exercise», en *Developmental Review*, 30(4), págs. 331-351.

Beymer, D., y Russell, D. M. (2005, abril). «WebGazeAnalyzer: a system for capturing and analyzing web reading behavior using eye gaze», en *CHI'05 Extended Abstracts on Human Factors in Computing Systems, ACM*, págs. 1913-1916.

Bisland, A. (2004). «Using learning-strategies instruction with students who are gifted and learning disabled», en *Gifted Child Today*, 27(3), págs. 52-58.

Black, J. L., Collins, D. W. K., De Roach, J. N., y Zubrick, S. (1984). «A detailed study of sequential saccadic eye movements for normal-and poor-reading children», en *Perceptual and Motor Skills*, 59(2), págs. 423-434.

Booth, J. N., Leary, S. D., Joinson, C., Ness, A. R., Tomporowski, P. D., Boyle, J. M., y Reilly, J. J. (2013). «Associations between objectively measured physical activity and academic attainment in adolescents from a UK cohort», en *British Journal of Sports Medicine*, 48, págs. 264-270.

Boyarski, D., Neuwirth, C., Forlizzi, J., y Regli, S. H. (1998, enero). «A study of fonts designed for screen display», en *Proceedings of the SIGCHI Conference on Human Factors in Computing Systems*, ACM, págs. 87-94.

Bradford, J. (2011). *Designing Web Pages for Syslexic Readers*, en <www.dyslexia-parent.com/mag35.html>.

British Dyslexia Association (2012). *Dyslexia Style Guide*, en <www.bdadyslexia.org.uk/>.

Brock, A., y Shute, R. (2001). «Group coping skills program for parents of children with dyslexia and other learning disabilities», en *Australian Journal of Learning Difficulties*, 6(4), págs. 15-25.

Brody, L. E., y Mills, C. J. (1997). «Gifted children with learning disabilities: A review of the issues», en *Journal of Learning Disabilities*, 30(3), págs. 282-296.

Brown, B., Haegerstrom-Portnoy, G., Yingling, C. D., Herron, J., Galin, D., y Marcus, M. (1983). «Tracking eye movements are normal in dyslexic children», en *American Journal of Optometry and Physiological Optics*, 60(5), págs. 376-383.

Bruck, M. (1990). «Word-recognition skills of adults with childhood diagnoses of dyslexia», en *Developmental Psychology*, 26(3), pág. 439.

Brunswick, N., Martin, G. N., y Rippon, G. (2012). «Early cognitive profiles of emergent readers: A longitudinal study», en *Journal of Experimental Child Psychology*, 111(2), págs. 268-285.

Budde, H., Voelcker-Rehage, C., Pietraßyk-Kendziorra, S., Ribeiro, P., y Tidow, G. (2008). «Acute coordinative exercise improves attentional performance in adolescents», en *Neuroscience Letters*, 441(2), págs. 219-223.

Byl, N. N., Byl, F. M., y Rosenthal, J. H. (1989). «Interaction of spatial perception, vestibular function, and exercise in young school age boys with learning disabilities», en *Perceptual and Motor Skills*, 68(3), págs. 727-738.

Canals, R., Carbonell, F., Estaún, S., y Añaños, E. (1988). *Pruebas psicopedagógicas de aprendizajes instrumentales: ciclos inicial y medio*. Barcelona: Onda.

Carlson, L. E., y Garland, S. N. (2005). «Impact of mindfulness-based stress reduction (MBSR) on sleep, mood, stress and fatigue symptoms in cancer outpatients», en *International Journal of Behavioral Medicine*, 12(4), págs. 278-285.

Carreiras, M. (2010). *Lectura y dislexia: un viaje desde la neurociencia a la educación*. Madrid: Ministerio de Educación.

Carrillo Gallego, M. S., Alegría Iscoa, J., Miranda López, P., y Sánchez Pérez, N. (2011). «Evaluación de la dislexia en la escuela primaria: prevalencia en español», en *Escritos de Psicología*, 4(2), págs. 35-44.

Carrion-Castillo, A., Franke, B., y Fisher, S. E. (2013). «Molecular genetics of dyslexia: an overview», en *Dyslexia*, 19(4), págs. 214-240.

Carroll, J., Minnen, G., Pearce, D., Canning, Y., Devlin, S., y Tait, J. (1999). «Simplifying text for language-impaired readers», en *IX Conference of the European Chapter of the Association for Computational Linguistics*.

Carroll, J. M., e Iles, J. E. (2006). «An assessment of anxiety levels in dyslexic students in higher education», en *British Journal of Educational Psychology*, 76(3), págs. 651-662.

Casey, R., Levy, S. E., Brown, K., y Brooks-Gunn, J. (1992, agosto). «Impaired emotional health in children with mild reading disability», en *Journal of Developmental and Behavioral Pediatrics*, 13(4), págs. 256-260.

Chaddock-Heyman, L., y otros (2014). «Aerobic fitness is associated with greater white matter integrity in children», en *Frontiers in Human Neuroscience*, 8, pág. 584.

Chalkley, B., y Waterfield, J. (2001). *Providing Learning Support for Students with Hidden Disabilities and Dyslexia Undertaking Fieldwork and Related Activities*. Cheltenham: University of Gloucestershire.

Chambers, R., Lo, B. C. Y., y Allen, N. B. (2008). «The impact of intensive mindfulness training on attentional control, cognitive style, and affect», en *Cognitive Therapy and Research*, 32(3), págs. 303-322.

Chang, C. C., y Lin, C. J. (2011). «LIBSVM: a library for support vector machines», en *ACM Transactions on Intelligent Systems and Technology (TIST)*, 2(3), pág. 27.

Chapman, C. (2011). *The Most Popular Fonts Used by Designers*, en <www.webdesignerdepot.com/2011/08/the-most-popular-fonts-used-by-designers/>.

Chiesa, A., y Serretti, A. (2009). «Mindfulness-based stress reduction for stress management in healthy people: a review and meta-analysis», en *The Journal of Alternative and Complementary Medicine*, 15(5), págs. 593-600.

Cirillo, F. (2014). *The Pomodoro Technique*. Nueva York: Simon and Schuster.

Cline, S., y Schwartz, D. (1999). *Diverse Populations of Gifted Children*. Nueva Jersey: Merrill.

Cohen, J. (1986). «Learning disabilities and psychological development in childhood and adolescence», en *Annals of Dyslexia*, 36(1), págs. 287-300.

Consejería de Educación de Andalucía (2012). *Manual de atención al alumnado con necesidades específicas de apoyo educativo derivadas de dificultades específicas de aprendizaje: dislexia*, en <www.fenacerci.pt/web/publicacoes/outras/Guia-para-ninos-y-ninas-con-dislexia.pdf>.

Col·legi de Logopedes de Catalunya (2010). *Prodislex: protocolos de detección y actuación en dislexia para Educación Infantil*. Barcelona: Departament d'Educació, Generalitat de Catalunya.

— (2011). *Prodiscat: protocol de detecció i actuació en la dislèxia*. Barcelona: Departament d'Educació, Generalitat de Catalunya.

Coopersmith, S. (1967). *Coopersmith Self-esteem Inventory Form A*. San Francisco: W. H. Freman.

Craggs, J. G., Sanchez, J., Kibby, M. Y., Gilger, J. W., y Hynd, G. W. (2006). «Brain morphology and neuropsychological profiles in a family displaying dyslexia and superior nonverbal intelligence», en *Cortex*, 42(8), págs. 1107-1118.

Creswell, J. D., Myers, H. F., Cole, S. W., y Irwin, M. R. (2009). «Mindfulness meditation training effects on CD4+ T lymphocytes in HIV-1 infected adults: A small randomized controlled trial», en *Brain, Behavior, and Immunity*, 23(2), págs. 184-188.

Cuetos, F., Ramos, J. L., y Ruano, E. (2002). *PROESC: evaluación de los procesos de escritura*. Madrid: TEA.

Cuetos, F., Rodríguez, B., y Ruano, E. (2002). *PROLEC: batería de evaluación de los procesos lectores de los niños de Educación Primaria*. Madrid: TEA.

Cuetos, F., Rodríguez, B., Ruano, E., y Arribas, D. (2007). *Prolec-R: batería de evaluación de los procesos lectores, revisada*. Madrid: TEA.

Cuetos, F., Suárez-Coalla, P., Molina, M. I., y Llenderrozas, M. C. (2015). «Test para la detección temprana de las dificultades en el aprendizaje de la lectura y escritura», en *Pediatría Atención Primaria*, 17(66), e99-e107.

Cuetos, F., y Valle, F. (1988). «Modelos de lectura y dislexias», en *Infancia y Aprendizaje*, 11(44), págs. 3-19.

Davidson, R. J., Kabat-Zinn, J., Schumacher, J., Rosenkranz, M., Muller, D., Santorelli, S. F., y otros (2003). «Alterations in brain and immune function produced by mindfulness meditation», en *Psychosomatic Medicine*, 65(4), págs. 564-570.

Davis, R. D., y Braun, E. M. (2010). *The Gift of Dyslexia, Revised and Expanded: Why Some of the Smartest People Can't Read... and How They Can Learn*. Londres: Penguin.

Dehaene, S. (1992). «Varieties of numerical abilities», en *Cognition*, 44(1-2), págs. 1-42.

Deutsch, G. K., Dougherty, R. F., Bammer, R., Siok, W. T., Gabrieli, J. D., y Wandell, B. (2005). «Children's reading performance is correlated with white matter structure measured by diffusion tensor imaging», en *Cortex*, 41(3), págs. 354-363.

Diamond, A., y Lee, K. (2011). «Interventions shown to aid executive function development in children 4 to 12 years old», en *Science*, 333(6045), págs. 959-964.

Dickinson, A., Gregor, P., y Newell, A. F. (2002, julio). «Ongoing investigation of the ways in which some of the problems encountered by some dyslexics can be alleviated using computer techniques», en *Proceedings of the Fifth International ACM Conference on Assistive Technologies*, ACM, págs. 97-103.

Diehl, J. J., Frost, S. J., Sherman, G., Mencl, W. E., Kurian, A., Molfese, P., y otros (2014). «Neural correlates of language and non-language visuospatial processing in adolescents with reading disability», en *NeuroImage*, 101, págs. 653-666.

Dix, J., y Schafer, S. (1996). «From paradox to performance: Practical strategies for identifying and teaching GT/LD students», en *Gifted Child Today*, 19(1), págs. 22-31.

Donnelly, J. E., y Lambourne, K. (2011). «Classroom-based physical activity, cognition, and academic achievement», en *Preventive medicine*, 52, S36-S42.

Douglas, H. (2001). *Online Etymology Dictionary*, en <www.etymonline.com/index.php>.

Dyslexia Research Institute (2015, enero). *Dyslexia identification*, en <www.dyslexia-add.org>.

Eckert, M. (2004). «Neuroanatomical markers for dyslexia: a review of dyslexia structural imaging studies», en *The Neuroscientist*, 10(4), págs. 362-371.

Eden, G. F., Jones, K. M., Cappell, K., Gareau, L., Wood, F. B., Zeffiro, T. A., y otros (2004). «Neural changes following remediation in adult developmental dyslexia», en *Neuron*, 44(3), págs. 411-422.

Eden, G. F., Stein, J. F., Wood, H. M., y Wood, F. B. (1994). «Differences in eye movements and reading problems in dyslexic and normal children», en *Vision Research*, 34(10), págs. 1345-1358.

Eide, B., y Eide, F. (2012). *The Dyslexic Advantage: Unlocking the Hidden Potential of the Dyslexic Brain*. Nueva York: Penguin.

Elliott, J. G., Gathercole, S. E., Alloway, T. P., Holmes, J., y Kirkwood, H. (2010). «An evaluation of a classroom-based intervention to help overcome working memory difficulties and improve long-term academic achievement», en *Journal of Cognitive Education and Psychology*, 9(3), págs. 227-250.

Elman, J. L. (1990). «Finding structure in time», en *Cognitive Science*, 14(2), págs. 179-211.

Elterman, R. D., Abel, L. A., Daroff, R. B., Dell'Osso, L. F., y Bornstein, J. L. (1980a). «Eye movement patterns in dyslexic children», en *Journal of Learning Disabilities*, 13(1), págs. 16-21.

— (1980b). «Eye movement patterns in dyslexic children», en *Journal of Learning Disabilities*, 13(1), págs. 16-21.

Esteva, A., Kuprel, B., Novoa, R. A., Ko, J., Swetter, S. M., Blau, H. M., y Thrun, S. (2017). «Dermatologist-level classification of skin cancer with deep neural networks», en *Nature*, 542(7639), pág. 115.

Evett, L., y Brown, D. (2005). «Text formats and web design for visually impaired and dyslexic readers—clear text for all», en *Interacting with Computers*, 17(4), págs. 453-472.

Farmer, M. E., y Klein, R. M. (1995). «The evidence for a temporal processing deficit linked to dyslexia: A review», en *Psychonomic Bulletin & Review*, 2(4), págs. 460-493.

Fawcett, A., y Nicolson, R. (2004). *The Dyslexia Screening Test: Junior (DST-J)*. San Antonio: Harcourt Assessment.

Felton, R. H., Wood, F. B., Brown, I. S., Campbell, S. K., y Harter, M. R. (1987). «Separate verbal memory and naming deficits in attention deficit disorder and reading disability», en *Brain and Language*, 31(1), págs. 171-184.

Franceschini, S., Gori, S., Ruffino, M., Viola, S., Molteni, M., y Facoetti, A.

(2013). «Action video games make dyslexic children read better», en *Current Biology*, 23(6), págs. 462-466.

Frederickson, N., y Jacobs, S. (2001). «Controllability Attributions for Academic Performance and the Perceived Scholastic Competence, Global Self-Worth and Achievement of Children with Dyslexia», en *School Psychology International*, 22(4), págs. 401-416.

Frey, H. (1980). «Improving the performance of poor readers through autogenic relaxation training», en *The Reading Teacher*, 33(8), págs. 928-932.

Gabrieli, J. D. (2009). «Dyslexia: a new synergy between education and cognitive neuroscience», en *Science*, 325(5938), págs. 280-283.

Geiger, G., y Lettvin, J. Y. (1987). «Peripheral vision in persons with dyslexia», en *New England Journal of Medicine*, 316(20), págs. 1238-1243.

Geiger, G., Lettvin, J. Y., y Fahle, M. (1994). «Dyslexic children learn a new visual strategy for reading: A controlled experiment», en *Vision Research*, 34(9), págs. 1223-1233.

Generalitat de Catalunya. (2013). *Resolució Ens/1544/2013 de 10 de juliol, de l'atenció educativa a l'alumnat amb trastorns de l'aprenentatge*, en <http://dogc.gencat.cat/ca/pdogc_canals_interns/pdogc_resultats_fitxa/?documentId=641044&action=fitxa>.

Geschwind, N., y Galaburda, A. S. (1987). *Cerebral Laterality*, Cambridge: MIT.

Geschwind, N., y Levitsky, W. (1968). «Human brain: left-right asymmetries in temporal speech region», en *Science*, 161(3837), págs. 186-187.

Gilger, J. W., y Olulade, O. A. (2013). «What happened to the "superior abilities" in adults with dyslexia and high IQs? A behavioral and neurological illustration», en *Roeper Review*, 35(4), págs. 241-253.

Gilman, B. J., Lovecky, D. V., Kearney, K., Peters, D. B., Wasserman, J. D., Silverman, L. K., y otros (2013). «Critical issues in the identification of gifted students with co-existing disabilities: The twice-exceptional», en *Sage Open*, 3(3), 2158244013505855.

Gladwell, M. (2013). *David and Goliath: Underdogs, misfits and the art of battling giants*. Londres: Penguin (trad. cast.: *David y Goliat*, Madrid: Taurus, 2013).

Gobierno de Argentina (2016, noviembre), «Ley 27306, de 4 de noviembre, para el abordaje integral de las dificultades específicas del aprendizaje», en *Boletín Oficial de la República Argentina*, 27306.

Goldin, P., y Gross, J. (2010). «Effect of mindfulness meditation training on the neural bases of emotion regulation in social anxiety disorder», en *Emotion*, 10(1), págs. 83-84.

González, A. (2015). *OpenDyslexic*, en <https://www.opendyslexic.org/>.

Gooch, D., Snowling, M., y Hulme, C. (2011). «Time perception, phonological skills and executive function in children with dyslexia and/or ADHD symptoms», en *Journal of Child Psychology and Psychiatry*, 52(2), págs. 195-203.

Goodwin, V., y Thomson, B. (2013). *Making dyslexia work for you*. Londres: Routledge.

Goolkasian, P., y King, J. (1990). «Letter identification and lateral masking in dyslexic and average readers», en *The American Journal of Psychology*, 103(4), págs. 519-538.

Graves, A., y Schmidhuber, J. (2005). «Framewise phoneme classification with bidirectional LSTM and other neural network architectures», en *Neural Networks*, 18(5-6), págs. 602-610.

Greenberg, J. H. (1963). «Some universals of grammar with particular reference to the order of meaningful elements», *Universals of Language*, 2, págs. 73-113.

Gregor, P., Dickinson, A., Macaffer, A., y Andreasen, P. (2003). «SeeWord: A personal word processing environment for dyslexic computer users», en *British Journal of Educational Technology*, 34(3), págs. 341-355.

Gregor, P., y Newell, A. F. (2000, noviembre). «An empirical investigation of ways in which some of the problems encountered by some dyslexics may be alleviated using computer techniques», en *Proceedings of the Fourth International, ACM Conference on Assistive technologies*, págs. 85-91.

Grigorenko, E. L. (2003). «The first candidate gene for dyslexia: Turning the page of a new chapter of research», en *Proceedings of the National Academy of Sciences*, 100(20), págs. 11190-11192.

Gross-Tsur, V., Manor, O., y Shalev, R. S. (1996). «Developmental dyscalculia: Prevalence and demographic features», en *Developmental Medicine & Child Neurology*, 38(1), págs. 25-33.

Guardiola, J. G. (2001). «The evolution of research on dyslexia», en *Anuario de Psicología*, 32(1), págs. 3-30.

Halfpenny, J., y Halfpenny, C. (2012). «In Their Element: The Case for

Investing in Dyslexic Entrepreneurs», en <www.halfpennydevelopment.co.uk/include/uploads/2012/04/In %20Their %20Element.pdf>.

Hallgren, B. (1950). «Specific dyslexia (congenital word-blindness): A clinical and genetic study», en *Acta Psychiatrica et Neurologica*, 65, págs. 1-287.

Harari, Y. N. (2014). *Sapiens, de animales a dioses: una breve historia de la humanidad*. Barcelona: Debate.

Hargreaves, S. (comp). (2007). *Study Skills for Dyslexic Students*. Los Ángeles: Sage.

Hedenius, M., Persson, J., Alm, P. A., Ullman, M. T., Howard Jr, J. H., Howard, D. V., y Jennische, M. (2013). «Impaired implicit sequence learning in children with developmental dyslexia», en *Research in Developmental Disabilities*, 34(11), págs. 3924-3935.

Heeren, A., Van Broeck, N., y Philippot, P. (2009). «The effects of mindfulness on executive processes and autobiographical memory specificity», en *Behaviour Research and Therapy*, 47(5), págs. 403-409.

Heiervang, Anders Lund, Jim Stevenson, Kenneth Hugdahl, E. (2001). «Behaviour problems in children with dyslexia», en *Nordic Journal of Psychiatry*, 55(4), págs. 251-256.

Hellendoorn, J., y Ruijssenaars, W. (2000). «Personal experiences and adjustment of Dutch adults with dyslexia», en *Remedial and Special Education*, 21(4), págs. 227-239.

Hellige, J. B. (1996). «Hemispheric asymmetry for visual information processing», en *Acta Neurobiologiae Experimentalis*, 56, págs. 485-497.

—, y Michimata, C. (1989). «Categorization versus distance: Hemispheric differences for processing spatial information», en *Memory & Cognition*, 17(6), págs. 770-776.

Henderson, J. M., y Ferreira, F. (1990). «Effects of foveal processing difficulty on the perceptual span in reading: Implications for attention and eye movement control», en *Journal of Experimental Psychology: Learning, Memory, and Cognition*, 16(3), pág. 417.

Hermann, K. (1959). *Reading disability: A Medical Study of Word Blindness and Related Handicaps*. Springfield: Charles C. Thomas.

Hewitt, J. P. (2009). *Oxford Handbook of Positive Psychology*. Oxford: Oxford University Press.

Hill, L., Williams, J. H., Aucott, L., Milne, J., Thomson, J., Greig, J., y otros (2010). «Exercising attention within the classroom», en *Developmental Medicine & Child Neurology*, 52(10), págs. 929-934.

Hillier, R. (2008). «Sylexiad. A typeface for the adult dyslexic reader», en *Journal of Writing in Creative Practice*, 1(3), págs. 275-291.

Hishinuma, E. S., y Nishimura, S. T. (2000). «Parent attitudes on the importance and success of integrated self-contained services for students who are gifted, learning disabled, and gifted/learning disabled», en *Roeper Review*, 22(4), págs. 241-250.

Hochreiter, S., y Schmidhuber, J. (1997). «Long short-term memory», en *Neural Computation*, 9(8), págs. 1735-1780.

Hodgins, H. S., y Adair, K. C. (2010). «Attentional processes and meditation», en *Consciousness and Cognition*, 19(4), págs. 872-878.

Hornsby, B. (1986). *Overcoming Dyslexia*. Londres: Martin Dunitz.

Horwitz, B., Rumsey, J. M., y Donohue, B. C. (1998). «Functional connectivity of the angular gyrus in normal reading and dyslexia», en *Proceedings of the National Academy of Sciences*, 95(15), págs. 8939-8944.

Howard Jr, J. H., Howard, D. V., Japikse, K. C., y Eden, G. F. (2006). «Dyslexics are impaired on implicit higher-order sequence learning, but not on implicit spatial context learning», en *Neuropsychologia*, 44(7), págs. 1131-1144.

Hu, C. F. (2003). «Phonological memory, phonological awareness, and foreign language word learning», en *Language Learning*, 53(3), págs. 429-462.

Hyönä, J., y Olson, R. K. (1995). «Eye fixation patterns among dyslexic and normal readers: Effects of word length and word frequency», en *Journal of Experimental Psychology: Learning, Memory, and Cognition*, 21(6), pág. 1430.

Hynd, G. W., Semrud-Clikeman, M., Lorys, A. R., Novey, E. S., y Eliopulos, D. (1990). «Brain morphology in developmental dyslexia and attention deficit disorder/hyperactivity», en *Archives of neurology*, 47(8), págs. 919-926.

Inhoff, A. W., y Rayner, K. (1986). «Parafoveal word processing during eye fixations in reading: Effects of word frequency», en *Perception & Psychophysics*, 40(6), págs. 431-439.

International Dyslexia Association (2002, mayo). «Definition of Dyslexia — International Dyslexia Association», en Dyslexiaida.org, <https://dyslexiaida.org/definition-of-dyslexia/>.

— (2011). *Frequently Asked Questions About Dyslexia*, en <www.interdys.org>.

International Phonetic Association (1999). *Handbook of the International Phonetic Association: A Guide to the Use of the International Phonetic Alphabet*, Cambridge: Cambridge University Press.

Iriondo Hervás, S. (2015). *Dislexia y segundas lenguas*. Santander: Universidad de Cantabria.

Jeanes, R., Busby, A., Martin, J., Lewis, E., Stevenson, N., Pointon, D., y Wilkins, A. (1997). «Prolonged use of coloured overlays for classroom reading», en *British Journal of Psychology*, 88(4), págs. 541-548.

Jha, A. P., Krompinger, J., y Baime, M. J. (2007). «Mindfulness training modifies subsystems of attention», en *Cognitive, Affective, & Behavioral Neuroscience*, 7(2), págs. 109-119.

Jiménez, J. E., Guzmán, R., y Rodríguez, C. (2009). «Prevalencia de las dificultades específicas de aprendizaje: la dislexia en español», en *Anales de Psicología*, 25(1), pág. 78.

Jordan-Black, J. A. (2005). «The effects of the Primary Movement programme on the academic performance of children attending ordinary primary school», en *Journal of Research in Special Educational Needs*, 5(3), págs. 101-111.

Jorm, A. F. (1983). «Specific reading retardation and working memory: A review», en *British Journal of Psychology*, 74(3), págs. 311-342.

Just, M. A., y Carpenter, P. A. (1980). «A theory of reading: From eye fixations to comprehension», en *Psychological Review*, 87(4), pág. 329.

Kabat-Zinn, J. (2003). «Mindfulness-based interventions in context: past, present, and future», en *Clinical Psychology: Science and Practice*, 10(2), págs. 144-156.

Kanvinde, G., Rello, L., y Baeza-Yates, R. (2012, octubre). «IDEAL: a dyslexic-friendly ebook reader», en *Proceedings of the 14th international ACM SIGACCESS Conference on Computers and Accessibility*, ACM, págs. 205-206.

Karami Noori, R., Moradi, A. R., Akbari Zaradkhaneh, S., y Zahedian, H. (2008). *Test of Reading and Dyslexia*. Teherán: Tarbiat Moalem Jahad Daneshgahi Publication.

Karnes, F. A. (2004). *Appropriate Practices for Screening, Identifying and Instructing Gifted/Disabled Youth*. Hattiesburg: University of Southern Mississippi.

—, y Shaunessy, E. (2004). «Gifted students with disabilities: Are we finding them?», en *Gifted Child Today*, 27(4), págs. 16-21.

Károlyi, C. von (2001). «Visual-spatial strength in dyslexia: Rapid discrimination of impossible figures», en *Journal of Learning Disabilities*, 34(4), págs. 380-391.

—, Winner, E., Gray, W., y Sherman, G. F. (2003). «Dyslexia linked to talent: Global visual-spatial ability», en *Brain and Language*, 85(3), págs. 427-431.

Kashihara, K., Maruyama, T., Murota, M., y Nakahara, Y. (2009). «Positive effects of acute and moderate physical exercise on cognitive function», en *Journal of Physiological Anthropology*, 28(4), págs. 155-164.

Kavale, K. A., y Forness, S. R. (1996). «Social skill deficits and learning disabilities: A meta-analysis», en *Journal of Learning Disabilities*, 29(3), págs. 226-237.

Keller, H. (1903). *Optimism: An Essay*. Nueva York: TY Crowell.

Keller, T. A., y Just, M. A. (2009). «Altering cortical connectivity: remediation-induced changes in the white matter of poor readers», en *Neuron*, 64(5), págs. 624-631.

Kibby, M. Y., y Cohen, M. J. (2008). «Memory functioning in children with reading disabilities and/or attention deficit/hyperactivity disorder: a clinical investigation of their working memory and long-term memory functioning», en *Child Neuropsychology*, 14(6), págs. 525-546.

Kibby, M. Y., Kroese, J. M., Krebbs, H., Hill, C. E., y Hynd, G. W. (2009). «The pars triangularis in dyslexia and ADHD: A comprehensive approach», en *Brain and Language*, 111(1), págs. 46-54.

Kirk, S. A., McCarthy, J. J., y Kirk, W. D. (2001). *ITPA: test Illinois de aptitudes psicolingüísticas*. Madrid: TEA.

Kirsch, I. S. (1993). *Adult Literacy in America: A First Look at the Results of the National Adult Literacy Survey*. Washington: US Government Printing Office.

Klein, R., Berry, G., Briand, K., D'Entremont, B., y Farmer, M. (1990). «Letter identification declines with increasing retinal eccentricity at the same rate for normal and dyslexic readers», en *Perception & Psychophysics*, 47(6), págs. 601-606.

Klingberg, T., Hedehus, M., Temple, E., Salz, T., Gabrieli, J. D., Moseley, M. E., y Poldrack, R. A. (2000). «Microstructure of temporo-parietal white matter as a basis for reading ability: evidence from diffusion tensor magnetic resonance imaging», en *Neuron*, 25(2), págs. 493-500.

Kononenko, I. (2001). «Machine learning for medical diagnosis: history, state of the art and perspective», en *Artificial Intelligence in Medicine*, 23(1), págs. 89-109.

Korkman, M., Kirk, U., y Kemp, S. (1998). *NEPSY : A Developmental Neuropsychological Assessment*. San Antonio: Psychological Corporation.

Košak-Babuder, M., Kormos, J., Ratajczak, M., y Pižorn, K. (2018, febrero). «The effect of read-aloud assistance on the text comprehension of dyslexic and non-dyslexic English language learners», en *Language Testing*, doi.org/10.1177/0265532218756946.

Krafnick, A. J., Flowers, D. L., Napoliello, E. M., y Eden, G. F. (2011). «Gray matter volume changes following reading intervention in dyslexic children», en *Neuroimage*, 57(3), págs. 733-741.

Kramer, J. H., Knee, K., y Delis, D. C. (2000). «Verbal memory impairments in dyslexia», en *Archives of Clinical Neuropsychology*, 15(1), págs. 83-93.

Krampen, G. (2010). «Improvement of orthography test performance by relaxation exercises: Results of a controlled field experiment in basic secondary education», en *Educational Psychology*, 30(5), págs. 533-546.

Kriss, I., y Evans, B. J. (2005). «The relationship between dyslexia and Meares-Irlen Syndrome», en *Journal of Research in Reading*, 28(3), págs. 350-364.

Kumar, S., Feldman, G., y Hayes, A. (2008). «Changes in mindfulness and emotion regulation in an exposure-based cognitive therapy for depression», en *Cognitive Therapy and Research*, 32(6), pág. 734.

Kurniawan, S., y Conroy, G. (2007). «Comparing Comprehension Speeds and Accuracy of Online Information in Students with and without Dyslexia», en Kurniawan, *Advances in Universal Web Design and Evaluation: Research, Trends and Opportunities*, Londres: Idea Group, págs. 257-270.

Kussmaul, A. (1877). «Word deafness and word blindness», en Ziemssen y McCreery (comps.), *Cyclopaedia of the Practice of Medicine*. Nueva York: William Wood, págs. 770-778.

Kyle, F., Kujala, J., Richardson, U., Lyytinen, H., y Goswami, U. (2013). «Assessing the effectiveness of two theoretically motivated computer-assisted reading interventions in the United Kingdom: GG Rime and GG Phoneme», en *Reading Research Quarterly*, 48(1), págs. 61-76.

LaBuda, M. C., y DeFries, J. C. (1990). «Genetic etiology of reading disability: Evidence from a twin study», en *Perspectives on dyslexia*, 1, págs. 47-76.

Lamm, O., y Epstein, R. (1992). «Specific Reading Impairments — Are They to Be Associated with Emotional Difficulties?», en *Journal of Learning Disabilities*, 25(9), págs. 605-615.

Landerl, K., Fussenegger, B., Moll, K., y Willburger, E. (2009). «Dyslexia and dyscalculia: Two learning disorders with different cognitive profiles», en *Journal of Experimental Child Psychology*, 103(3), págs. 309-324.

Larsen, J. P., Høien, T., Lundberg, I., y Ødegaard, H. (1990). «MRI evaluation of the size and symmetry of the planum temporale in adolescents with developmental dyslexia», en *Brain and Language*, 39(2), págs. 289-301.

Lázaro, J., Ostrosky, F., y Lozano, A. (2012). *BANFE: batería neuropsicológica de funciones ejecutivas y lóbulos frontales-2*. México: Manual Moderno.

Lazarus, R., y Folkman, S. (1984). *Stress, Appraisal, and Coping*. Nueva York: Pringer.

Lee Swanson, H., Howard, C. B., y Saez, L. (2006). «Do different components of working memory underlie different subgroups of reading disabilities?», en *Journal of Learning Disabilities*, 39(3), págs. 252-269.

Leeuw, R. (2010). *Special Font for Dyslexia?*, tesis no publicada. Enschede: University of Twente.

Lefton, L. A., Nagle, R. J., Johnson, G., y Fisher, D. F. (1979). «Eye movement dynamics of good and poor readers: Then and now», en *Journal of Reading Behavior*, 11(4), págs. 319-328.

Lewis, M. P., y Gary, F. (2013). Simons, y Charles D. Fennig (comps.) (2013). *Ethnologue: Languages of the World*, Dallas: SIL International, en <www.ethnologue.com>.

Lin, Y., Michel, J. B., Aiden, E. L., Orwant, J., Brockman, W., y Petrov, S. (2012, julio). «Syntactic annotations for the google books ngram corpus», en *Proceedings of the ACL 2012 System Demonstrations*, págs. 169-174.

Lindgren, S. A., y Laine, M. (2011). «Multilingual dyslexia in university students: Reading and writing patterns in three languages», en *Clinical Linguistics & Phonetics*, 25(9), págs. 753-766.

Llisterri, J. (2001). «La conversión del texto en habla», en *Quark*, 21, págs. 79-89.

— (2007). «El español y las nuevas tecnologías», en Lacorte (comp.), *Lingüística aplicada del español*. Madrid: Arco/Libros, págs. 483-520.

Lockley, S. (2002). «Dyslexia and higher education: accessibility issues», en *The Higher Education Academy*, <www.heacademy.ac.uk/assets/documents/resources/database>.

Logan, J. (2009). «Dyslexic entrepreneurs: the incidence; their coping strategies and their business skills», en *Dyslexia*, 15(4), págs. 328-346.

López Rodríguez, J. C. (2003). «Inglés lúdico en Primaria», en *Cuadernos de Pedagogía*, 323, págs. 26-28.

Lovett, B. J., y Lewandowski, L. J. (2006). «Gifted students with learning disabilities: Who are they?», en *Journal of Learning Disabilities*, 39(6), págs. 515-527.

Lovett, B. J., y Sparks, R. L. (2013). «The identification and performance of gifted students with learning disability diagnoses: A quantitative synthesis», en *Journal of Learning Disabilities*, 46(4), págs. 304-316.

Lundberg, I. (2002). «Second language learning and reading with the additional load of dyslexia», en *Annals of Dyslexia*, 52(1), págs. 165-187.

Lyytinen, H., Ronimus, M., Alanko, A., Poikkeus, A. M., y Taanila, M. (2007). «Early identification of dyslexia and the use of computer game-based practice to support reading acquisition», en *Nordic Psychology*, 59(2), pág. 109.

Lyytinen, H., Erskine, J., Kujala, J., Ojanen, E., y Richardson, U. (2009). «In search of a science-based application: A learning tool for reading acquisition», en *Scandinavian Journal of Psychology*, 50(6), págs. 668-675.

Maaten, L. V. D., y Hinton, G. (2008, noviembre). «Visualizing data using t-SNE», en *Journal of Machine Learning Research*, 9, págs. 2579-2605.

MacCoon, D. G., MacLean, K. A., Davidson, R. J., Saron, C. D., y Lutz, A. (2014). «No sustained attention differences in a longitudinal randomized trial comparing mindfulness based stress reduction versus active control», en *PloS One*, 9(6), e97551.

Maker, C. (1977). *Providing Programs for the Gifted Handicapped*, Reston: Council for Exceptional Children.

Manis, F. R., Lindsey, K. A., y Bailey, C. E. (2004). «Development of reading in grades K—2 in Spanish-speaking English-language learners», en *Learning Disabilities Research & Practice*, 19(4), págs. 214-224.

Mark, G., Voida, S., y Cardello, A. (2012, mayo). «A pace not dictated by electrons: an empirical study of work without email», en *Proceedings of the SIGCHI Conference on Human Factors in Computing Systems*, ACM, págs. 555-564.

Martínez Miralles, C., y Hernández Pallarés, L.A. (2016). *Guía para el éxito escolar del alumnado con dislexia*. Murcia: CARM.

Martos, F. J., y Vila, J. (1990). «Differences in eye movements control among dyslexic, retarded and normal readers in the Spanish population», en *Reading and Writing*, 2(2), págs. 175-188.

Maughan, B. (1995). «Annotation: long-term outcomes of developmental reading problems», en *Journal of Child Psychology and Psychiatry*, 36(3), págs. 357-371.

McCarthy, J. E., y Swierenga, S. J. (2010). «What we know about dyslexia and web accessibility: a research review», en *Universal Access in the Information Society*, 9(2), págs. 147-152.

McCloskey, M., Caramazza, A., y Basili, A. (1985). «Cognitive mechanisms in number processing and calculation: Evidence from dyscalculia», en *Brain and Cognition*, 4(2), págs. 171-196.

McMillan, T., Robertson, I. H., Brock, D., y Chorlton, L. (2002). «Brief mindfulness training for attentional problems after traumatic brain injury: A randomised control treatment trial», en *Neuropsychological rehabilitation*, 12(2), págs. 117-125.

McNulty, M. A. (2003). «Dyslexia and the life course», en *Journal of learning disabilities*, 36(4), págs. 363-381.

McCoach, D. B., Kehle, T. J., Bray, M. A., y Siegle, D. (2001). «Best practices in the identification of gifted students with learning disabilities», en *Psychology in the Schools*, 38(5), págs. 403-411.

McPhillips, M., Hepper, P. G., y Mulhern, G. (2000). «Effects of replicating primary-reflex movements on specific reading difficulties in children: a randomised, double-blind, controlled trial», en *The Lancet*, 355(9203), págs. 537-541.

Miller, C. J., Hynd, G. W., y Miller, S. R. (2005). «Children with dyslexia: Not necessarily at risk for elevated internalizing symptoms», en *Reading and Writing*, 18(5), págs. 425-436.

Miller-Guron, L., y Lundberg, I. (2000). «Dyslexia and second language reading: A second bite at the apple?», en *Reading and Writing*, 12(1-2), págs. 41-61.

Ministerio de Educación, Cultura y Deporte. (2017). *Explotación de las variables educativas de la encuesta de población activa: nivel de formación y formación permanente*. Madrid: Subdirección General de Estadística y Estudios.

Moats, L. C. (1996). «Phonological spelling errors in the writing of dyslexic adolescents», en *Reading and Writing*, 8(1), págs. 105-119.

Molfese, D. L. (2000). «Predicting dyslexia at 8 years of age using neonatal brain responses», en *Brain and Language*, 72(3), págs. 238-245.

Morgan, W. P. (1896). «A case of congenital word-blindness», en *The British Medical Journal*, 2, págs. 1378-1379.

Morgan, M. J., y Corballis, M. C. (1976). «Scrotal asymmetry and Rodin's dyslexia», en *Nature*, 264(5583), pág. 295.

Moritz, C., Yampolsky, S., Papadelis, G., Thomson, J., y Wolf, M. (2013). «Links between early rhythm skills, musical training, and phonological awareness», en *Reading and Writing*, 26(5), págs. 739-769.

Morris, R. K., y Rayner, K. (1991). «Eye movements in skilled reading: Implications for developmental dyslexia», en Stein (comp.), *Vision and Visual Dyslexia*, Londres: McMillan, págs. 233-242.

Mrazek, M. D., Franklin, M. S., Phillips, D. T., Baird, B., y Schooler, J. W. (2013). «Mindfulness training improves working memory capacity and GRE performance while reducing mind wandering», en *Psychological Science*, 24(5), págs. 776-781.

National Association for Gifted Children (2008). *Information and publications*, en <www.nagc.org/resources-publications/resources>.

Nelson, J. M., y Harwood, H. (2011). «Learning disabilities and anxiety: A meta-analysis», en *Journal of Learning Disabilities*, 44(1), págs. 3-17.

Nielsen, J. (2006). «Top ten mistakes in Web design», en <www.nngroup.com/articles/top-10-mistakes-web-design/>.

Nielsen, M. E. (2002). «Gifted students with learning disabilities: Recommendations for identification and programming», en *Exceptionality*, 10(2), págs. 93-111.

Niogi, S. N., y McCandliss, B. D. (2006). «Left lateralized white matter microstructure accounts for individual differences in reading ability and disability», en *Neuropsychologia*, 44(11), págs. 2178-2188.

Noori, S., Zahra, S., Movalleli, G., y Karimi, R. (2014). «Effect of Social

Skills Training on Self-Esteem and Self-Concept in Dyslexic Students», en *Middle Eastern Journal of Disability Studies*, 4(3), págs. 44-52.

Novita, S. (2016). «Secondary symptoms of dyslexia: a comparison of self-esteem and anxiety profiles of children with and without dyslexia», en *European Journal of Special Needs Education*, 31(2), págs. 279-288.

Nuzzo, R. (2005). «Biography of Carol W. Greider», en *Proceedings of the National Academy of Sciences of the United States of America*, 102(23), págs. 8077-8079.

O'Brien, Beth A., J. Stephen Mansfield, y Gordon E. Legge. «The effect of print size on reading speed in dyslexia», en *Journal of Research in Reading*, 28(3), págs. 332-349.

Olson, R. K., Conners, F. A., y Rack, J. P. (1991). «Eye movements in dyslexic and normal readers», en Stein (comp.), *Vision and Visual Dyslexia*, Londres: McMillan, págs. 243-250.

Olson, R. K., Kliegl, R., y Davidson, B. J. (1983). «Dyslexic and normal readers' eye movements», en *Journal of Experimental Psychology: Human Perception and Performance*, 9(5), pág. 816.

Olulade, O. A., Gilger, J. W., Talavage, T. M., Hynd, G. W., y McAteer, C. I. (2012). «Beyond phonological processing deficits in adult dyslexics: atypical fMRI activation patterns for spatial problem solving», en *Developmental Neuropsychology*, 37(7), págs. 617-635.

Olulade, O. A., Flowers, D. L., Napoliello, E. M., y Eden, G. F. (2015). «Dyslexic children lack word selectivity gradients in occipito-temporal and inferior frontal cortex», en *NeuroImage: Clinical*, 7, págs. 742-754.

O'Neil, C. (2017). *Weapons of Math Destruction: How Big Data Increases Inequality and Threatens Democracy*. Nueva York: Broadway Books.

Organización Mundial de la Salud (1992). *CIE 10: Trastornos mentales y del comportamiento: descripciones clínicas y pautas para el diagnóstico*. Madrid: Meditor.

Orton, S. T. (1925). «Word-blindness in school children», en *Archives of Neurology and Psychiatry*, 14, págs. 582-615.

Pallier, C., Devauchelle, A. D., y Dehaene, S. (2011). «Cortical representation of the constituent structure of sentences», en *Proceedings of the National Academy of Sciences*, 108(6), págs. 2522-2527.

Pardo Cardozo, N. A. (2015). *Prevalencia del trastorno específico de la lectura en una muestra de instituciones educativas de la localidad 19 de Bogotá*, tesis, Bogotá: Universidad Nacional de Colombia.

Pavlidis, G. T. (1978). «The dyslexics erratic eye movements: Case studies», en *Dyslexia Review*, 1(1), págs. 22-28.

— (1981). «Do eye movements hold the key to dyslexia?», en *Neuropsychologia*, 19(1), págs. 57-64.

— (1983). «The "dyslexia syndrome" and its objective diagnosis by erratic eye movements», en Rayner (comp.), *Eye Movements in Reading: Perceptual and Language Processes*. Nueva York: Academic Press, págs. 441-466.

—, y Stein, J. F. (1991). «Diagnostic significance and relationship between dyslexia and erratic eye movements», en Stein (comp.), *Vision and Visual Dyslexia*, Londres: McMillan, págs. 263-270.

Paterson, D. G., y Tinker, M. A. (1932a). «Studies of typographical factors influencing speed of reading. VIII. Space between lines or leading», en *Journal of Applied Psychology*, 16(4), pág. 388.

— (1932b). «Studies of typographical factors influencing speed of reading. X. Style of typeface», en *Journal of Applied Psychology*, 16(6), pág. 605.

Patterson, K., Marshall, J. C., y Coltheart, M. (comps.) (2017). *Surface Dyslexia: Neuropsychological and Cognitive Studies of Phonological Reading*, vol. 8. Londres: Routledge.

Pauc, R. (2005). «Comorbidity of dyslexia, dyspraxia, attention deficit disorder (ADD), attention deficit hyperactive disorder (ADHD), obsessive compulsive disorder (OCD) and Tourette's syndrome in children: A prospective epidemiological study», en *Clinical Chiropractic*, 8(4), págs. 189-198.

Pedler, J. (2001). «Computer spellcheckers and dyslexics — A performance survey», en *British Journal of Educational Technology*, 32(1), págs. 23-37.

— (2007). *Computer Correction of Real-word Spelling Errors in Dyslexic Text*. Londres: University of London.

Peer, L., y Reid, G. (comps.) (2001). *Dyslexia: Successful Inclusion in the Secondary School*. Londres: Routledge.

Pereles, D. A., Omdal, S., y Baldwin, L. (2009). «Response to intervention and twice-exceptional learners: A promising fit», en *Gifted Child Today*, 32(3), págs. 40-51.

Perry, A. R., Dember, W. N., Warm, J. S., y Sacks, J. G. (1989). «Letter identification in normal and dyslexic readers: A verification», en *Bulletin of the Psychonomic Society*, 27(5), págs. 445-448.

Peterson, L. G., y Pbert, L. (1992). «Effectiveness of a meditation-based stress reduction program in the treatment of anxiety disorders», en *Am J Psychiatry*, 149(7), págs. 936-943.

Pielot, M., y Rello, L. (2016). «Productive, anxious, lonely-24 hours without push notifications», en arXiv.org, 1612.02314, <https://arxiv.org/abs/1612.02314>.

Pinker, S. (2003). *The Language Instinct: How the Mind Creates Language*. Londres: Penguin.

Plank, F., y Filimonova, E. (2000). «The Universals Archive: Brief Introduction for Prospective Users», en *STUF-Language Typology and Universals*, 53(1), págs. 109-123.

Pollatsek, A. (1983). «What can eye movements tell us about dyslexia?», en Rayner (comp.), *Eye Movements in Reading* Nueva York: Academic Press, págs. 511-521.

Polychroni, F., Koukoura, K., y Anagnostou, I. (2006). «Academic self-concept, reading attitudes and approaches to learning of children with dyslexia: do they differ from their peers?», en *European Journal of Special Needs Education, 21*(4), págs. 415-430.

Pontifex, M. B., Saliba, B. J., Raine, L. B., Picchietti, D. L., y Hillman, C. H. (2013). «Exercise improves behavioral, neurocognitive, and scholastic performance in children with attention-deficit/hyperactivity disorder», en *The Journal of pediatrics*, 162(3), págs. 543-551.

Portellano, J. A., Martínez, M. D. R., y Zumárraga, L. (2009). *ENFEN: Evaluación neuropsicológica de las funciones ejecutivas en niños*. Madrid: TEA.

Post, W. (2007, abril). «Illiteracy jumps in China, despite 50-year campaign to eradicate it», en *The Washington Post*, pág. 2.

Pugh, K. R., Mencl, W. E., Jenner, A. R., Katz, L., Frost, S. J., Lee, J. R., y otros (2000). «Functional neuroimaging studies of reading and reading disability (developmental dyslexia)», en *Mental Retardation and Developmental Disabilities Research Reviews*, 6(3), págs. 207-213.

Purvis, K. L., y Tannock, R. (1997). «Language abilities in children with attention deficit hyperactivity disorder, reading disabilities, and normal controls», en *Journal of Abnormal Child Psychology*, 25(2), págs. 133-144.

Raes, F., Dewulf, D., Van Heeringen, C., y Williams, J. M. G. (2009). «Mindfulness and reduced cognitive reactivity to sad mood: Evidence from a correlational study and a non-randomized waiting list controlled study», *Behaviour Research and Therapy*, 47(7), págs. 623-627.

Rainger, P. (2003). «A dyslexic perspective on e-content accessibility», en JISC TechDis, <www.techdis.ac.uk/seven/papers/dyslexia.html>.

— (2012). «A dyslexic perspective on e-content accessibility», en <www.texthelp.com/media/39360/USDyslexiaAndWebAccess.PDF>.

Raney, G. E., y Rayner, K. (1995). «Word frequency effects and eye movements during two readings of a text», en *Canadian Journal of Experimental Psychology/Revue Canadienne de Psychologie Expérimentale*, 49(2), pág. 151.

Rasberry, C. N., Lee, S. M., Robin, L., Laris, B. A., Russell, L. A., Coyle, K. K., y Nihiser, A. J. (2011). «The association between school-based physical activity, including physical education, and academic performance: a systematic review of the literature», en *Preventive Medicine*, 52, S10-S20.

Rauschenberger, M., Fuechsel, S., Rello, L., Bayarri, C., y Gòrriz, A. (2015, octubre). «A game to target the spelling of german children with dyslexia», en *Proceedings of the 17th International ACM SIGACCESS Conference on Computers & Accessibility*, ACM, págs. 445-446.

Rauschenberger, M., Rello, L., Baeza-Yates, R. y Bigham, J. P. (2018, abril). «Towards language independent detection of dyslexia with a web-based game», en *Proceedings of the 15th Web for All Conference*, ACM.

Rauschenberger, M., Rello, L., Baeza-Yates, R., Gómez, E., y Bigham, J. P. (2017, abril). «Towards the prediction of dyslexia by a web-based game with musical elements», en *Proceedings of the 14th Web for All Conference on The Future of Accessible Work*, ACM, pág. 23.

Rayner, K. (1978). «Eye movements in reading and information processing», en *Psychological Bulletin*, 85(3), pág. 618.

— (1983). «Eye movements, perceptual span, and reading disability», en *Annals of Dyslexia*, 33(1), págs. 163-173.

— (1985). «The role of eye movements in learning to read and reading disability», en *Remedial and Special Education*, 6(6), págs. 53-60.

— (1986). «Eye movements and the perceptual span in beginning and skilled readers», en *Journal of Experimental Vhild Psychology*, 41(2), págs. 211-236.

— (1998). «Eye movements in reading and information processing: 20 years of research», en *Psychological Bulletin*, 124(3), pág. 372.

—, y Duffy, S. A. (1986). «Lexical complexity and fixation times in reading: Effects of word frequency, verb complexity, and lexical ambiguity», en *Memory & Cognition*, 14(3), págs. 191-201.

—, Murphy, L. A., Henderson, J. M., y Pollatsek, A. (1989). «Selective attentional dyslexia», en *Cognitive Neuropsychology*, 6(4), págs. 357-378.

—, Pollatsek, A., y Bilsky, A. B. (1995). «Can a temporal processing deficit account for dyslexia?», en *Psychonomic Bulletin & Review*, 2(4), págs. 501-507.

—, y Raney, G. E. (1996). «Eye movement control in reading and visual search: Effects of word frequency psychonomic», en *Bulletin & Review*, 3(2), págs. 245-248.

—, White, S. J., y Liversedge, S. P. (2006). «Raeding wrods with jubmled lettres: There is a cost», en *Psychological Science*, 17(3), págs. 192-193.

Rawlinson, G. (1999). «Reibadailty», en *New Scientist*, 162(2188), págs. 55-55.

Reis, S. M. (2005). «Services and programs for academically talented students with learning disabilities», en *Theory into Practice*, 44(2), págs. 148-159.

—, y McCoach, D. B. (2000). «The underachievement of gifted students: What do we know and where do we go?» *Gifted Child Quarterly*, 44(3), págs. 152-170.

—, McGuire, J. M., y Neu, T. W. (2000). «Compensation strategies used by high-ability students with learning disabilities who succeed in college», en *Gifted Child Quarterly*, 44(2), págs. 123-134.

Rello, L. (2009). «Términos de color en español: semántica, morfología y análisis lexicográfico. Definiciones y matices semánticos de sus afijos», en *Diálogo de la Lengua*, 1, págs. 89-164.

— (2014). *DysWebxia: a text accessibility model for people with dyslexia*, tesis doctoral. Barcelona: Universitat Pompeu Fabra.

—, y Baeza-Yates, R. (2012a, abril). «Lexical quality as a proxy for web text understandability», en *Proceedings of the 21st International Conference on World Wide Web, ACM*, págs. 591-592.

—, y Baeza-Yates, R. (2012b, enero). «Social Media Is NOT that Bad! The Lexical Quality of Social Media», en *ICWSM*.

—, y Baeza-Yates, R. (2014, abril). «Evaluation of DysWebxia: A reading app designed for people with dyslexia», en *Proceedings of the 11th Web for All Conference*, ACM, pág. 10.

—, y Baeza-Yates, R. (2017). «How to present more readable text for people with dyslexia», en *Universal Access in the Information Society*, 16(1), págs. 29-49.

—, Baeza-Yates, R., Bott, S., y Saggion, H. (2013, mayo). «Simplify or help? Text simplification strategies for people with dyslexia», en *Proceedings of the 10th International Cross-Disciplinary Conference on Web Accessibility*, ACM, pág. 15.

—, Baeza-Yates, R., Dempere-Marco, L., y Saggion, H. (2013, septiembre). «Frequent words improve readability and short words improve understandability for people with dyslexia», en *IFIP Conference on Human-Computer Interaction*, págs. 203-219.

—, Baeza-Yates, R., y Llisterri, J. (2017). «A resource of errors written in Spanish by people with dyslexia and its linguistic, phonetic and visual analysis», en *Language Resources and Evaluation*, 51(2), págs. 379-408.

—, Baeza-Yates, R., Pavón, C., y Ros, C. de (2018). «Prevalencia de riesgo de dislexia en población escolar en la Comunidad Autónoma de Madrid» (artículo enviado).

—, Baeza-Yates, R., y Saggion, H. (2013a, marzo). «The impact of lexical simplification by verbal paraphrases for people with and without dyslexia», en *International Conference on Intelligent Text Processing and Computational Linguistics*, págs. 501-512.

—, Baeza-Yates, R., Saggion, H., Bayarri, C., y Barbosa, S. D. (2013b, octubre). «An iOS reader for people with dyslexia», en *Proceedings of the 15th International ACM SIGACCESS Conference on Computers and Accessibility*, ACM, pág. 37.

—, Baeza-Yates, R., Saggion, H., y Pedler, J. (2012, mayo). «A first approach to the creation of a Spanish corpus of dyslexic texts», en *LREC Workshop Natural Language Processing for Improving Textual Accessibility*, NLP4ITA, págs. 22-27.

—, y Ballesteros, M. (2015, mayo). «Detecting readers with dyslexia using machine learning with eye tracking measures», en *Proceedings of the 12th Web for All Conference*, ACM, pág. 16.

—, y Ballesteros, M. (2017). *Data Processing System to Detect Neurodevelopmental-Specific Learning Disorders*, *U.S. Patent No.15/493,060*. Pittsburgh: Carnegie Mellon University.

—, Ballesteros, M., Ali, A., Serra, M., Sánchez, D. A., y Bigham, J. P. (2016, mayo). «Dytective: Diagnosing risk of dyslexia with a game», en *Proceedings of the 10th EAI International Conference on Pervasive Computing Technologies for Healthcare*, págs. 89-96.

—, Ballesteros, M., y Bigham, J. P. (2015, octubre). «A spellchecker for dyslexia», en *Proceedings of the 17th International ACM SIGACCESS Conference on Computers & Accessibility*, ACM, págs. 39-47.

—, y Basterrechea, E. (2010, junio). Automatic conjugation and identification of regular and irregular verb neologisms in Spanish. In *Proceedings of the NAACL HLT 2010 Second Workshop on Computational Approaches to Linguistic Creativity* (pp. 1-5). Association for Computational Linguistics.

—, y Basterrechea, E. (2011, febrero). «Onoma: A linguistically motivated conjugation system for spanish verbs», en *International Conference on Intelligent Text Processing and Computational Linguistics*, págs. 227-237.

—, Bautista, S., Baeza-Yates, R., Gervás, P., Hervás, R., y Saggion, H. (2013b, septiembre). «One half or 50 %? An eye-tracking study of number representation readability», en *IFIP Conference on Human-Computer Interaction*, págs. 229-245.

—, Bayarri, C., y Gorriz, A. (2012, octubre). «What is wrong with this word? Dyseggxia: a game for children with dyslexia», en *Proceedings of the 14th international ACM SIGACCESS Conference on Computers and Accessibility*, ACM, págs. 219-220.

—, Bayarri, C., Otal, Y., y Pielot, M. (2014, octubre). «A computer-based method to improve the spelling of children with dyslexia», en *Proceedings of the 16th international ACM SIGACCESS Conference on Computers & Accessibility*, ACM, págs. 153-160.

—, y Bigham, J. P. (2017, octubre). «Good Background Colors for Readers: A Study of People with and without Dyslexia», en *Proceedings of the 19th International ACM SIGACCESS Conference on Computers and Accessibility*, ACM, págs. 72-80.

—, y Llisterri, J. (2012, septiembre). «There are phonetic patterns in vowel substitution errors in texts written by persons with dyslexia», en *21st Annual World Congress on Learning Disabilities (LDW 2012)*, Oviedo, vol. 7, págs. 327-338.

—, Llisterri, J., y Baeza-Yates, R. (2014). «DysList: An annotated resource of dyslexic errors», en *Proceedings of the Ninth International*

Conference on Language Resources and Evaluation, págs. 1289-1296.

—, Pielot, M., y Marcos, M. C. (2016, mayo). «Make it big!: The effect of font size and line spacing on online readability», en *Proceedings of the 2016 CHI Conference on Human Factors in Computing Systems*, ACM, págs. 3637-3648.

—, Pielot, M., Marcos, M. C., y Carlini, R. (2013, mayo). «Size matters (spacing not): 18 points for a dyslexic-friendly Wikipedia», en *Proceedings of the 10th International Cross-Disciplinary Conference on Web Accessibility*, ACM, pág. 17.

—, Macias, A., Herrera, M., Ros, C. de, Romero, E., y Bigham, J. P. (2017, octubre). «DytectiveU: A Game to Train the Difficulties and the Strengths of Children with Dyslexia», en *Proceedings of the 19th International ACM SIGACCESS Conference on Computers and Accessibility*, ACM, págs. 319-320.

—, Romero, E., Rauschenberger, M., Ali, A., Williams, K., Bigham, J.P., y White, N.C. (2018, abril). «Screening Dyslexia for English Using HCI Measures and Machine Learning», en *DH'18: 2018 International Digital Health Conference*, <https://doi.org/10.1145/3194658.3194675>.

—, Bigham, J. P., Macías, A., de Ros, C., Álvarez-Cedrón, A., García Bermejo, R. y Calvo, J.L. (2018b). «DytectiveU: A computer-based method to improve the language skills of children with dyslexia» artículo enviado.

—, Saggion, H., y Baeza-Yates, R. (2014). «Keyword highlighting improves comprehension for people with dyslexia», en *Proceedings of the 3rd Workshop on Predicting and Improving Text Readability for Target Reader Populations (PITR)*, págs. 30-37).

—, Saggion, H., Baeza-Yates, R., y Graells, E. (2012, junio). «Graphical schemes may improve readability but not understandability for people with dyslexia», en *Proceedings of the First Workshop on Predicting and Improving Text Readability for target reader populations*, págs. 25-32.

Reyes, C. de los, Harb, S. L., Rebolledo, C. M., Meza, D. N., Jacobus, A. L., y Ortiz, D. P. (2008). Estudio de prevalencia de dificultades de lectura en niños escolarizados de 7 años de Barranquilla (Colombia)/The prevalence of reading difficulties in 7-year old children in the city of Barranquilla (Colombia). *Psicología desde el Caribe*, (22).

Richlan, F., Kronbichler, M., y Wimmer, H. (2009). «Functional abnormalities in the dyslexic brain: A quantitative meta-analysis of neuroimaging studies», en *Human Brain Mapping*, 30(10), págs. 3299-3308.

— (2011). «Meta-analyzing brain dysfunctions in dyslexic children and adults», en *Neuroimage*, 56(3), págs. 1735-1742.

Rippon, G., y Brunswick, N. (2000). «Trait and state EEG indices of information processing in developmental dyslexia», en *International Journal of Psychophysiology*, 36(3), págs. 251-265.

Richards, T. L., y Berninger, V. W. (2008). «Abnormal fMRI connectivity in children with dyslexia during a phoneme task: Before but not after treatment», en *Journal of Neurolinguistics*, 21(4), págs. 294-304.

Richardson, U., Thomson, J. M., Scott, S. K., y Goswami, U. (2004). «Auditory processing skills and phonological representation in dyslexic children», en *Dyslexia*, 10(3), págs. 215-233.

Riddick, B. (2009). *Living with Dyslexia: The Social and Emotional Consequences of Specific Learning Difficulties/Disabilities*. Londres: Routledge.

Rollins, N. K., Vachha, B., Srinivasan, P., Chia, J., Pickering, J., Hughes, C. W., y Gimi, B. (2009). «Simple developmental dyslexia in children: alterations in diffusion-tensor metrics of white matter tracts at 3 T», en *Radiology*, 251(3), págs. 882-891.

Ruban, L. M. (2005). «Identification and assessment of gifted students with learning disabilities», en *Theory into Practice*, 44(2), págs. 115-124.

Ruffino, M., Trussardi, A. N., Gori, S., Finzi, A., Giovagnoli, S., Menghini, D., y otros (2010). «Attentional engagement deficits in dyslexic children», en *Neuropsychologia*, 48(13), págs. 3793-3801.

Rumsey, J. M., Nace, K., Donohue, B., Wise, D., Maisog, J. M., y Andreason, P. (1997). «A positron emission tomographic study of impaired word recognition and phonological processing in dyslexic men», en *Archives of Neurology*, 54(5), págs. 562-573.

Rumsey, J. M., Horwitz, B., Donohue, B. C., Nace, K., Maisog, J. M., y Andreason, P. (1997). «Phonological and orthographic components of word recognition. A PET-rCBF study», en *Brain: A Journal of Neurology*, 120(5), págs. 739-759.

Salmelin, R., Kiesilä, P., Uutela, K., Service, E., y Salonen, O. (1996). «Impaired visual word processing in dyslexia revealed with magnetoencephalography», en *Annals of Neurology*, 40(2), págs. 157-162.

Sánchez, D. R. (2011). «Estrategias de intervención educativa con el alumnado con dislexia», en *Innovación y Experiencias Educativas*, 49, págs. 1-12.

Schlebusch, C. M., Malmström, H., Günther, T., Sjödin, P., Coutinho, A., Edlund, H., y otros (2017, septiembre). «Southern African ancient genomes estimate modern human divergence to 350,000 to 260,000 years ago», en *Science, 3;358(6363), págs.* 652-655.

Schneps, M. H., Brockmole, J. R., Rose, L. T., Pomplun, M., Sonnert, G., y Greenhill, L. J. (2011, mayo). «Dyslexia linked to visual strengths useful in astronomy», en *Bulletin of the American Astronomical Society*, vol. 43, pág. 21508.

Schneps, M. H., Rose, L. T., y Fischer, K. W. (2007). «Visual learning and the brain: Implications for dyslexia», en *Mind, Brain, and Education*, 1(3), págs. 128-139.

Schneps, M. H., Thomson, J. M., Sonnert, G., Pomplun, M., Chen, C., y Heffner-Wong, A. (2013). «Shorter lines facilitate reading in those who struggle», en *PloS One*, 8(8), e71161.

Schultz, R. T., Cho, N. K., Staib, L. H., Kier, L. E., Fletcher, J. M., Shaywitz, S. E., y otros (1994). «Brain morphology in normal and dyslexic children: The influence of sex and age», en *Annals of Neurology*, 35(6), págs. 732-742.

Schumacher, J., Anthoni, H., Dahdouh, F., König, I. R., Hillmer, A. M., Kluck, N., y otros (2006). «Strong genetic evidence of DCDC2 as a susceptibility gene for dyslexia», en *The American Journal of Human Genetics*, 78(1), págs. 52-62.

Schumacher, J., Hoffmann, P., Schmäl, C., Schulte-Körne, G., y Nöthen, M. M. (2007). «Genetics of dyslexia: the evolving landscape», en *Journal of Medical Genetics*, 44(5), págs. 289-297.

Scott, W. A., y Ytreberg, L. H. (1990). *Teaching English to children*. Londres: Longman.

Serrano, F., Sánchez, J. B., y Olmedo, M. G. (2016). «Galexia: Evidence-based software for intervention in reading fluency and comprehension», en *INTED2016 Proceedings*, págs. 2001-2007.

Settle, S. A., y Milich, R. (1999). «Social persistence following failure in boys and girls with LD», en *Journal of Learning Disabilities*, 32(3), págs. 201-212.

Seymour, P. H., Aro, M., y Erskine, J. M. (2003). «Foundation literacy acquisition in European orthographies», en *British Journal of psychology*, 94(2), págs. 143-174.

Shaywitz, S. E., y Shaywitz, B. A. (2008). «Paying attention to reading: the neurobiology of reading and dyslexia», en *Development and Psychopathology*, 20(4), págs. 1329-1349.

Shaywitz, B. A., Shaywitz, S., Blachman, B., Pugh, K. R., Fulbright, R., Skudlarski, P., y otros (2003). «Development of left occipito-temporal systems for skilled reading following a phonologically-based intervention in children», en *Neuroimage*, 19(2), e2748-e2749.

Shaywitz, B. A., Shaywitz, S. E., Blachman, B. A., Pugh, K. R., Fulbright, R. K., Skudlarski, P., y otros (2004). «Development of left occipitotemporal systems for skilled reading in children after a phonologically-based intervention», en *Biological Psychiatry*, 55(9), págs. 926-933.

Shaywitz, B. A., Shaywitz, S. E., Pugh, K. R., Mencl, W. E., Fulbright, R. K., Skudlarski, P., y otros (2002). «Disruption of posterior brain systems for reading in children with developmental dyslexia», en *Biological Psychiatry*, 52(2), págs. 101-110.

Shehu, A., Zhilla, E., y Dervishi, E. (2015). «The impact of the quality of social relationships on self-esteem of children with dyslexia», en *European Scientific Journal, ESJ*, 11(17), págs. 308-318.

Siegel, L. S. (2008). «Morphological awareness skills of English language learners and children with dyslexia», en *Topics in Language Disorders*, 28(1), págs. 15-27.

Silverman, L. K. (2009). «The two-edged sword of compensation: How the gifted cope with learning disabilities», en *Gifted Education International*, 25(2), págs. 115-130.

Simos, P. G., Fletcher, J. M., Bergman, E., Breier, J. I., Foorman, B. R., Castillo, E. M., y otros (2002). «Dyslexia-specific brain activation profile becomes normal following successful remedial training. *Neurology*», 58(8), págs. 1203-1213.

Sinatra, R. C., Stahl-Gemake, J., y Berg, D. N. (1984). «Improving reading comprehension of disabled readers through semantic mapping», en *The Reading Teacher*, 38(1), págs. 22-29.

Smythe, I. (2010). *Dyslexia in the Digital Age: Making IT Work*. Nueva York: Continuum International Publishing Group.

Sparks, R. L. (1995). «Examining the linguistic coding differences hypothesis to explain individual differences in foreign language learning», en *Annals of Dyslexia*, 45(1), págs. 187-214.

—, Ganschow, L., Kenneweg, S., y Miller, K. (1991). Use of an Orton-Gillingham approach to teach a foreign language to dyslexic/learning-disabled students: Explicit teaching of phonology in a second language. *Annals of Dyslexia, 41*(1), 96-118.

—, Patton, J., Ganschow, L., Humbach, N., y Javorsky, J. (2008). «Early first-language reading and spelling skills predict later second-language reading and spelling skills», en *Journal of Educational Psychology*, 100(1), pág. 162.

—, y Ganschow, L. (1993). «Searching for the cognitive locus of foreign language learning difficulties: Linking first and second language learning», en *The Modern Language Journal*, 77(3), págs. 289-302.

Sperber, D., y Wilson, D. (1986). *Relevance: Communication and cognition*, vol. 142. Cambridge: Harvard University Press.

Stanley, G. (1994). «Eye movements in dyslexic and normal children», en *Wenner Gren International Series*, págs. 261-261.

—, Smith, G. A., y Howell, E. A. (1983). «Eye-movements and sequential tracking in dyslexic and control children», en *British Journal of Psychology*, 74(2), págs. 181-187.

Team, R. C. (2012). *R: A Language and Environment for Statistical Computing*. Viena: R Foundation for Statistical Computing.

Sterling, C., Farmer, M., Riddick, B., Morgan, S., y Matthews, C. (1998). «Adult dyslexic writing», en *Dyslexia*, 4(1), págs. 1-15.

Stoodley, C. J., Harrison, E. P., y Stein, J. F. (2006). «Implicit motor learning deficits in dyslexic adults», en *Neuropsychologia*, 44(5), págs. 795-798.

Strop, J., y Goldman, D. (2002). «The Affective Side: Emotional Issues of Twice Exceptional Students», en *Understanding Our Gifted*, 14(2), págs. 28-29.

Suárez-Coalla, P., y Cuetos, F. (2012). «Reading strategies in Spanish developmental dyslexics», en *Annals of Dyslexia*, 62(2), págs. 71-81.

Swan, D., y Goswami, U. (1997). «Phonological awareness deficits in developmental dyslexia and the phonological representations hypothesis», en *Journal of Experimental Child Psychology*, 66(1), págs. 18-41.

Sykes, J. (2008). *Dyslexia, Design and Reading: Making Print Work for College Students with Dyslexia: A Qualitative Interaction Design Study*, tesis doctoral. Pittsburgh: Carnegie Mellon University.

Szmalec, A., Loncke, M., Page, M., y Duyck, W. (2011). «Order or disorder? Impaired Hebb learning in dyslexia», en *Journal of Experimental Psychology: Learning, Memory, and Cognition*, 37(5), pág. 1270.

Tafti, M. A., y Abdolrahmani, E. (2014). «The Effects of a Multisensory

Method Combined with Relaxation Techniques on Writing Skills and Homework Anxiety in Students with Dysgraphia», en *International Journal of Psychology and Behavioral Sciences*, 4(4), págs. 121-127.

Taipale, M., Kaminen, N., Nopola-Hemmi, J., Haltia, T., Myllyluoma, B., Lyytinen, H., y otros (2003). «A candidate gene for developmental dyslexia encodes a nuclear tetratricopeptide repeat domain protein dynamically regulated in brain», en *Proceedings of the National Academy of Sciences*, 100(20), págs. 11553-11558.

Tanaka, H., Black, J. M., Hulme, C., Stanley, L. M., Kesler, S. R., Whitfield-Gabrieli, S., y otros (2011). «The brain basis of the phonological deficit in dyslexia is independent of IQ», en *Psychological Science*, 22(11), págs. 1442-1451.

Tapia Poyato, A. M. (2003). «Orden de adquisición de segmentos y tipos de sílaba en español», en *Cauce*, 26, págs. 491-501.

Tarrasch, R., Berman, Z., y Friedmann, N. (2016). «Mindful reading: Mindfulness meditation helps keep readers with Dyslexia and ADHD on the lexical track», en *Frontiers in Psychology*, 7, pág. 578.

Taylor, K. E., y Walter, J. (2003). «Occupation choices of adults with and without symptoms of dyslexia», en *Dyslexia*, 9(3), págs. 177-185.

Thomson, M. (1996). *Developmental Dyslexia: Studies in Disorders of Communication*. Londres: Whurr.

Tinker, M. A. (1946). «The study of eye movements in reading», *Psychological Bulletin*, 43(2), pág. 93.

— (1958). «Recent studies of eye movements in reading», en *Psychological Bulletin*, 55(4), pág. 215.

Tomporowski, P. D., Lambourne, K., y Okumura, M. S. (2011). «Physical activity interventions and children's mental function: an introduction and overview», en *Preventive Medicine*, 52, S3-S9.

Toppelberg, C. O., y Shapiro, T. (2000). «Language disorders: A 10-year research update review», en *Journal of the American Academy of Child & Adolescent Psychiatry*, 39(2), págs. 143-152.

Tseng, A. (2012). *Six Surprising Bad Practices That Hurt Dyslexic Users*, en <http://uxmovement.com/content/6-surprising-bad-practices-that-hurt-dyslexic-users/>.

Toro, J., y Cervera, M. (2015). *TALE: Test de análisis de lectoescritura*. Madrid: Antonio Machado Libros.

Tsitsas, G. (2017). «How Personality Traits Relate to the Self-esteem of Greek Children and Adolescents with Dyslexia», en *Journal of Peda-*

gogic Development, 7(3), <https://journals.beds.ac.uk/ojs/index.php/jpd/article/view/401/591>.

Tsurumaki, M., Sato, T., y Nihei, Y. (2009). «The effect of negatively worded measures of self-esteem on children», en *Social Behavior and Personality: An International Journal*, 37(10), págs. 1383-1384.

U. S. Census Bureau. (2001). *Press Release: Nearly 1 in 5 Americans Has Some Level of Disability*, U. S. Census Bureau Reports, en <www.census.gov/sipp/p70s/p70-107.pdf>.

Uhrich, T. A., y Swalm, R. L. (2007). «A pilot study of a possible effect from a motor task on reading performance», en *Perceptual and Motor Skills*, 104(3), págs. 1035-1041.

Underwood, N. R., y Zola, D. (1986). «The span of letter recognition of good and poor readers», en *Reading Research Quarterly*, 21(1), págs. 6-19.

Valentine, E. R., y Sweet, P. L. (1999). «Meditation and attention: A comparison of the effects of concentrative and mindfulness meditation on sustained attention», en *Mental Health, Religion & Culture*, 2(1), págs. 59-70.

Vellutino, F. R., Fletcher, J. M., Snowling, M. J., y Scanlon, D. M. (2004). «Specific reading disability (dyslexia): What have we learned in the past four decades?», en *Journal of Child Psychology and Psychiatry*, 45(1), págs. 2-40.

Vicari, S., Marotta, L., Menghini, D., Molinari, M., y Petrosini, L. (2003). «Implicit learning deficit in children with developmental dyslexia», en *Neuropsychologia*, 41(1), págs. 108-114.

Viersen, S. van, Kroesbergen, E. H., Slot, E. M., y de Bree, E. H. (2016). «High reading skills mask dyslexia in gifted children», en *Journal of Learning Disabilities*, 49(2), págs. 189-199.

Wachelka, D., y Katz, R. C. (1999). «Reducing test anxiety and improving academic self-esteem in high school and college students with learning disabilities», en *Journal of Behavior Therapy and Experimental Psychiatry*, 30(3), págs. 191-198.

Wang, L. C., y Yang, H. M. (2011). «The comparison of the visuo-spatial abilities of dyslexic and normal students in Taiwan and Hong Kong», en *Research in Developmental Disabilities*, 32(3), págs. 1052-1057.

Weaver, P. A. (1978). «Comprehension, recall, and dyslexia: A proposal for the application of schema theory», en *Bulletin of the Orton Society*, 28(1), págs. 92-113.

Webb, J. T. (2000). «Mis-Diagnosis and Dual Diagnosis of Gifted Children: Gifted and LD, ADHD, OCD, Oppositional Defiant Disorder», en Hafenstein y Rainey (comps.), *Perspectives in Gifted Education: Twice Exceptional Children*. Denver: Ricks Center for Gifted Children, University of Denver, págs. 23-31.

Wechsler, D. (1974). *WISC-R, Wechsler Intelligence Scale for Children, Revised*. San Antonio: The Psychological Corporation.

— (1997). *Test de inteligencia para niños WISC-III: manual*. Barcelona: Paidós.

Weinfeld, R., Barnes-Robinson, L., Jeweler, S., y Shevitz, B. (2002). «Academic programs for gifted and talented/learning disabled students», en *Roeper Review*, 24(4), págs. 226-233.

Wenk-Sormaz, H. (2005). «Meditation can reduce habitual responding», en *Alternative Therapies in Health and Medicine*, 11(2), pág. 42.

Werner, H., y Strauss, A. A. (1939). «Types of visuo-motor activity in their relation to low and high performance ages», en *Proceedings of the American Association on Mental Deficiency*, 44, págs. 163-168.

— (1940). «Causal factors in low performance», en *American Journal of Mental Deficiency*, 45, págs. 213-218.

— (1941). «Pathology of figure-background relation in the child», en *Journal of Abnormal and Social Psychology*, 36, págs. 236-248.

West, T. G. (1997). *In the Mind's Eye*. Nueva York: Prometheus Books.

— (2009). *In the Mind's Eye: Creative Visual Thinkers, Gifted Dyslexics, and the Rise of Visual Technologies*. Nueva York: Prometheus Books.

Whitmore, J. R. (1980). *Giftedness, Conflict, and Underachievement*. Boston: Allyn & Bacon.

Willcutt, E. G., Doyle, A. E., Nigg, J. T., Faraone, S. V., y Pennington, B. F. (2005). «Validity of the executive function theory of attention-deficit/hyperactivity disorder: a meta-analytic review», en *Biological Psychiatry*, 57(11), págs. 1336-1346.

Wilson, A. J., Andrewes, S. G., Struthers, H., Rowe, V. M., Bogdanovic, R., y Waldie, K. E. (2015). «Dyscalculia and dyslexia in adults: cognitive bases of comorbidity», en *Learning and Individual Differences*, 37, págs. 118-132.

Wimmer, H. (1993). «Characteristics of developmental dyslexia in a regular writing system», en *Applied Psycholinguistics*, 14(1), págs. 1-33.

Winbush, N. Y., Gross, C. R., y Kreitzer, M. J. (2007). «The effects of mindfulness-based stress reduction on sleep disturbance: a systematic review», en *Explore: The Journal of Science and Healing*, 3(6), págs. 585-591.

Winner, E., y Casey, M. B. (1992). «10 Cognitive profiles of artists», en Cupchik, Cupchik, y László (comps.), *Emerging Visions of the Aesthetic Process: In Psychology, Semiology, and Philosophy*, Cambridge: Cambridge University Press, pág. 154.

Winner, E., Casey, M. B., Dasilva, D., y Hayes, R. (1991). «Spatial abilities and reading deficits in visual art students», en *Empirical Studies of the Arts*, 9(1), págs. 51-63.

Winner, E., Károlyi, C. von, Malinsky, D., French, L., Seliger, C., Ross, E., y Weber, C. (2001). «Dyslexia and visual-spatial talents: Compensation vs deficit model», en *Brain and Language*, 76(2), págs. 81-110.

Wolff, U., y Lundberg, I. (2002). «The prevalence of dyslexia among art students», en *Dyslexia*, 8(1), págs. 34-42.

World Federation of Neurology (1968). *Report of Research Group on Dyslexia and World Illiteracy*. Dallas: WFN.

Zeidan, F., Johnson, S. K., Diamond, B. J., David, Z., y Goolkasian, P. (2010). Mindfulness meditation improves cognition: Evidence of brief mental training. *Consciousness and cognition*, 19(2), 597-605.

Zorzi, M., Barbiero, C., Facoetti, A., Lonciari, I., Carrozzi, M., Montico, M., y otros (2012). «Extra-large letter spacing improves reading in dyslexia», en *Proceedings of the National Academy of Sciences*, 109(28), págs. 11455-11459.

Zylowska, L., Ackerman, D. L., Yang, M. H., Futrell, J. L., Horton, N. L., Hale, T. S., y otros (2008). «Mindfulness meditation training in adults and adolescents with ADHD: a feasibility study», en *Journal of Attention Disorders*, 11(6), págs. 737-746.

ANEXOS

I. RECURSOS Y TECNOLOGÍAS PARA LA DISLEXIA

Con el fin de ofrecer enlaces a diferentes herramientas de apoyo al tratamiento de la dislexia, las páginas web con enlaces a grupos de recursos que se comparten a continuación son actualizadas periódicamente por la autora.

Definiciones de dislexia (textos originales de las fuentes):
<https://changedyslexia.org/#recursos>.

Test *Dytective*, test de cribado de dislexia:
<https://changedyslexia.org/#recursos>.

DytectiveU, herramienta de estimulación cognitiva y computacional:
<https://changedyslexia.org/#recursos>.

Asociaciones de dislexia del mundo hispánico:
<https://changedyslexia.org/#recursos>.

Lista de terapeutas especializados en dislexia:
<https://changedyslexia.org/#recursos>.

Lista de lectores de texto para la dislexia según sistemas operativos:
<https://changedyslexia.org/#recursos>.

Lista de programas de dictado automático para la dislexia según sistemas operativos:
<https://changedyslexia.org/#recursos>.

Lista de correctores automáticos de texto según sistemas operativos:
<https://changedyslexia.org/#recursos>.

Herramientas de apoyo al aprendizaje de inglés y otras lenguas extranjeras:
<https://changedyslexia.org/#recursos>.

Personas famosas con dislexia
Se trata de la nómina más completa hasta el momento de personas con dislexia, compilada inicialmente por Ricardo Baeza-Yates:
<https://changedyslexia.org/#recursos>.

II. MIS AMIGAS LAS BALDOSAS (EN INGLÉS Y CON LOS ERRORES ORIGINALES)

I don't know how it is call this game. I invented it. And I like it. It is a challenge. It requires concentration but It I try hard enough I can make. But not always. You need to start from the first row. At the beginning it is easy: one, two, three, four, five. Then the brick lines become thinner. Six, seven, eight, nine. And thiner. Eleven, twelve, thirteen. And bloory. Fourteen, fifteen, sixteen. Getting more confused now, this is the moment were you might loose the track of the lines and will have to start from scratch. Rule 1 of the game. Sixteen, seventeen, eighteen. Close your eyes a bit. You don't know jet you are becoming short side so you forcde your sight a little bit more. nineteen, twenty. Focus now, twenty one, twenty two, twenty three. You cannot your feet from your place to see the lines better. Rule 2 of the game. Well, actually this rule is not mine, it is from the teacher. Once you they through you out of the class you must stay stand up, not walk, by the close door. Don't move. Once, I moved and they noticed. Then, is when I noticed that the door has also a little window where they can see the hair of the top of your head. Twenty-two, twenty three, twenty four. Door! I managed to count the number of bricks from one for to an other in the dark corridor. The lights are only on then there classes are finished, during the morning break and for lunch time. Row 2. twenty five, twenty six, twenty seven. Rule 3 of the game, you must start the next two with the following number you finished the previous row, not from one two three, too easy. You must remember the number you finish and keep it with you will you find the track of the following row. Some times numbers don't match. First row 24, second row 50 blocks. It is impossible there is one more brick in row 2? I never got to know how many brick in total a row had. Well, better said, I nerves remember how many brinks a row has and the funny thing is that I play this game every single day. I remember more or less the number of total number of bricks, 560 roundabout, from door to door. There are 5 doors per side of corridor, 10 doors in total. Two corridors at each side of the building. Five floors. That makes many bricks. I have time. At least to more hours alone in the corridors. Rule 4. You cannot speak. Only wishper. They will hear you. I cannot take credit from this rule either. This rule is also from the teacher. Rule number 5 you cannot write. Well, this is also not chosen, you are not allowed to go to the corridor with something, ei, pen, paper, sharpener. This rule sucks. I have to multiply the number of bricks mentally and with my fingers. I try and restart the operation many times. More than 40.000 bricks. This school is big. But maybe they are not 40.000 bricks. Maybe not even 560 from close door to close door. Maybe I mistake it. I cannot remember. Was is 560 or 650 or 450? I star again. At the beginning it is easy. Lets go. One two three for five. C'mon. six, seven, eight, nine. There you go. Ten, evelen, twenty. You like this. Thirdteen, fourteen, fiftheen. I hope there I have still time before the class finish to coudn the bricks again from door to door. Hurry up. Which number I was in? Ok, no problem. Quick. One to three form five six seven with nigh ten even. Well done! This time is the good one. Maybe no other kids in the world play about this game. O maybe in the long corridor over this one there is another girl counting bricks. Wait. was that number eleven or twelve? Lets sing. I don't know how it is call this song. I invented it. And I like it. I cannot move but I don't care. I dance. Only a little. Inside my brick. My pick wells fit inside that square. Rule 1 I can dance only in one brick during the sons. Rule 2, in the chorus I can dance using 2 bricks. Only in the chorus. I like it. I wish there were someone here do dance with and I wish it were not so dark. I like my bricks. they are soth.

III. CASOS REALES

No hay una persona con dislexia igual que otra y cada uno encuentra sus propias estrategias para que la dislexia no le suponga una barrera. Contar con ejemplos reales en diferentes áreas es fundamental para que niños y adolescentes sepan que es posible salir adelante y seguir luchando por sus sueños. Además, los casos reales pueden dar pistas sobre cómo desarrollar las habilidades y las fortalezas de cada uno. Por eso, decidimos entrevistar a personas con dislexia provenientes de distintas áreas del mundo hispánico; desde el área empresarial o la comunicación hasta el mundo de la pintura, la escritura o la enseñanza. Algunas de estas personas son referentes en sus respectivas disciplinas profesionales; otras han conseguido sus sueños llegando adonde querían sin necesariamente llegar a ser «famosas», como la profesora de primaria Mariola.

Entrevistar a estas personas increíbles ha sido fascinante. Todas ellas, a pesar de ser muy diferentes, comparten tres características: han elegido trabajar en algo que las apasiona, han trabajado muy duro y son optimistas. Como dijo Helen Keller ya en 1903: «Ningún pesimista ha descubierto el secreto de las estrellas, ni ha navegado por mares desconocidos, ni ha abierto una nueva puerta al espíritu humano».

SERGIO BERNAL

Sergio Bernal es el primer bailarín del Ballet Nacional de España. Su trayectoria profesional le ha valido ser incluido en la lista «30 *under* 30» de la revista *Forbes*.

¿QUÉ HA SIGNIFICADO PARA TI TENER DISLEXIA?

Al ser bailarín, una de las condiciones más importantes para alcanzar una gran técnica y el virtuosismo en la danza es la coordinación. Al tener dislexia, desde muy temprano sientes que no tienes tanta coordinación y que necesitas trabajar mucho más que el resto para poder hacer que tu baile sea fácil y que tu cuerpo responda con exactitud a las diferentes secuencias de pasos que te exigen las coreografías. A diferencia de una persona sin dislexia, nosotros debemos ser más conscientes del espacio y de nuestro cuerpo. Si lo comparamos con una peonza, su movimiento siempre es coordinado y con un sentido circular constante hasta que pierde el eje y el sentido circular, y termina cayendo. Nosotros, cuando hacemos *pirouettes* (giros sobre una sola pierna), debemos trabajar siendo muy conscientes de nuestro eje y de nuestra fuerza abdominal para poder mantenernos sin que el cuerpo pierda el sentido circular del giro o incluso el equilibrio.

¿CREES QUE LA DISLEXIA TE HA SERVIDO PARA DESARROLLAR ALGUNA FORTALEZA?

La dislexia me ha servido para desarrollar una técnica y un control de mi cuerpo mejores, lo que permite que mi baile sea fluido y no tenga dificultades de movimiento y percepción del espacio.

IMAGINA QUE TUVIERAS LA OPORTUNIDAD DE VOLVER AL PASADO, A TU INFANCIA. ¿QUÉ TE DIRÍAS A TI MISMO CUANDO ERAS UN NIÑO?

Recuerdo perfectamente cuando en segundo de Enseñanza Secundaria, con 13 años, una maestra, al entregarme un examen corregido, me dijo: «Eres disléxico, así que yo me lo miraría». Recuerdo que salí muerto de miedo y llegué a casa pensando que tenía una enfermedad o algo parecido y le dije a mi madre: «Mamá, una profesora me ha dicho que soy disléxico y que tendría que ir a que me miraran». Ella fue la que me explicó qué era la dislexia y me insistió en que estuviera tranquilo, simplemente tendría que trabajar para mejorarlo y ser consciente de ello. Por supuesto, hoy le diría a aquel niño que incluso es bueno, porque me ha hecho desarrollar un control de mi baile mucho mayor.

LITA CABELLUT

Lita Cabellut es una artista multidisciplinar de origen gitano, reconocida por su pintura sobre lienzo en grandes formatos. En 2015 fue nombrada por la revista *Artprice* como una de las artistas contemporáneas más valoradas del mundo, y actualmente es la pintora viva española más cotizada.

¿QUÉ HA SIGNIFICADO PARA TI TENER DISLEXIA?

Hasta el momento en que la sociedad no empezó a remarcar mi dislexia como un hándicap, no tuve ningún problema, todo lo contrario, la dislexia me permite usar el cerebro de una manera muy flexible y acceder a entradas donde normalmente no se percibe que hay puertas. Es la sociedad la que no acepta otra manera de pensar, de percibir. Nos trata como incapaces. Gracias a personas como tú, la dislexia se está entendiendo y viendo como una forma diferente de percibir.

¿CREES QUE TE HA SERVIDO PARA DESARROLLAR ALGUNA FORTALEZA?

Para mí, la dislexia ha sido la base para entender el sentido del espacio, ser creativa en situaciones en las que se espera de mí un orden que no puedo realizar, y crear otros órdenes con el mismo fin. A los disléxicos se les tendría que ver como a los atletas de la improvisación de esta sociedad.

IMAGINA QUE TUVIERAS LA OPORTUNIDAD DE VOLVER AL PASADO, A TU INFANCIA. ¿QUÉ TE DIRÍAS A TI MISMA CUANDO ERAS UNA NIÑA PEQUEÑA?

Que intente comprender que la gente no entiende —ni es capaz de hacerlo— que hay personas, muchas personas en el mundo, que usamos el cerebro de otra manera. Y que en el mundo hay grandes héroes, campeones y sabios que tienen «lo mismo» que nosotros.

DAVID CALLE

David Calle es profesor. Su canal de YouTube de matemáticas es el más seguido del mundo hispanohablante, con más de un millón de seguidores. Fue nominado entre los diez finalistas al Global Teacher Prize en 2017, y está considerado por *Forbes* una de las cien personas más creativas del mundo.

¿QUÉ HA SIGNIFICADO PARA TI TENER DISLEXIA?

Gracias a mi madre, la dislexia no me causó muchos problemas, porque insistía una y otra vez en que leyera, leyera y leyera... Escribía casi todas las consonantes y los números al revés (quizá también por ser zurdo) aunque no hubo libro en mi casa que no me leyera al menos tres veces. Quizá porque ya por aquel entonces me gustaban la ciencia ficción y la aventura. Los de Verne, Robert Louis Stevenson y Carl Sagan los leí decenas de veces.

¿CREES QUE LA DISLEXIA TE HA SERVIDO PARA DESARROLLAR ALGUNA FORTALEZA?

Sí. La capacidad para saber que, sea cual sea el obstáculo, con trabajo duro y perseverancia prácticamente se puede conseguir cualquier cosa.

IMAGINA QUE TUVIERAS LA OPORTUNIDAD DE VOLVER AL PASADO, A TU INFANCIA. ¿QUÉ TE DIRÍAS A TI MISMO CUANDO ERAS UN NIÑO?

Que no me rinda, que asuma mi «debilidad», que no la convierta en el escudo de mi pereza y la transforme en una fortaleza. He tenido muchos alumnos con dislexia con malas notas, que con la motivación y la inspiración suficientes han conseguido lo que se proponían. Cuando alcancen sus metas, lo harán sabiendo lo que realmente cuesta y podrán valorarlas más. Y como siempre les digo, aunque no las alcancen, si se esfuerzan al límite, aprenderán por el camino a ser mejores y estarán mejor preparados para los siguientes retos que la vida les depare. Porque la vida es un reto maravilloso y tenemos dos opciones: ser protagonistas o espectadores. Debemos ser protagonistas.

MARIOLA CARRILLO

Mariola Carrillo es profesora de Educación Infantil en Murcia (España) y técnico en comunicación audiovisual. Por las tardes, tras su jornada en el colegio, imparte clases de apoyo a niños con dislexia.

¿QUÉ HA SIGNIFICADO PARA TI TENER DISLEXIA?

Antes de que supiera que era disléxica me sentía la tonta de la clase, la que no sabía nada, la que iba siempre atrasada. En los veranos me aplicaba mucho. Me daban mil cosas para hacer y me lo acaba aprendiendo, pero luego cuando empezaba el colegio y a medida que iban pasando los meses, me iba quedando atrás. La profesora decía: «Entras de las primeras y ya no sabes nada». Me creaba mucha frustración. Una profesora llegó a advertirme: «Olvídate de estudiar porque tu no vales para nada». Aún recuerdo esas palabras. Después de enterarme de que tenía dislexia, todo cambió. Fue gracias a un orientador —y a mi madre— que me apoyaron muchísimo. Hacía trabajos cooperativos con toda la clase de manera que yo me sentía incluida. No como antes, que me dejaban en una clase haciendo trabajos, completamente sola, era muy triste. Pero al hacer actividades con el resto de la clase fui ganando autoestima y me dije a mí misma: «Puedo hacer algo». Otros profesores insistieron en que yo no podría hacer Bachillerato. Pero este orientador me dijo: «Si quieres estudiar Bachillerato, inténtalo. ¿Por qué no vas a poder?». Y terminé Bachillerato, y luego hice el posgrado en Imagen y Sonido. Siempre me di cuenta de que mi pasión era la educación, pero pensaba que nunca podría llegar por todo lo negativo que me habían transmitido. Decidí intentarlo para poder ayudar a todos los niños, que es lo que realmente me apasiona.

¿CREES QUE LA DISLEXIA TE HA SERVIDO PARA DESARROLLAR ALGUNA FORTALEZA?

Sí. La fortaleza del esfuerzo. Podemos llegar adonde queramos, no hay tantos límites como te hacen creer. Yo quería ser profesora de Educación Infantil y lo hice. De hecho, la carrera es de cuatro años y yo la terminé en tres. Aunque todo el mundo te diga que no vales, tú puedes. Es porque ellos no entienden desde fuera de lo que somos capaces. También adquieres empatía para entender a otros niños y, además, desarrollé a lo largo del tiempo diferentes trucos y estrategias para superar la dislexia que ahora transmito a mis alumnos por las tardes. Me encanta ayudar. Me hace feliz.

IMAGINA QUE TUVIERAS LA OPORTUNIDAD DE VOLVER AL PASADO, A ESA SALA DONDE TE DEJABAN SOLA HACIENDO LAS TAREAS, Y PUEDES VERTE A TI DE PEQUEÑA. ¿QUÉ LE DIRÍAS A MARIOLA?

Le daría un abrazo y le diría: «Vas a poder con todo. Vas a conseguir todo lo que te propongas. No puedes dejar que nadie, ni una profesora, aunque se crea importante, te diga lo contrario. Tú vales mucho. Eres muy alegre. Aunque haya piedras en el camino, las vas a superar, las quitarás del medio».

GABY CASTELLANOS

La venezolana Gaby Castellanos se ha convertido en una gurú del marketing en España e Hispanoamérica. La revista norteamericana *Fast Company* la considera una de las cincuenta personas más influyentes del mundo.

¿QUÉ HA SIGNIFICADO PARA TI TENER DISLEXIA?

Para mí, la dislexia ha sido una herramienta de potenciación de la creatividad. Aunque para muchos sea quizá una discapacidad contra la cual luchar, a mí me ha servido para aprender. He tenido que crear métodos y técnicas para que, en mis conferencias magistrales (ante miles de personas), no se note. Escribo de manera constante (en el mundo digital y en el *offline*) para muchos lectores y he tenido que inventar formas para corregir mis intercambios de letras o palabras. ¿Ha sido fácil? No. Pero ha sido divertido.

¿CREES QUE LA DISLEXIA TE HA SERVIDO PARA DESARROLLAR ALGUNA FORTALEZA?
Sin duda, mi creatividad. Además, me ha llevado a ser precisa con las palabras escritas y en cómo las pronuncio. Mi trabajo como directora creativa ejecutiva se ha visto beneficiado con ello. Y, sin duda, mi trabajo como mujer de negocios en la publicidad y el marketing.

IMAGINA QUE TUVIERAS LA OPORTUNIDAD DE VOLVER AL PASADO, A TU INFANCIA. ¿QUÉ TE DIRÍAS A TI MISMA CUANDO ERAS UNA NIÑA?
Que no me dé miedo hablar, que no me dé miedo escribir. Que la dislexia no es un problema, sino un valor añadido que nos ayuda a ser más creativos y nos permite salir de lo que ahora llaman «caja». Que a veces los problemas que nos pone la vida son para que busquemos formas creativas de solucionarlos. Y es posible. Yo soy un ejemplo.

KIKO DA SILVA
Kiko da Silva es uno de los ilustradores de cómic más reconocidos del mundo hispánico. Ha fundado un par de editoriales (BD Banda y Retranca) y la primera escuela profesional de cómic de Galicia. Durante años ha publicado en *El Jueves*, la revista satírica más importante de España, y ha ganado diferentes premios con sus revistas, como el del Salón del Cómic de Barcelona. Su obra *Las serpientes ciegas* ha sido galardonada con el Premio Nacional de Cómic.

¿QUÉ HA SIGNIFICADO PARA TI TENER DISLEXIA?
Cuando era niño y no entendía qué me pasaba, me costaba mucho leer y resolver operaciones matemáticas, porque me bailaban, y se me hacía muy difícil recordar lo que leía. Lo pasé francamente mal, porque a pesar mi esfuerzo, me costaba aprender y sacar buenas notas. Tan frustrado estaba que descuidé mucho mi caligrafía y provocó que me resultase aún más difícil estudiar. Una maestra en el instituto supo dar con un resorte en mi interior. Me dijo que un dibujante no podía tener tan mala letra. Gracias a eso, no me lo

pensé dos veces y empecé a hacer caligrafía y a estudiar el arte de dibujar letras. Hoy en día, mi buena caligrafía es algo que me enorgullece, además de haberme servido mucho para poder rotular mis propias historietas, mi trabajo.

¿CREES QUE LA DISLEXIA TE HA SERVIDO PARA DESARROLLAR ALGUNA FORTALEZA?

Con los años he descubierto que he aprendido a fijarme más en los detalles y a leer las cosas hasta que comprendo su significado completamente. En mi trabajo, soy dibujante, ejercitar la memoria visual es algo muy útil, ya que te permite dibujar de memoria cosas en las que el resto de la gente ni se fija. La idea salió de la lectura de un libro de Sherlock Holmes, en el que se describen al detalle un montón de evidencias que demuestran que el culpable había estado en un lugar lleno de barro. Este ejercicio lo llevo haciendo desde los ocho años y realmente me ha valido para mucho. Hoy, puedo dibujar cientos de cosas con un nivel de detalle más que interesante. Os invito a que hagáis este ejercicio: agarrar lápiz y papel y dibujar un coche de memoria. Luego salid a la calle y observad un coche con detenimiento, sin prisas. Fijaos en la forma de la carrocería, en los tapacubos, en las luces, en los retrovisores, los parabrisas, los guardabarros. Y dibujad con mucho detalle, parte por parte, eso que observáis. Al día siguiente, volved a dibujar un coche de memoria. El resultado os sorprenderá.

IMAGINA QUE TUVIERAS LA OPORTUNIDAD DE VOLVER AL PASADO, A TU INFANCIA. ¿QUÉ TE DIRÍAS A TI MISMO CUANDO ERAS UN NIÑO?

«Tranquilo, sigue esforzándote, no eres tonto. Aunque te cueste más que a los demás, vas a conseguirlo. Sabrás de números, escribirás historias y sabrás hablar en público. Vas a ser un autor de cómic profesional, e incluso un día llegarás a salir en un libro como ejemplo para ayudar a niños que lo están pasando mal, como tú ahora. ¡Disfruta del camino!»

GABINO DIEGO

El actor español Gabino Diego fue ganador del Premio Goya por su trabajo en *¡Ay, Carmela!* (1990), y del Fotogramas de Plata al mejor actor de teatro por *Una noche con Gabino* (2005). Además, ha participado en el documental sobre dislexia *Palabras al viento*.

¿QUÉ HA SIGNIFICADO PARA TI TENER DISLEXIA?

En el colegio, sinceramente, lo pasé mal y afectó a mi autoestima de niño. Todo el mundo leía y yo no. Iba a un colegio inglés y tuve mala suerte con una profesora, que me hacía sentir ridículo y les decía a mis padres que yo no tenía interés por nada, cuando en realidad yo era una persona muy curiosa. Paradójicamente, años después me encontré con el hijo de esa profesora y me dijo que ella ahora me admiraba por lo que yo había llegado a ser en la vida. Creo que fue una cosa del destino que me envió las disculpas de la profesora a través de su hijo. En el día a día, es una faena parecer «despistado» cuando no lo eres. He tenido que trabajar cinco veces más que otros para llegar adonde he llegado.

¿CREES QUE LA DISLEXIA TE HA SERVIDO PARA DESARROLLAR ALGUNA FORTALEZA?

No sé si está relacionado con la dislexia, pero soy una persona muy curiosa, sensible y las cosas que me gustan las hago con pasión. Creo que cuando tienes dislexia y quieres saber algo, te conviertes en el que más sabe sobre ese tema en concreto. Me siento una persona feliz, me interesan muchas cosas, siento muchas cosas y me apasionan muchas cosas en la vida. He disfrutado y disfruto mucho de la vida. No sé si se debe a las estrategias de compensación o directamente a mi personalidad.

IMAGINA QUE TUVIERAS LA OPORTUNIDAD DE VOLVER AL PASADO, A TU INFANCIA. ¿QUÉ TE DIRÍAS A TI MISMO CUANDO ERAS UN NIÑO?

Tener éxito en la vida no es solo sacar buenas notas. Hay muchas más con las que las personas podemos ser útiles, o triunfar y ser muy buenas. Por ejemplo, quién le iba a decir a Mariscal que Cobi era algo que iba a triunfar cuando lo pintó por primera vez. Me diría que hay cosas más importantes en la vida que lo que se ve únicamente en el colegio, y que esas cosas llegarán.

Pau Donés

Pau Donés es cantante, guitarrista y compositor del grupo musical Jarabe de Palo. Ha sido galardonado con el Premio de la Música, un Ondas y ha recibido distintas nominaciones a los Grammy.

¿Qué ha significado para ti tener dislexia?

Nada grave, sino todo lo contrario. Tuve algún problema con algún profesor que pensaba que yo era tonto, por desconocimiento en la materia. Algún niño se rio de mí por lo mal que leía (por lo que recibió su merecido, porque de pequeño tenía bastante mala leche). Y poca cosa más; en general tuve una vida de lo más normal.

¿Crees que la dislexia te ha servido para desarrollar alguna fortaleza?

Bueno, más que fortaleza, aptitud. La capacidad para observar. Las ganas de entender las cosas. El desarrollar otros lenguajes, por ejemplo, la música, para poder comunicarme. Tener una sensibilidad especial para conocer a la gente y sus intenciones.

Imagina que tuvieras la oportunidad de volver al pasado, a tu infancia. ¿Qué te dirías a ti mismo cuando eras un niño?

Que la dislexia es una suerte, pues te hace especial en un mundo de mediocres. La dislexia no es una enfermedad, sino una particularidad que aporta muchas más virtudes que defectos. Gracias a mi dislexia, soy músico, y de los buenos *[Pau Donés se ríe al decirlo]*. Y si volviera a nacer, me pediría con dislexia sin lugar a dudas, porque los disléxicos somos mejores *persianas*... ¿o era *personas*?

Luis Hernández de Cabanyes

Luis Hernández de Cabanyes comenzó su carrera profesional con la creación de una pequeña empresa de compra y venta de plazas de *parking*, hasta fundar y hacer crecer una de las grandes compañías inmobiliarias españolas, Renta Corporación, que cotiza en bolsa desde 2006. Luis, además de empresario, es un ejemplo de filantropía, ya que se ha dedicado desde joven a ayudar a los menos favorecidos. Su mujer Cristina y él han donado parte de su porcentaje del capital de su inmobiliaria a la Fundación Renta Corporación.

¿Qué ha significado para ti tener dislexia?

Sin dramatizar, cuando eres muy joven tener dislexia es un poco duro, debido a que puede afectar a la autoestima académica, porque de alguna forma tienes que estudiar más que el resto para obtener resultados iguales o inferiores, sobre todo en la parte lingüística.

¿Crees que la dislexia te ha servido para desarrollar alguna fortaleza?

Sí, tiene una parte positiva; creo que la dislexia te fortalece al menos en tres aspectos. El primero, la resiliencia, el hecho de haber tenido ciertas experiencias complicadas te curte y te ayuda a saber enfrentarte a dificultades y fracasos sin tirar la toalla. En segundo lugar, te orienta a la acción y a la proactividad. Y finalmente, creo que te da una cierta humildad, porque en esos aspectos lingüísticos somos conscientes de nuestras limitaciones. El hecho, por ejemplo, de que tengas que revisar tres veces lo que escribes o tardes cuatro veces más en leer y entender un texto, te obliga a ser humilde.

Imagina que tuvieras la oportunidad de volver al pasado, a tu infancia. ¿Qué te dirías a ti mismo cuando eras un niño?

Recuerdo que a los ocho años un profesor me sacó a la pizarra para que explicase a la clase cómo había sido capaz de cometer tres faltas de ortografía en una misma palabra. Hoy me parece gracioso, pero en aquel momento te aseguro que no me gustó.

A ese niño le diría: «Tranquilo, que esta es la parte difícil, en otros aspectos lo tendrás mucho más fácil. Te estás curtiendo y eso es positivo». Además, afortunadamente, hoy las nuevas tecnologías ayudan mucho a los disléxicos, por ejemplo, puedes consultar rápidamente en buscadores cómo se escriben las palabras. En cualquier caso, es esencial conocerse, saber cuáles son tus limitaciones y mantener un enfoque optimista.

BORIS IZAGUIRRE

Boris Izaguirre es un periodista y autor venezolano reconocido. En 2007 fue finalista del Premio Planeta con su novela *Villa Diamante*, y su última novela, *Un jardín al norte*, fue de las más vendidas en 2014.

¿QUÉ HA SIGNIFICADO PARA TI TENER DISLEXIA?

Para mí la dislexia ha sido una constante, pero con los años, y sobre todo con mi éxito sobre ella, he llegado a considerarla una aliada un tanto peculiar. Ha fortalecido mi carácter, ha hecho más distinguidos muchos elementos de mi personalidad, mi manera de hablar, de andar, de bailar y yo creo que hasta de ver las cosas.

¿CREES QUE LA DISLEXIA TE HA SERVIDO PARA DESARROLLAR ALGUNA FORTALEZA?

La mayor fortaleza que me ha dado la dislexia es que puede volverse algo positivo. Algo que, siendo un obstáculo importante, puede darte fuerza, carácter y viveza. Incluso un punto de vista. Yo creo que tengo una forma de abordar las cosas, la vida, la opinión (que es la base de muchas cosas en mi trabajo como escritor y comunicador), desde un ángulo ligeramente inclinado o, si se quiere, «distinto». El ángulo que te deja la dislexia, que mezcla las letras, confunde las direcciones y te obliga a verlo todo dos veces, te hace darte cuenta de más cosas que las personas sin este problema. Para mí ha sido duro y difícil, pero al final creo que le agradezco más cosas de las que le reclamaría. Me ha servido de instrumento. Y creo que no habría tenido esta visión de la dislexia si no hubiera sido disléxico.

IMAGINA QUE TUVIERAS LA OPORTUNIDAD DE VOLVER AL PASADO, A TU INFANCIA. ¿QUÉ TE DIRÍAS A TI MISMO CUANDO ERAS UN NIÑO PEQUEÑO?

Que el esfuerzo es un don y que te acompañará toda la vida. Tienes que dominarlo y así convertirás la dislexia también en un don y no en un problema.

Iñaki López

Iñaki López es periodista, ha fundado varias empresas de comunicación y es el actual presentador de *La Sexta noche*, un programa de referencia de debate político y social.

¿Qué ha significado para ti tener dislexia?

Tenía siete años cuando lo descubrieron en el colegio. Hicieron una prueba escrita y fui al único al que llamaron después. En el colegio me llevaron a clases de apoyo con un psicólogo junto con otros compañeros. En mi caso, también tenía déficit de atención, me costaba muchísimo centrar la atención durante más de cinco minutos y esto afectó mucho a mi rendimiento escolar, pues las clases eran mucho más largas de lo que yo era capaz de atender. También había profesores que no acababan de entender que tuviera errores ortográficos tan obvios con nueve años y había que explicárselo. No obstante, esto me trajo cosas positivas, por ejemplo, aprendí a organizarme muy bien. Ahora mismo, es tan solo un recuerdo de juventud y algo lejano. En su momento nadie me lo supo explicar muy bien y al principio me sentí como un bicho raro. Me tranquilizaron mucho quitándole importancia, me dijeron que se trataba de algo leve y que no afectaba a mi futuro, eso me tranquilizó, me ayudó a aprender a vivir con ella y me resultó fácil de llevar.

¿Crees que la dislexia te ha servido para desarrollar alguna fortaleza?

La dislexia me obligó a ser muy organizado y disciplinado para poder sacar buenas notas y eso me ha ayudado a lo largo de toda mi vida, en la Educación Secundaria y también en la universidad. Me organicé, me creé un plan de trabajo. No me dejaba las asignaturas para estudiar el día anterior al examen, comenzaba mucho antes y poco a poco. Me lo he tomado como una característica mía personal. Aprendí a organizarme de otra manera diferente al resto y esto ha sido una ventaja para otros aspectos de mi vida.

IMAGINA QUE TUVIERAS LA OPORTUNIDAD DE VOLVER AL PASADO, A TU INFANCIA. ¿QUÉ TE DIRÍAS A TI MISMO CUANDO ERAS UN NIÑO?
Me diría que me tranquilizara. Un mensaje parecido al que me dieron mis padres, a ellos no los vi preocupados y me transmitieron calma. Esto me hizo no vivirlo de una forma traumática, a pesar de que yo fuera el único de una clase de cuarenta y dos alumnos al que llamaba la profesora y tuviera que hacer ejercicios diferentes. Transmitir calma y normalidad.

RUTH LORENZO
Ruth es una cantante y compositora nacida en Murcia que representó a España en el Festival de Eurovisión en 2014.

¿QUÉ HA SIGNIFICADO PARA TI TENER DISLEXIA?
Lo cierto es que he pasado por varios estados. Cuando eres niña y empiezas a darte cuenta de que no entiendes las cosas como se te dice que deberías entenderlas es bastante frustrante. Luego empieza tu rebeldía interior, cuando empiezas a sufrir *bullying* o simplemente te crees tonta. Esa palabra te persigue durante bastante tiempo: tonta, vaga, falta de interés. Cuando a un disléxico solo le rodea la falta de comprensión e ignorancia sobre el tema, el sistema de estudio que está implantado en nuestra sociedad solo te conduce hacia el fracaso escolar y social. Cuando ya empiezas a darte cuenta de que simplemente eres diferente, aceptas que hay cosas que no se te dan bien y empiezas a centrarte en las que sí son fáciles para ti. Para mí, esa es la clave del éxito frente a la dislexia: aceptar que eres diferente y enfocarte en lo que realmente sabes hacer.

¿CREES QUE LA DISLEXIA TE HA SERVIDO PARA DESARROLLAR ALGUNA FORTALEZA?
La dislexia me ha servido para enfocar toda mi energía en las cosas que sí sabía hacer sin dificultad. Siempre he tenido una visión clara y un sistema binario a la hora de tomar decisiones y plantear soluciones. Siempre he sabido mirar más allá de lo que tenía delante. También he desarrollado un alto nivel de empatía y comunica-

ción emocional. A la hora de aprender idiomas, lo hice fonéticamente, utilizando mi oído musical, lo cual me permitió tener un acento prácticamente bilingüe en inglés. Gracias a la tecnología y al corrector del móvil, escribir sin faltas de ortografía ha pasado de ser una tortura a una bendición. Siempre encuentras herramientas que te facilitan el camino.

IMAGINA QUE TUVIERAS LA OPORTUNIDAD DE VOLVER AL PASADO, A TU INFANCIA. ¿QUÉ TE DIRÍAS A TI MISMA CUANDO ERAS UNA NIÑA?

Mi mensaje sería simple: la dislexia es una señal que te regala el universo indicando que tienes un superpoder. Aún no sabrás cuál es, pero si sabes descifrar tu código interno, con el paso del tiempo descubrirás cuál es ese superpoder. Entonces será cuestión de práctica desarrollarlo hasta hallar la perfección y así utilizarlo para crecer como persona y hacer un cambio en nuestra sociedad, en nuestro mundo. Muchas grandes mentes de la historia han tenido dislexia y eso nunca les impidió hacer grandes descubrimientos que fueron cruciales para nuestra evolución. Acepta que eres diferente y marca la diferencia.

JAVIER MARISCAL

Javier Mariscal es un diseñador multidisciplinar español. Entre sus trabajos más conocidos destaca la mascota de los Juegos Olímpicos de Barcelona de 1992, Cobi. Uno de sus últimos trabajos han sido los dibujos de *Chico y Rita*, una película de animación que ha dirigido junto con Fernando Trueba y Tono Errando. El filme fue nominado a los Oscar (2011) y galardonado con el Premio Goya a la mejor película de animación.

¿QUÉ HA SIGNIFICADO PARA TI TENER DISLEXIA?

Tienes que encontrar todos los trucos para disimular, por ejemplo, que no recuerdas los números y los nombres, o recordar y reconocer a las personas por cómo van vestidas o por cómo andan, en vez de por su nombre. Descubrí que tenía dislexia cuando se lo diagnosticaron a mi hija, y entonces entendí lo que me había pasado a mí durante años, un esfuerzo constante por mantener la normalidad.

¿Crees que la dislexia te ha servido para desarrollar alguna fortaleza?

Lo bueno de la dislexia es que te hace único, diferente, te hace ser atrevido y, como estás acostumbrado al esfuerzo, lo intentas. Tener dislexia te da una distancia de cara a la sociedad, de lo políticamente correcto, de lo que se supone que hay que hacer, y te hace tomar distancia. Ves la sociedad con distancia, una sociedad que se cree las palabras, pero tú puedes ver más allá. Gracias a la dislexia, por ejemplo, he podido vivir de lo que me gusta. Como no podía con el lenguaje «común», acabé aprendiendo y desarrollando un lenguaje universal, aprendiendo a partir del juego, lejos de las palabras.

Imagina que tuvieras la oportunidad de volver al pasado, a tu infancia. ¿Qué te dirías a ti mismo cuando eras un niño?

Que la dislexia no es algo tan dramático, y que es algo que solo tú y nadie más puede solucionar. La dislexia es algo muy frecuente, pero cada uno debe encontrar sus propios métodos para hallar el camino y disimular. Creo que es necesario romper el mito de la dislexia; a pesar de las dificultades y de que me hace parecer despistado en muchos aspectos, considero que es una de las mejores cosas que me han pasado en la vida. Ser disléxico puede llegar a ser bueno, solo si se sabe lo que es, pero eso sí, es necesario saberlo, si no, puede llevarte a la incomprensión.

Dolores Redondo

Dolores Redondo es una conocida escritora de novela negra. Fue ganadora del Premio Planeta en 2016 por su novela *Todo esto te daré*.

¿Qué ha significado para ti tener dislexia?

De pequeña me enseñaron a leer muy pronto, tenía una gran comprensión lectora. En mi caso la dislexia se comenzó a manifestar cuando comencé a escribir. Por aquel tiempo no se sabía lo que era y pensaba que era un despiste mío. Pero tuve suerte de que me lo detectaron muy pronto: mi madre era una mujer muy avanzada por aquella época y me llevó a una psicóloga infantil —no por mi dislexia—, sino por otra razón muy fuerte: para que superara el duelo por el fallecimiento de mi hermana. La psicóloga a la que me llevaron era noruega y ella rápidamente detectó que lo que tenía era dislexia. Pero enseguida me enseñó a verlo a como una peculiaridad, no como un problema. Desde el principio me dijo que era especial y que tenía una capacidad de ver las cosas diferentes. Es decir, me hizo ver que no era tan problemático. Sin embargo, a lo largo de mi vida académica me he encontrado con muchos que no lo entendían y lo demonizaban. En mi caso tuve una suerte loca de dar con esa psicóloga en mi infancia.

¿Crees que la dislexia te ha servido para desarrollar alguna fortaleza?

Sí. Totalmente. La mayor fortaleza es darte cuenta y valorar esa diferencia como algo positivo. Darte cuenta de que eres diferente, pero porque eres especial. Tienes el superpoder de ver el mundo de una manera diferente. Igual que de repente se valora a un jugador de tenis o de fútbol zurdo porque puede hacer unos regates que le dan ventaja frente al resto. Yo sentía que tenía una capacidad especial cuando era capaz de convencer a los demás de que no tenía dislexia.

Fui desarrollando muchos trucos, por ejemplo, en el colegio, en vez de aprender la diferencia entre derecha e izquierda aprendí a visualizar la clase y sabía qué elementos estaban en un lugar u otro. Para sacarme el carnet de conducir hice lo mismo. Soy una buena conductora y tengo muy buenos reflejos. En resumen, esos trucos que fueron desarrollados para hacer ver que no tenía dislexia, me hicieron darme cuenta de que era más lista que el resto. Los burlaba como si burlara a un polígrafo.

Desarrollar esta seguridad me hizo ser capaz de afrontar una profesión que en principio sería la más problemática: la escritura. Nunca dije a nadie que iba a ser escritora, y menos en el colegio. ¿Cómo iba a ser yo escritora? Además, también tengo disortografía, mi letra es horrible. Debo leer mis apuntes inmediatamente porque luego me cuesta saber a mí misma qué he escrito. He ido a lo que era lo más difícil para mí y he hecho de ello mi profesión. Yo siempre he sabido que tendría que hacer lo que tenía que hacer siguiendo otro camino. Yo leía muchísimo y no podía entender que alguien que leyese tanto fuera capaz de escribir tan mal, incluso cuando memorizaba las reglas ortográficas. Y luego, con el tiempo, cuando fui más mayor, leí mucho sobre el tema; yo no leía fonéticamente, leía ortográficamente. Identificaba el grupo de trazos por su forma y no por su significado fonético, eso me hacía leer muy rápido, al identificar las palabras por su forma. Alguna vez me equivocaba con algunas palabras, es normal. Pero también era una ventaja.

IMAGINA QUE TUVIERAS LA OPORTUNIDAD DE VOLVER AL PASADO, A TU INFANCIA. ¿QUÉ TE DIRÍAS A TI MISMA CUANDO ERAS UNA NIÑA PEQUEÑA?
«Sigue, que lo estás haciendo muy bien y es superimportante.» Lo primero que me explicaría es que el sistema educativo está diseñado para las generalidades, y no repara en las particularidades de algunas personas, de modo que estas lo van a tener más difícil para llegar al mismo resultado. Pero no te pongas en contra del sistema. Es negativo que los padres nos pongamos en contra del sistema educativo porque no hay manera de cambiarlo de la noche a la mañana. Lo que tenemos que intentar es, por un lado, adaptarnos todo lo que podamos al sistema, y por otro, que el sistema se adapte un poco a nosotros. Intenta explicárselo a los profesores para que lo entiendan. El sistema no va a cambiar totalmente para nosotros, hay que encontrar una manera de hacerlo. El sistema educativo está hecho para las ovejas y los alumnos con dislexia son cabras. Las ovejas corren más, pero las cabras suben más alto. Pertenecen al mismo grupo de animales, son muy parecidos, pero la manera de ver el mundo es muy diferente.

ÀLEX SICART

Àlex Sicart, a los 13 años, construyó una plataforma digital para estudiantes, y a los 17 años este español es director tecnológico de su empresa, Sharge, una plataforma para alquilar estaciones de carga de electricidad para automóviles eléctricos. Es el miembro más joven que la revista *Forbes* incluye en «30 under 30».

¿QUÉ HA SIGNIFICADO PARA TI TENER DISLEXIA?

Para mí, la dislexia ha significado, de pequeño, sobre todo, tener mucha dificultad al leer y al captar las instrucciones del profesor (era el típico alumno que iba atrasado). Eso me provocó ir detrás del resto de mis compañeros en todas las materias. Recuerdo ir al logopeda porque me costaba mucho pronunciar bien las palabras y tardé mucho en leer. Tuve que ir a una academia de refuerzo para aprender a leer bien y también tenía muchas dificultades con las matemáticas. Además, por las tardes, tenía dos horas a la semana a una profesora de Lengua y otras dos horas a una profesora de Matemáticas y Ciencias. Para mí, tener dislexia ha significado invertir muchas horas en mejorar mis habilidades y, a la vez, muchas horas no productivas en el colegio: de pequeño, igual que ahora, las horas que estaba en el colegio escuchando eran muy improductivas.

¿CREES QUE LA DISLEXIA TE HA SERVIDO PARA DESARROLLAR ALGUNA FORTALEZA?

La dislexia me ha servido para desarrollar todas aquellas inteligencias que no se dan en la escuela. Según un importante profesor de Harvard existen siete inteligencias, pero solo dos de ellas se desarrollan en el colegio: la inteligencia matemática y la lingüística, y yo no tenía ni la una ni la otra. Yo, gracias a la dislexia, desarrollé la inteligencia creativa, la interpersonal, es decir, mirar dentro de mí qué es lo que realmente quiero hacer en el mundo y hablar conmigo mismo, que creo que es algo que no se suele hacer, comprender el mundo desde otra perspectiva (no solo yo como Àlex, sino desde otros enfoques diferentes), la inteligencia musical (me encantaba la música, escribir melodías, tocar el piano...), la creatividad, etcétera. Desarrollé todas estas inteligencias a partir de la dislexia.

IMAGINA QUE TUVIERAS LA OPORTUNIDAD DE VOLVER AL PASADO, A TU INFANCIA. ¿QUÉ TE DIRÍAS A TI MISMO CUANDO ERAS UN NIÑO?

«Àlex, continúa desarrollando todas tus otras inteligencias, porque esas son las que realmente van a sacar la mejor parte de ti y la persona que realmente eres.»

GLOSARIO

Altas capacidades: personas con una capacidad de aprendizaje muy superior a los demás. Puede establecerse en base a diferentes medidas, entre ellas el cociente intelectual.

Aprendizaje procedimental: adquisición de habilidades (reglas, técnicas, métodos, estrategias, procedimientos y destrezas motoras) que se automatizan, como la habilidad de conducir, montar en bicicleta, caminar o escribir.

Aprendizaje profundo (*deep learning*): conjunto de algoritmos de aprendizaje automático (*machine learning*) que modeliza abstracciones de alto nivel (predicciones) en datos.

Aprendizaje secuencial: adquisición de habilidades que implican secuencias, motrices o no, como por ejemplo poner una lavadora, montar en bicicleta, bailar o hacer uso del lenguaje.

Aprendizaje secuencial implícito: variante del aprendizaje secuencial que se mide como el cambio conductual en una tarea en la que la persona no detecta una secuencia explícita.

Autoconcepto: es la opinión que tiene una persona sobre sí misma, lo que implica un juicio de valor.

Autoestima: es un conjunto de percepciones, pensamientos, evaluaciones, sentimientos y tendencias de comportamiento dirigidas a nosotros mismos, lo que incluye la manera de ser y los rasgos de nuestro cuerpo y nuestro carácter. Dicho de otra manera, es la percepción que tenemos de nosotros mismos.

Campo léxico: es un conjunto de palabras de diferentes categorías gramaticales relacionadas con un mismo tema.

Campo semántico: es un conjunto de palabras de la misma categoría gramatical con significados relacionados.

Campo visual central: espacio que percibe el ojo cuando la persona se enfoca en un estímulo en concreto. Aplicado al lenguaje, cuando se enfoca en una palabra o sílaba. Abarca poco más de 30 grados.

Campo visual periférico: espacio que percibe el ojo cuando no está enfocando un estímulo en concreto. Abarca aproximadamente unos 180 grados en un individuo con visión normal.

Cola alargada o **long tail:** dada una distribución muy sesgada del tipo f(k) proporcional a k^{-a} (como una hipérbola sobre números enteros), se refiere a la parte derecha de la distribución donde los valores a medida que k crece van disminuyendo y tomando la forma de una cola muy larga.

Comorbilidad: presencia de más de un diagnóstico que se da en un individuo simultáneamente.

Comprensión lectora (o comprensión objetiva): es la capacidad de entender lo que se lee, tanto el significado de las palabras que forman un texto como la comprensión global de este. La comprensión lectora objetiva se mide generalmente por medio de preguntas de comprensión (preguntas inferenciales y literales).

Comprensión subjetiva: percepción por parte del sujeto sobre cómo ha sido la comprensión objetiva que ha realizado del texto.

Conciencia fonológica: es la capacidad de identificar los componentes fónicos de las unidades lingüísticas y manipularlos de manera deliberada.

Conciencia léxica: es la capacidad de relacionar significados con las formas y el conocimiento del léxico.

Conciencia morfológica: es la capacidad de reconocer la estructura de la palabra, y el reconocimiento y la manipulación de morfemas (raíz, prefijo y sufijo).

Conjuntos de confusión (confusion sets): grupos de palabras que o bien por su similitud fonética u ortográfica son confundidos frecuentemente entre sí.

Discalculia: dificultad específica de aprendizaje para entender y trabajar con números.

Diseño intersujeto: también llamado de «medidas independientes». Es aquel diseño que utiliza distintas muestras o grupos para las diferentes condiciones experimentales.

Disgrafía: dificultad para coordinar los músculos de la mano y el brazo, lo que causa dificultades en la escritura.

Distractor: en un ejercicio de opción múltiple con una respuesta correcta, los distractores son las respuestas incorrectas que se introducen con el fin de «distraer».

Eficiencia de lectura: una medida que tiene en cuenta tanto la comprensión como la velocidad de lectura.

Enfoque multisensorial: enfoque de enseñanza que involucra más de un sentido al mismo tiempo.

Entrevista semiestructurada: entrevista que, como su nombre indica, utiliza una estrategia mixta, alternando preguntas estructuradas con preguntas espontáneas. Normalmente se trata de un guion estructurado de preguntas que implican una respuesta abierta.

Error de inserción: se da cuando el error se debe a la inclusión de un segmento lingüístico (letra, morfema, palabra, etc.). Por ejemplo, **trismestre* en vez de *trimestre*.

Error de omisión: se da cuando el error se debe a la carencia de un segmento lingüístico (letra, morfema, palabra, etc.). Por ejemplo, **trimetre* en vez de *trimestre*.

Error de sustitución: se da cuando el error se debe a la sustitución de un segmento lingüístico por otro (letra, morfema, palabra, etc.). Por ejemplo, **trimertre* en vez de *trimestre*.

Error de tipeo: se da cuando el error no se debe al desconocimiento de la lengua si no a un despiste a la hora de escribir con un teclado, por ejemplo, cuando se equivocan letras contiguas en el teclado: **qye* en vez de *que*.

Errores en morfemas: se da cuando el error se debe a elección de un morfema incorrecto. Por ejemplo, **caféses* en vez de *cafés*.

Escala de dislexia de Karami-Noori y Moradi: también llamado «the NAMA Reading and Dyslexia Test». Es un test para evaluar la presencia de dislexia, elaborado en Irán con una muestra de 1.614 estudiantes y en un transcurso de cinco años. Incluye diez subtest: lectura de palabras, lectura de cadena de palabras, rimas, nombrar imágenes, comprensión, comprensión de palabras, eliminación de vocales, lectura de no-palabras, señales de letras y señales de categorías.

Escala de inteligencia de Wechsler: la escala Wechsler de inteligencia para niños (WISC) es una escala para valorar la inteligencia y las aptitudes intelectuales en el ámbito clínico y psicopedagógico, en niños de entre seis y dieciséis años. Cuenta con un cociente intelectual total, 5 índices y 15 pruebas.

Estrategias de afrontamiento: estrategias que hacen referencia a los esfuerzos, mediante conducta manifiesta o interna, para hacer frente a las demandas internas y ambientales, y los conflictos entre ellas, que exceden los recursos de la persona. Estas conductas están destinadas a restablecer el equilibrio entre organismo y ambiente.

Estudio longitudinal: tipo de estudio que permite el seguimiento de los mismos individuos a lo largo del tiempo, así como de sus generaciones precedentes y siguientes.

Event-related potential (ERP)(en español, potencial evocado): designa la modificación del potencial eléctrico producido por el sistema nervioso en respuesta a una estimulación externa, especialmente sensorial (por ejemplo, un sonido o una imagen), pero también a un evento interno como una actividad cognitiva (atención, preparación, etc.), y se evalúa a través de técnicas como la electroencefalografía (EEG) o la electromiografía (EMG), entre otras.

Eye-tracking o técnica de seguimiento de la mirada: consiste en un conjunto de tecnologías que permiten monitorear y registrar la forma en que una persona mira una pantalla. Permite determinar en qué áreas se fija la mirada (fijación ocular) y durante cuánto tiempo, los movimientos sacádicos (rutas visuales), el parpadeo y la dilatación de pupila.

Fonema: unidad fonológica que no puede descomponerse en unidades sucesivas menores y que es capaz de distinguir significados. La palabra «sol» está constituida por tres fonemas.

Fonética: parte de la gramática que estudia los mecanismos de producción, transmisión y percepción de la señal sonora que constituye el habla.

Gamificación (o ludificación)**:** se trata del uso de técnicas, elementos y dinámicas propias de los juegos y el ocio en actividades no recreativas con el fin de potenciar la motivación, mejorar la productividad, obtener un objetivo, activar y evaluar el aprendizaje, entre otros.

Grafema: unidad mínima e indivisible de la escritura de una lengua (normalmente coincide con «letra»).

Habilidades sociales: son un conjunto de conductas aprendidas de forma natural (y por lo tanto susceptibles de ser enseñadas), que se manifiestan en situaciones interpersonales, socialmente aceptadas y orientadas a la obtención de refuerzos sociales o autorrefuerzos.

Inventario de autoestima de Beck: breve autoinforme para medir la ansiedad en adultos y adolescentes, tanto en evaluación clínica como en investigación. Dispone de 21 ítems. Describe los síntomas emocionales, cognitivos y fisiológicos de la ansiedad y es muy útil para diferenciar ansiedad de depresión.

Inventario de autoestima de Coopersmith: autoinforme que consiste en 58 ítems y que evalúa la autoestima a través de las percepciones del sujeto en cuatro áreas: autoestima general, social, familiar y escolar - académica.

Lateralidad cruzada: se produce cuando la lateralidad no está bien definida en uno de los lados (derecho o izquierdo) y se relaciona con dificultades en la coordinación y en la orientación espacial.

Latencia: tiempo que transcurre desde la aparición de un estímulo hasta la aparición de una respuesta.

Legibilidad subjetiva: percepción por parte del sujeto sobre cómo ha sido la legibilidad objetiva que ha realizado del texto.

Lexicografía: parte de la lingüística que estudia los principios teóricos en que se basa la composición de diccionarios.

Memoria a corto plazo: capacidad de mantener mentalmente una pequeña cantidad de información, de forma que se encuentre inmediatamente disponible durante un corto período de tiempo. La duración está estimada en varios segundos y la capacidad común es de 7 +- 2 ítems.

Memoria a largo plazo: tipo de memoria que almacena recuerdos por un plazo de tiempo mayor a seis meses, sin un límite definido de capacidad o duración.

Memoria de trabajo: constructo teórico derivado de la psicología cognitiva que se refiere a las estructuras y los procesos usados para el almacenamiento temporal de información (memoria a corto plazo) y la elaboración de la información. En la propuesta original de Baddeley, la memoria de trabajo está integrada por tres componentes: el ejecutivo central (mecanismo de control), el bucle fonológico (permite que se mantenga la información verbal) y la agenda visoespacial (retención de información sobre objetos y espacial).

Memoria declarativa: es uno de los dos tipos de memoria a largo plazo en los seres humanos, también llamada memoria explícita. Hace referencia a todos aquellos recuerdos que pueden ser evocados de manera consciente, como hechos o eventos específicos. Su contraparte es la memoria procedimental o implícita.

Métodos compensatorios: métodos para aprender inglés que el docente usa para equilibrar las desventajas del alumno. Entre los medios compensatorios, se incluyen grabar en audio las explicaciones, realizar juegos de palabras y fonológicos, hacer presentaciones orales y actividades para desarrollar la comprensión oral.

Métodos dispensadores: métodos para aprender inglés orientados a reducir el trabajo de los alumnos. Por ejemplo, insistir mucho en las diferencias y las similitudes entre el idioma nuevo y la lengua materna, pues eso puede ayudar a los alumnos a relacionarlas y a aprender inglés.

Mindfulness: también llamado atención plena, es un concepto psicológico derivado del budismo Vipassana, que consiste en prestar atención, momento a momento, a pensamientos, emociones, sensaciones corporales y al ambiente circundante, aceptándolos como son, es decir, sin juzgar si son correctos o no.

Minería de datos *(data mining)*: campo de la ciencia de la computación y la estadística, referido al proceso que intenta descubrir patrones en grandes volúmenes de datos.

Morfema: unidad mínima aislable en el análisis morfológico. Por ejemplo, la palabra *árboles* contiene dos morfemas: árbol y -es.

Morfología: parte de la gramática que estudia la estructura de las palabras y de sus elementos constitutivos.

Movimientos oculares: los principales movimientos oculares medidos mediante técnicas de seguimiento ocular son: las áreas donde se fija la mirada (fijación ocular), la ruta que realiza la mirada entre fijación y fijación (movimientos sacádicos) y las regresiones de la mirada (volver a atrás en el texto).

N-grama: (en Procesamiento del Lenguaje Natural) es una secuencia de *n* palabras adyacentes en el texto.

Neuroimagen: las técnicas de neuroimagen permiten ver imágenes en vivo del sistema nervioso central (de forma general) y del cerebro (de forma particular). La resonancia magnética funcional es un ejemplo de técnicas de neuroimagen, muy utilizado en investigación neuropsicológica.

Palo seco, sin serifa o sans serif: es un tipo de letra sin remates, es decir, sin pequeñas terminaciones o adornos. La tipografía de palo seco más frecuente es Arial.

Pensamiento holístico: tipo de pensamiento que percibe las cosas en su conjunto y no analiza sus partes. Dicho de otra manera, que tiende a explicar las partes y su funcionamiento a través del todo.

Procesamiento fonológico: es la capacidad para reconocer letras y palabras escritas mediante la transformación de grafemas (letras) en fonemas (sonidos) en la lectura y la transformación de fonemas en letras en la escritura.

Procesamiento visoespacial: es la capacidad de representar, analizar y manipular objetos mentalmente.

Prosodia: rama de la lingüística que analiza y representa elementos de la expresión oral como el acento, los tonos y la entonación.

Pseudopalabra: conjunto de letras que, en apariencia, parecen palabras reales ya que pueden pronunciarse y siguen las reglas morfológicas de la lengua, pero carecen de un significado léxico.

Razonamiento dinámico: capacidad de poder recoger información y, a partir de esta, no solo ver los hechos, sino también cómo se relacionan. Además, es capaz de inferir y predecir con precisión. Sería algo así como «pensar en episodios pasados o futuros cuyos componentes son cambiantes y complejos».

Razonamiento interconectado: capacidad de crear conexiones intuitivas y usar un nuevo marco de referencia.

Razonamiento material: habilidades espaciales tridimensionales que se usan en el mundo real, así como el procesamiento de imágenes amplias.

Razonamiento narrativo: memoria episódica superior que recuerda las experiencias y es capaz de transmitir esa información con precisión.

Resiliencia: capacidad de los seres humanos para adaptarse positivamente a situaciones adversas.

Rumiación: fenómeno psicológico que aparece cuando nuestro foco de atención se queda atrapado en un elemento real o imaginario que nos produce estrés o malestar. Sería algo así como un pensamiento obsesivo sobre alguna preocupación.

Ruta léxica: en lectura, implica leer la palabra globalmente, sin necesidad de descomponerla.

Ruta subléxica: en lectura, implica leer las palabras y fragmentarlas en fonemas (sonidos) aplicando las reglas.

Scanning: técnica de lectura que implica mover los ojos rápidamente por el documento en busca de palabras, frases o detalles específicos en el texto.

Semántica: disciplina que estudia el significado de las unidades lingüísticas y de sus combinaciones.

Serifa: son pequeños adornos ubicados en los extremos de las líneas de las letras. Las tipografías Times, Georgia, Garamond y Courier son ejemplos de estilos de letra con estos remates.

Síndrome de estrés visual: también llamado Síndrome de Meares-Irlen. Es un problema de percepción visual que afecta al aprendizaje, y sus síntomas se pueden confundir con la dislexia. Se manifiesta principalmente en dificultades para leer y deletrear, lo que puede corregirse con el uso de vidrios de color o revestimientos.

Sintaxis: parte de la gramática que estudia el modo en que se combinan las palabras y los grupos que estas forman para expresar significados, así como las relaciones que se establecen entre todas esas unidades.

Skimming (visión general del texto): técnica de lectura que se utiliza para identificar rápidamente las ideas principales de un texto. Implica la búsqueda de las ideas principales mediante la lectura de los párrafos primero y último, teniendo en cuenta otras señales de organización, como los resúmenes.

TDA (Trastorno por déficit de atención): patología que afecta principalmente a los niños y altera su proceso de aprendizaje y comportamiento social. Involucra falta de atención y concentración, así como también un comportamiento de distracción.

TDAH (Trastorno por déficit de atención e hiperactividad): patología que afecta principalmente a los niños y altera su proceso de aprendizaje y comportamiento social. Involucra incapacidad para permanecer quieto y para concentrarse en algo.

TDA-H: Trastorno por Déficit de Atención con o sin Hiperactividad.

Técnica de la ventana móvil: técnica de investigación para evaluar los tiempos de lectura en los que el sujeto, al comienzo de la tarea, ve en el monitor de la computadora guiones y espacios. Los guiones se corresponden con las palabras y los espacios con la separación entre palabras. Cuando el sujeto pulsa una tecla se desenmascara la palabra siguiente y se enmascara la palabra ya leída. El sujeto puede ver una palabra por vez pero tiene información sobre la longitud de las palabras gracias a los guiones y los espacios, información que puede ser captada por la visión periférica. Esta técnica mantiene en gran medida las características de la lectura normal, como el desplazamiento izquierda derecha o la información sobre la longitud de las palabras, pero difiere de la lectura normal en algunos aspectos, como la imposibilidad de volver hacia atrás. La velocidad media de lectura es sensiblemente menor que en condiciones de lectura natural. Permite obtener datos casi similares al registro de movimientos oculares, a un menor coste.

Text-to-speech: tecnología lingüística que hace posible que un ordenador transforme automáticamente un texto escrito en su correspondiente forma sonora, lo más cercana posible a la lectura que realizaría una persona.

Tiempo de lectura: en los estudios empíricos presentados en el libro se trata de la medida en segundos del tiempo que tarda el participante en leer un texto desde el momento en el que es expuesto al texto hasta el momento en el que termina.

Tipo de letra monoespaciada: es aquella en el que sus letras y caracteres ocupan exactamente la misma cantidad de espacio horizontal.

Tipos de inteligencia: la teoría de las inteligencias múltiples fue ideada por el psicólogo estadounidense Howard Gardner como contrapeso al paradigma de una inteligencia única. Propone ocho tipos de inteligencia: inteligencia lingüística (capacidad para dominar el lenguaje y poder comunicarnos), inteligencia lógico-matemática (capacidad de razonamiento lógico y resolución de problemas matemáticos), inteligencia espacial (habilidad para observar el mundo o los objetos desde diferentes perspectivas), inteligencia musical (capacidad de tocar instrumentos, leer y componer música con facilidad), inteligencia corporal y cinestésica (habilidad para manejar herramientas y para expresar emociones con el cuerpo), inteligencia intrapersonal (comprender y controlar el ámbito interno de uno mismo), inteligencia interpersonal (advertir cosas de las otras personas, empatía) e inteligencia naturalista (permite detectar, diferenciar y categorizar los aspectos vinculados al entorno).

Trasposición de letras: alteración del orden normal de las letras en una palabra.

Universales lingüísticos: es un patrón que aparece sistemáticamente en las lenguas naturales analizadas y potencialmente se estima que es una propiedad válida de cualquier lengua humana.

Visión parafoveal: es la visión que comienza fuera de la fóvea y aumenta su definición a medida que se acerca a la fóvea. La fóvea es una depresión de la superficie interna de la retina situada en el centro de la mácula, cuya función es proporcionar una visión más nítida. La técnica de la visión parafoveal consiste en presentar al sujeto un estímulo relevante en el centro de la fóvea a la vez que se le presentan otros estímulos irrelevantes en la parafóvea.

NOTAS

Capítulo 1. ¿Qué es la dislexia?

1. Halfpenny y Halfpenny, 2012.
2. Logan, 2009.
3. Ministerio de Educación, Cultura y Deporte, 2017.
4. Alm y Andersson, 1995.
5. Pinker, 1995.
6. Lewis y Gary, 2013.
7. Schlebusch y otros, 2017
8. Balari y otros, 2008.
9. Harari, 2014.
10. Kirsch, 1993.
11. Post, 2007.
12. Vellutino, Fletcher, Snowling y Scanlon, 2004.
13. Guardiola, 2001.
14. Kussmaul, 1877.
15. Douglas, 2001.
16. Morgan, 1896.
17. Orton, 1925.
18. Werner y Strauss, 1939; Werner y Strauss, 1940; Werner y Strauss, 1941.
19. Hallgren, 1950.
20. Hermann, 1959.
21. American Psychiatric Association, 2013.
22. International Dyslexia Association (IDA), 2002.
23. World Federation of Neurology, 1968.

24. Tanaka y otros, 2011.
25. Dyslexia Research Institute, 2015.
26. US Census Bureau, 2001.
27. Carrillo Gallego, Alegría Iscoa, Miranda López y Sánchez Pérez, 2011.
28. Jiménez, Guzmán y Rodríguez, 2009.
29. Rello, Baeza-Yates, Pavón y De Ros, 2018.
30. Pardo Cardozo, 2015.
31. De los Reyes y otros, 2008.
32. Carrillo Gallego, Alegría Iscoa, Miranda López y Sánchez Pérez, 2011.
33. Suárez-Coalla y Cuetos, 2012.
34. Vellutino, Fletcher, Snowling y Scanlon, 2004.
35. Gross-Tsur, Manor y Shalev, 1996.
36. Wilson y otros, 2015.
37. Purvis y Tannock, 1997.
38. Pauc, 2005.
39. Bernal, 2015.
40. American Psychiatric Association, 2013.
41. Pugh y otros, 2000.
42. Richlan, Kronbichler y Wimmer, 2009.
43. Horwitz, Rumsey y Donohue, 1998; Shaywitz y otros, 2002; Brunswick, Martin y Rippon, 2012.
44. Deutsch y otros, 2005; Keller y Just, 2009; Klingberg y otros, 2000.
45. Gabrieli, 2009.
46. Molfese, 2000.
47. Gabrieli, 2009.
48. Simos y otros, 2002; Aylward y otros, 2003; Eden y otros, 2004, Shaywitz y otros, 2004.
49. Carreiras, 2010.
50. Schumacher y otros, 2007.
51. LaBuda y DeFries, 1990.
52. Por ejemplo, Grigorenko, 2003; Schumacher y otros, 2006; Taipale y otros, 2003.
53. Carrión-Castillo, Franke y Fisher, 2013.
54. Gabrieli, 2009; Olulade, Flowers, Napoliello y Eden, 2015.
55. Krafnick, Flowers, Napoliello y Eden, 2011.
56. Vellutino, Fletcher, Snowling y Scanlon, 2004.

57. Protocolos de detección y actuación en dislexia para Educación Infantil. Noviembre de 2010. N.º de registro: PM-386-2010.
58. Col·legi de Logopedes de Catalunya, 2010.
59. Asociación Madrid con la Dislexia y otros, 2013.
60. Cuetos, Suárez-Coalla, Molina y Llenderrozas, 2015.
61. Rello y Ballesteros, 2017.
62. Rello, Baeza-Yates y Llisterri, 2017.
63. Rello y otros, 2018.
64. Cuetos, Suárez-Coalla, Molina y Llenderrozas, 2015.
65. Wechsler, 1997.
66. Portellano, Martínez y Zumárraga, 2009.
67. Korkman, Kirk y Kemp, 1998.
68. Lázaro, Ostrosky y Lozano, 2012.
69. Kirk, McCarthy y Kirk, 2001.
70. Cuetos, Rodríguez y Ruano, 2002.
71. Cuetos, Rodríguez, Ruano y Arribas, 2007.
72. Cuetos, Ramos y Ruano, 2002.
73. Toro y Cervera, 2015.
74. Canals, Carbonell, Estaún y Añaños, 1988.
75. Cuetos, Rodríguez, Ruano y Arribas, 2007.
76. American Psychiatric Association, 2013.
77. Dix y Schafer, 1996; Whitmore, 1980; Maker, 1977.
78. Brody y Mills, 1997.
79. Brody y Mills, 1997; Reis y McCoach, 2000.
80. Van Viersen, Kroesbergen, Slot y de Bree, 2016.
81. Webb, 2000.
82. Cline y Schwartz, 1999.
83. Nielsen, 2002.
84. Lovett y Sparks, 2013.
85. Lovett y Sparks, 2011; McCoach y otros, 2001; Ruban, 2005; Reis, 2005.
86. Silverman, 2009.
87. Weinfeld, Barnes-Robinson, Jeweler y Shevitz, 2002.
88. Pereles, Omdal y Baldwin, 2009.
89. Hishinuma y Nishimura, 2000.
90. Strop y Goldman, 2002; Beckmann y Minnaert, 2018.

Capítulo 2. Lectura y escritura

1. Baeza-Yates, 2018.
2. Ibídem.
3. Inhoff y Rayner, 1986; Just y Carpenter, 1980; Rawlinson, 1999; Rayner, 1983; Rayner, White y Liversedge, 2006.
4. Adler-Grinberg y Stark, 1978; Eden, Stein, Wood y Wood, 1994; Elterman y otros, 1980; Lefton, Nagle, Johnson y Fisher, 1979; Martos y Vila, 1990.
5. Tinker, 1946; 1958.
6. Rayner y Duffy, 1986; Rayner, 1986.
7. Pavlidis, 1978, 1981 y 1983; Pavlidis y Stein, 1991.
8. Pavlidis, 1981.
9. Black, Collins, De Roach y Zubrick, 1984; Brown y otros, 1983; Olson, Kliegl y Davidson, 1983; Olson, Conners y Rack, 1991; Stanley, Smith y Howell, 1983; Stanley, 1994.
10. Morris y Rayner, 1991; Pollatsek, 1983; Rayner, 1985; Rayner, 1986.
11. Eden, Stein, Wood y Wood, 1994.
12. Raymond y otros, 1988.
13. Farmer y Klein, 1995.
14. Rayner, Pollatsek y Bilsky, 1995.
15. Underwood y Zola, 1986.
16. Rayner y Raney, 1996.
17. Henderson y Ferreira, 1990.
18. Rayner, Murphy, Henderson y Pollatsek, 1989.
19. Geiger y Lettvin, 1987; Perry, Dember, Warm y Sacks, 1989.
20. Geiger, Lettvin y Fahle, 1994.
21. Goolkasian y King, 1990; Klein y otros, 1990; Smythe, 2010.
22. Rayner, Pollatsek y Bilsky, 1995.
23. Hyönä y Olson, 1995; Rello, Baeza-Yates, Dempere-Marco y Saggion, 2013.
24. Rayner, 1978; Olson, Kliegl y Davidson, 1983.
25. Rayner, Murphy, Henderson y Pollatsek, 1989.
26. Rello, 2014.
27. British Dyslexia Association, 2012.

28. Bradford, 2011; Pedley, 2006; Rainger, 2012.

29. Chalkley y Waterfield, 2001.

30. Evett y Brown, 2005; British Dyslexia Association, 2012; Lockley, 2002.

31. Rello y Baeza-Yates, 2014.

32. Team, 2012.

33. Evett y Brown, 2005.

34. British Dyslexia Association, 2012.

35. Hornsby, 1986.

36. Ability Net, 2013.

37. Bachmann, 2013.

38. Hillier, 2008.

39. Leeuw, 2010.

40. González, 2015.

41. Chapman, 2011.

42. Paterson y Tinker, 1932.

43. Boyarski, Neuwirth, Forlizzi y Regli, 1998.

44. Bernard, Chaparro, Mills y Halcomb, 2003.

45. Leeuw, 2010.

46. Sykes, 2008.

47. McCarthy y Swierenga, 2010.

48. O'Brien y otros, 2005.

49. Nielsen, 2006; Bernard, Liao y Mills, 2001; Beymer y Russell, 2005.

50. Rello, Pielot, Marcos y Carlini, 2013.

51. Rello, Pielot y Marcos, 2016.

52. Ability Net, 2013; Acha y Perea, 2008; Adler-Grinberg y Stark, 1978; Aluísio y otros, 2008a y 2008b.

53. Ability Net, 2013; Aluísio y otros, 2008a y 2008b.

54. Androutsopoulos y Malakasiotis, 2010; Aluísio y otros, 2008b.

55. Rello, Pielot, Marcos y Carlini, 2013.

56. British Dyslexia Association, 2012.

57. Bradford, 2011.

58. Tseng, 2012.

59. Gregor, Dickinson, Macaffer y Andreasen, 2003.

60. Gregor y Newell, 2000; Dickinson, Gregor y Newell, 2002.

61. Kurniawan y Conroy, 2007.
62. Jeanes y otros, 1997.
63. Kriss y Evans, 2005.
64. Rello y Baeza-Yates, 2017.
65. Rello y Bigham, 2017.
66. Zorzi y otros, 2012.
67. Pedley, 2006.
68. Ibídem.
69. British Dyslexia Association, 2012.
70. Rainger, 2003.
71. Bradford, 2011.
72. Paterson y Tinker, 1932.
73. Rello y Baeza-Yates, 2017.
74. Rello, Pielot, Marcos y Carlini, 2013; Rello, Pielot y Marcos, 2016.
75. British Dyslexia Association, 2012; Bradford, 2011.
76. Schneps y otros, 2013.
77. Rello y Baeza-Yates, 2017.
78. Cuetos y Valle, 1988; Hyönä y Olson, 1995; Wimmer, 1993.
79. Rello, Baeza-Yates, Dempere-Marco y Saggion, 2013.
80. Baeza-Yates, Rello y Dembowski, 2015.
81. Baeza-Yates, Rello y Dembowski, 2016.
82. Rello y otros, 2013a.
83. Kanvinde, Rello y Baeza-Yates, 2012.
84. Rello y Baeza-Yates, 2014; Rello, Baeza-Yates, Bott y Saggion, 2013.
85. Rello, Baeza-Yates, Bott y Saggion, 2013.
86. Rello, Baeza-Yates y Saggion, 2013.
87. Sinatra, Stahl-Gemake y Berg, 1984.
88. Patterson, Marshall y Coltheart, 2017.
89. Landerl, Fussenegger, Moll y Willburger, 2009.
90. Dehaene, 1992.
91. McCloskey, Caramazza y Basili, 1985.
92. Rello y otros, 2013b.
93. Raney y Rayner, 1995; Carroll y otros, 1999; Weaver, 1978.
94. Hargreaves, 2007; Peer y Reid, 2001.

95. Raney y Rayner, 1995; Carroll y otros, 1999.

96. Anderson, Kline y Beasley Jr., 1979; Anderson, 2000.

97. Sperber y Wilson, 1986.

98. Rello, Saggion, Baeza-Yates y Graells, 2012.

99. Adler-Grinberg y Stark, 1978; Eden y otros, 1994; Elterman y otros, 1980; Lefton y otros, 1979; Martos y Vila, 1990.

100. Rello, Pielot y Marcos, 2016.

101. Barnum, 2010.

102. Dickinson, Gregor y Newell, 2002; Gregor y Newell, 2000.

103. Llisterri, 2001.

104. Kanvinde, Rello y Baeza-Yates, 2012; Rello y otros, 2013a; Rello y Baeza-Yates, 2014.

105. Sterling y otros, 1998.

106. Rello, Llisterri y Baeza-Yates, 2014.

107. Rello, Baeza-Yates y Llisterri, 2017.

108. Rello, Baeza-Yates, Saggion y Pedler, 2012.

109. Pedler, 2001.

110. Rello, Baeza-Yates y Llisterri, 2017.

111. International Phonetic Association, 1999.

112. Rello, Baeza-Yates y Llisterri, 2017.

113. Lindgren y Laine, 2011; Moats, 1996.

114. Sterling y otros, 1998.

115. Rello, Baeza-Yates y Llisterri, 2017.

116. Rello, Ballesteros y Bigham, 2015.

117. Pedler, 2001.

118. Rello, Ballesteros y Bigham, 2015.

119. Lin y otros, 2012.

120. Rello, Ballesteros y Bigham, 2015.

121. Ibídem.

122. Llisterri, 2007.

123. Ibídem.

Capítulo 3. Detección

1. Esteva y otros, 2017.

2. Kononenko, 2001.

3. Rello y Ballesteros, 2015.
4. Chang y Lin, 2011.
5. Rello y Ballesteros, 2015.
6. Benfatto y otros, 2016.
7. Rello y Ballesteros, 2015.
8. Rello y otros, 2016.
9. Rello y otros, 2018.
10. Afonso, Suárez-Coalla y Cuetos, 2015.
11. Rello, Baeza-Yates y Llisterri, 2017.
12. Rello y otros, 2015.
13. Rello y otros, 2016.
14. Rello y Ballesteros, 2017; Rello y otros, 2018.
15. Maaten y Hinton, 2008.
16. Rello y otros, 2018.
17. Rauschenberger y otros, 2017; Rauschenberger y otros, 2018.

CAPÍTULO 4. SUPERACIÓN

1. Rello, 2009.
2. Rello y Basterrechea, 2010; 2011.
3. Baeza-Yates y Rello, 2107.
4. Ibídem.
5. Rello y Baeza-Yates, 2012a.
6. Castillo y otros, 2007.
7. Fogg y otros, 2001.
8. Potthast, Stein y Gerling, 2008.
9. Baeza-Yates y Rello, 2011b; Rello y Baeza-Yates, 2012b.
10. Baeza-Yates y Rello, 2012a.
11. Ibídem.
12. Rello, Llisterri y Baeza-Yates, 2014.
13. Sterling y otros, 1998.
14. Lindgren y Laine, 2011; Toro y Cervera, 2015.
15. Pedler, 2007.
16. Rello, Baeza-Yates y Llisterri, 2017.
17. Baeza-Yates y Rello, 2107.
18. Rello, Baeza-Yates y Llisterri, 2017.

19. Rello, Bayarri, Otal y Pielot, 2014.
20. Rello y otros, 2018b.
21. Lyytinen y otros, 2007.
22. Kyle y otros, 2013.
23. Serrano, Sánchez y Olmedo, 2016.
24. Rello, Bayarri y Gorriz, 2012.
25. Rauschenberger y otros, 2015.
26. Rello, Bayarri, Otal y Pielot, 2014.
27. Mikel Ostiz-Blanco, Marie Lallier, Sergi Grau, Luz Rello, Jeffrey P. Bigham y Manuel Carreiras, 2018.
28. Franceschini y otros, 2013.
29. Kyle y otros, 2013; Lyytinen, 2009; Lyytinen y otros, 2007.
30. Serrano, Sánchez y Olmedo, 2016.
31. Rello, Bayarri, Otal y Pielot, 2014.
32. Rello y otros, 2017, Rello y otros, 2018b.
33. Greenberg, 1963; Plank y Filimonova, 2000.
34. Tapia Poyato, 2003.
35. Vellutino, Fletcher, Snowling y Scanlon, 2004; Purvis y Tannock, 1997.
36. Elliott y otros, 2010.
37. Willcutt y otros, 2005.
38. Gooch, Snowling y Hulme, 2011.
39. Elliott y otros, 2010; Gabrieli, 2009.
40. Fawcett y Nicolson, 2004.
41. Cuetos, Rodríguez, Ruano y Arribas, 2007.
42. Vellutino, Fletcher, Snowling y Scanlon, 2004.
43. International Dyslexia Association, 2011.
44. World Health Organization, 1993.
45. Sterling y otros, 1998.
46. Rello, Bayarri, Otal y Pielot, 2014.
47. Pedler, 2007.
48. Rello, Llisterri y Baeza-Yates, 2014.
49. Rumsey y otros, 1997; Salmelin y otros, 1996.
50. Bruck, 1990; Vellutino, Fletcher, Snowling y Scanlon, 2004.
51. Rello, 2014; Baeza-Yates y Rello, 2017.
52. Bruck, 1990.

53. Rello, 2014; Baeza-Yates y Rello, 2017.

CAPÍTULO 5. ¿CÓMO ESTUDIAR?

1. Rello, Saggion y Baeza-Yates, 2014.
2. Sánchez, 2011; Chalkley y Waterfield, 2001; Weaver, 1987.
3. Buzan, 2074.
4. Rello, Saggion, Baeza-Yates y Graells, 2012.
5. Pielot y Rello, 2016.
6. Mark, Voida y Cardello, 2012.
7. Cirillo, 2014.
8. Košak-Babuder, Kormos, Ratajczak y Pižorn, 2018.

CAPÍTULO 6. ¿CÓMO APRENDER OTRO IDIOMA?

1. Lundberg, 2002.
2. Sparks, 1995.
3. Sparks y otros, 2008.
4. Sparks y Ganschow, 1993.
5. Miller-Guron y Lundberg, 2000.
6. Martínez Miralles y Hernández Pallarés, 2016.
7. Ibídem.
8. Seymour, Aro y Erskine, 2003.
9. Martínez Miralles y Hernández Pallarés, 2016.
10. Hu, 2003.
11. Siegel, 2008.
12. Martínez Miralles y Hernández Pallarés, 2016.
13. López Rodríguez, 2003.
14. Scott e Ytreberg, 1990.
15. Sparks, Ganschow, Kenneweg y Miller, 1991.
16. Manis, Lindsey y Bailey, 2004.
17. Iriondo Hervás, 2015.
18. Martínez Miralles y Hernández Pallarés, 2016.
19. Ibídem.
20. Generalitat de Catalunya, 2013.

CAPÍTULO 7. MEJORAR LA AUTOESTIMA

1. Hewitt, 2009.
2. Toppelberg y Shapiro, 2000.
3. Organización Mundial de la Salud, 1992.
4. American Psychiatric Association, 2013.
5. Riddick, 2009.
6. Nelson y Harwood, 2011.
7. Hinshaw, 1992.
8. Thomson, 1996.
9. Polychroni, Koukoura y Anagnostou, 2006.
10. Cohen, 1986.
11. Kavale y Forness, 1996.
12. Tsurumaki, Sato y Nihei, 2009.
13. Ibídem.
14. McNulty, 2003.
15. Casey, Levy, Brown y Brooks-Gunn, 1992.
16. Carroll e Iles, 2006.
17. Heiervang, Anders Lund, Jim Stevenson y Kenneth Hugdahl, 2001.
18. Lamm y Epstein, 1992; Miller, Hynd y Miller, 2005.
19. Hellendoorn y Ruijssenaars, 2000.
20. Frederickson y Jacobs, 2001.
21. Novita, 2016.
22. Shehu, Zhilla y Dervishi, 2015.
23. Settle y Milich, 1999.
24. Noori, Zahra, Movalleli y Karimi, 2014.
25. Véanse, respectivamente, Karami Noori, Moradi, Akbari Zaradkhaneh y Zahedian, 2008; Wechsler, 1974; Coopersmith, 1967; y Beck, Steer y Brown, 1996.
26. Tsitsas, 2017.
27. Battle, 1992.
28. Brock y Shute, 2001.
29. Lazarus y Folkman, 1984.
30. Kabat-Zinn, 2003.
31. Peterson y Pbert, 1992.

32. Kumar, Feldman y Hayes, 2008.
33. Chiesa y Serretti, 2009.
34. Kumar y otros, 2008.
35. Raes, Dewulf, Van Heeringen y Williams, 2009.
36. Carlson y Garland, 2005; Winbush, Gross y Kreitzer, 2007.
37. Beauchemin, Hutchins y Patterson, 2008; Wachelka y Katz, 1999; Frey, 1980.
38. Tafti y Abdolrahmani, 2014.
39. Krampen, 2010.
40. Por ejemplo, Jha, Krompinger y Baime, 2007.
41. Por ejemplo, Valentine y Sweet, 1999; Wenk-Sormaz, 2005; Jha, Krompinger y Baime, 2007; Zylowska y otros, 2008; Hodgins y Adair, 2010.
42. McMillan, Robertson, Brock y Chorlton, 2002; Heeren, Van Broeck y Philippot, 2009; MacCoon y otros, 2014.
43. Chambers, Lo y Allen, 2008; Zeidan y otros, 2012; Mrazek y otros, 2013.
44. Mrazek y otros, 2013.
45. Por ejemplo, Davidson y otros, 2003; Creswell, Myers, Cole e Irwin, 2009; Goldin y Gross, 2010.
46. Maughan, 1995; McNulty, 2003.
47. Tarrasch, Berman y Friedmann, 2016.
48. Pauc, 2005.
49. Tomporowski, Lambourne y Okumura, 2011.
50. Booth y otros, 2013.
51. Chaddock-Heyman y otros, 2014.
52. Best, 2010.
53. Rasberry y otros, 2011.
54. Por ejemplo, Kashihara, Maruyama, Murota y Nakahara, 2009.
55. Donnelly y Lambourne, 2011; Hill y otros, 2010.
56. Por ejemplo, Budde y otros, 2008; Hill y otros, 2010; Pontifex y otros, 2013.
57. Diamond y Lee, 2011.
58. Moritz y otros, 2013.
59. McPhillips, Hepper y Mulhern, 2000; Jordan-Black, 2005.

60. Uhrich y Swalm, 2007.
61. Byl, Byl y Rosenthal, 1989.

Capítulo 8. Desarrollar las fortalezas

1. Por ejemplo, Davis y Braun, 2010; Eide y Eide, 2012; West, 1997, 2009.
2. Gladwell, 2013.
3. Eide y Eide, 2012.
4. Eide, 2011.
5. Ibídem.
6. Ibídem.
7. Logan, 2009.
8. Ibídem.
9. Ibídem.
10. Halfpenny y Halfpenny, 2012.
11. Winner, Casey, Dasilva y Hayes, 1991; Winner y Casey, 1992; Winner y otros, 2001; Wolff y Lundberg, 2002.
12. Craggs y otros, 2006; Gilger y Olulade, 2013.
13. Wang y Yang, 2011.
14. Attree, Turner y Cowell, 2009.
15. Geschwind y Galaburda, 1987.
16. Olulade y otros, 2012.
17. Gilger y Olulade, 2013.
18. Howard Jr. y otros, 2006.
19. Lee Swanson, Howard y Sáez, 2006.
20. Howard Jr., Howard, Japikse y Eden, 2006.
21. Szmalec, Loncke, Page y Duyck, 2011; Stoodley, Harrison y Stein, 2006.
22. Véanse, por ejemplo, Hellige, 1996; Hellige y Michimata, 1989; Pallier, Devauchelle y Dehaene, 2011.
23. Pugh y otros, 2000.
24. Véanse Richlan, Kronbichler y Wimmer, 2009, 2011, para un metaanálisis.
25. Horwitz, Rumsey y Donohue, 1998; Rippon y Brunswick, 2000; Shaywitz y otros, 2003; Simos y otros, 2002.

26. Geschwind y Levitsky, 1968; Hynd y otros, 1990; Larsen, Høien, Lundberg y Ødegaard, 1990; Rumsey y otros, 1997; Schultz y otros, 1994.

27. Por ejemplo, Beaulieu y otros, 2005; Deutsch y otros, 2005; Eckert, 2004; Keller y Just, 2009; Klingberg y otros, 2000; Niogi y McCandliss, 2006; Richards y Berninger, 2008; Rollins y otros, 2009.

28. Diehl y otros, 2014.

29. Von Károlyi, 2001; Von Károlyi, Winner, Gray y Sherman, 2003.

30. Schneps, Rose y Fischer, 2007.

31. Schneps y otros, 2011.

32. Bacon y Bennett, 2013.

33. Von Károlyi, Winner, Gray y Sherman, 2003.

34. Von Károlyi y otros, 2001.

35. Von Károlyi y otros, 2003.

36. Howard Jr., Howard, Japikse y Eden, 2006.

37. Olulade y otros, 2012; Diehl y otros, 2014.

38. Taylor y Walter, 2003.

39. Nuzzo, 2005.

40. Jorm, 1983; Kibby y otros, 2009; Kibby y Cohen, 2008.

41. Felton y otros, 1987; Jorm, 1983; Kibby y otros, 2009; Kibby y Cohen, 2008; Kramer, Knee y Delis, 2000.

42. Kibby y otros, 2009; Kramer, Knee y Delis, 2000.

43. Richardson, Thomson, Scott y Goswami, 2004; Swan y Goswami, 1997.

44. Bennett, Romano, Howard Jr. y Howard, 2008; Howard Jr., Howard, Japikse y Eden, 2006.

45. Howard y otros, 2006.

46. Vicari y otros, 2003.

47. Hedenius y otros, 2013.

48. Howard Jr., Howard, Japikse y Eden, 2006.

49. Morgan y Corballis, 1976.